OLDENBOURG GRUNDRISS DER GESCHICHTE

OLDENBOURG GRUNDRISS DER GESCHICHTE

HERAUSGEGEBEN VON JOCHEN BLEICKEN LOTHAR GALL HERMANN JAKOBS

BAND 27

GESCHICHTE AFRIKAS IM 19. UND 20. JAHRHUNDERT

VON

LEONHARD HARDING

R. OLDENBOURG VERLAG
MÜNCHEN 1999

Die Deutsche Bibliothek – CIP-Einheitsaufnahme

Oldenbourg Grundriß der Geschichte / hrsg. von Jochen Bleicken
... – München : Oldenbourg
  Literaturangaben
Bd. 27. Harding, Leonhard: Geschichte Afrikas im 19. und 20. Jahrhundert. – 1999

Harding, Leonhard:
Geschichte Afrikas im 19. und 20 Jahrhundert / von Leonhardt Harding. - München :
Oldenbourg 1999
  (Oldenbourg Grundriß der Geschichte ; Bd. 27)
  ISBN 3-486-56273-8
  ISBN 3-486-56274-6

© 1999 R. Oldenbourg Wissenschaftsverlag GmbH, München
Rosenheimer Straße 145, D-81671 München
Internet: http://www.oldenbourg-verlag.de

Umschlaggestaltung: Dieter Vollendorf
Gedruckt auf säurefreiem, alterungsbeständigem Papier (chlorfrei gebleicht).
Satz: primustype R. Hurler GmbH, Notzingen
Druck und Bindung: Oldenbourg Graphische Betriebe, München

ISBN 3-486-56273-8 (brosch.)
ISBN 3-486-56274-6 (geb.)

VORWORT DER HERAUSGEBER

Die Reihe verfolgt mehrere Ziele, unter ihnen auch solche, die von vergleichbaren Unternehmungen in Deutschland bislang nicht angestrebt wurden. Einmal will sie – und dies teilt sie mit manchen anderen Reihen – eine gut lesbare Darstellung des historischen Geschehens liefern, die, von qualifizierten Fachgelehrten geschrieben, gleichzeitig eine Summe des heutigen Forschungsstandes bietet. Die Reihe umfaßt die alte, mittlere und neuere Geschichte und behandelt durchgängig nicht nur die deutsche Geschichte, obwohl sie sinngemäß in manchem Band im Vordergrund steht, schließt vielmehr den europäischen und, in den späteren Bänden, den weltpolitischen Vergleich immer ein. In einer Reihe von Zusatzbänden wird die Geschichte einiger außereuropäischer Länder behandelt. Weitere Zusatzbände erweitern die Geschichte Europas und des Nahen Ostens um Byzanz und die Islamische Welt und die ältere Geschichte, die in der Grundreihe nur die griechischrömische Zeit umfaßt, um den Alten Orient und die Europäische Bronzezeit. Unsere Reihe hebt sich von anderen jedoch vor allem dadurch ab, daß sie in gesonderten Abschnitten, die in der Regel ein Drittel des Gesamtumfangs ausmachen, den Forschungsstand ausführlich bespricht. Die Herausgeber gingen davon aus, daß dem nacharbeitenden Historiker, insbesondere dem Studenten und Lehrer, ein Hilfsmittel fehlt, das ihn unmittelbar an die Forschungsprobleme heranführt. Diesem Mangel kann in einem zusammenfassenden Werk, das sich an einen breiten Leserkreis wendet, weder durch erläuternde Anmerkungen noch durch eine kommentierende Bibliographie abgeholfen werden, sondern nur durch eine Darstellung und Erörterung der Forschungslage. Es versteht sich, daß dabei – schon um der wünschenswerten Vertiefung willen – jeweils nur die wichtigsten Probleme vorgestellt werden können, weniger bedeutsame Fragen hintangestellt werden müssen. Schließlich erschien es den Herausgebern sinnvoll und erforderlich, dem Leser ein nicht zu knapp bemessenes Literaturverzeichnis an die Hand zu geben, durch das er, von dem Forschungsteil geleitet, tiefer in die Materie eindringen kann.

Mit ihrem Ziel, sowohl Wissen zu vermitteln als auch zu selbständigen Studien und zu eigenen Arbeiten anzuleiten, wendet sich die Reihe in erster Linie an Studenten und Lehrer der Geschichte. Die Autoren der Bände haben sich darüber hinaus bemüht, ihre Darstellung so zu gestalten, daß auch der Nichtfachmann, etwa der Germanist, Jurist oder Wirtschaftswissenschaftler, sie mit Gewinn benutzen kann.

Die Herausgeber beabsichtigen, die Reihe stets auf dem laufenden Forschungsstand zu halten und so die Brauchbarkeit als Arbeitsinstrument über eine längere Zeit zu sichern. Deshalb sollen die einzelnen Bände von ihrem Autor oder einem anderen Fachgelehrten in gewissen Abständen überarbeitet werden. Der Zeitpunkt der Überarbeitung hängt davon ab, in welchem Ausmaß sich die allgemeine Situation der Forschung gewandelt hat.

Jochen Bleicken   Lothar Gall   Hermann Jakobs

INHALT

EINLEITUNG

Die Grundrisse der Entwicklung eines ganzen Kontinents skizzieren zu wollen, wäre vermessen. Die Größe der Räume, die Verschiedenheit der Lebensbedingungen in Bergregionen, Wüsten, in der Savanne, in fruchtbaren Flußgebieten oder in größeren Städten sowie die entsprechend unterschiedlichen Bevölkerungsdichten und die im Laufe von Jahrtausenden entwickelten angepaßten Formen des Wirtschaftens, der politischen Organisation, der gesellschaftlichen Strukturen oder der kulturellen Äußerungen verbieten ein solches Unterfangen. Dennoch wird von manchen Autoren, z. B. vom senegalesischen Wissenschaftler Cheikh Anta Diop (1959), die These einer kulturellen Einheit des afrikanischen Kontinents vertreten; sie verweisen auf die Wanderungen afrikanischer Völker über Tausende von Kilometern, auf den Kontakt über Handelswege und Fernhandelsstraßen, auf Gemeinsamkeiten in Sprache, Weltanschauung, Wertesystemen, politischen Konzepten, religiösen Riten oder gesellschaftlichen Strukturen. Sie nehmen auch an, daß im Zuge tiefgreifender ökologischer Veränderungen viele Völker sich in den großen Flußtälern zusammengeballt haben, vor allem in Ägypten, daß sie dort lange gemeinsam gelebt und gemeinsame Lebensformen entwickelt haben, die sie auch über eine weitere Wanderungsbewegung zurück in die Weiten des Kontinents erhalten hätten.

Solche gemeinsamen Faktoren bilden sicher das Substrat vieler heutiger Zivilisationen. Andere Elemente aber sind hinzugekommen und haben den einzelnen Regionen und ihren Völkern in einem langen Prozeß ihren eigenen Charakter gegeben: Die Notwendigkeiten der Anpassung an die Umwelt, die eigenen Erfahrungen mit den natürlichen Lebensbedingungen, mit den Nachbarvölkern und mit einwandernden Völkern, die Einflüsse, die durch den Austausch von Gütern, Ideen und Menschen wirksam geworden sind. All dies hat zu einer außerordentlichen Vielfalt der Zivilisationen und Kulturen geführt und Afrika zur Heimat von Sammlern und Jägern, Viehzüchtern, Fischern, Ackerbauern, Stadtbewohnern gemacht, zum Erdteil der tausend Religionen und Sprachen, zum Erprobungsraum von Königreichen, Theokratien, Stadtstaaten, Dorfgemeinschaften und anderen Organisationsformen.

Trotz der Gemeinsamkeit mancher Erfahrungen, die weite Teile Afrikas in der Vergangenheit mit dem Sklavenhandel und später mit der kolonialen Unterwerfung gemacht haben, kann man deshalb nur mit Einschränkungen vom afrikanischen Kontinent als Einheit sprechen.

Schon die naturräumliche Aufteilung läßt große Unterschiede erkennen, die für die gesamte Geschichte des Kontinents von grundlegender Bedeutung gewesen sind. So ist der nördliche Küstenstreifen mit den Staaten Marokko, Tunesien, Algerien, Libyen und Ägypten teilweise sehr fruchtbar und dicht besiedelt; er ist Teil des Kulturraumes Mittelmeer und steht in engen Beziehungen mit Europa und dem Nahen Osten; hier ist auch die ägyptische Hochkultur entstanden, mit afrikanischen und nahöstlichen Wurzeln; dieser Norden war auch das Einfallstor fremder Kulturen und Einwanderer. Die südlicheren Teile gehen heute langsam in Wüstengebiete über, sind dünner besiedelt und bieten nur eine kärgliche Überlebensbasis, auch wenn die großen Karawanenstraßen durch die Sahara über Jahrhunderte einen intensiven Kontakt mit den Völkern südlich der großen Wüste aufrechterhalten haben.

Es schließt sich ein ausgedehntes Savannengebiet an, das wegen seiner Flußläufe, des Senegal und des Niger, und wegen der strategischen Situation am Südrand der Wüste und am Nordrand des fruchtbaren Raumes immer dicht besiedelt war und eine wichtige Rolle als Handelsknotenpunkt zwischen dem Norden und dem Süden spielte. Hier sind die frühen Reiche Ghana, Mali, Songhay und Bornu entstanden und später die sogenannten Haussa-Stadtstaaten sowie eine Vielzahl anderer Reiche. Eine extensive Form der Landwirtschaft, Viehzucht, Fischfang, Handwerk und Handel waren die Basis.

Das Niltal hat stets eine besondere Rolle gespielt, weil der Fluß verschiedene Klimazonen durchquert und immer ein Anziehungspunkt für menschliche Ansiedlungen war.

Andere Probleme des Überlebens stellt die tropische Regenwaldzone: Sie ist zwar sehr fruchtbar, macht aber wegen der hohen Luftfeuchtigkeit menschliches Leben recht schwierig. Dennoch sind hier Völker eingedrungen und haben Kulturland geschaffen. Diese Zone erstreckt sich in einem breiten Streifen entlang der westafrikanischen Küste und bildet im Süden des heutigen Kamerun und in weiten Teilen der Demokratischen Republik Kongo ein großes zusammenhängendes Gebiet.

Die Völker an den Küsten sind durch die Niederlassungen der Europäer seit dem 15. Jahrhundert am intensivsten mit Europa in Kontakt gekommen und haben mit den fremden Seefahrern Handel getrieben. Allerdings ist über diese Forts der Portugiesen, Holländer, Franzosen, Engländer, der Dänen und der Brandenburger auch der Sklavenhandel zur Blüte gekommen.

Im Osten des Kontinents ist Äthiopien seit langer Zeit in besonderer Weise geprägt worden, da hier einerseits die Vorteile eines fruchtbaren Hochlandes zum Tragen kommen, andererseits zahlreiche fremde Einflüsse zusammenstoßen: Christliche und islamisch-arabische.

Sehr viel anders sind die Lebensbedingungen im Gebiet der großen Seen Ostafrikas, wo über Jahrhunderte unterschiedliche Völker eingewandert sind und die fruchtbaren Gebiete als Ackerbauern und Viehzüchter genutzt haben. Im Hochland Kenias, besonders an den Hängen des Kilimandjaro, sind Formen intensiver Land- und Viehwirtschaft entwickelt worden, während in vielen anderen Teilen Ostafrikas die Lebensbedingungen eher karg sind und größere Bevölkerungsdichten nicht zulassen. An den Küsten herrschen wiederum andere Bedingungen vor, die zur Einwanderung aus Indien, Persien und der arabischen Halbinsel und zur Herausbildung einer eigenen Kultur, der Swahili-Kultur, geführt haben.

Das südliche Afrika kennt ähnliche Gegensätze: Das Wüstengebiet der Kalahari, die fruchtbaren Regionen Südafrikas und Zimbabwes, aber auch die Bergwelt der Drakensberge. Diese naturräumliche Gliederung ist seit mehreren Jahrhunderten von weißen Eroberern genutzt worden und hat zur mehr als 300 Jahre dauernden weißen Vorherrschaft geführt.

Sprachlich ist der Kontinent ebenso heterogen. Man kann die unüberschaubare Zahl von Sprachen in vier große Sprachfamilien zusammenfassen: Niger-Kordofanisch, Nilo-Saharanisch, Afroasiatisch und Khoisan. Die sogenannten Bantu-Sprachen, aus der Familie Niger-Kordofanisch, stellen die größte Unterfamilie dar und sind vor allem südlich des Äquator verbreitet. Sie haben sich in großen Wanderungen von Bantu-sprechenden Völkern aus dem Kerngebiet Kamerun/südöstliches Nigeria über diese weiten Regionen ausgedehnt.

Angesichts dieser Unterschiede in den naturräumlichen Gegebenheiten und ihren Konsequenzen für die Organisation des Überlebens sowie die Ausprägung eigener Zivilisationen ist es nicht verwunderlich, daß afrikanische Gesellschaften sich nicht nach demselben Muster entwickelt haben, sondern im Gegenteil eine geradezu unendliche Vielfalt aufweisen, und daß kontinentale einheitliche Strömungen, wie das viel kleinere Europa sie mit dem Christentum erlebt hat, sich nicht durchsetzen konnten.

Aus diesen Gründen gibt es auch keine Ereignisse, die den ganzen Kontinent in der gleichen Weise erfaßt hätten. Man kann darauf hinweisen, daß nach heutigem Kenntnisstand die ersten Menschen in Ostafrika gelebt und sich von dort aus über den Kontinent und die ganze Welt ausgebreitet haben und daß diese Entwicklung in Zusammenhang mit ökologischen Veränderungen stand. Im Norden des Kontinents ist einerseits die ägyptische Hochkultur entstanden, anderseits hat die Austrocknung der Sahara zu weitreichenden Konsequenzen geführt, Wanderungsbewegungen von Völkern und Verlagerung von kulturellen Zentren zum Süden hin. Migrationsbewegungen größeren Ausmaßes haben zu verschiedenen Zeiten alle Regionen geprägt, aber in unterschiedlicher Weise, wie die Völkerwanderung in Europa sich auch unterschiedlich ausgewirkt hat. Auch der Handel mit Menschen ist in vielen Gebieten heimisch geworden und hat zahlreiche Gesellschaften zerstört, hat größere Regionen für Jahrhunderte ausgeblutet – aber auch diese grausame Geschichte war nicht für alle Landstriche von Bedeutung und hat verschiedene zeitliche Höhepunkte gehabt.

Noch nicht einmal die Islamisierung hat den gesamten Kontinent erfaßt. Erst die langsame Integration Afrikas in die Weltwirtschaft und in noch stärkerem Maße die Unterwerfung unter die Fremdherrschaft der europäischen Kolonialmächte haben die Geschichte ganz Afrikas beeinflußt. Doch selbst hier müßte man nach Land- und Stadtregionen und nach Gebieten unterscheiden, die in den Weltmarkt integriert worden sind, und anderen, die für die Kolonialmächte nicht von Interesse waren.

So stellt sich die Geschichte Afrikas als eine Geschichte zahlreicher Gesellschaften dar, die sich ihren besonderen Lebensbedingungen angepaßt und in dieser

Auseinandersetzung eigene Zivilisationen geschaffen haben. Gemeinsamkeiten sind aus einer fernen gemeinsamen Vergangenheit noch vorhanden, sind aber vor allem dort zu vermuten, wo vergleichbare äußere Bedingungen das Leben geprägt und ähnliche Lösungen haben finden lassen.

Wenn man allerdings nach dem Bild fragt, das die Außenwelt von Afrika gemalt hat, dann verschwinden diese Differenzierungen, und stereotype Vorstellungen vom wilden Kontinent, von Willkürherrschaft und geschichtslosen Gesellschaften, von denen schon Hegel gesprochen hat, nehmen überhand. Dieser Prozeß hat mit der Aufklärung eingesetzt und seit dem Ausgreifen des Imperialismus nach Afrika noch einheitlichere, düsterere Farben zur Schilderung des afrikanischen Lebens verwandt. Das so entstandene Bild kündet allerdings weniger von der Wirklichkeit der schwarzen Gesellschaften als von der Phantasie und den ideologisch-politischen Interessen der Europäer. Diese Umkehrung der Realität wird erst langsam durch eine neue und kritische Afrika-Wissenschaft erkannt und zurechtgerückt.

In Europa ist häufig vom Stammeswesen in Afrika die Rede; auch dies ist eine Verallgemeinerung, die der Wirklichkeit nicht entspricht. Wie in der europäischen Geschichte hat es in Afrika Stämme gegeben, aber häufiger waren andere Gruppierungen vorherrschend: Große Völker, die in Reichen politisch organisiert waren, Gruppen, die ohne zentralisierte politische Spitze auskamen, oder viele kleine Gruppen, die rituelle Führer oder bewährte Persönlichkeiten kannten. Die Verwandtschaft als Grundmerkmal stammesmäßiger Zusammengehörigkeit hat auch eine Rolle gespielt, war meistens aber nicht die beherrschende Kategorie; vielmehr haben Gruppen sich auch deshalb zusammengefunden, weil sie in derselben Region lebten und gemeinsam ihre Probleme besser bewältigen konnten – oder sie haben sich unter den Schutz eines mächtigen und angesehenen Mannes gestellt, eines Kriegers, eines Richters, eines „Magiers", der über außernatürliche Kräfte verfügte, oder eines einflußreichen und wohlhabenden Mannes, der in Notsituationen Schutz und Hilfe bieten konnte, und haben sich dann nach ihm benannt. Diese und ähnliche Loyalitäten waren aber nicht dauerhaft, und es waren auch nicht die einzigen, nach denen die Menschen vorgingen. Daß sich in diesem Zusammenleben Formen des Gewohnheitsrechts, bestimmte Sitten und Gebräuche, religiöse Praktiken herausbildeten und daß Erfahrungen und Wissen gesammelt und weitergegeben wurden und ein Gemeinschaftsbewußtsein bildeten, war eine natürliche Folge. Aber das Grundmuster blieb in der Regel die Veränderbarkeit. Festere Zuordnungen sind in größerem Ausmaß erst in der Kolonialzeit entstanden, als die Kolonialverwaltung festgefügte Einheiten mit einer benennbaren Spitze, „Häuptling" genannt, als Gesprächspartner brauchte und darauf angewiesen war, zur Verwaltung auf das zurückzugreifen, was sie als „Stammesrecht" ansah.

I. Darstellung

A. DER AUSGANGSPUNKT: DIE WENDE ZUM 19. JAHRHUNDERT

1. Veränderte und zersplitterte Grossräume

Bei einem Überblick über die geschichtlichen Entwicklungen der letzten Jahrhunderte in den großen Räumen des afrikanischen Kontinents fallen verschiedene und z. T. gegenläufige Trends auf. Nordafrika war unter osmanische Vorherrschaft gefallen, von Ägypten bis Marokko, aber seit Ende des 18. Jahrhunderts geriet diese Fremdherrschaft unter Druck. Auslöser waren der Zerfall des osmanischen Reiches und die europäische Interessenkollision, die sich am deutlichsten im Feldzug Napoleons in Ägypten (1798/99) und dem britischen Seesieg über die Franzosen in Abukur (1798) zeigte. Nordafrika, und insbesondere Ägypten, war von nun an ein wichtiger Zankapfel für die europäischen Großmächte, und seine Geschichte im 19. Jahrhundert wurde in erheblichem Maße von dieser Rivalität bestimmt. Westafrika geriet langsamer in den Strudel europäischer Interessen. Hier waren gegen Ende des 18. Jahrhunderts die Langzeitfolgen des Zerfalls der großen mittelalterlichen Reiche zu spüren. Das letzte von ihnen, Songhay, hatte sich im 17. Jahrhundert aufgelöst. An ihre Stelle war eine Vielzahl kleinerer Staaten getreten, und dieser „Balkanisierungsprozeß" war durch die Ausweitung des Sklavenhandels und in dessen Folge durch den Zerfall der politischen Kultur noch ausgeweitet worden. Als Reaktion hat vor der Wende zum 19. Jahrhundert eine Serie von „Heiligen Kriegen" zur Etablierung islamischer Staatswesen eingesetzt. Anfang des 19. Jahrhunderts ist das bedeutendste dieser Reiche gegründet worden, das Kalifat von Sokoto, das bis heute die Geschichte des nördlichen Nigeria prägt. Um dieselbe Zeit haben andere Reiche sich konsolidiert und ihre Grenzen erheblich ausgedehnt, z. B. Bornu, Asante oder Dahomey; andere sind zerfallen, wie das große Reich der Yoruba mit seinem Zentrum Oyo. An den westafrikanischen Küsten wurde die europäische Präsenz gleichzeitig immer intensiver, indem Küstenforts zur Ausweitung der Handelsbeziehungen gebaut wurden, was notgedrungen auch in den Sog der europäischen Rivalitäten führte.

In Zentralafrika hatten seit langer Zeit größere Reiche bestanden, Kuba, Luba, Lunda und an der Küste das Reich Kongo, wo die Portugiesen schon lange präsent waren. Am Ende des 18. Jahrhundert war es nur noch ein Schatten seiner einstigen Größe: Thronstreitigkeiten, Abhängigkeit von Portugal, Auseinandersetzungen mit den Portugiesen und der Menschenhandel hatten das Land ruiniert. Auch die anderen Reiche hatten unter anderem durch die Handelsbeziehungen mit den Portugiesen einen enormen Aufschwung erfahren. Es wird vermutet, daß die Einfuhr neuer Pflanzen aus der neuen Welt, Mais und Tabak, zu demographischem Wachstum und zu Prosperität geführt hatten. So wird in dieser Region Afrikas das Ausgreifen der Weltwirtschaft besonders früh deutlich, vermittelt über die Präsenz Portugals an der West- und Ostküste des Kontinents.

Im nördlichen Teil Ostafrikas existierte weiterhin die alte Vormacht, das christliche Äthiopien. Seine Geschichte war zwischen dem 16. und 19. Jahrhundert aber von Kämpfen mit den moslemischen Arabern und Türken und schließlich mit den animistischen Galla geprägt; die Folge war ein langsamer Zerfall des Reiches in viele kleine Herrschaftsbereiche.

Im Großraum Ostafrika erlangte der Sklavenhandel erst zu Ende des 18. und zu Beginn des 19. Jahrhundert seinen Höhepunkt. Die Küstenstädte hatten den portugiesischen Einfluß Ende des 18. Jahrhunderts abgeschüttelt und standen unter wachsendem Einfluß fremder Händler von der arabischen Halbinsel, Persien und Indien sowie von Menschen, die aus diesen Regionen eingewandert waren. Über die vorgelagerte Insel Sansibar dehnte sich dieser fremde Einfluß weiter aus. Das bedeutete, daß Sansibar zum Einfallstor der Weltwirtschaft des Indischen Ozeans wurde, wie die Hafenstädte Westafrikas diesen Großraum für die Weltwirtschaft unter direkter europäischer Dominanz geöffnet hatten.

Das Landesinnere war weniger dicht besiedelt und weniger fruchtbar als der Großraum Westafrika; folglich bestand die politische Tradition auch sehr viel stärker in kleinen Herrschaftsbereichen. Größere Reiche waren nur im Zwischenseengebiet entstanden, so die Königreiche Buganda, Toro, Bunyoro und Ankole, von denen Buganda sich am stärksten konsolidieren und erweitern konnte.

Weiter südlich waren das große Reich des Monomotapa und die Zivilisation von „Groß Zimbabwe" längst zerfallen, die ihren Höhepunkt zwischen dem 11. und dem 16. Jahrhundert erlebt hatten, und kleinere Staatswesen waren an ihre Stelle getreten. Von der Küste her blieb die portugiesische Herrschaft und ihr Einfluß auf die Ausbeutung des Landes unangefochten.

Im Südlichen Afrika war es durch die geringe Bevölkerungsdichte und die vielerorts ungünstigen klimatischen Bedingungen zu keinen großen afrikanischen Staatsgründungen gekommen; zudem waren weiße Einwanderer seit 1652 ins Land eingedrungen und hatten die weitere Entwicklung bestimmt. Um die Wende zum 19. Jahrhundert nun trat ein folgenreicher Wandel ein: Die europäischen Rivalitäten führten zu einem Machtwechsel am Kap: Die Engländer verdrängten die Niederländisch-Ostindische Kompanie. Anderseits stießen die vordringenden weißen Siedler auf stärkeren Widerstand afrikanischer Gesellschaften und zwangen diese zu politischer Konsolidierung, um im Wettbewerb um Land und Weiden bestehen zu können.

So stellt sich der Ausgangspunkt des 19. Jahrhunderts auf dem afrikanischen Kontinent in sehr verschiedener Weise dar: Balkanisierung hier, islamische Staatsgründung, Konsolidierung und Expansion von Reichen dort, schließlich in vielen Regionen eine Intensivierung der Präsenz Fremder mit ihrer Kultur, ihren Interessen und mit der geballten Kraft der Weltwirtschaft.

Diese Charakterisierung erfaßt vor allem politische und wirtschaftliche Veränderungen, will aber auch kulturelle und soziale Prozesse andeuten, die mit den großen Verschiebungen verbunden waren. Diese Jahrhundertwende war so etwas wie das Ende der „Jahrhunderte der Neuordnung" und der Beginn der „Integrationsversuche im 19. Jahrhundert", wie es der afrikanische Historiker Joseph Ki-Zerbo genannt hat. [130: KI-ZERBO, 8–10]

2. Gründung von Reichen, Konsolidierungs- und Expansionsprozesse

Das 19. Jahrhundert ist in vielen Teilen Schwarzafrikas von Prozessen der Reichsgründung, von staatlicher Konsolidierung und territorialer Expansion geprägt. Neue Reiche sind gegründet worden, islamische Staaten wurden errichtet, politische Strukturen verfestigt, groß angelegte Expansionskriege haben neue und größere Herrschaftsräume entstehen lassen; die politische Landkarte ist in sehr vielen Regionen grundlegend verändert worden.

Die Ursachen dieser Entwicklungen sind komplex, lassen aber trotz regionaler Verschiedenheiten einige Gemeinsamkeiten erkennen. So haben Bevölkerungswachstum und ökologischer Wandel eine Rolle gespielt. Im südlichen Afrika ist etwa das Reich der Zulus gegründet worden, als eine wachsende Dichte von Bevölkerung und Vieh einen Überlebenskampf um die knapper werdenden Ressourcen Land und Weiden ausgelöst hatte.

In sehr vielen Regionen haben die Reaktionen auf den Sklavenhandel politische Machtverschiebungen eingeleitet: Teils haben Herrscher und herrschende Schichten versucht, am Verkauf von Menschen zu verdienen und durch den Erwerb von Waffen ihre Macht auszubauen. Kriegerische Auseinandersetzungen mit Nachbarstaaten dienten der Beschaffung von Sklaven oder der Unterwerfung dieser Völker unter die Tributpflicht, einzulösen u. a. durch die jährliche Lieferung einer bestimmten Zahl von Sklaven. Teils haben Herrschende aber auch versucht, den Menschenhandel einzudämmen, zum Schutz der eigenen Bevölkerung oder zum Einsatz von Gefangenen in der lokalen Wirtschaft, auf Plantagen, zur Versorgung des Hofes, der Herrschenden und der Städte, oder im Haushalt zur Verrichtung der anfallenden Arbeit und zur Stärkung der eigenen Gefolgschaft. Die Schrecken von Sklavenjagd und Sklavenhandel haben dazu geführt, daß viele Menschen sich unter den Schutz eines mächtigen Herrschers gestellt haben, in der Hoffnung, dadurch vor Verschleppung sicher zu sein. Einen ähnlichen Machtzuwachs erfuhren diese Herrscher in Zeiten der Trockenheit oder des Krieges, als verarmte Menschen sich in ihren Dienst stellten.

In enger Verbindung mit der Einkommensquelle Sklavenhandel stand die Kontrolle der Hafenstädte, der Handelsknotenpunkte und der Fernhandelsrouten, die

Machtverschiebung durch Sklavenhandel

Kontrolle des Fern-
handels

in dem Maße wichtiger wurde, wie sich der Fernhandel ausdehnen ließ und wie die fremden Händler afrikanische Güter wie Sklaven, Gold, Elfenbein, Holz, Häute und Felle sowie Gewürze aufkauften und im Gegenzug Luxusgüter ins Land brachten, die nicht bekannt und entsprechend begehrt waren: Waffen, Alkohol, europäische oder indische Stoffe, Scheren, Messer und Kurzwaren der verschiedensten Art. Der Besitz solcher Güter konnte die vorhandenen Wertesysteme, die dem Reichtum immer eine soziale Funktion zuwiesen, verändern. Er konnte die soziale und politische Hierarchie einer Gesellschaft sprengen, die Macht der Herrschenden verstärken und Mechanismen der Machtkontrolle abbauen, aber auch einzelnen die Möglichkeit zum Aufstieg bieten. Die Kontrolle der Handelswege und des Außenhandels stieg zu einer der wichtigsten Einkommensquellen auf. Sie wurde im Zuge der Verstärkung der fremden Präsenz im Laufe des Jahrhunderts immer umfangreicher und politisch brisanter, denn von ihr konnten Macht und Reichtum der Herrschenden und der Staaten abhängen. Dies war auch in vorherigen Jahrhunderten so gewesen, aber die Expansion des Handels im 19. Jahrhundert sprengte die bisher bekannten Konfliktlösungsmöglichkeiten auf interner und regionaler Ebene. Ein erbitterter Kampf um regionale Hegemonie war häufig die Folge.

Solche Machtverschiebungen haben ihrerseits Reaktionen der Nachbarvölker ausgelöst: Die Flucht ganzer Völker in andere Regionen, den Versuch, dort neue Staaten zu gründen, mit dem Versuch, sich gegen die lokale Bevölkerung durchzusetzen. Häufig ist auch eine politische Zentralisierung um besonders angesehene oder mächtige Männer erfolgt, und selbst dauerhafte Allianzen mit stärkeren Nachbarn zum Schutz gegen expandierende Reiche oder marodierende Banden kamen vor.

Auch manche Staatsgründungsprozesse standen mit dem Vordringen der Europäer in Beziehung: Reiche sind gegründet worden, um die Abwehrfront gegen die Eindringlinge zu stärken und die Unabhängigkeit zu verteidigen. Solche Reiche sind sogar territorial verlagert worden, um so auf die Invasion der kolonialen Truppen reagieren zu können.

Diese gemeinsamen Faktoren machen deutlich, daß viele politische und gesellschaftliche Veränderungen eine Antwort auf Wandlungsprozesse waren, die von den Küsten her ins Land getragen wurden oder die indirekt mit dieser Annäherung der Weltwirtschaft in Zusammenhang standen.

Andere Wirkungszusammenhänge, die der eigenen Entwicklungsdynamik entsprangen, sind aber ebenfalls wirksam geworden. Der westafrikanische Großraum bietet dafür zahlreiche Beispiele: Die Reiche Asante und Dahomey, die nach einer Konsolidierung zu Beginn des Jahrhunderts in den Strudel der weltpolitischen Veränderungen gerieten; theokratische Neugründungen wie Macina, das Tukulör-Reich El Hadj Omars und vor allem das Kalifat Sokoto; Yoruba-Stadtstaaten wie Ibadan und Abeokuta, die das zerfallene Oyo beerbten und sich mit den vorrückenden Briten auseinandersetzen mußten, bevor sie sich richtig etabliert hatten; oder das Reich Samorys, der gegen die Franzosen eine mächtige Einheitsfront schaffen konnte. Diese Hinweise sollen Entwicklungsrichtungen aufzeigen, die für diesen Raum und diese Zeit typisch geworden sind. Ausführlicher soll dies am Beispiel Asante erläutert werden.

Das Reich Asante war Ende des 17. Jahrhunderts als Föderation mehrerer Häuptlingstümer entstanden und stützte sich in hohem Maße auf den Handel mit Menschen und Gold. Andere Einkünfte waren die Arbeitsleistungen der Abhängigen und Sklaven, Abgaben der Bevölkerung aus Landwirtschaft, Viehzucht und Jagd sowie Tribute aus den unterworfenen Provinzen. Von ausgeprägter handwerklicher Tätigkeit, der Anlage größerer staatlicher Plantagen oder anderen produktiven Investitionen des Staates ist nichts bekannt. So entsteht zu Recht der Eindruck, daß Wirtschaft, Gesellschaft und Staat in Asante in hohem Maße an die Prosperität des Außenhandels gebunden waren. Das wichtigste Handelsgut waren dabei die Sklaven; Gold galt als Währung, wurde im Austausch gegen Waffen aber auch veräußert. Die Küsten-Forts der Europäer, über 30 insgesamt, erbaut von Dänen, Engländern, Franzosen, Holländern, Portugiesen, Schweden und den Brandenburgern, wurden für die afrikanischen Reiche zu willkommenen und umworbenen Partnern, aber der Zugang zu diesen Handelsplätzen wurde zum Streitobjekt. Die Herrscher von Asante, Asantehene genannt, versuchten, das Küstenhandelsmonopol der Fanti und anderer Völker zu umgehen und die gesamte Handelskette unter ihre Kontrolle zu bringen. Unter den Asantehene Osei Kwame (1770–1801) und Osei Bonsu (1801–1824) wurde das Reich ausgebaut, und die Expansion wurde zum Süden, zur Küste, gelenkt oder um diese Dimension erweitert. Die Fanti wurden unterworfen. Im Jahre 1817 konnte Osei Bonsu einen Vertrag mit der Londoner Kompanie der Kaufleute abschließen und den friedlichen Handel im beiderseitigen Interesse regeln. Allerdings bestanden die Briten nun darauf, daß keine Sklaven mehr exportiert werden durften; der Austausch von Gold gegen Waffen und andere europäische Waren stand von nun an im Mittelpunkt.

Die Gewinne aus diesem Handel müssen phänomenal gewesen sein, wenn man in den Berichten englischer und niederländischer Gesandtschaften am Hof von Kumasi voller Staunen das prunkvolle Auftreten des Asantehene, der Omanhene (Distriktherrscher) und anderer Chiefs betrachtet, oder wenn man die Reparationszahlungen Asantes in Höhe von 50 000 Unzen Gold nach der Niederlage von 1874 gegen die Engländer bedenkt. Daraus wird die Entschiedenheit erklärlich, mit der Kumasi um die Kontrolle dieser Routen gekämpft hat.

Innenpolitisch war der Sklaven- und Goldhandel ein Monopol des Staates; der Asantehene berief dazu eine „Company of State Traders" [317: WILKS, 197]; diese erhielt vom Asantehene das Handelsgut, vor allem die Sklaven, und eine bestimmte Menge Gold als „Währung" und hatte im Auftrage des Herrschers die Geschäfte abzuwickeln. Beim Tod eines Händlers fielen der verbliebene Goldstaub und seine Gewinne an den Herrscher, um die Konstituierung größerer Vermögen außerhalb der Herrscherschicht und die Entstehung einer einflußreichen privaten Händlerklasse zu verhindern.

Aufstieg des Reiches Asante

Asante war zu Beginn des 19. Jahrhunderts am Höhepunkt seiner Macht angelangt, beherrschte den Küstenhandel und den Fernhandel mit Sokoto, dem neuen islamischen Reich im Nordosten, und hatte die eigene militärische Stärke so ausgebaut, daß die Herrschaft über die unterworfenen Völker im Norden, Osten und Westen als gefestigt angesehen werden konnte; auch die interne Machtstruktur war abgesichert. Zunächst ließen sich ebenfalls die Beziehungen zu den Engländern an der Küste ausbauen, denn Asante konnte aus einer Position der Stärke heraus mit ihnen verhandeln. Aber die Interessen Großbritanniens waren vielschichtig und beinhalteten unter anderem die Abschaffung des Sklavenhandels, womit sie einen wichtigen Nerv der Wirtschaft Asantes trafen.

Konsolidierung Äthiopiens   In Ostafrika haben Entwicklungen stattgefunden, die ebenfalls zur Konsolidierung politischer Strukturen führten, aber auch zur Aushöhlung des Staates durch Einflüsse von außen.

Jahrhunderte voller Wirren hatten in Äthiopien einen allgemeinen Niedergang zur Folge gehabt: Streit zwischen den Provinzen, blutige Rivalitäten zwischen den verschiedenen Religionen, Kriege mit den benachbarten Galla und schließlich die Unterordnung unter das Osmanische Reich, das die Küste des roten Meeres beherrschte. Von außen war das Interesse an diesem Land und seiner strategischen Lage am Roten Meer stetig gewachsen. Ägypten hatte 1818 die Hafenstadt Massawa besetzt und startete von dort aus Einfälle in die Provinz Tigre im Norden Äthiopiens. Unter Ismail Pascha (1863–1879) dehnte es seinen Einfluß auch auf dem Landwege nach Süden aus, eroberte 1874 Darfur und bekämpfte Äthiopien. Die europäischen Rivalitäten um den Suezkanal, erbaut von 1859–1869, griffen ebenfalls nach Äthiopien über: Die Briten, denen an einer langfristigen Sicherung des Seeweges nach Indien gelegen war, wollten ihren Einfluß festigen und unternahmen deshalb 1867/68 von Massawa aus eine Expedition gegen den äthiopischen Kaiser in der Festung Magdala. Die Franzosen ihrerseits hatten 1862 die Hafenstadt Obock am Ausgang des Roten Meeres erworben.

Im Lande selbst konnte sich ein Provinzherrscher aus dem Nordwesten, Ras Kassa, eine größere militärische Basis schaffen, weil er moderne Waffen importiert hatte; er ließ die Großen des Reiches verschwinden und wurde 1855 unter dem Namen Theodor II. in Axum zum neuen Negus gekrönt. Sein größtes Anliegen war die Modernisierung der Armee, um die Galla unterwerfen zu können und die rivalisierenden Provinzen des Reiches, Tigre und Amahara im Norden sowie Schoa im Süden, unter seine Kontrolle zu bringen. Damit war ein erster Schritt zur politischen Konsolidierung getan. Sein Nachfolger, Johannes IV., geriet allerdings unter wachsenden Einfluß der Engländer. Erst Menelik II. (1889–1910) konnte das Reich einigen und ihm mit Addis Abeba ein neues Zentrum geben. Menelik hatte seine Truppen mit modernsten Waffen ausgerüstet, vor allem aus Frankreich, und konnte so die Völker im Süden der Provinz Schoa unterwerfen und die Grenzen Äthiopiens weit ausdehnen. Vor allem aber gelang es ihm, die Italiener in der Schlacht bei Adua (1896) zurückzuwerfen, die sich 1882 in Massawa niedergelassen hatten und einen größeren Kolonialbereich schaffen wollten. Waffen sowie die

Kontrolle des Waffenimports angesichts einer gesteigerten Rivalität zwischen europäischen Mächten in dieser Region hatten die Einigung eines zerfallenen Reiches bewirkt und dieses in seiner politischen Eigenständigkeit erhalten.

Ein anderes Schicksal ereilte das Königreich Buganda am Ufer des Victoria-Sees. Wegen der guten klimatischen Bedingungen waren Landwirtschaft, Viehzucht und Fischfang so leistungsfähig, daß sich ein florierendes Handwerk und ein Fernhandelsnetz etabliert hatten, das bis an die Ostküste Afrikas reichte. Die Bevölkerung untergliederte sich in 36 große Clans, und das politische System basierte auf dem Ausgleich zwischen diesen Clans, ihrem Landbesitz und ihrer Organisationsform mit einem Chief und eigenen Priestern an der Spitze auf der einen, und der Zentralmacht, repräsentiert durch den Kabaka, mit großen Ländereien im ganzen Land, dem Kronrat (Lukiko) und den Beamten des Kabaka am Hofe und in den Landesteilen auf der anderen Seite. Der Herrscher, der Hof und die Chiefs auf dem Lande lebten von den Erträgen ihrer Haushalte und von Abgaben der Bevölkerung. Die Autorität des Kabaka war durch seine Abstammung vom Gründerahn und durch seine besonderen Beziehungen zu den Ahnen und Geistern legitimiert. Seine Macht blieb so lange unangefochten, wie er die Eigenständigkeit der Chiefs und die Tradition respektierte. Darauf ruhte die Stabilität des Reiches. Im 19. Jahrhundert setzte sich nun ein politischer Konzentrationsprozeß fort, der seine Wurzeln in der fernen Zeit der Reichsgründung hatte: Der Kabaka versuchte, seine Macht zu Lasten der Clans auszudehnen, indem er die erblichen Rechte ihrer Chiefs beschnitt und Personen seiner Wahl an die Spitze der Regionen des Reiches setzte. Zudem organisierte er Kriegszüge gegen benachbarte Völker, um Vieh, Sklaven und Elfenbein zu erbeuten. Ein erheblicher Teil dieser Beute wurde an die Beamten verteilt. Die Zentralmacht stärkte die eigene Position ferner durch eine stärkere Besteuerung der Bevölkerung und durch gewaltsames Eintreiben dieser Abgaben. Dadurch erlitt sie aber einen erheblichen Autoritätsverlust bei den Clans und ihren Chefs. Diese Entwicklungen liefen mit einer Ausweitung der Handelsbeziehungen mit Sansibar (ab 1840) und Ägypten (ab 1872) parallel. Zahlreiche moslemische Händler von der Küste kamen an den Hof von Kabaka Mutesa (1856–1884) und tauschten Elfenbein und Sklaven gegen Waffen und Stoffe. Unter ihrem Einfluß wandte sich der Herrscher dem Islam zu. Seit 1877 kamen aber auch christliche Missionare, anglikanische und katholische, und der Hof des Kabaka wurde zu einer Stätte der Begegnung und der Rivalität von Religionen und Konfessionen, aber auch der islamischen bzw. westlichen Bildung. Aus diesen Fremdeinflüssen entstand eine Schicht junger Leute, die sich „readers" nannten und ihre Stellung am Hofe nutzten, um die Vertreter der Tradition, insbesondere die Clanchefs, weiter zurückzudrängen und ihre Rechte an sich zu reißen. Gleichzeitig bewirkte die Hinwendung des Kabaka zu einer fremden Religion eine Schwächung seiner auf die Ahnen zurückgehenden Legitimation. Diese Situation spitzte sich nach dem Tode von Kabaka Mutesa (1884) zu einem Bürgerkrieg zu: Christen und Moslems verbündeten sich gegen den neuen Herrscher Mwanga und vertrieben ihn, bekämpften sich gegenseitig und setzten jeweils

Krise in Buganda

neue Herrscher ein, bis schließlich 1890 zunächst der deutsche Reichskommissar Carl Peters und dann der britische Gesandte Jackson einen Vertrag mit Kabaka Mwanga abschlossen und Buganda britisches Protektorat wurde. Fremde Einflüsse, die neue Güter ins Land brachten und neue Quellen des Reichtums auftaten, hatten einen politischen Konzentrationsprozeß unterstützt und das Gleichgewicht der Macht im Reich verändert. Dieses wurde vollends aufgehoben, als mit der Präsenz der Fremden auch ihre Ideen verbreitet wurden und einen tiefgreifenden gesellschaftlichen und kulturellen Wandel einleiteten, der mit der überkommenen Ordnung nicht mehr in Einklang zu bringen war.

Die Expansion königlicher Macht in Ruanda   Ein starker Konzentrationsprozeß ist auch in Ruanda eingetreten, wo König Rwabugiri (1863–1895) viele Herrscher kleinerer Einheiten unterwerfen und weite Teile des Landes unter seine Kontrolle bringen konnte. Ob auch hier die Intensivierung der Handelsbeziehungen, namentlich der Erwerb von Waffen, maßgeblich war, ist nicht eindeutig. Das wichtigste Ziel der Eroberungskriege scheint der Erwerb von Beute, vor allem Rindern und Frauen, gewesen zu sein. Dennoch bleibt die zeitliche Parallelität der Expansion und Machtkonzentration mit ähnlichen Vorgängen in der Großregion auffallend.

In vielen Gegenden Ostafrikas waren diese handelspolitischen Veränderungen und die Möglichkeiten, die sie für Konzentrationsprozesse eröffneten, der Auslöser für eine Umgestaltung der politischen Landschaft. Persönlichkeiten wie Tippu Tip, Msiri oder Mirambo haben die Kontrolle der Handelswege genutzt und neue Herrschaftsbereiche geschaffen, wo bisher nur kleine politische Einheiten existiert hatten.

Der Sklavenhändler Tippu Tip   Tippu Tip, ein Händler von Sansibar, hat sich zwischen 1875 und 1890 mit Waffengewalt aus dem Raub und Tausch von Elfenbein und Sklaven ein Handelsimperium geschaffen, das vom westlichen Ufer des Tanganyika-Sees entlang dem Fluß Lualaba bis über die sogenannten Stanleyfälle am Kongofluß reichte. Er war der uneingeschränkte Herrscher dieses Raumes, und die „Internationale Assoziation", der Vorläufer des Kongo-Freistaates, hat sich seiner bedient und ihn zum Gouverneur der Station „Stanley Falls" gemacht. Tippu Tip und andere Händler von Sansibar kontrollierten darüber hinaus die großen Umschlagplätze des Karawanenhandels: Ujiji (am östlichen Ufer des Tanganyika-Sees) sowie Tabora (im Inneren des heutigen Tansania).

Mirambo († 1884), aus einem kleinen Häuptlingstum der Nyamwezi in der Gegend von Tabora, hat ebenfalls die Kontrolle der Handelswege angestrebt und konnte daraus beträchtliche finanzielle und territoriale Gewinne erzielen. Er hat benachbarte Völker unterworfen und in Expansionskriegen zum Norden und Süden ein Reich geschaffen, in dem zum ersten Mal mehrere Völker zentral organisiert waren. Er wollte aber auch den Küstenhändlern und ihren Finanzmaklern, die aus Tabora eine florierende Handelsstadt mit Plantagen zur Versorgung der Karawanen zur Küste und mit eigener Verwaltung gemacht hatten, die Kontrolle dieses vorgeschobenen Postens der Weltwirtschaft streitig machen. Obwohl er dieses Ziel nicht erreicht hat, mußte selbst Tippu Tip Freundschaft mit ihm schließen, um seinen Herrschaftsbereich passieren zu können. Sein früher Tod und die Ankunft der Kolonialmächte haben diesem Konsolidierungsprozeß ein Ende gesetzt.

Auch im südlichen Afrika sind seit der Wende zum 19. Jahrhundert ähnliche Prozesse zu beobachten. Der Südwesten war durch das Vordringen der Weißen geprägt, aber im Südosten ergab sich auf Grund lang andauernder ökologischer Veränderungen eine Situation des Überlebenskampfes um knapper werdende natürliche Ressourcen und damit um die regionale Vormachtstellung als Ausgangspunkt einer Neuordnung des Großraumes und seiner Rohstoffe. Günstige klimatische Bedingungen im Lebensraum zwischen den Drakensbergen und der Küste hatten zunächst zu einer steten Ausweitung der Bevölkerung und des Viehbestandes geführt. Eine länger anhaltende Trockenheit um die Jahrhundertwende hat aber eine Verschlechterung der Lebensbedingungen eingeleitet und die Spannungen zwischen den Völkern der Region zunehmen lassen. In dieser Situation versuchten mehrere Herrscher, ihren Einflußbereich auszuweiten. Zwide, der Herrscher der Ndwandwe, Dingiswayo, der Herr über die Mthethwa, und vor allem Shaka, der Gründer des Zulu-Reiches, waren die bekanntesten. Shaka konnte viele Völker unterwerfen und ein neues Reich schaffen, das auf der Macht von Militärs und auf Kriegsbeute beruhte und traditionelle Strukturen in Gesellschaft und Politik aufhob sowie deren Repräsentanten ausschaltete. Dadurch ist zwar kein Staatswesen mit solider ökonomischer Basis entstanden, aber eine größere politische Stabilität und eine neue kulturell-politische Identität, die der Zulu, die bis heute weiterbesteht. Andere Herrscher sind vor Shaka geflohen oder haben ihren Herrschaftsbereich ebenfalls konsolidiert. Bei diesen Prozessen spielten die Auseinandersetzungen mit den vordringenden Weißen ebenfalls eine Rolle. Der „große Trek" hatte größere Gruppen von burischen Emigranten aus der Kap-Kolonie über die Flüsse Vaal und Oranje ins Innere Südafrikas und in den Kampf um Lebensraum mit dort lebenden schwarzen Völkern geführt.

So hat die Einengung des Lebensraumes durch ökologische Veränderungen und politische Machtverschiebungen, die auch als Auswirkungen des vorrückenden Weltmarkts, symbolisiert durch die britische Machtübernahme am Kap verstanden wurden, die Zerschlagung bestehender Herrschaftsräume zur Folge, aber auch die Konzentration von Macht und die Entstehung neuer Reiche.

Auch im Südwesten des Kontinents haben in diesen Jahrzehnten politische Konzentrationsprozesse eingesetzt. In ihrem Verlauf sind die herero-sprechenden Viehzüchter stärker geworden, haben sich zentralistischer organisiert, große Führungspersönlichkeiten sind zu Macht und Einfluß aufgestiegen, und die Herero konnten sich in Anpassung an Handelsströme aus dem Kap neue Herden aufbauen.

Dies waren Tendenzen, die sich im 19. Jahrhundert in allen Teilen des Kontinents manifestierten. Sie waren an interne Entwicklungen gebunden, häufig auch an die Auswirkungen des Vorrückens der Weltwirtschaft. Sie traten als Aufstieg von Militärherrschern oder als Festigung der Macht mit militärischen Mitteln auf.

Aufstieg der Zulu

Politische Konzen-
tration der Herero

Eine große Schwachstelle, die sich in der Begegnung mit den westlichen Mächten im Laufe des Jahrhunderts herausstellte und sowohl die interne Stabilität wie die Konkurrenzfähigkeit und die Verteidigungskraft schwächte, lag in ihrer gering ausgebildeten Produktionsbasis.

3. Die Ausbreitung des Islam in heiligen Kriegen

Religiöse Erneuerung

Nicht völlig losgelöst von den Veränderungen der Weltwirtschaft und Weltherrschaft, aber auch durch interne Strömungen beeinflußt, sind in Westafrika bis in den Sudan hinein seit dem 18. Jahrhundert und vor allem im 19. Jahrhundert mächtige Strömungen einer islamischen Erneuerung aufgetreten. Regionaler Ausgangspunkt waren der Futa Toro im Norden des heutigen Staates Senegal und der Futa Jallon im Hochland von Guinea. Dort hatten islamische Prediger eine strengere Beobachtung religiöser Lebensregeln gefordert; dies stand im Zusammenhang mit einer weltweiten islamischen Erneuerung, die durch Mekkapilger bekannt wurde. Hinzu kam eine Einwanderungsbewegung von islamischen Fulani, die auf der Suche nach neuen Weideflächen große Teile Westafrikas, die Sahelzone zwischen dem Südrand der Sahara und der fruchtbaren Ackerbauregion weiter südlich, durchzogen.

Die Einwanderung der Marabouts und der Fulani stand im Zusammenhang mit der allgemeinen Verunsicherung seit dem Einfall marokkanischer Truppen (1691), die das Reich Songhay zerstört hatten, und den Kämpfen um die Kontrolle der großen Handelsrouten für Gold, Sklaven und Waffen. Diese unterschiedlichen Interessen verbündeten sich und versuchten eine politisch-gesellschaftliche Neuordnung, in der der Islam als Herrschaftsideologie und die Fulani als herrschende Kraft an der Spitze stehen sollten.

Das Ziel der islamischen Erneuerung lag in der Errichtung islamischer Staatswesen, dem Kampf gegen nicht-islamische Nachbarvölker und der Kontrolle der Fernhandelsstraßen. „Heilige Kriege" in Futa Jallon (1725–1778) und Futa Toro (1775) errichteten hier neue Staatswesen, an deren Spitze der Almamy, das religiöse Oberhaupt, stand.

Der Jihad Usman dan Fodios

Der Jihad, der die größten Veränderungen nach sich zog, war der um Usman dan Fodio (1754–1817), der in den Jahren 1804–1809 ein riesiges Reich schaffen konnte, das Kalifat von Sokoto, das sich bis in den Norden Kameruns und bis zum Tschad-See ausdehnte. Die besonderen Merkmale dieses Reiches hatten allesamt mit dem Islam und seinen Auswirkungen auf Staat, Wirtschaft und Gesellschaft zu tun. Die politische Struktur umfaßte den Kalifen als obersten Befehlshaber der Gläubigen und damit politisches und religiöses Oberhaupt aller Gläubigen, an seiner Seite die in der islamischen Staatsphilosophie vorgesehenen Minister und als seine Vertreter in den Provinzen die Emire. Weil der Islam das einigende Band war, wurde diese Machtaufteilung in der Regel von allen anerkannt, woraus dem Ganzen eine bemerkenswerte politische Stabilität erwuchs.

Im Gegensatz zu den nicht-islamischen Nachbarstaaten beruhte die Rechtsprechung weniger auf der Willkür der Herrschenden als auf dem fixierten islamischen Recht. Usman dan Fodio hatte in seinen Aufrufen zum Heiligen Krieg die Gerechtigkeit und die Gleichheit aller vor dem Gesetz als eine seiner zentralen Forderungen erhoben.

Die ökonomische Basis des Staates lag einerseits in Beute- und Sklavenkriegen, durch welche die herrschende Schicht mit billigen Arbeitskräften versorgt wurde; diese Sklaven stellten das Rückgrat der Ökonomie dar. Es herrschte ein Wirtschafts- und Gesellschaftssystem vor, das man als „slave mode of production" bezeichnen kann. Durch sein zweites ökonomisches Standbein, die Steuern, unterschied sich dieses Reich grundlegend von Nachbarstaaten: Die Monopolisierung des Außenhandels durch die Herrschenden spielte keine entscheidende Rolle im Staatshaushalt. Vielmehr wurde über das islamische Steuerrecht für ausreichende staatliche Einkünfte gesorgt. So wurde die Bevölkerung zu berechenbaren und vergleichbaren Abgaben herangezogen. Diese Rechtssicherheit war einer der wichtigsten Faktoren, die dem Kalifat politische Stabilität verliehen. Die politischen Rahmenbedingungen wirkten sich dynamisierend auf die Wirtschaft aus: Der neue Großraum mit einer Bevölkerung von mehreren Millionen Menschen, einer teilweise großen Bevölkerungsdichte und einer im Norden Nigerias traditionell ausgebauten Stadtkultur unterlag denselben wirtschaftspolitischen Bedingungen, einer fixierten Steuergesetzgebung, einheitlichen Maßen und Gewichten, und er stellte ein riesiges einheitliches Zoll-Gebiet dar. Besonders die Förderung des Handels durch den Staat, der für ordentliche Marktbedingungen sorgte und den Händlern große Freiheiten und Akkumulationsmöglichkeiten ließ, stachen deutlich von den Bedingungen in Nachbarstaaten ab. Dadurch konnten die alten Handelsverbindungen zum Norden und Süden gepflegt werden, zum Nutzen vor allem der Städte im Norden, die als Umschlagplatz dieses Fernhandels zur Blüte gelangt waren, allen voran Kano und Katsina. Die Konsequenzen waren unübersehbar: Zur Abwicklung des Handels etablierten sich hier Großhändler, die über weite Geschäftsverbindungen und Agenten in anderen Handelszentren verfügten, aber auch Makler, die die Geschäfte zu vermitteln verstanden und dabei ebenso große Gewinne einstrichen, und viele andere, die in der Abwicklung des Handels tätig waren. Alle trugen zur Weiterentwicklung der gesellschaftlichen Arbeitsteilung und zur professionellen Spezialisierung einer Stadtbevölkerung bei, die zu den Stoßzeiten um ein Mehrfaches ihres sonstigen Bestandes wuchs. Hier konnte sich auch eine Manufaktur weiterentwickeln und auf der Basis der lokalen Produkte Baumwolle, Farbstoffe, Häute und Felle große Regionen bis zum Atlantischen Ozean und zum Mittelmeer beliefern. HEINRICH BARTH hat diese Handelsplätze und Produktionsstätten beschrieben und Listen der Handelsgüter aufgestellt, auf denen auch Leinenstoffe aus Schlesien und jährlich 50 000 Messerklingen aus Solingen verzeichnet waren, die über die Sahara-Routen transportiert wurden. Er hat die Textilproduktion, den Anbau von Baumwolle und Indigo, die Herstellung von Garnen und Stoffen, ihre Färbung und Verarbeitung zu kunstvoll

Wirtschaftliche Blüte im Kalifat Sokoto

gestalteten Kleidungsstücken und die Lederverarbeitung beschrieben und vermerkt, die Region um Kano sei einer der glücklichsten Plätze dieser Erde, weil hier Produktion und Verarbeitung in denselben Händen lagen und der Bevölkerung insgesamt zugute kamen.

Eine andere Konsequenz der islamischen Staatsgründung ist in der neuen Identität zu sehen, die hier entstanden ist: über ethnische Unterschiede hinweg sind zumindest die großen Gruppen der Hausa und Fulani über das Band des Islam zusammengewachsen, bis in die heutige Zeit hinein.

Die Entfaltung des Kalifates Sokoto stand nur indirekt in Verbindung zum Weltmarkt, denn die entscheidenden Anstöße zum heiligen Krieg waren von den regionalen Strömungen einer islamischen Erneuerung ausgegangen. Über die Präsenz gelehrter Moslems, die auf ihrer Pilgerfahrt mit weltweiten Denkansätzen des Islam in Kontakt getreten waren, wirkte sich aber auch hier eine Reaktion islamischer Völker auf die Veränderungen der Weltwirtschaft aus. Zudem stellte der Handel, der sich im Zuge der industriellen Revolution und der Herausbildung des Weltmarktes sehr schnell ausdehnte, einen enormen Anreiz dar und hatte weitreichende Konsequenzen in der gesamten Region: Der Saharahandel nahm im 19. Jahrhundert ungeahnte Ausmaße an, die Hafenstädte an den Küsten, in denen einheimische Produkte wie Palmöl und Gold gegen Waffen getauscht wurden, nahmen noch stärker an Bedeutung zu; auch regionale Märkte, auf denen Sklaven gehandelt wurden, expandierten, denn Sklaven waren als Arbeitskräfte in der Manufaktur sowie auf Plantagen gefragt.

Andere islamische Reiche · Sokoto war nicht die einzige islamische Staatsgründung, wohl aber die mit Abstand größte und beständigste. Andere Reiche sind in den Wirren der Kämpfe um regionale Vorherrschaft und der Kolonialeroberung wieder verschwunden: So das durch moralischen und theologischen Rigorismus bekanntgewordene Reich der Fulani unter Amadou Cheikhou († 1844) und das der Tukulör unter El Hadj Omar (1797–1864); sie waren aus dem Bestreben um Orthodoxie, regionale Vorherrschaft und Kontrolle der Handelswege entstanden. Immer flossen also interne Entwicklungen und externe Einflüsse zusammen. Eine eindeutige Konsequenz dieser politischen Veränderungen unter religiösen Vorzeichen war die Ausbreitung und Erstarkung des Islam: Nicht-islamische Reiche wurden angegriffen oder unterworfen, und Herrscher mit zweifelhafter islamischer Rechtgläubigkeit sahen sich durch die offensiven islamischen Nachbarn in ihrem Herrschaftsanspruch bedroht.

4. Die Ausdehnung der Präsenz der Fremden

Die Küsten als Einfallstore der Fremden · Die Gegenwart von Fremden im Inneren Afrikas ist ein junges Phänomen, wenn man von Nord- und Südafrika absieht. Die Küsten waren seit Jahrhunderten der Begegnungsort vieler Kulturen gewesen, am längsten im Mittelmeerraum und im Osten des Kontinents. Hier waren Griechen, Römer, Araber, Perser und Inder als

Händler und Einwanderer ansässig, noch bevor die Portugiesen seit dem 15. Jahrhundert Teile der Küste unter ihre Kontrolle brachten. Im Westen Afrikas waren die Portugiesen die ersten Fremden; ihnen folgten Spanier, Holländer, Dänen, Engländer, Schweden, Franzosen und für einen kurzen Zeitraum (1683–1709) auch die Brandenburger. Sie bauten befestigte Stützpunkte für den Handel mit Gewürzen, Elfenbein, Gold und Sklaven gegen Textilien, Alkohol, Waffen und Kurzwaren. Im Laufe der Zeit entstanden daraus Küstenstädte mit afrikanischer und europäischer Bevölkerung. In manchen von ihnen bildete sich durch die Verbindung zwischen ihnen eine neue Schicht, die europäisch gebildet war und christlich. Sie konnte in die transatlantischen Geschäfte einsteigen und hatte gleichzeitig eine Mittlerstellung zwischen den Interessen der Europäer und der Afrikaner inne, auch wenn sie selbst stärker nach Europa tendierte.

In Ostafrika war ein ähnlicher Prozeß unter islamischen Vorzeichen ausgelöst worden und hatte mit der Suaheli-Kultur etwas neues geschaffen, das Bestand hatte.

Südafrika hat eine sehr viel intensivere Präsenz und Dominanz von Fremden erlebt, die nur mit der Islamisierung und Arabisierung Nordafrikas zu vergleichen ist: Seit 1652 waren weiße Einwanderer und Eroberer in Südafrika und hatten bis 1800 den westlichen Teil des südlichen Afrika unter ihre Kontrolle gebracht.

Das 19. Jahrhundert hat überall auf dem Kontinent eine Intensivierung, ja Radikalisierung dieser Entwicklungen erlebt: An den Küsten ist der fremde Einfluß stetig gewachsen, weil im Zuge der industriellen Revolution die Nachfrage nach afrikanischen Produkten, vor allem Palmöl, Kautschuk und Elfenbein, weltweit zunahm und zu verstärkter Rivalität zwischen den europäischen Händlern und Mächten führte. Das Ausgreifen der Weltwirtschaft nach Afrika war die Folge, auch im Landesinneren zu spüren: Händler und Abgesandte europäischer Regierungen sind tiefer in das Innere vorgestoßen, auf der Suche nach neuen Handelsmöglichkeiten, die erforscht und durch Verträge mit einheimischen Herrschern besiegelt werden sollten. Forschungsreisende haben den Verlauf des Niger untersucht, die Quellen des Nil kartographisch festgelegt, Gebirge, Flußläufe und Seen als erste Europäer gesehen und dem interessierten Publikum in Europa bekanntgemacht. Andere haben afrikanische Herrscher im Landesinneren besucht und von deren Reichen berichtet, oder über Mißstände, Willkürherrschaft, Sklavenjagden und Sklavenmärkte informiert. Institutionell fand diese Neugierde ihren Niederschlag in der Gründung zahlreicher geographischer Gesellschaften, die Expeditionen ausrüsteten und ihre Berichte veröffentlichten.

Das wachsende Interesse der Fremden

Parallel zum Interesse an unbekannten Völkern und Ländern entwickelte sich in vielen kirchlichen Gemeinschaften Europas und Amerikas ein neues Sendungsbewußtsein und ließ Missionsgesellschaften entstehen, die ihre Mitglieder nach Afrika sandten: 1789 war die London Missionary Society in Südafrika, seit 1847 war die Rheinische Mission in Südwestafrika tätig, 1877 und 1879 kamen anglikanische und katholische Missionare an den Hof des Kabaka von Uganda, wo sie moslemische Konkurrenten von der Küste vorfanden. So waren im 19. Jahrhun-

Missionarische Erneuerung in Europa

dert Händler, Forscher, Reisende und Missionare die ersten Vertreter des Westens, die in den Kontinent eindrangen und auf die lokale Bevölkerung einzuwirken versuchten. Im Norden und Osten waren ebenfalls Händler die Vermittler gewesen: Händler aus Nordafrika hatten den Sahara-Handel seit Jahrhunderten beherrscht; islamische Händler aus Sansibar und den Küstenregionen sowie Bankiers aus Indien übernahmen die Kontrolle des Karawanenhandels in Ostafrika und beherrschten diese Geschäfte bald weitgehend.

B. DIE WACHSENDE INTEGRATION AFRIKAS IN DAS WELTWIRTSCHAFTLICHE SYSTEM

Der afrikanische Kontinent hat im 19. Jahrhundert eine ökonomische Veränderung erfahren, die man in einem gewissen Sinn als Integration in das weltwirtschaftliche System ansehen kann. Zwar sind manche Regionen, vor allem Küstenstriche, seit Jahrhunderten mit anderen Kontinenten in Verbindung gewesen und haben an der Entfaltung kleinerer Wirtschaftsräume teilgenommen – die markantesten Beispiele sind Ägypten und Nordafrika als aktive Teile des Raumes Mittelmeer und Naher Osten, sowie Ostafrika als Teil des Großraumes Indischer Ozean. Auch Westafrika hat seit dem Ende des 15. Jahrhunderts an einer besonderen Form des internationalen Handels, dem sogenannten Dreieckshandel, teilgenommen, als Lieferant von Gewürzen, Gold und Menschen im Tausch gegen Waffen, Textilien und andere Produkte.

Der Blick der Weltwirtschaft nach Afrika

Aber diese Partizipation kann man schwerlich eine Integration nennen, weil sie nur wenige Küstenstriche erfaßte, der Austausch auf wenige Güter beschränkt blieb und nicht der Verbesserung der eigenen Produktionskapazität diente. Die stärkere Teilnahme afrikanischer Völker am internationalen Handel hat daher einen Prozeß der Marginalisierung eingeleitet, der ihnen eine bestimmte Rolle als Peripherie des weltwirtschaftlichen Systems, geprägt durch Abhängigkeit vom Weltmarkt, zuwies. Dieses Muster der Weltarbeitsteilung ist im 19. Jahrhundert beibehalten und radikal verstärkt worden; die Kolonialzeit hat es durch den Bau entsprechender Infrastrukturen festgeschrieben.

Diese Kategorisierung kann man auch zum Ausgangspunkt der Interpretation der jüngeren Geschichte Afrikas machen und diese als „wachsende Abdrängung in die Abhängigkeit" [704: COQUERY] bezeichnen. Bis zum 17. Jahrhundert seien die Außenbeziehungen Afrikas mit anderen Völkern zu beiderseitigem Nutzen angelegt gewesen; erst in der „merkantilistischen Periode" (1600 bis 1800) habe die Rückentwicklung Afrikas durch den Sklavenhandel eingesetzt; das 19. Jahrhundert sei der Versuch, neue Formen von Abhängigkeit zu schaffen, die in der Kolonialzeit zu einer tiefergreifenden Integration in das kapitalistische System geführt und die Abhängigkeit zur bestimmenden Kategorie gemacht habe.

Diese Betrachtungsweise bleibt jedoch problematisch, weil sie Entwicklungen, die ihren Kernpunkt außerhalb des schwarzen Kontinents haben, zum Maßstab von Prozessen macht, die ihre Dynamik auch aus anderen Quellen beziehen. Dies gilt für alle Völker: Ihr Verhalten war immer von einer Vielzahl von Faktoren beeinflußt, vor allem von der Notwendigkeit der Organisation des Überlebens in der jeweiligen Umwelt, von den Erfahrungen, die sie dabei über Jahrhunderte gemacht hatten und die ihren Niederschlag in ihrer Kultur, ihren Wertesystemen und Verhaltensvorschriften gefunden hatten, und natürlich auch von den Beziehungen zu den Nachbarvölkern und zu Fremden oder Eindringlingen. Aus dieser Komplexität kann man nicht einen Bereich herauslösen und zum bestimmenden

Faktor einer Epoche hochstilisieren. Man kann dennoch die Bedeutung einzelner Elemente in diesem Beziehungsgeflecht gesondert betrachten, und nur in diesem Sinn soll hier die einseitige Einbeziehung in das weltwirtschaftliche System im Mittelpunkt dieses Kapitels stehen.

Die großen Meilensteine dieser schleichenden Integration waren die Abschaffung des Sklavenhandels, die Ausweitung des Warenaustausches, das Ausgreifen europäischer Mächte und ihrer Siedler nach Nord- und Südafrika, die Verlagerung der Hauptstadt des Handelsimperiums von Oman nach Sansibar, die Eröffnung des Suezkanals und schließlich die imperialistische Aufteilung des Kontinents.

1. Die Abschaffung des Sklavenhandels und die Ausweitung des Warenhandels

Die Abschaffung des Handels mit Menschen hat zunächst den Westen und Süden Afrikas berührt. Die Dänen (1802) und die Engländer (1807) haben als erste den Handel mit Menschen in all ihren Einflußbereichen verboten. Die anderen Mächte an Afrikas Küsten, Spanien, Portugal und Frankreich, haben sich 1817 bzw. 1818 dieser Politik angeschlossen. Ihre Durchsetzung hat aber zu einer stärkeren Präsenz der Europäer an den Küsten und zu einer wachsenden direkten Einmischung geführt. Zunächst ist der Versuch unternommen worden, einheimische Herrscher durch Verträge zum Verzicht auf den Export von Sklaven zu bewegen; das setzte häufig die Androhung oder Anwendung von Gewalt voraus. So wurde der kleine Ort Lagos, der Ursprung der heutigen Millionenstadt in Nigeria, im Jahre 1851 von den Briten bombardiert, um Herrscher, die am Sklavenhandel festhielten, aus dem Amt zu jagen. Dasselbe Motiv der Beeinflussung der Außenhandelspolitik spielte auch bei den Kriegen der Briten gegen die Asanti eine Rolle und bei der britisch-französischen Rivalität um einen Handelsvertrag mit König Ghezo von Dahomey. In diesem Fall werden Ausmaß und Wege der europäischen Einmischung besonders deutlich: Die Briten hatten 1849 einen Konsul für die Bucht von Biafra zur Überwachung des Sklavenhandelsverbots ernannt. Unterstützt durch die Royal Navy leitete er eine ständige militärische Präsenz Englands in der Region ein und verkörperte den Anspruch auf eine politische Kontrollfunktion. Seine ersten Verhandlungen mit König Ghezo zur Beendigung des Menschenhandels waren an dessen Widerstand gescheitert. Aber der Kommandant der Royal Navy konnte wenig später, am 2. 2. 1852, einen Vertrag mit kleineren Herrschern abschließen, die sich damit in Widerspruch zu König Ghezo setzten. Die Ausfuhr von Sklaven wurde verboten, und die britische Regierung erhielt das Recht, das Verbot mit Waffengewalt durchzusetzen.

Britische Kanonenboote an den Küsten   Zu diesem Zweck patrouillierten zwischen 1819 und 1869 britische Kanonenboote vor den Küsten Westafrikas, brachten Sklavenhandelsschiffe auf und standen als militärisches Drohpotential stets zur Verfügung. So führte die globale

Abschaffung des Sklavenhandels zur faktischen Übernahme einer politischen Kontrollfunktion durch die Europäer.

Eine weitere politische Folge war die Schaffung des Staates Liberia (1822) zur Ansiedlung ehemaliger Sklaven aus Amerika oder aus aufgebrachten Schiffen. Dieses Anliegen bedeutete gleichzeitig einen massiven Eingriff in das Leben der Völker, die das Gebiet des neuen Staats bereits bewohnten. Die britische Kolonie Sierra Leone (seit 1808) hatte schon seit 1787 freigelassene Sklaven aufgenommen, und die Stadt mit dem Namen Freetown war zum Symbol für eine neue Politik geworden, aber auch für fremde Einmischung.

Die Trockenlegung eines Teiles der Einnahmequellen von Herrschern gestaltete sich schwierig, wenn sie nicht mit der Schaffung alternativer Einkommensmöglichkeiten verbunden war. Als solche erwies sich die wachsende Nachfrage nach Palmprodukten, Palmöl und Palmkernen, die als Grundstoffe für Seifen und Schmiermittel benötigt wurden. Ihre Vermarktung ließ sich aber weniger leicht monopolisieren als der Menschenhandel; die Aushöhlung der Macht großer Herrscher war die Folge.

Ausweitung des Palmölhandels

Der expandierende Elfenbeinhandel in Ostafrika zog ebenfalls ein immer tieferes Eindringen fremder Händler in den Kontinent nach sich.

Einwirkung in die afrikanischen Gesellschaften erfolgte ebenso über die Importe: Waffeneinfuhren konnten Herrscher oder ihre Herausforderer stärken; die Einfuhr preiswerter Stoffe aus Europa oder Indien, in der Regel der größte Posten der Schiffsladungen, ließ einheimische Stoffhersteller unter Druck geraten; genauso verhielt es sich mit Eisenhacken und Geschirr, mit Stockfisch und Salz. Die einheimische Produktion wurde bedrängt, auch wenn die Qualitätsanforderungen und die Geschmacksrichtungen bei den afrikanischen Konsumenten das lokale Handwerk zunächst stützten.

2. Das Ausgreifen europäischer Mächte und Siedler nach Nord- und Südafrika

Der Norden und Süden Afrikas haben früher als andere Regionen das direkte Eingreifen europäischer Mächte und vor allem die Niederlassung zahlreicher Siedler erlebt. Nach der Machtübernahme der Engländer am Kap strömte einerseits eine größere Zahl europäischer Siedler in diese Region, anderseits löste gerade dieser politische Wandel eine Fluchtbewegung burischer Siedler ins Landesinnere aus. Ihr „Großer Trek" setzte eine dramatische Expansion der Weißen in afrikanische Siedlungsgebiete fort, die schon seit 1781 in den sogenannten „Kaffernkriegen" zu blutigen Auseinandersetzungen geführt hatte.

Im Norden des Kontinents hatte das europäische Eindringen starke innenpolitische Beweggründe: Frankreich hat 1830 eine Flottenexpedition nach Algier geschickt, um die gegen französische Handelsschiffe agierenden Piraten auszuschalten. Durch einen schnellen Erfolg erhoffte sich der reaktionäre Karl X. einen außenpolitischen Prestigeerfolg. Daß aus dieser Aktion langsam eine Eroberung des Hinterlandes und eine Kolonie wurde, lag am Selbstverständnis der französischen Armee, die den Widerstand der Bevölkerung unter Abdel Kader (1834–1879) brechen und siegreich aus diesem Unternehmen hervorgehen wollte. So wurden bis 1882 schrittweise alle Küstenstädte und das Hinterland in den heutigen Grenzen Algeriens erobert und durch eine wachsende Zahl europäischer Siedler an Frankreich gebunden. Mit diesem Ausgreifen nach Algerien war im Mittelmeer-Raum der Grundstock für die spätere Rivalität der europäischen Mächte gelegt.

3. Sansibar als neue Hauptstadt der Herrscher von Oman

Der Verlagerung der Hauptstadt des Handelsreiches Oman nach Sansibar (um 1840) war eine lange Geschichte der Handelsbeziehungen zwischen der arabischen Halbinsel und der Küste Ostafrikas sowie der Kämpfe Omans mit den Portugiesen und mit den arabischen Herrschern der Küstenstadt Mombasa, den Mazrui, um die Vorherrschaft auf den Inseln vorausgegangen. Entscheidend wurden weltwirtschaftliche Veränderungen: Großbritannien hatte seine Herrschaft in Indien seit der Umwandlung der Ostindienkompanie in eine britische Verwaltungsbehörde (1773) kontinuierlich ausgedehnt und wollte auch in das Machtvakuum auf der arabischen Halbinsel vorstoßen, das sich durch den Rückzug des osmanischen Reiches aufgetan hatte; es ging um die Sicherung der Indienroute. Schließlich war Sansibar im Gegensatz zu Omans Hauptstadt Muscat ein sehr fruchtbarer Ort, der zudem als wichtiger Handelsstützpunkt vor der afrikanischen Küste für den Export von afrikanischem Getreide und von Sklaven zur arabischen Halbinsel und zur Kontrolle des Handels in der Großregion genutzt werden konnte. So entstand vor der Küste Ostafrikas ein Vorposten des Weltmarkts.

4. Der Bau des Suezkanals

Dieses Projekt, zwischen 1859 und 1869 durchgeführt, stürzte Ägypten in eine schwere Finanzkrise, die sich vor allem in der Verschuldung gegenüber Frankreich und den anderen Gläubigerstaaten und Aktionären der Suezkanalgesellschaft auswirkte. 1878 konnte Ägypten die Zinsleistungen nicht mehr aufbringen, und eine internationale Kontrollbehörde übernahm die Überprüfung der Staatsfinanzen. Faktisch waren Frankreich und England jetzt gemeinsam die Herren des Landes, wobei England zur Sicherung der Indienroute seinen Druck auf das Land offen in politisch-militärische Kontrolle umsetzte.

Der Bau des Suezkanals war jedoch nicht die einzige Schlinge, in der sich Ägypten verfing: Unter dem Khediven Mohammed Ali (1769–1849) war eine entschiedene Modernisierung des Landes mit Hilfe westlichen Kapitals in Angriff genommen worden und hatte einen längerfristigen Prozeß der Verschuldung eingeleitet, der mit dem Suezkanal schließlich seinen Höhepunkt erreichte.

Diese politischen Veränderungen mündeten in die Aufteilung des afrikanischen Kontinents in den letzten Jahren des 19. Jahrhunderts. Sie war mit dem Vorgehen der Engländer in Südafrika, der Franzosen im Norden und den gemeinsamen Interessen der Europäer in Ägypten schon eingeleitet. In Angola und Moçambique war Portugal als alte Kolonialmacht etabliert, und in vielen Küstengebieten hatten sich fremde Mächte niedergelassen, Europäer, Araber und Inder, die ihre Handelsinteressen verfolgten. Zwischen 1880 und 1900 wurde dann der Rest des Kontinents unter den europäischen Mächten aufgeteilt, nach Spielregeln, die auf der Berliner Westafrika-Konferenz (1884/1885) festgelegt worden waren. Die neuen Herren Afrikas waren nun die Engländer, Franzosen, Portugiesen, Belgier, Spanier, Italiener und Deutschen. Der gesamte Kontinent geriet unter fremde Kontrolle, nur Äthiopien und Liberia behielten ihre völkerrechtliche Unabhängigkeit.

C. DIE AFRIKANISCHEN GESELLSCHAFTEN UND DIE HERAUSFORDERUNGEN DURCH DEN WELTMARKT

Auch wenn die Einbeziehung in den Weltmarkt keine Integration bedeutete, hat im 19. Jahrhundert in manchen Regionen Afrikas ein Eindringen fremder Mächte stattgefunden. Dadurch wurde die primär subsistenzorientierte Wirtschaftsform dieser Gesellschaften oder ihre Ausrichtung auf lokale und regionale Märkte aufgebrochen, und die Nachfragestruktur eines fernen und dem eigenen Einfluß entzogenen Marktes begann, sich auf die Produktionsentscheidungen auszuwirken. Dies hatte eine Kettenreaktion von Veränderungen zur Folge, von denen die internen Machtverhältnisse zwischen Herrschenden und der Bevölkerung, Alten und Jungen, Männern und Frauen sowie Freien und Unfreien berührt wurden. Ebenso gerieten der Einsatz der verfügbaren Ressourcen, die Formen der Arbeitsteilung, die Sitten und Gebräuche sowie die vorherrschenden Wertesysteme unter Druck.

Der wichtigste einzelne Veränderungsfaktor war die Umstellung vom Sklavenhandel auf den Warenhandel. In den Warenhandel wurden sehr viel mehr Menschen und Schichten sowie anders konstituierte Gruppen einbezogen als in den Sklavenhandel. Der Handel mit Menschen oder mit Elfenbein erforderte ein gehöriges Maß an militärischer Organisation und den Einsatz von ergebenen Gefolgsleuten, Soldaten bzw. Jägern. Die Händler, deren Aktivitätsfeld ein prosperierender, und friedlicher Großraum ist, traten bei den Sklavenjagden in den Hintergrund. Sie konnten zwar auch Sklaven kaufen und weiterveräußern, dieses Geschäft blieb aber bei weitem hinter dem der Herrscher zurück. So hatte der Sklavenhandel eine wirtschaftliche und politische Monopolstellung der Herrscher gefördert. Demgegenüber gestaltete sich der Zugang zur Warenproduktion für den Weltmarkt disparater: Eine Vielzahl von Kleinbauern und Händlern konnte kleinere Mengen von Palmprodukten an afrikanische Mittelsmänner verkaufen oder direkt in den Häfen veräußern; dasselbe galt für Häute und Felle, Gummi, Erdnüsse oder andere Naturprodukte. Die Zahl der Anbieter stieg dramatisch an. Damit wandelte sich aber auch die Einkommensbasis vieler Haushalte, und ihre Ausrichtung an der Subsistenzproduktion im Rahmen der traditionellen Familienwirtschaft wurde aufgelockert.

Auch hier versuchten viele Herrscher, den Außenhandel weiterhin zu monopolisieren, aber dies war nicht mehr so einfach. Die Besorgnis, Untergebene könnten durch ihre Beteiligung an diesem Austausch in den Besitz hochwertiger Güter wie Waffen oder anderer Prestigeobjekte gelangen und sich auch politisches Gewicht verschaffen, ließ sie sorgfältig über diese potentiellen Rivalen wachen und ihre Initiativen blockieren. Gerade dieser Personenkreis sah aber in einer Allianz mit europäischen Handelshäusern an den Küsten eine Chance, ihre Geschäfte auszuweiten und sich von der politischen Bevormundung durch ihre Herrscher zu lösen.

Aus den Reichen Asante und Dahomey sowie aus mehreren Gesellschaften im Großraum Westafrika sind solche Ansätze von Privathändlern, aber auch die

Gegenstrategie der herrschenden Schichten dokumentiert. So hat Asantehene Osei Bonsu 1820 in einem Gespräch mit dem britischen Gesandten Dupuis vermerkt, in seinem Reiche würden nur Könige und „great men" Handel treiben, d. h. der Außenhandel sei ihr Monopol. Schon 1817 hatte der britische Gesandte Bowdich ähnliche Äußerungen aus dem Munde der großen Chiefs gehört: Wenn sie den Handel freigäben, würde Reichtum nicht mehr ihnen allein zustehen, und ihre Macht und Autorität würden in Frage gestellt.

Konflikt zwischen Herrscher und Händlern in Asante

Diese Haltung lief den britischen Interessen und denen der privaten Händler aus Asante zuwider, bildete aber auch den Hintergrund für die Unvereinbarkeit der Interessen der verschiedenen Parteien. Die Repräsentanten der britischen Krone, die Handelshäuser an der Küste und die Händler aus Kumasi wollten einerseits Frieden als Grundvoraussetzung für geschäftliche Beziehungen. Anderseits wollten die Briten die Geschäfte mit den Asanti ausweiten. Dies sollte unter Ausschaltung des staatlichen Handelsmonopols in Kumasi und von einer gesicherten Basis an der Küste aus erfolgen. Deshalb war ihnen am Einvernehmen mit den Küstenvölkern gelegen. Zum andern wollte die britische Regierung die Sklavenexporte unterbinden und geriet dadurch in Konflikt mit Kumasi und mit der Küste. Diese Interessenskollision verschärfte sich, als ein neues Produkt in den Exporthandel eindrang: Kautschuk (gummi arabicum). Alle haben versucht, in dieses neue Geschäft einzusteigen, in Produktion und Vermarktung: Die Herrscher von Kumasi, die privaten Händler und die Briten – und alle wollten ihre bisherige Position halten. Londons Stellvertreter haben deshalb mit Nachdruck versucht, Allianzen mit den Völkern an der Küste zu schmieden. In dieser Konfrontation unterschiedlicher Interessen sind Asanti, Engländer und die Küstenvölker in einer Serie von Kriegen mit wechselndem Ausgang aneinandergeraten, bis Kumasi 1874 von den Engländern eingenommen und niedergebrannt wurde. Der folgende Friedensvertrag von Fomena beinhaltete bezeichnenderweise, daß die Asanti auf alle Rechte an der Küste verzichteten, d. h. sie den Engländern überließen.

Die Macht des Asantehene war dadurch noch nicht gebrochen, aber es kam zu einem Bündnis zwischen den Händlern und den Ärmeren auf der einen und den Briten auf der anderen Seite, zur Liberalisierung der Handels- und Abgabenpolitik. Wichtig wurde dabei, daß die Händler sich dem Staatsmonopol entziehen und frei mit den englischen Händlern verkehren wollten. Dieser Konflikt führte im Jahre 1883 zur Absetzung des Asantehene Mensa Bonsu durch eine Koalition aus Händlern, Unternehmern und Unterprivilegierten. Sie wollten eine Begrenzung der immer stärker als Willkür empfundenen Abgabenpolitik, größere Gerechtigkeit und eine Modernisierung des Staates. Der Eigeninitiative und der Entfaltung einer Mittelklasse sollte mehr Raum gegeben werden, wie in der britischen Kolonie Gold Coast in der Küstenregion. Ferner sollte der Staat den Ausbau der Kautschukindustrie nicht mit Restriktionen knebeln, vielmehr der Mittelklasse den Einstieg ermöglichen. Die Regierung von Mensa Bonsu wollte dagegen den Kautschukhandel britischen Firmen überlassen und sich die Kontrolle der Einnahmen vorbehalten. In diesem Konflikt zeigt sich neben der wachsenden Unzufriedenheit der Bevölkerung das Aufbegehren einer neuen Schicht. Sie war zahlenmäßig klein, aber sie wuchs; sie verfolgte eigene Interessen, die über Loyalitäten und Bündnisse der traditionellen Art hinauswiesen. Diese „indigenous capitalist class" [317: WILKS, 703] beklagte, daß der merkantilistische Grundzug nicht mehr zeitgemäß sei. Eine Politik des laissez-faire müsse an ihre Stelle treten, wie dies in den „just laws of the constitution" in der Gold Coast verwirklicht sei, wo es keine direkte Besteuerung gebe und keine Erbschaftssteuern. Ihre Position war dadurch stark, daß die Kautschukindustrie neu war, „a commoners' industry", und von der herrschenden Schicht nicht als ihr Vorrecht angesehen werden konnte.

Die Schwächung des Asantehene ging aber auch auf die Kriege gegen die Engländer und die Zerstörung der Hauptstadt Kumasi im Jahre 1874 zurück. Tributpflichtige Nachbarstaaten hatten sich von Asante losgesagt, und Handelsströme wurden um Asante herumgeleitet. Eine Phase der Anarchie war die Folge, aus der die Engländer siegreich hervorgingen: 1896 nahmen sie Asantehene Kwaku Dwa III. gefangen und deportierten ihn nach Sierra Leone.

Damit war das Modell eines Staates, der seine Einnahmen zu einem erheblichen Teil aus Handelseinkünften bezog und in dem Herrschaft und herrschende Schichten auf der Teilnahme an diesen Geschäften basierten, an äußeren und inneren Kräften gescheitert: Staat und Gesellschaft erwiesen sich als unfähig, sich den veränderten Bedingungen anzupassen. Dabei hatte dieses Reich eine demokratische Grundstruktur, indem der Herrscher bei Amtsantritt ausdrücklich mit einem Mandat betraut wurde, das bestimmte Pflichten und Vollmachten festschrieb, bei deren Mißbrauch er abgesetzt werden konnte. Er war damit den Großen des Reiches Rechenschaft schuldig.

Diese Entwicklung zeigt, welche Anziehungs- und Sprengkraft die Ausweitung des Handels zwischen europäischen Händlern und den Herrschern auf alle Betroffenen und auf das Gefüge von Staat und Gesellschaft ausgeübt hat; es ging um Gewinne, ihre Verteilung in der Gesellschaft und den Aufbau der Macht.

Machtverschiebung in Dahomey

Ähnliche Prozesse der Machtverschiebung sind auch aus anderen Regionen bekannt, z. B. aus Dahomey und Kamerun. Im Königreich Dahomey hatte die Unterbindung der Sklavenexporte zunächst nicht zu einem Ende der jährlichen Kriegszüge geführt. Die Kriege fanden weiterhin statt, nur wurden die Sklaven nun als Arbeitskräfte im Lande eingesetzt, am königlichen Hof, in den Haushalten der Militärs oder anderer Beamter, in zahlreichen Kleinhaushalten und in Plantagen, die der Versorgung des Königshauses und der Produktion von Exportgütern, vor allem von Palmprodukten, dienten. Vor diesem Hintergrund wurde König Glele im Jahre 1870 entmachtet, als eine Mehrheit seiner Berater weiteren Kriegszügen gegen Abeokuta nicht zustimmte und für einen Ausbau der Handelsbeziehungen mit den Franzosen eintrat. Der Krieg mußte unterbleiben – und König und Kriegspartei mußten auf die Beute verzichten. Diese Entwicklung brachte einen Machtkampf zum Höhepunkt, in dem drei Gruppen eine Neugestaltung der Macht anstrebten: Die Gruppe um das Königshaus wollte die Monarchie und ihre

Kontrolle über die vorkapitalistische Wirtschaft erhalten und suchte dafür die Unterstützung der europäischen Mächte. Die Gruppe der Händler und Plantagenbesitzer, der Grundstock einer „Bourgeoisie Dahomeys" [326: MANNING, 14–15], sah ihr Ziel in einer Ausweitung ihres Einflusses im Staat und der langsamen Transformation der Wirtschaft nach kapitalistischem Muster. Die dritte Gruppe schließlich, Vertreter europäischer Handelshäuser, trat für eine Kolonisierung des Landes ein. In diesem Machtkampf kam es zu verschiedenen und wechselnden Allianzen. Der Verlierer war der König und mit ihm das traditionelle System der Organisation von Wirtschaft, Gesellschaft und Staat. Gewinner waren die Europäer, selbst wenn die einheimische Händler- und Plantagenelite sich mit den Franzosen zur Durchsetzung ihrer eigenen Aufstiegschancen verbündet hatte. Auch in Dahomey war der Konflikt zwischen Gruppen zu einem Konflikt um das politische System geworden und hatte dessen Zerbrechlichkeit geoffenbart.

Im Küstengebiet des heutigen Kamerun existierte kein zentralisiertes Staatswesen; die Familienoberhäupter stellten die Autorität dar. Weil die europäischen Schiffskapitäne aber Gewährsmänner brauchten, wenn sie Warenkredite vergaben, konzentrierten sie sich auf bestimmte Familienoberhäupter und nannten sie *kings*. Diese wurden dadurch in ihrer Stellung aufgewertet, woraus ein schleichender Konflikt um die innergesellschaftliche Machtverteilung entstand. Aus dem Kreis dieser *kings* wurden zwischen 1879 und 1881 mehrere Briefe an die britische Königin gerichtet mit der Bitte, die Macht von ihnen zu übernehmen; sie könnten den Frieden nicht mehr aufrechterhalten, Streit breche häufig aus und bedrohe das Zusammenleben: „plenty wars, plenty murders" [97: BRUTSCH, 27]. Die Hintergründe dieser Schreiben sind unklar, weil man nicht weiß, warum die Chiefs solche politische Verzichterklärungen formuliert haben. Man nimmt an, daß durch die Intensivierung des Handels mit den Europäern der Besitz von Prestigegütern nicht mehr auf die Clan-Obersten beschränkt werden konnte. Diese büßten von ihrer begrenzten Macht ein, der Zusammenhalt der Gemeinschaften zerbröselte, neue Machtzentren rivalisierten miteinander. Auch segmentäre Gesellschaften wurden somit in Veränderungen hineingezogen, als der Sklavenhandel dem Warenaustausch Platz machte.

Abdankung der kings in Kamerun

Von der ostafrikanischen Küste sind solche Entwicklungen nicht bekannt, weil arabische Küstenhändler die Geschäfte beherrschten und afrikanische Reiche ihrer Ausbreitung nicht entgegenstanden.

Monopolisierungsversuche des Außenhandels wurden also beim Übergang zum Warenhandel schwieriger, die Machtbasis vieler Herrscher geringer und die Machtverhältnisse in vielen Gesellschaften unsicherer. Die Folge war der Aufstieg derer, die bisher in ihren Aktivitäten blockiert gewesen waren, private Händler und jene Gruppen, die eine Beendigung der Kriegspolitik und eine Einschränkung der Macht der Herrschenden anstrebten. Ein Interessenkonflikt bahnte sich an, in dem es um die Stellung des Herrschers und die Machtverteilung in Staat und Gesellschaft ging. Dabei trafen eine veränderte ökonomische Interessenlage und die an den Küsten gewachsene Erfahrung einer anderen Organisationsform der

Aufstieg der Privathändler

Gesellschaft und einer anderen Form der Freiheit wirtschaftlicher Tätigkeit zusammen. Man könnte diese Entwicklung als Indiz dafür ansehen, daß die politischen und gesellschaftlichen Systeme, die bisher zu einem erheblichen Teil auf der Kontrolle der Handelstätigkeit und besonders des Außenhandels beruht hatten, nicht flexibel genug waren, auf größere ökonomische Veränderungen mit politischen und gesellschaftlichen Reformen zu reagieren, die auch die neuen, aufstrebenden Schichten integriert hätten.

Die drei Beispiele sind nicht repräsentativ. Von anderen Gesellschaften kennt man die Einzelheiten der Anpassung nicht. Viele waren nicht zentralistisch organisiert und bieten dem Forscher wegen des schwierigeren Zugangs zu ihrer Geschichte nur schwer die Möglichkeit einer Einordnung in größere Prozesse. Andere Staatswesen, vor allem im Landesinneren, waren vom Sklavenhandel wenig oder nicht betroffen und gerieten auch nicht unter einen vergleichbaren Anpassungsdruck. Aber viele von ihnen erlebten eine spürbare Ausweitung der Außenhandelsbeziehungen mit Übersee, über die alten Fernhandels-Straßen, die auch an die Küsten angebunden wurden, über die Trans-Sahara-Routen oder die Karawanen, die in Ostafrika immer weitere Gebiete durchquerten und auch unterwegs durch den Ankauf von Nahrungsmitteln oder den Verkauf von Tauschgütern wie Hacken oder Stoffen für eine Veränderung der Nachfragestruktur und der Produktion sorgten. Davon profitierten auch die regionalen Handelsnetze, so daß in der zweiten Hälfte des 19. Jahrhunderts ein deutliches Anwachsen der Tauschbeziehungen stattfand, und überall verschärften sich die Probleme der Kontrolle des Handels, insbesondere der Waffenimporte, der Verteilung der eingeführten Waren, des Prestiges, der mit ihrem Besitz verbunden war, der Neudefinition der Macht und des Umganges mit den neuen Ideen, die ins Land kamen. Dieser Anpassungsdruck erhielt durch Entwicklungen in Europa eine neue Dimension: Die industrielle Revolution sowie der Nationalismus ließen Forderungen nach Kolonialexpansion aufkommen. Aus diesem Grund muß aus heutiger Sicht die Diskussion um die Anpassungsfähigkeit afrikanischer Staatswesen in den Hintergrund treten. Unabhängig von ihrer internen Entwicklung sind die afrikanischen Völker vom entschiedenen Eroberungswillen industrialisierter Mächte überrollt worden. Es ging nicht mehr um eine Kooperation zwischen europäischen Handelshäusern und afrikanischen Händlern oder Produzenten, sondern die Handels- oder Schutzverträge, die zwischen manchmal dubiosen Vertretern europäischer Mächte und ebenso dubiosen afrikanischen Herrschern abgeschlossen wurden, dienten der Absteckung nationaler Einflußsphären der europäischen Mächte.

Einheimische Herrscher wurden in das entstehende koloniale Herrschaftssystem eingebunden, wenn sie willig waren; wenn sie aber zu mächtig erschienen, wurden sie unterworfen. Gegenüber dem Eroberungswillen der Europäer blieben die Interessen der Herrschenden wie der aufstrebenden Schichten auf afrikanischer Seite unberücksichtigt. Ebenso wurden die Allianzen, die zwischen beiden Seiten geknüpft worden waren, und die Formen der Kooperation, die sich einge-

Flexibilität afrikanischer Staaten?

spielt hatten, gegenstandslos. Die afrikanische Seite konnte sich erst wieder mit ihren unterschiedlichen Reaktionen auf die Kolonialherrschaft als aktiver Partner im Machtkampf zurückmelden.

D. KOLONIALE EROBERUNG UND UNTERWERFUNG

1. Die kolonialen Eroberungen und der Aufbau von Kolonien

Einige Regionen Afrikas standen um die Mitte des 19. Jahrhundert schon in Abhängigkeit von fremden Mächten: Angola und Moçambique waren portugiesische Kolonien, Algerien war seit 1830 Ziel der französischen Eroberung, Ägypten geriet unter die Finanzkontrolle europäischer Gläubiger, Sansibar war Hauptstadt eines arabischen Reiches, und in Südafrika drangen Briten und Buren weiter vor; schließlich waren Engländer und Franzosen an der westafrikanischen Küste darauf bedacht, ihre Handelsinteressen abzusichern.

Koloniale Expansion und Ideologien

Innereuropäische Entwicklungen führten dann seit Beginn der 1870er Jahre zu einer Intensivierung der europäischen Präsenz an Afrikas Küsten und einer Verschärfung der Konkurrenz zwischen den europäischen Großmächten. Die industrielle Revolution rief nach neuen Märkten, nationalistische Strömungen forderten einen Überseebesitz, die nationalen Grenzen in Europa verschoben sich im Krieg von 1870/71, mit dem Deutschen Kaiserreich trat eine neue Großmacht auf, England entschied den Machtkampf mit Frankreich um die Vormachtstellung in Ägypten durch den Aufkauf der ägyptischen Suezkanal-Aktien (1875) und die Besetzung Ägyptens (1882) für sich und stärkte damit im Gegenzug französische Expansionstendenzen in Westafrika, wo die Generalität von der Küste Senegals aus die Eroberung des Landesinneren betrieb. Dies alles geschah vor dem Hintergrund der Expansionspolitik Englands und Frankreichs im Fernen Osten, der Konsolidierung des niederländischen Besitzes in Indonesien, der Ausdehnung der Schiffahrt auf den Weltmeeren, der europäischen Konkurrenz um Einfluß in China, und wurde getragen von Politikern und Publizisten wie Benjamin Disraeli, William Gladstone, Cecil Rhodes, Thomas Carlyle, Charles Dilke und Robert Seeley in England sowie Jules Ferry, Paul Leroy-Beaulieu, Arthur Rambaud und den Generälen Bugeaud, Faidherbe und Galliéni in Frankreich. In Deutschland kamen nicht minder expansionswillige und nationalistische Stimmen zu Wort, etwa der Missionsdirektor Friedrich Fabri, der Kaufmann Wilhelm Hübbe-Schleiden, die im Deutschen Kolonialverein verbündeten Kräfte oder die Gesellschaft für Deutsche Kolonisation von Carl Peters. Auch Reisende und Journalisten wie David Livingstone und Henry Morton Stanley beeinflußten mit ihren Berichten über die Greuel der Sklavenjagden die Öffentlichkeit; hinzu kamen Antisklaverei-Bewegungen, die eine humanitäre Intervention Europas forderten.

Aufteilung durch die Europäer

Als auch König Leopold II. von Belgien (1865–1909) eine eigene Interessensphäre im Kongogebiet absteckte und deutsche Kaufleute im Südwesten und Westen Afrikas den Schutz ihrer Regierung suchten, war das Signal für die Aufteilung des gesamten Kontinents gegeben. Auf der Berliner Westafrika-Konferenz (1884–1885) wurden die Bedingungen definiert, unter denen ein von einem euro-

päischen Staat besetztes Gebiet an den afrikanischen Küsten von den anderen
Signatarmächten der Konferenz als dessen Einflußgebiet anerkannt werden
mußte. Die Eroberung und die Aufteilung des gesamten Kontinents erfolgte dann
in wenigen Jahren; strittige Grenzprobleme wurden in bilateralen Abmachungen
zwischen den europäischen Mächten geregelt.

Der kolonialen Inbesitznahme ging der Abschluß von Verträgen mit afrikanischen Herrschern, Clan-Ältesten oder anderen Persönlichkeiten voraus, die von
den Europäern als autorisierte Vertreter ihres Volkes angesehen oder zu solchen
stilisiert wurden. Die Verträge wurden in Europa als völkerrechtliche Grundlage
der kolonialen Expansion angesehen. Sie beinhalteten in unterschiedlicher Form
die Abtretung der Souveränität durch die afrikanischen Vertreter gegen das Ange-
bot des Schutzes durch die europäische Macht. Die Frage der Zeichnungsberechti-
gung und des Verständnisses der afrikanischen Vertragspartner war für die Europäer nicht von Bedeutung.

Die Unterwerfung ist in z. T. äußerst grausamen Kriegszügen erfolgt. Der **Blutige Eroberung**
Herero-Krieg in Deutsch-Südwestafrika (1904) und die Niederschlagung des
Maji-Maji-Aufstandes in Deutsch-Ostafrika (1905–1907), bei denen Tausende
von Afrikanern umkamen, mögen die in Deutschland bekanntesten Greuel dieser
Art sein, stellen aber nur typische Beispiele für die Reaktion der Kolonialmächte
auf afrikanischen Widerstand dar.

Gewehrt haben sich alle afrikanischen Völker und alle Gesellschaften gegen die
Machtergreifung der Fremden, nur erfolgreich war dieses Aufbäumen nirgends.
Der Widerstand richtete sich gegen die Eroberung, die Errichtung kolonialer
Herrschafts- und Ausbeutungsstrukturen, gegen Einzelmaßnahmen wie Steuer-
einzug, Arbeiterrekrutierung und Zwangskulturen, und gegen viele konkrete For-
men des Machtmißbrauchs. Offener gewaltsamer Widerstand ist nach dem Ersten
Weltkrieg nicht mehr aufgebrochen – bis zum Beginn der Befreiungskämpfe nach
dem Zweiten Weltkrieg.

Die Kolonialmächte haben kein politisches Konzept zur Verwaltung und Nutzung ihrer Gebiete gehabt. Vielmehr bestand das Grunddilemma der Kolonialpo-
litik darin, daß man nicht wußte, was mit den neuen Gebieten geschehen sollte, **Koloniale Ratlosig-**
welches wirtschaftliche Potential sie besaßen und wie dieses zum Vorteil des Mut- **keit**
terlandes genutzt werden konnte. Humanitäre Zielsetzungen, die noch in der Prä-
ambel der Schlußakte der Berliner Westafrika-Konferenz beschworen worden
waren, spielten in der konkreten Politik keine Rolle mehr. Jede Kolonialmacht
suchte ein eigenes System der Verwaltung, paßte sich den Erfordernissen der einzelnen Kolonien und den Veränderungen in den Gebieten sowie in der öffentlichen kolonialpolitischen Diskussion zu Hause an. Dies war ein Mittelweg zwischen den Vorstellungen heimischer Kolonialkreise, den Interessen von Handelshäusern, Händlern, Siedlern und Kolonialbeamten auf der einen Seite sowie afrikanischen Herrschern, den Wertesystemen und Strukturen der lokalen Zivilisation, den einheimischen Mitarbeitern und den zahllosen Bauern und Arbeitern auf
der anderen. Das Resultat war ein ständiger Machtkampf zwischen Vertretern der

Kolonialmacht und der afrikanischen Bevölkerung um ökonomische, politische und gesellschaftliche Ziele und ihre Durchsetzbarkeit. Die Bevölkerung war nämlich durch die koloniale Unterwerfung nicht zu einem passiven und amorphen Block geworden, sie beeinflußte aktiv das koloniale Geschehen.

Vor diesem Hintergrund lohnt es sich kaum, über verschiedene koloniale Verwaltungssysteme zu diskutieren. Die Engländer favorisierten ein indirektes System, die sogenannte „indirect rule", die Franzosen ein direktes Herrschaftssystem. Im Ansatz wollte London unter Federführung von Lord Lugard, dem zeitweiligen Gouverneur von Nordnigeria, einheimische Verwaltungssysteme erhalten und auf unterer Ebene in die koloniale Herrschaftsstruktur einbauen; der britische Vertreter sollte die wirkliche Macht ausüben, in der Öffentlichkeit aber nur als Berater der lokalen Herrscher auftreten. Paris dagegen setzte mächtige afrikanische Herrscher ab, zerschlug viele Reiche und griff direkter in die Besetzung von sogenannten Häuptlingsposten ein. Zunächst stand dabei die Theorie der „assimilation" im Vordergrund, nach der alle Afrikaner zu Franzosen mit gleichen Rechten wie im Mutterland aufsteigen konnten und sollten; angesichts der Probleme bei der Verwirklichung eines solchen Programms und vor allem angesichts der politischen Konsequenzen für die Zukunft Frankreichs wurde dieses System verwässert und bald „association" [407: DESCHAMPS] genannt: Es sah nur noch eine vage Assoziierung mit dem Mutterland vor.

Die Wirklichkeit der Kolonialherrschaft hat diese Unterschiede kaum widergespiegelt, da sie ein täglich neu zu definierender und zu bestehender Machtkampf zwischen Kolonisierern und Kolonisierten war. Die Parameter dieser Auseinandersetzung hingen von den äußeren und inneren Bedingungen der Kolonie und ihrer lokalen Zivilisation ab: Vorhandensein von Bodenschätzen, Bodenqualität, Klima, Bevölkerungsdichte, Zusammensetzung der Bevölkerung, politische Kultur, Formen der gesellschaftlichen Arbeitsteilung und ähnliche Gegebenheiten bestimmten, ob das Gebiet für den Abbau von Bodenschätzen, den Anbau landwirtschaftlicher Exportgüter, für eine kleinbäuerliche Agrarwirtschaft, für Viehzucht oder die Anlage von Plantagen und eine Siedlerwirtschaft genutzt werden konnte.

Verwaltung der Kolonien   Die Verwaltungsstrukturen der Kolonialmächte ähnelten einander: An der Spitze stand der Kolonialminister, vertreten durch den Gouverneur. Diesem standen beratende Gremien zur Seite, die Legislative und Executive Councils im britischen System, der Conseil d'Administration im französischen und der Gouvernementsrat im deutschen System. Die einzelnen Regionen unterstanden besonderen Beamten, District Officer, Commandant de Cercle oder Bezirkshauptmann genannt. Das englische System kannte darüber hinaus den „Resident", der als Berater den größeren einheimischen Herrschern zur Seite stand. Auf lokaler Ebene wurden afrikanische Vertreter eingesetzt, in der Regel „Häuptlinge" oder „Dorfchefs". In den englischen Kolonien stand ihnen eine „Native Authority" zur Seite, mit eigenen Einnahmen und entsprechenden Aufgaben. Das portugiesische System anerkannte grundsätzlich keine einheimischen Herrscher, weil es die

Kolonien als Überseeprovinzen behandelte. Die wichtigsten Aufgaben der lokalen Verwaltung waren die Gewährleistung von Ordnung und Sicherheit, der Einzug von Steuern und die Stellung von Arbeitskräften für öffentliche Arbeiten oder Plantagen. Die Zuständigkeit für Ordnung und Sicherheit wurde allerdings aufgeteilt: Die Rechtsprechung in kleineren Angelegenheiten blieb in den Händen einheimischer Gerichte, für schwerwiegende und alle politisch relevanten Delikte war die koloniale Gerichtsbarkeit zuständig.

Größere Unterschiede zwischen den politischen Ansätzen der Kolonialmächte wurden nur in der Verwaltungstruktur und der Kulturpolitik sichtbar. Die Engländer sahen jede Kolonie als eigenständige Verwaltungseinheit an. Über Ansätze einer losen Kooperation zwischen benachbarten Kolonien im Osten und Südosten Afrikas sind sie nicht hinausgekommen. Die „East African Community" (seit 1945) blieb auf die Regulierung eines gemeinsamen Marktes und auf gemeinsame Dienstleistungen (Eisenbahn, Luft- und Schiffahrt, Währung und Gerichtsbarkeit) beschränkt, das Projekt einer „Zentralafrikanischen Föderation" aus den Kolonien Nord- und Südrhodesien sowie Nyassaland blieb im Planungsstadium stecken. Im Gegensatz dazu hat Frankreich einzelne Kolonien in Föderationen zusammengefaßt und damit längerfristige Strukturen geschaffen: „Französisch-Westafrika", mit den Kolonien Mauretanien, Senegal, Mali, Obervolta (heute Burkina Faso), Niger, Tschad, Guinea, Elfenbeinküste (heute Côte d'Ivoire), und Dahomey (heute Benin) und „Französisch-Äquatorialafrika" mit Kongo, Oubangi-Chari (heute Zentralafrikanische Republik) und Gabun. Auch Belgien hat gemeinsame Verwaltungseinheiten für den Kongo und Ruanda und Burundi geschaffen.

Die Unterschiede in der Kulturpolitik haben die nachhaltigsten Folgen gehabt, weil die Verbreitung der französischen Sprache als ein so zentrales Anliegen betrachtet wurde, daß lokale Sprachen unterdrückt wurden. Die Folge ist, daß Französisch heute in den ehemaligen französischen Kolonien die einzige Amtssprache ist, obwohl es nur von einer Minderheit gesprochen wird. Im englischen Einflußgebiet war Englisch nicht alleinige Amtssprache, die Kolonialbeamten in Nordnigeria mußten etwa Haussa oder Fulfulde lernen. Auch in den Schulen blieb Englisch nicht die einzige Unterrichtssprache, und einige lokale Sprachen, wie das Ewe in Ghana, das Haussa in Nordnigeria oder das Suaheli in Tanganjika wurden gefördert. Darauf konnten die unabhängigen Staaten aufbauen und eine eigene Sprachpolitik entwickeln, mit dem Ergebnis, daß Suaheli in Tansania und Kenia zur Amtssprache geworden ist und Englisch als Unterrichtssprache in den Grundschulen abgelöst hat.

Koloniale Kulturpolitik

2. DIE POLITISCHEN FOLGEN

Eine unmittelbare Konsequenz der kolonialen Unterwerfung, die alle Bereiche des Lebens erfaßt hat und sich einer Kategorisierung nach besonderen Wirkungszusammenhängen entzieht, war die Lähmung der betroffenen Gesellschaften. Sie

Lähmung der afrikanischen Gesellschaften

waren wie entmündigt, der Verantwortung für die Organisation des eigenen Überlebens beraubt. Ihre politischen Führer waren desavouiert, unterworfen und standen für die Selbstverwaltung der Gemeinschaft nicht mehr zur Verfügung, eine eigentliche Selbstverwaltung gab es nicht mehr. Die militärische Führung und der Verteidigungsapparat hatten sich geschlagen geben müssen, selbst in mächtigen Reichen, die der Schrecken ihrer Nachbarn gewesen waren. Auch die Träger der rituellen Macht, sakrale Herrscher, Priester, „diviner", Heiler und Zauberer hatten versagt, mitsamt den Fetischen, Ahnen, Geistern und Göttern. Die weißen Eindringlinge hatten die Macht übernommen, weder heilige Haine noch Altäre, weder Tabus noch magische Kräfte geachtet. Die politische und geistige Führung, ja auch der Rekurs auf die Ahnen, hatten versagt, das bisherige Weltbild hatte schweren Schaden genommen. Hinzu kamen dort, wo der Widerstand gewaltsam niedergeschlagen worden war, die negativen Folgen der Zerstörungen: Felder waren verwüstet, Vorratsspeicher verbrannt, Dörfer vernichtet, Ernten blieben aus, und viele Menschen waren zu Tode gekommen. In anderen Regionen brachten die Kolonialtruppen neue Krankheiten mit sich, vor allem die Rinderpest, die in Ostafrika verheerende Auswirkungen bei Herden und Menschen hatte. So war es nicht verwunderlich, daß der Beginn dieser desorientierenden Fremdherrschaft einen Bevölkerungsrückgang einleitete und die Gesellschaften anfälliger für Krisen und ernsthafte Bedrohungen machte. In Ostafrika hat sich aus der Konstellation von kolonialer Eroberung, Rinderpest, Dürre, Hunger, Widerstand und Krieg eine „ökologische Katastrophe" zusammengebraut [371: ILIFFE, 163], mit der die Bevölkerung nicht fertigwerden konnte. Im nördlichen Nigeria haben wiederholte Hungerkrisen, 1904 und 1914, diesen Übergang markiert. Offenbar mußten die bewährten Handlungsstrategien, mit denen die Menschen bisher das Überleben organisiert und die Welt gedeutet hatten, versagen.

Neue Grenzen   Die äußerlich auffallendste Folge der Eroberung lag in der neuen Grenzziehung, die sich nicht an den Machtverhältnissen in der Region oder an Siedlungsräumen orientierte. Sie wurden an europäischen Verhandlungstischen fixiert und machen noch heute diese Willkür und ihre Langzeitfolgen sichtbar. So wird das Territorium des Staates Senegal durch den Staat Gambia wie mit einem Schlauch in der Hälfte durchschnitten, wobei Gambia eine Länge von etwa 300 km und eine maximale Breite von 50 km aufweist und auf allen Landseiten von Senegal umgeben ist. Der sogenannte Caprivi-Zipfel im Norden Namibias durchtrennt in ähnlicher Weise Botswana und Angola und macht eine politische und ökonomische Integration in den Staat Namibia und erst recht eine regionale Kommunikation sehr schwer. Auch die Grenzen von Benin und Togo erschweren eine ökonomische Entwicklung, da beide Staaten wie zwei nebeneinandergelegte Handtücher jeweils einen sehr schmalen Küstenstreifen und ein lang gestrecktes Hinterland haben. Daß die Hauptstädte Cotonou und Lomé an der Küste errichtet wurden, macht aus der Integration aller Teile des Territoriums in den modernen Staat auch augenfällig eine schiere Unmöglichkeit.

Mit dieser Grenzziehung wurden Kultur- und Siedlungsräume zerschnitten

und Völker geteilt, Großfamilien auf unterschiedliche europäische Verwaltungs-
und Sprachgebiete verteilt und damit anderen wirtschafts- und finanzpolitischen
Systemen zugewiesen.

Die neuen Grenzen unterbrachen aber auch Handelsrouten, die Bevölkerungs-
zentren verbunden und den Austausch von Nahrungsmitteln und Gebrauchsgegenständen in benachbarten ökologischen Zonen ermöglicht hatten. Die langfristig vielleicht schwierigste Konsequenz liegt im Loyalitätskonflikt der heutigen
Produzenten und Händler, die solche Grenzen als künstlich empfinden und die
damit verbundene staatliche Hoheit nicht anerkennen; was in den Augen der Staaten Schmuggel ist, bedeutet für sie verwandtschaftliche Verbundenheit und
gewachsenes Gewohnheitsrecht. Dasselbe Problem stellt sich den Nomadenvöl-
kern: Territoriale Grenzen bedeuten für sie das Abschneiden von Lebensraum.

Anderseits haben diese Grenzen neue und größere Einheiten geschaffen und
Völker zusammengeführt, die in der Vergangenheit keine Gemeinsamkeiten hatten. In der Kolonie Goldküste, heute Ghana, wurden Fanti, Asanti und Völker aus
dem Norden, die im 19. Jahrhundert dem Reich Asante tributpflichtig gewesen
waren, unter einer Kolonialverwaltung zusammengeführt. Die Wahl der neuen
Hauptstadt Accra, an der Küste, machte symbolisch den Bedeutungsverlust der
Herrscher von Asante und ihrer Hauptstadt Kumasi deutlich, die nun geographisch an den Rand gedrängt war. Nigeria ist aus mehreren Protektoraten und
Kolonien entstanden, die im Zuge des britischen Vordringens errichtet worden
waren. Hier hat sich die Zusammenfügung von Völkern mit unterschiedlichen
Kulturen als besonders problematisch erwiesen: Die im Kalifat von Sokoto im
Norden lebenden moslemischen Fulbe und Haussa fanden sich so mit den Yoruba
im Südwesten und der Gruppe der Ibos im Südosten Nigerias in einem Staatswesen wieder, das die markanten kulturellen Unterschiede nicht überdecken oder
ausgleichen konnte. Die Yoruba waren in Stadtstaaten organisiert und sahen die
heilige Stadt Ile-Ife als den Ursprung ihrer Kultur und ihrer Dynastien an. Die
zahlenmäßig starke Gruppe der Ibo war in weniger strukturierten Gemeinschaften organisiert, erwies sich in der Kolonialzeit aber als sehr anpassungsfähig. Diese
großen disparaten Blöcke wurden mit einer Vielzahl von anderen Völkern zur
Kolonie Nigeria vereint; eine politische Einheit ist daraus nie geworden. Diese
Beispiele sind keine Einzelfälle, fast alle heutigen Staaten Afrikas stehen vor dem
Problem, daß ihre unterschiedlichen Völker und Kulturen erst noch zusammenwachsen müssen.

Die koloniale Eroberung hat der politischen Unabhängigkeit ein Ende gesetzt:
Nur Liberia und Äthiopien konnten ihre politische Freiheit erhalten. Mit dem
Verlust der Unabhängigkeit war nicht nur die außenpolitische Handlungsfähig-
keit eingebüßt, auch die innenpolitische Gestaltungsmöglichkeit ging verloren.
Man konnte keine allgemeinpolitischen, keine kultur-, gesellschafts- oder wirt-
schaftspolitischen Entscheidungen mehr treffen, keine Ziele definieren, keine Mit-
tel entsprechend einsetzen. Die einzigen Gestaltungsmöglichkeiten waren die
Diskussion mit den fremden Entscheidungsträgern, das Unterlaufen ihrer

Neue Völker

*Ende der politi-
schen Unabhängig-
keit*

Beschlüsse, der zivile Ungehorsam oder der aktive und passive Widerstand. Dies bedeutete auch, daß diese Völker die neuen Möglichkeiten des Weltmarkts und die technologischen Errungenschaften des Nordens nicht zu ihrem eigenen Vorteil nutzen konnten und auch nicht mehr in der Lage waren, gezielt und selektiv fremde Elemente und fremdes Gedankengut zur Anpassung der eigenen gesellschaftlichen Strukturen und politischen Systeme zu übernehmen. Demokratische Werte und Verhaltensweisen erfuhren sie in der Praxis überhaupt nicht, weil die Kolonialsysteme auf militärischer Gewalt aufgebaut waren.

Änderung des politischen Systems Mit der Etablierung einer neuen Autorität änderte sich auch das politische System als solches, selbst wenn einheimische Herrscher im Amt blieben. Indem sie in ihren Positionen von der Kolonialmacht bestätigt werden mußten, wandelte sich der Ursprung ihrer Macht und ihre Legitimation. Im weitverbreiteten Selbstverständnis afrikanischer Gesellschaften wurde die politische Macht von den Gründerahnen ererbt und auf die nächste Generation übertragen; dieser Vorfahr hatte die Gemeinschaft gegründet und ein besonderes Verhältnis zur Erde, auf der diese Gemeinschaft siedelte, geschaffen. Dieses „our ancestors' land" wurde den Nachfolgern zu treuen Händen für die Gemeinschaft der lebenden und der künftigen Generationen überantwortet. Aus der Verantwortung gegenüber den Ahnen und dem ererbten Land bezogen viele Herrscher ihre Macht. Die Bindung an die Ahnen beinhaltete auch ein besonderes Verhältnis zu den Geistern und Göttern, am deutlichsten zum Ausdruck gebracht in der Identifizierung des Wohlergehens des Herrschers mit dem der Gemeinschaft: Wenn er krank oder alt würde, müsse auch die Gemeinschaft mitleiden, wenn er seinen Verpflichtungen gegenüber den anderen nicht nachkomme, würde die Welt der Ahnen und Geister sich an der Gemeinschaft rächen, den Regen zurückhalten oder sonstiges Unheil schicken. Im Falle des sakralen Königtums kam die magische Kraft des Herrschers über die Natur als Ursprung der Macht hinzu.

Das Eingreifen der Kolonialmacht veränderte die Basis der Macht. Für die Europäer war durch die Errichtung der Kolonialherrschaft die Macht an das Staatsoberhaupt bzw. das Parlament des Mutterlandes übergegangen. Von diesem neuen Souverän erhielt der einheimische Herrscher seine Macht, von ihm wurde sie definiert und begrenzt, in seinem Namen übte er sie aus. Dieser Zusammenhang war in den „Richtlinien für die Ausübung der Verwaltung im Bereiche der Residenturen Mora, Garua und Ngaundere" im Norden Kameruns aus dem Jahre 1913 exemplarisch ausgedrückt: Den Machthabern müsse klargemacht werden, daß sie ihr Amt nicht mehr im Namen der Ahnen ausübten, sondern nur kraft des Schutzes und der Macht der deutschen Verwaltung und in deren Namen, und daß die Ein- und Absetzung afrikanischer Machthaber nur mehr durch den Gouverneur erfolge.

Im Selbstverständnis der Betroffenen und ihrer Bevölkerung nahm dies nur langsam Gestalt an. Meilensteine waren zwar die Absetzung eines Herrschers, der direkte Eingriff in die Nachfolge, die Beschneidung der Vollmachten, vor allem in der Rechtsprechung, oder die öffentliche Demütigung eines Machthabers, aber dem standen die offiziellen Ehrenbezeugungen, die Verleihung von Insignien und Titeln und die Gehaltszahlungen gegenüber, aus denen eine Anerkennung durch die Europäer entnommen werden konnte.

So koexistierten zwei Ebenen der Macht und der Legitimation von Herrschaft in denselben Personen und im öffentlichen Bewußtsein: Die Chiefs und ihre Amtskollegen blieben zunächst die Vermittler zu den Ahnen. Gleichzeitig wurden sie zu Gliedern in einer europäischen Verwaltungskette und ernteten dadurch das Mißtrauen der eigenen Bevölkerung.

Der einzelne Herrscher erlebte in diesem Prozeß, daß seine Machtbefugnisse beschnitten wurden, daß die Ahnen und seine magischen Kräfte über die Natur nicht mehr gefragt waren. Er erfuhr aber auch eine gewisse Aufwertung: Der Ältestenrat existierte zwar weiter, wurde aber von der Kolonialmacht nicht anerkannt und verlor damit seine doppelte Funktion als Beratung und Kontrolle der Macht. So fand sich der Herrscher nur noch dem Vertreter der Kolonialmacht gegenüber verantwortlich. Ferner war er als einziger aus der Gemeinschaft herausgehoben und von den Kolonialherren als ihr Repräsentant vor Ort anerkannt. Weil die neuen Herren außerdem zum Einsatz von Herrschaftswissen die örtlichen Sitten und Gebräuche aufzeichnen lassen wollten, waren sie auf die führende Rolle dessen angewiesen, der ihnen als traditioneller Herrscher erschien. Sie stärkten seine Position, indem sie mit seiner Hilfe und der anderer Vertreter der lokalen Eliten ein neues Gewohnheitsrecht schufen, in dem sie die Position des Chiefs auf vielfältige Weise festigten, oft weit über die Macht hinaus, die ihm nach der Überlieferung zugekommen war.

Durch seine Doppelfunktion in Tradition und Kolonialstaat erhielt der Chief auch einen privilegierten Zugang zur Kolonialökonomie: Zum einen als angeblich nach Gewohnheitsrecht zur Vergabe von Land legitimierter Vertreter der Gemeinschaft. Als solcher konnte er Ländereien an Europäer verkaufen und über den Erlös verfügen, er konnte auch Landstücke an andere Afrikaner veräußern oder selbst größere Felder für eigene Plantagen nutzen. Zum zweiten als Vertrauensperson der Verwaltung und der europäischen Pflanzer, der man die Anlage von Plantagen gestattete, und schließlich als Rekrutierer von Arbeitskräften, der diese auch auf seinen Feldern einzusetzen verstand. Nicht wenige Chiefs nutzten diese Möglichkeiten und legten eigene Pflanzungen an, bauten in städtischen Gebieten Häuser und etablierten sich als Besitzer größerer Ländereien. Von vielen wurden sie deshalb verachtet, und die Institution des Chiefs büßte sehr viel an Ansehen ein.

Eine Ausnahme stellten islamische Herrscher dar. So wurden der Kalif und die Emire von Sokoto zwar in das koloniale Verwaltungssystem eingegliedert und ihrer Unabhängigkeit beraubt. Aber in dieser klassischen Region der „indirect rule" blieben die Eingriffe in das politische System versteckter, und die Kolonialmacht wagte nicht, die religiös begründete Macht der Herrscher offen in Frage zu stellen. Kleinere islamische Autoritäten, die auf lokaler Ebene ihren Einfluß ausübten und wie im Senegal Schüler (talibés) um sich scharten, Erdnußfelder anleg-

Der neue Chief

Islamische Herrscher

ten und ihre Anhänger und Schüler darauf arbeiten ließen, waren nicht als Amts-
träger in die Kolonialverwaltung eingebunden. Sie konnten aber ihre religiöse
Stellung nutzen, in deren Namen Kapital akkumulieren und damit in die Kolonialwirtschaft einsteigen. Manche von ihnen sind zu großen Erdnußproduzenten
geworden. Eine der Gemeinschaften, die senegalesische Bruderschaft der Muriden, war ursprünglich aus dem Widerstand gegen die französische Eroberung hervorgegangen, hatte aber aus einer gemeinsamen Anbauarbeit unter religiösen Vorzeichen Kapital ansammeln können und war zu einer Stütze der Kolonialwirtschaft geworden. Heute beherrscht sie große Teile der senegalesischen Ökonomie.

Gemeinsam ist den afrikanischen Herrschern, den Chiefs, den Emiren und den
Marabouts, daß sie die eigene Position durch den Rückgriff auf sogenannte tradi-
tionelle Werte, das Gewohnheitsrecht oder das islamische Recht, aufwerten und in
Kombination oder im Ausspielen mit dem kolonialen Recht und der kolonialen
Wirtschaft nutzbringend für sich einsetzen konnten, dadurch aber an Glaubwür-
digkeit in der eigenen Gesellschaft verloren.

3. Die ökonomischen Veränderungen

Die Ziele der Kolonialmächte lagen in der Nutzung der Überseeterritorien für die
nationale Wirtschaft, auch wenn zu Beginn der Kolonialherrschaft keine detail-
lierten Ausbeutungspläne vorhanden waren. Die koloniale Expansion hatte in
diesen Interessen ihre entscheidende Begründung, denn das wirtschaftliche
Potential der besetzten Gebiete sollte den Großmachtstatus der europäischen
Mächte absichern, die Abhängigkeit vom Weltmarkt, vor allem in der Versorgung
mit Rohstoffen, abbauen und der heimischen Produktion neue Absatzmärkte
eröffnen. Darin waren sich alle Kolonialmächte einig, und Bernhard Dernburg,
der erste Kolonialminister des Deutschen Reiches, hat nur formuliert, was alle
dachten, daß nämlich Kolonisation die Nutzbarmachung des Bodens, seiner
Schätze, der Flora, der Fauna und vor allem der Menschen zugunsten der Wirtschaft der kolonisierenden Nation bedeutete. Man war sich der Problematik dieser Nutzung bewußt, rechtfertigte sie aber mit dem Hinweis, Bodenschätze seien
Eigentum der gesamten Menschheit und müßten allen zur Verfügung gestellt werden, notfalls unter Anwendung von Zwangsmaßnahmen.

Ausbeutung als Ziel

Diese Ausbeutung hat die bestehenden Wirtschaftsformen von Grund auf verändert. Grundlage war die Einführung der Geldwirtschaft, d. h. der Übergang zur
Bezahlung aller Waren und Leistungen, einschließlich der Abgaben und Steuern,
in Geld. Die meisten Gesellschaften hatten seit langer Zeit Währungen gekannt,
aber eher im Sinne eines Austausches bestimmter und hochgeschätzter Güter oder
Leistungen gegen Bargeld oder bestimmte Formen des Währungsersatzes. Dieses
System wurde in der Kolonialzeit abgeschafft, weil die Kolonialmächte die Wirtschaft ihrer neuen Territorien genau kontrollieren wollten. Als wichtigsten Schritt
führten sie Abgaben ein, die von bestimmten Personengruppen geleistet werden

Geldwirtschaft

mußten. Dies geschah schrittweise, in Form von Hütten- oder Kopfsteuern, mit denen im Laufe der Zeit alle afrikanischen Bewohner der Kolonie erreicht wurden, sowie durch die Auferlegung von Außenhandelszöllen und anderen indirekten Steuern. Zunächst konnten die Steuern noch in Naturalien oder landesüblichen Währungen entrichtet werden, aber schrittweise erfolgte die Umstellung auf eine Zahlung in der Währung der jeweiligen Kolonialmacht. Die Zielsetzung der Steuerpolitik war mehrschichtig: Die Selbstfinanzierung der Kolonie durch eigene Einnahmen und die verdeckte Einführung von Lohnarbeit und Marktproduktion durch den Zwang der Steuerzahlung.

Die Folgen der Umstellung auf eine Geldwirtschaft waren dramatisch, und sie betrafen alle Teile der Gesellschaft, die gesellschaftliche Hierarchie, das Denken und die Wertesysteme. Marktproduktion hatte es auch vor der Ankunft der Weißen gegeben, in dicht besiedelten Räumen und städtischen Gebieten, vor allem in den Hauptstädten der Reiche und den großen Handelszentren. Auch entlang anderer Handelsrouten hatten sich Märkte gebildet. Ein reger Austausch hatte ebenso in den Randgebieten der verschiedenen ökologischen Zonen bestanden, um die Ernährungsbasis zu sichern. Auch aus früheren Jahrhunderten sind uns durch die Berichte von Reisenden blühende städtische Zentren bekannt: Alexandria, Kairo, Algier, Tanger, Tunis oder Tripolis an der Mittelmeerküste, aber auch Städte wie Djenné, Timbuktu, Kano, Kumasi oder Benin in Westafrika und die Küstenstädte Ostafrikas oder die noch wenig erforschte Stadt Zimbabwe. In all diesen Gebieten hatte die Subsistenzwirtschaft eine Erweiterung durch eine wachsende Marktproduktion und eine zunehmende gesellschaftliche Arbeitsteilung gefunden.

Marktproduktion

Die Wirtschaft befand sich im 19. Jahrhundert in einem tiefen Umbruchprozeß, vor allem dort, wo die politischen Veränderungen Hand in Hand gingen mit einer Intensivierung der Austauschbeziehungen zwischen den Völkern. Dieser Übergang zur Marktproduktion beruhte in vielen Fällen auf dem Tausch von Handelswaren, aber auch Geld diente als Zahlungsmittel, zumindest beim Austausch von hochwertigen Waren: Münzen aus Europa wie der Maria-Theresia-Taler, oder die indische Rupie. Daneben erfüllten auch Kauri-Muscheln, Kupferringe und Stoffstreifen eine Währungsfunktion. Das monetäre System war also eine Mischform aus Geld- und Tauschwirtschaft, wobei der Preis einer Ware nach dem Materialwert, dem Transportaufwand, dem Prestigewert und nach sozialen Kategorien, d. h. dem sozialen Status der Austauschpartner, bestimmt wurde, weniger nach der Arbeitszeit. Die „Umwandlung aller Dinge in Waren" [713: WALLERSTEIN] ist erst mit der Einführung kapitalistischer Wirtschaftsformen während der Kolonialzeit erfolgt.

Zur Nutzung der afrikanischen Ressourcen ist eine Wirtschaft aufgebaut worden, die sich am Weltmarkt, genauer: Am Markt der jeweiligen Kolonialmetropole orientierte. Die Produktionsentscheidungen lagen nun nicht mehr bei den Bauern und Handwerkern, sondern bei den weißen Siedlern, den ausländischen Händlern, den Vertretern der großen Handelshäuser, der Kolonialverwaltung vor Ort, den kolonialen Vereinigungen im Mutterland, der Regierung in der Metropole und den internationalen Börsen. Bei diesen Akteuren herrschte keineswegs Einmütigkeit in Zielsetzung oder politischem Vorgehen; vielmehr blieben viele Interessen gegensätzlich, vor allem die der europäischen Pflanzer und nationalen Parlamente und Regierungen, die auch auf die Opposition und die öffentliche Meinung Rücksicht nehmen sowie besondere Konstellationen wie die Weltkriege und die Weltwirtschaftskrise bedenken mußten.

"Kolonialwirt-
schaft"

Trotz dieser Interessendivergenz auf seiten der Kolonialmacht wurde eine exportorientierte Kolonialwirtschaft aufgebaut. Sie drückte sich in der Errichtung von Bergwerken, der Anlage von Plantagen durch europäische Siedler, der Förderung von Monokulturen, dem Anbau von Exportgütern wie Kaffee, Kakao, Tee, Tabak oder Sisal sowie im Gegenzug in der Vernachlässigung des Nahrungsmittelanbaus aus. Bergwerksbetriebe sind in mehreren Kolonien errichtet worden, zum Abbau von Bauxit (Guinea), Gold (Goldküste, Tanganyika), Diamanten (Betschuanaland, Südwestafrika) sowie Kupfer (Kongo, Nordrhodesien). In Nordrhodesien und in einigen Provinzen des belgischen Kongo beherrschten diese Industrien und ihre internationalen Konzerne das wirtschaftliche und politische Geschehen, und die Politik sowie die Lebensbedingungen der Bevölkerung wurden ihnen untergeordnet.

Siedlerkolonien waren in Afrika selten. Algerien und Südafrika hatten einen besonderen Status, als integraler Bestandteil der französischen Republik bzw. als autonomer Staat im Commonwealth. Nur Kenia und Südrhodesien (heute Zimbabwe) waren Siedlerkolonien. In ihnen bestimmte das Interesse der Siedler weitgehend die Politik, also die Entscheidungen über Investitionen und den Aufbau einer angepaßten Infrastruktur, die Landpolitik, die den Zugang zu Farmland regelte und gleichzeitig durch die Vertreibung afrikanischer Bauern von ihrer Subsistenzgrundlage für billige Arbeitskräfte sorgte, die Steuer- und Zollpolitik sowie die Orientierung und finanzielle Ausstattung von Bildungs- und Gesundheitswesen. Diese Konzentration auf die Belange der Siedler führte gegen Ende der Kolonialzeit zu blutigen Befreiungskriegen. Die Siedlerwirtschaften waren leistungsfähig und haben große Überschüsse erzielt, aber diese Erträge waren nur durch die niedrigen Produktionskosten (Land und Löhne) und staatliche Subventionen im Infrastrukturbereich sowie durch Ausgleichszahlungen oder Kredite in Krisenzeiten möglich. Afrikanische Kleinbauern erzielten zur gleichen Zeit ähnliche oder höhere Erträge, aber in den Siedlungskolonien wurden sie administrativ an einem massiveren Einstieg in die Kolonialwirtschaft gehindert.

Koloniale Monokulturen waren ebenfalls selten, im wesentlichen beschränkt auf den Erdnußanbau in Senegal, wo afrikanische Bauern auf Drängen französischer Stellen mit dieser Kultur begonnen hatten. Durch die Verbindung von islamischer Arbeitsethik, dem Engagement von Marabouts, der Nachfrage in Frankreich und der Kargheit der Böden ist daraus ein die koloniale Ökonomie beherrschender Sektor geworden. In anderen Kolonien, etwa in Obervolta (heute Burkina Faso) oder Nordnigeria ist der Erdnußanbau auch gefördert worden, wurde aber nicht zur Monokultur.

In Kolonien mit günstigeren Boden- und Klimaverhältnissen, etwa in der Goldküste, Elfenbeinküste, Südnigeria, Kamerun, Uganda, Nyassaland (heute Malawi) und in Belgisch-Kongo haben afrikanische Bauern gegen den Widerstand der Kolonialbehörden und der weißen Pflanzer Kakao, Kaffee und Tabak angebaut und es in kurzer Zeit zu einer führenden Position auf dem Weltmarkt gebracht, so die Goldküste und später die benachbarte Elfenbeinküste. Diese koloniale Landwirtschaft beruhte auf einigen afrikanischen Großpflanzern, die durch ihre Position leichter Zugang zu Land, Arbeitskräften und zum Wohlwollen der Behörden hatten, und auf unzähligen Kleinbauern, die zusätzliches Land mit den Exportgütern bebauten oder „mixed cropping" betrieben und niedrigwachsende Gemüsepflanzen im Schatten von Kaffee- oder Kakaobäumen anbauten.

Diese verschiedenen Wirtschaftsformen stellten die Kolonialökonomie dar. Sie war in den Produktions- und Investitionsentscheidungen, der Preisgestaltung, der Gewinnentwicklung und dem Transfer der Gewinne am Weltmarkt orientiert. Getragen wurde sie vor allem von der Ausbeutung der afrikanischen Wirtschaft, der die Reproduktion der Arbeitskräfte überlassen blieb.

Die Kolonialwirtschaft hat entsprechend den regionalen Voraussetzungen unterschiedliche Formen angenommen, die einer „Wirtschaft der Arbeiterreservate" im Osten und Süden Afrikas, die einer „Wirtschaft der Konzessionen" in Zentralafrika und die einer „colonial trade economy" oder „économie de traite" in Westafrika [553: AMIN, 41–68]. Außer in den Siedler- und Bergwerkskolonien und Südafrika hat das Handelskapital Wirtschaft und Politik beherrscht. Im Süden und Osten sind durch den Sog, der von Südafrikas Bergwerks- und verarbeitender Industrie ausging, Hunderttausende von Arbeitskräften aus den Reservaten, den späteren Bantustans und Homelands, und aus den Nachbarländern angezogen bzw. angeworben worden. Auch die Siedler Südrhodesiens und Kenias haben auf ihrer Suche nach Arbeitskräften viele Afrikaner von ihrem Land in „Arbeiterreservate" verdrängt. Selbst in Tanjanyika, wo nur wenige Siedler lebten, hat die Rekrutierung von Arbeitern für die europäischen Plantagen viele Menschen erfaßt und die Struktur der Region auf Dauer umgestaltet. Ähnliche Entwicklungen sind auch in Westafrika eingetreten, wo viele Saisonarbeiter aus den Binnenkolonien Obervolta, Mali und Niger zur Erdnußernte nach Senegal kamen oder sich dauerhaft in den Kaffee- und Kakao-Regionen der Elfenbeinküste niederließen.

Wirtschaft der Arbeiterreservate

Konzessionen an Land- und Plantagengesellschaften sind vor allem in Zentralafrika vergeben worden, in Kamerun und im Kongo. Durch sogenannte „Kronlandverordnungen", in denen alles als herrenlos angesehene Land zum Eigentum des Kolonialstaates erklärt wurde, hatten sich die Kolonialmächte eine flexible legale Basis zur Verfügung über Land besorgt, dadurch aber gleichzeitig vielen afrikanischen Gesellschaften die Grundlage ihrer Existenz entzogen – zum Nutzen europäischer Pflanzer oder Pflanzungsgesellschaften, die dadurch auf Arbeitskräfte zurückgreifen konnten.

Wirtschaft der Konzessionen

Westafrika hat in besonders krasser Weise die Vorherrschaft des Handelskapitals erlebt. Hier ist eine koloniale Wirtschaft entstanden, deren Grundstruktur die

Wirtschaft des einer „économie de traite" war. Dies bedeutete, daß europäische Handelshäuser
Handelskapitals die Wirtschaft nach ihren Außenhandelsinteressen umgestalteten. Investitionen
wurden nicht in die Produktion zur Modernisierung von Produktionsstrukturen
oder zur Verbesserung der Versorgung gelenkt, sondern in die Infrastruktur und
den Aufbau eines weiten Handelsnetzes. Afrikanische Bauern, Kleinbauern oder
Großpflanzer, wurden nicht unterstützt. Sie konnten deshalb nicht genügend
Kapital für Modernisierungsinvestitionen aufbringen, selbst dort, wo die traditionelle Wirtschaftsform sie nicht gehemmt hätte. Weil sie von den politischen Ent-
scheidungsgremien ferngehalten wurden, konnten sie auch keine günstigeren
Bedingungen für entsprechende Investitionen schaffen; ein solches Klima wäre
aber die Voraussetzung für den Aufbau einer eigenständigen Wirtschaft und für
Investitionen zur Produktivitätssteigerung gewesen. Somit blieb Afrikanern für
die Ausweitung der Weltmarktproduktion nur die Extensivierung. Sie führte zur
Urbarmachung und Abholzung immer weiterer Flächen und dazu, daß die Bauern
und die Verwaltung für Erntearbeiten auf Wanderarbeiter zurückgriffen; Wanderarbeit wurde zum Ersatz für Investitionen, und in manchen Kolonien, wie Mali,
Niger und Obervolta, wurde auf diese Weise ein neuer Wirtschaftszweig, die Wanderarbeit, geschaffen. Senegal wurde zum klassischen Fall einer Kolonialwirtschaft, die zu einem großen Teil auf Wanderarbeit beruhte.

Das Kolonialsystem förderte Investitionen zur Steigerung des Handelsumsat-
zes. Verarbeitende Betriebe wurden weder in der Landwirtschaft noch im Bergbau
aufgebaut, und wo in den letzten Jahrzehnten der Kolonialherrschaft und in der
nachkolonialen Zeit Importsubstitutionsindustrien geschaffen wurden, griffen
diese nicht auf lokale Rohstoffe zurück, sondern importierten die nötigen Rohstoffe oder ließen lokale Ressourcen im Mutterland zur weiteren Verarbeitung
aufbereiten. Außerdem waren die so geschaffenen Betriebe zur Herstellung von
Schuhen, Textilien, Waschmitteln, Papierwaren, Getränken oder Bier lediglich
Ableger von Unternehmen, die im Mutterland etabliert waren und für die Ferti-
gung in den Kolonien keine neuen, angepaßten Technologien entwickeln mußten.

Seit Ende der 1920er Jahre waren umfangreiche Investitionen der Handelshäuser und vor allem der Kolonialverwaltung in den Aufbau einer Infrastruktur
geflossen, die der Vermarktung der landwirtschaftlichen Exportgüter diente:
Ankauf- und Verkaufsstätten, Fahrzeuge, Eisenbahnen, Straßen und Hafenanlagen. Ganz neue Eisenbahnprojekte wurden in Angriff genommen: Die Trassen
orientierten sich nicht an der Verbindung vorhandener Ballungsräume, sondern
suchten den kürzesten Weg zwischen den Produktionsgebieten und den Verschif-
fungshäfen. Die deutlichsten Beispiele solcher Kolonialeisenbahnlinien sind die
vier Trassen, die in Angola von den Produktionsstätten ohne Querverbindung zur
Küste verlaufen, oder die Linien in Guinea, Sierra Leone, Elfenbeinküste, Togo
und Dahomey. Auch die Trasse in Kenia ist nach den Interessen der weißen Far-
mer errichtet worden.

Damit wird deutlich, daß der Aufbau einer selbständigen und integrierten Wirtschaft in einer vom Handelskapital beherrschten Kolonialwirtschaft nicht mög-

lich und auch nicht erwünscht war. Unter den Bedingungen der Kolonialherrschaft wurde der von den bäuerlichen Produzenten oder den Minenarbeitern erwirtschaftete Mehrwert nicht ihnen selbst und einer Verbesserung bzw. Ausweitung ihrer Produktionsstrukturen zugeleitet, auch nicht zum Aufbau landwirtschaftsnaher oder sonstiger Kleinindustrien genutzt, sondern abgeschöpft und in Handelsgewinne umgewandelt. Dadurch war auch der Entwicklung eines lokalen Kapitalismus ein Riegel vorgeschoben, eine größere Kapitalakkumulation in einheimischen Händen konnte sich nicht einstellen.

Etwas anders verlief die Entwicklung in Bergwerkskolonien. Hier wurden hohe Investitionen getätigt, aber auch hier war weder der Aufbau einer Schwerindustrie noch einer eigenständigen Wirtschaft beabsichtigt. Die geförderten Rohstoffe wurden exportiert, und die spärlichen Ansätze einer verarbeitenden Leichtindustrie benötigten andere Rohstoffe, die aus dem Mutterland importiert werden mußten.

Neben dieser Kolonialwirtschaft entwickelte sich eine Wirtschaft, die man „afrikanische Wirtschaft" oder „Parallel-Wirtschaft" nennen könnte. Beide Wirtschaften hatten eigene Strukturen und Schwerpunkte, waren aber eng miteinander verknüpft. Die Kolonialwirtschaft war am Weltmarkt orientiert, versorgte ihn mit Gütern aus lokaler Produktion und drängte durch Importe aus Übersee auf den lokalen Markt. Sie blieb im wesentlichen auf Güter beschränkt, die auf dem Weltmarkt gehandelt wurden, und stand deshalb auch mit einer bestimmten Konsumentengruppe in Verbindung. Demgegenüber war die „afrikanische Wirtschaft" nicht exportorientiert, ihr Ziel war die Versorgung der Bevölkerung und die Verbindung der lokalen und regionalen Märkte. Damit sprach sie auch eine andere Klientel an und funktionierte nach anderen Kriterien. Ihre wichtigsten Produkte waren Nahrungsmittel und andere Konsumgüter. Dazu gehörten, und das machte das Besondere dieser Wirtschaft aus, lokal und regional bekannte und geschätzte Nahrungsmittel wie die Knollenfrüchte Cassava (Maniok) und Yams, die Getreidesorten Hirse und Reis, Bananen, Fisch und Fleisch, bzw. Geflügel und Vieh, sowie in vielen westafrikanischen Regionen Kola-Nüsse, die als Gastgeschenk und Stimulans sehr begehrt waren, und verschiedene Salzsorten, die im Geschmack stark variierten und deshalb der Konkurrenz importierten Salzes standhalten konnten. Weiter wurden für den lokalen Bedarf Stoffe, Tücher und Kleidungsstücke aus einheimischen Rohstoffen hergestellt, Hacken, Töpfe, Geschirr, einfache Schuhe oder Sandalen und vieles andere, was von den kolonialen Handelshäusern nicht importiert und vertrieben wurde, für die Versorgung der Bevölkerung und für die besondere Geschmacksrichtung der lokalen Konsumenten aber wichtig war. Eine deutliche Trennung der kolonialen und der afrikanischen Wirtschaft war allerdings nicht gegeben, weil viele Güter aus europäischer Produktion, vor allem Stoffe, Schuhe, Kurzwaren, Werkzeug, Baumaterialien, Geschirr, Getränke, aber auch Brot und Modeartikel, Schreibwaren und Bücher den afrikanischen Markt erreichten und die lokalen Produktionsentscheidungen wie auch die Konsumgewohnheiten veränderten.

„Afrikanische Wirtschaft"

Natürlich versorgten sich auch die nicht-afrikanischen Haushalte der Europäer, Libanesen, Inder und Araber auf diesem afrikanischen Markt mit Nahrungsmitteln und anderen Gebrauchsgegenständen, die nur hier erhältlich waren oder zu niedrigeren Preisen verkauft wurden: Obst, Gemüse, Gewürze, Möbel und Gebrauchskunst. Manche Agrarprodukte aus einheimischem Anbau, z. B. Mais, deckten beide Märkte ab, indem sie der lokalen und internationalen Nachfrage nachkamen. Andere Güter blieben weitgehend in afrikanischen Händen, und Versuche der Handelshäuser, in diesen Markt einzudringen, schlugen fehl, so z. B. bei der Vermarktung von Hirse, Kola-Nüssen und Rindern.

Die Händler in dieser Wirtschaftsform waren vorwiegend Afrikaner. Händler anderen Ursprungs, Libanesen, Araber und Inder, stiegen ebenfalls in den Handel mit den Gütern der afrikanischen Wirtschaft ein, machten aber auch in der Kolonialwirtschaft Karriere.

Abschottung des Außenhandels gegen afrikanische Händler Umgekehrt wurde es afrikanischen Händlern schwergemacht, im Überseehandel tätig zu werden. Man fürchtete vor allem die politischen Konsequenzen, die sich aus ihrer Stärkung sowie ihrer Allianz mit den Produzenten ergeben könnten. Libanesische, indische und andere Händler mit Ausländerstatus stellten demgegenüber keine politische Gefahr dar. Außerdem hielt man sie für zuverlässigere und eher kreditwürdige Geschäftspartner. Unter diesen Bedingungen ist es afrikanischen Händlern nicht gelungen, die Vermarktung der Massen-Exportgüter Kaffee, Kakao, Tee, Baumwolle, Erdnüsse oder Holz auf dem Weltmarkt selbst zu organisieren. Im französischen Kolonialbereich wurden sie völlig vom Außenhandel mit Europa abgehalten, in den englischen Kolonien Goldküste und Nigeria hatten Aufstiegsversuche afrikanischer Händler nur kurzfristig und vereinzelt Erfolg. Selbst die Errichtung einer eigenen Bank zur Vermarktung afrikanischer Weltmarktprodukte in den USA ist nach wenigen Monaten gescheitert, aus einer Kombination von Mißwirtschaft auf afrikanischer und Widerstand auf europäisch-amerikanischer Seite. So hatte ein reicher Pflanzer und Unternehmer aus der Goldküste, Tete-Ansa, nach seinem Studium in den USA im Jahre 1928 eine Organisation zur Vermarktung von Kakao und Kaffee gegründet, die „American West African Corporation", dazu eine Finanzinstitution, die „Industrial and Commercial Bank", beide mit Sitz in New York, mit dem Ziel einer direkten Einflußnahme auf die Rohstoffmärkte. Er mußte beide aber 1930 wieder schließen. Eine weitere Neugründung von Tete-Ansa, die „Mercantile Bank", hat nur zwischen 1931 und 1936 funktioniert. Erst die „National Bank for Nigeria" (1931) wurde zu einem erfolgreichen Unternehmen. Allerdings waren Zielsetzung und Tätigkeitsfeld auf Nigeria konzentriert und traten nicht in direkte Konkurrenz zu den großen kolonialen Handelshäusern.

Die Handelswege der afrikanischen Wirtschaft blieben ihren traditionellen Zielen zugeordnet und verliefen auf ihren erprobten Routen, den alten Fernhandelsstraßen zu Land und zu Wasser, mit Lasttieren, Trägern und Kanus. Auf diese Weise konnten die alten und eingespielten Handelsnetze und Handelszentren mit ihren Tausch-, Versorgungs- und Maklereinrichtungen sowie ihren erfahrenen

Händlern und Bankiers weiter genutzt werden. Die Händler bedienten sich aber auch der neuen Wege und Transportmittel.

Die afrikanische Wirtschaft wurde von anderen Zielsetzungen und Wertesyste- Logik der afrikani-
men geleitet als die kapitalistische Kolonialwirtschaft. Afrikanische Bauern und schen Wirtschaft
Handwerker fällten ihre Produktionsentscheidungen in erster Linie nach dem Bedarfskalkül der eigenen Familie bzw. der größeren Gruppe; sie zu erhalten und zu fördern war oberstes Ziel. In der Berechnung des Bedarfes hatten auch Überlegungen einer vernünftigen Vorratshaltung Platz, die Vorausschau auf Feste, soziale Verpflichtungen und die Hoffnung auf zusätzlichen Verkauf auf lokalen oder regionalen Märkten. Überschußproduktion war allgemeine Praxis, wo sie ökonomisch sinnvoll war und angesichts der Klimaverhältnisse auch realisierbar blieb, aber sie unterlag sozialen Normen; d. h. die Erwirtschaftung von Überschuß und Mehrwert war nicht primäres Ziel der Arbeit. Dieses Denken schloß Gewinnstreben keineswegs aus, wie die Formen gesellschaftlicher Ungleichheit und die Figur des „big man", der über eine größere Gefolgschaft, über mehr Frauen und mehr Arbeitskräfte verfügen konnte, überall zeigten. Aber der Gewinn und die Investitionen wurden anders bemessen: Nicht die finanziell-monetär aufrechenbare Sicht stand im Mittelpunkt, sondern der soziale Gewinn, d. h. die Vergrößerung der eigenen Gruppe und des eigenen Ansehens in der Gesellschaft. Um dies zu erreichen, flossen die Gewinne in ökonomische Re-Investitionen und in soziale Ziele. Solche umfaßten je nach dem Stand des Betroffenen Almosen, die Unterstützung Hilfsbedürftiger, die Ausbildung von Mitgliedern der Familie oder des Verwandten- und Bekanntenkreises durch Übernahme der Schulkosten, einen Beitrag zu den Arznei- und Behandlungskosten, zu Festen, die Ausrichung größerer Feiern, den Bau von Kirchen, Moscheen oder anderen Kultstätten. An der Basis dieses Verhaltens lag das Bewußtsein der eigenen Verpflichtungen gegenüber der Gemeinschaft, aber auch das rationale Kalkül, daß Geschenke den Empfänger verpflichteten und auf diese Weise Geschäftsbeziehungen gepflegt oder neu aufgebaut werden konnten. Im übrigen gestalteten sich auch die Preise nach sozialen Kriterien: Eine Hacke, ein anderer Gebrauchsgegenstand, ein Schmuckstück oder auch Nahrungsmittel wurden hergestellt, und der geforderte Preis variierte nach der sozialen Bedeutung des Käufers, so daß die Ehre, für eine wichtige Persönlichkeit etwas liefern zu dürfen, durchaus einen niedrigeren Preis bedeuten konnte; aber auch das Gegenteil war möglich. Obwohl bei einer finanziellen Aufrechnung solchen Geschäftsgebahrens das Schrumpfen der für produktive Investititonen verfügbaren Mittel deutlich wird, machte das Kalkül ökonomisch durchaus Sinn. Die Möglichkeiten von Investitionen zur Ausweitung der eigenen Produktion oder Geschäfte, zur Modernisierung oder gar zur Diversifizierung blieben jedoch gering.

Wenn es um größere Produzenten oder Händler ging, kamen die Probleme einer kontrollierenden Buchführung hinzu. Es ist zwar bekannt, daß viele afrikanische Pflanzer, Handwerker, Händler und sogar Bankiers, die neben den etablierten Banken Geld aus den verschiedensten Währungen umtauschten, über ein phänomenales Gedächtnis und unerhörte Geschicklichkeit im Kopfrechnen verfügten, ohne Kenntnisse des Lesens und Schreibens und ohne Buchführung auskamen und gute Geschäfte machten. Aber eine Weiterentwicklung in Richtung auf eine Aktiengesellschaft mit größerer Kapitaldecke war dadurch fast unmöglich. Ebenso wurden eine weitere Diversifizierung oder der Einstieg in die Kolonialwirtschaft erheblich erschwert. Selbst die Weitergabe der eigenen Kenntnisse über Handelsnetze und Geschäftspartner im Todesfalle erwies sich als sehr problematisch. Tatsache ist deshalb, daß nur wenige Afrikaner in dieser Wirtschaftsform so viel Kapital akkumulieren und anlegen konnten, daß daraus eine Dynastie von Händlern oder Pflanzern hätte entstehen können. Die Dan-Tata in Nigeria sind ein Beispiel einer solchen Familie, die ursprünglich aus dem Kola-handel mit Asante kam, in den Erdnuß- und Baumwollhandel einstieg und noch heute prosperiert. Bezeichnenderweise ist sie aber im Handel, und zwar in der Kooperation mit europäischen Handelshäusern, der United Africa Company, groß geworden.

Pflanzer haben diesen Sprung nur geschafft, wenn sie im Kolonialsystem gleichzeitig eine politische Funktion ausübten, politische Protektion genossen und Zugang zu Land, Arbeitskräften und Krediten hatten. Hierfür ist die Person von Houphouët-Boigny, dem späteren Staatspräsidenten der Côte d'Ivoire, bezeichnend, der als Arzt, traditioneller Chief und Pflanzer seinen Aufstieg organisieren konnte.

So unterschied sich die Logik dieser Wirtschaftsform in Zielsetzung, Wertesystem und Organisationsweise erheblich von der einer kapitalistischen Wirtschaft. Aus heutiger Sicht kann man in ihr den Ursprungsort des sogenannten Informellen Sektors sehen, einer Wirtschaftsform, die neben und mit der vom modernen Staat gelenkten und kontrollierten Wirtschaft existiert, preisgünstiger arbeitet, flexibler reagiert und viele, allerdings unsichere Arbeitsplätze schafft, sich aber einer strikten Kontrolle und zahllosen staatlichen Reglementierungen entzieht und deshalb häufig mit Schwarzmarkt, Schwarzarbeit und Schmuggel in Verbindung Parallelwirtschaft gebracht wird. Die Parallel-Wirtschaft hat aber ebenso wie der heutige informelle Sektor nie in einem staatsfernen Raum existiert. Vielmehr sind die schweren Belastungen, mit denen das Kolonialsystem und die Kolonialwirtschaft finanziert wurden, zu einem erheblichen Anteil von den Menschen erbracht worden, die ihre eigene Versorgung und Reproduktion in der afrikanischen Wirtschaft sicherstellen mußten.

Regional sehr unterschiedlich wurde die wichtigste Ressource, Land, enteignet bzw. zur Exportproduktion umgewidmet, d. h. der Versorgungsproduktion entzogen. Desgleichen wurde die knappste Ressource, die Arbeitskraft, in empfindlichem Maße aus der Produktion für den eigenen Bedarf zwangsweise abgezogen, und der Nahrungsmittelanbau blieb den Frauen, Kindern und Alten überlassen, was zu einer enormen Steigerung der Arbeitsbelastung der Frauen führte, zu einer einseitigeren Ernährung der ländlichen Bevölkerung, mit gravierenden Folgen für die Gesundheit, und außerdem zu einer Neudefinition der Geschlechterrollen. Schließlich wurde die afrikanische Bevölkerung durch die Steuerpflicht zu einem direkten Beitrag zur Finanzierung der kolonialen Ausbeutung herangezogen. Deshalb wäre es falsch, in der Koexistenz beider Wirtschaftsformen eine dualistische Struktur zu sehen, in der beiden unterschiedliche Aufgaben und Akkumulationsmöglichkeiten zukämen. Es war und ist vielmehr eine parallele Struktur, in der beide aneinander gebunden waren und nur gemeinsam agieren konnten, wobei allerdings die eine die andere mitfinanzierte. Der afrikanischen Wirtschaft kamen neben den skizzierten Belastungen nur geringe Vorteile zu: Die neuen Transportmittel konnten genutzt werden, die neue Nachfrage nach eigenen Gütern ließ einen Produktionsanreiz entstehen, viele junge Leute fanden einen neuen Arbeitsplatz, fern von der Landwirtschaft, neue Formen der gesellschaftlichen Arbeitsteilung spielten sich ein, die Arbeitskräfte in der Kolonialwirtschaft suchten Nahrung und andere Konsumgüter auf den neuen Märkten, durch den Verkauf von Exportgütern, selbst in kleinen Mengen kam zusätzlich Bargeld in die Haushalte, manche Verbrauchsgüter verbilligten sich durch den Import europäischer Massenartikel, im Handelsverkehr konnten Importgüter das Warenangebot auch der kleinen Händler erweitern und neue bescheidene Gewinne ermöglichen. Viele andere Formen der Kombination beider Wirtschaftsformen haben existiert und das Überleben in der afrikanischen Wirtschaft erleichtert.

Diese ökonomischen Veränderungen während der Kolonialzeit haben sich auf alle Bereiche des Lebens ausgewirkt und in unterschiedlicher Intensität und Zeitfolge alle Gesellschaften erfaßt. Die unmittelbare Konsequenz war die Schaffung größerer Wirtschaftsräume auf der Basis der kolonialen Grenzen. In allen Regionen stellte dies eine Umorientierung der Wirtschaftskreisläufe und Handelsnetze dar, denn die alten Regional- und Fernhandelsnetze hatten sich nach den Bedürfnissen der einheimischen Bevölkerung entwickelt. Die so entstandenen natürlichen Regionen waren aber wirtschaftlich weitgehend autark geblieben. Die kolonialen Grenzen und die Ausweitung der Marktproduktion setzten dem ein Ende und schufen neue Regionen, die durch Rechtseinheit nach europäischen Vorgaben und Währungseinheit sowie durch eine einheitliche Wirtschaftspolitik geprägt waren. *(Marginalie: Entstehung größerer Wirtschaftsräume)*

Langfristige Folgen bestanden vor allem auf zwei Ebenen, der Weltmarktorientierung und der Vernachlässigung der Landwirtschaft. In allen Kolonien, in denen dies von den klimatischen und ökologischen Voraussetzungen her möglich war, wurden Wirtschaftszweige und angepaßte Infrastruktursysteme aufgebaut, die dem Mutterland und dem Weltmarkt dienlich sein konnten. Damit wurde zwar die Perspektive einer vergleichsweise grenzenlosen Nachfrage für die Produkte begrenzter Volkswirtschaften eröffnet, aber damit war auch eine dreifache Abhängigkeit verbunden: Von der schwankenden Nachfrage des Weltmarkts, vom Preisdiktat des Mutterlandes oder der Rohstoffbörsen und von den Unsicherheiten einer sehr geringen Diversifizierung der eigenen Wirtschaft. *(Marginalie: Abhängigkeit vom Weltmarkt)*

Die zweite langfristige Folge der kolonialen Wirtschaftspolitik ist die Vernachlässigung der Landwirtschaft in ihren beiden Zweigen, der Nahrungsmittelproduktion und der afrikanischen Exportproduktion. Die Selbstversorgung und Selbstversorgungsfähigkeit der afrikanischen Bevölkerung wurde ihr selbst über- *(Marginalie: Vernachlässigung der Landwirtschaft)* lassen und durch den kontinuierlichen Abzug von Ressourcen und Mehrwert zur Finanzierung der Kolonialwirtschaft so nachhaltig geschwächt, daß heute alle afrikanischen Staaten von Nahrungsmittelimporten abhängig sind. Diese Vernachlässigung hat im übrigen den gesamten Bereich der afrikanischen Wirtschaft betroffen, auch den Anbau von Exportprodukten durch afrikanische Kleinbauern und Großpflanzer. Weil die Lebensbedingungen auf dem Lande nicht verbessert wurden, weil eine Verarbeitung landwirtschaftlicher Rohstoffe nicht in Angriff genommen wurde, sind in den ländlichen Regionen auch keine neuen Arbeitsplätze entstanden; so sind sie verarmt und leiden unter Landflucht und hoher Arbeitslosigkeit.

Trotz dieses einheitlichen Bildes kann man in der kolonialen Wirtschaftspolitik zwei unterschiedliche Perioden und tiefgreifende Einschnitte feststellen. Die erste Periode, von 1890–1930, war ein System der Raubwirtschaft, gekennzeichnet durch Eroberungen, Zerstörungen und den Aufbau der Tauschwirtschaft. In dieser Zeit sind nur wenige Investitionen erfolgt. Im Eisenbahnbau etwa hat man nur solche Linien errichtet, die von grundlegender ökonomischer und strategischer Bedeutung waren. Der Ausbau der Wirtschaftsmetropolen, die in aller Regel gleichzeitig die größte Hafenstadt und Hauptstadt der Kolonie waren, erfolgte nur langsam, solange die ökonomische Basis der Kolonialherrschaft im Tauschhandel oder im Raubbau lag und im wesentlichen durch die Nutzung vorhandener Transportsysteme erfolgen konnte.

Phase der Raubwirtschaft

Erst als nach der Entdeckung von Bodenschätzen ein industrieller Abbau einsetzte, als europäische Siedler sich niederließen und Plantagen zu errichten begannen, als afrikanische Kleinbauern in größerem Maße in die Weltmarktproduktion einstiegen und als sich europäische, arabische, indische oder libanesische Händler entlang der Eisenbahnlinien etablierten, erwuchs eine ökonomische Notwendigkeit zum Ausbau von Produktions-, Transport- und Verwaltungsstrukturen. So bildeten sich im Landesinneren an den bestehenden Verkehrswegen, in den Plantagen- und Bergwerksgebieten, in größeren Siedlungsräumen koloniale Verwaltungsstellen, die eine Vielzahl anderer Niederlassungen und Betriebe anzogen.

Dieser Übergang ist langsam und schrittweise erfolgt. Im Investitionsprogramm des französischen Kolonialministers Albert Sarraut hat er seine konsequenteste Ausformulierung gefunden. Sarraut wies ausdrücklich auf die militärische Hilfe der französischen Kolonien bei der Verteidigung Frankreichs im Ersten Weltkrieg hin und auf den Beitrag, den Frankreich beim Wiederaufbau von den eigenen Kolonien erwartete. Er legte auf dieser Basis eine neue Kolonialdoktrin vor: Es gehe nicht mehr wie zu Zeiten des „pacte colonial" um Ausbeutung, sondern um ein großangelegtes humanitäres Projekt mit weitreichenden Folgen für die Kolonien und das Mutterland. Aus dem ungestalteten Ton der primitiven Massen sollte das Antlitz einer neuen Humanität modelliert werden. Frankreich wolle dafür in Zukunft den Übergang vom Stadium des Rohstoffexports zur Industrialisierung und lokalen Verarbeitung vorantreiben. Konkret drückten sich diese Pläne in einem Gesetzesentwurf in der französischen Nationalversammlung vom 12. 4.

Phase der „mise en valeur"

1921 aus, der einzelne Projekte in allen Kolonien auflistet, vom Ausbau der Häfen und Flüsse, der Eisenbahnen und Straßen, der Verbesserung von Trinkwasserversorgung und medizinischer Vorsorge bis zum Ausbau des Bildungswesens und der Errichtung von Verwaltungsgebäuden.

Trotz solcher Formulierungen blieb dieses Konzept den Interessen der Metropole untergeordnet. Der koloniale Diskurs schob afrikanische Aspirationen in den Vordergrund, meinte aber eine Stärkung der Kolonialmacht, selbst oder vielleicht gerade dort, wo die Ziele des Bildungssystems formuliert wurden. Sarraut nannte die Einführung eines leistungsfähigen Bildungswesens eine moralische Verpflichtung der Kolonialmacht, fügte aber hinzu, daß diese Pflicht sich bestens mit den ökonomischen, administrativen, militärischen und politischen Interessen Frankreichs verbinde – denn eine bessere Ausbildung steigere die koloniale Produktion, schäle kooperationsfähige Eliten heraus, bilde einheimische Verwaltungsangestellte heran, trage zur Ausbildung der einheimischen Chefs bei, fördere die Leistungsfähigkeit einheimischer Soldaten und sei generell die Voraussetzung für eine Zusammenarbeit mit der lokalen Bevölkerung.

Solche Vorhaben und die ihnen zugrundeliegenden Vorstellungen waren typisch für die Zwischenkriegszeit und für den Übergang von einer reinen Ausbeutung zu einer zielgerichteten Nutzung der Kolonien. Man kann sie bei allen Kolonialmächten finden. Mit dem Einsetzen der Weltwirtschaftkrise war diese Übergangzeit vorbei, und neue Interessen begannen, die Kolonialpolitik im Sinne eines „kolonialen Imperialismus" zu bestimmen. Diese zweite Phase dauerte bis etwa 1952; jetzt war die Zeit reif für größere Infrastrukturprojekte, die vorher nur andiskutiert worden waren.

Die dritte Phase, gekennzeichnet durch eine Verstärkung entwicklungspolitischer Investitionen und eine rapide wachsende Politisierung der Afrikaner, führte dann in die Unabhängigkeit.

4. Soziale Veränderungen

Durch den ökonomischen Wandel ist auch die Gesellschaft verändert worden, ihre Struktur, ihre Hierarchie, die Formen gesellschaftlicher und geschlechtlicher Arbeitsteilung, die Wertesysteme, die Sitten und Gebräuche, aber auch die Herausbildung des Gegensatzes zwischen Stadt und Land. Zentraler Auslöser war die Einführung der Geldwirtschaft und die eng mit ihr verbundene koloniale Steuerpolitik. Jeder Haushalt mußte nun eine von der Kolonialmacht fixierte Summe in Bargeld abführen und zu diesem Zweck Lohnarbeit aufnehmen oder Produkte aus eigenem Anbau auf dem Markt verkaufen. Geld und der Geldwert von Waren und Dienstleistungen hielten damit Einzug in das Denken der Menschen und in die zwischenmenschlichen Beziehungen und verdrängten sowohl die traditionellen Werte und Maßstäbe als auch die Grundlagen, auf denen die Struktur der Gesellschaft aufbaute. Denn während bisher jedes Mitglied Zugang zum wichtigsten

Geldwirtschaft und Lohnarbeit

Produktionsmittel, Land, gehabt hatte, brach jetzt der Kampf um das Geld aus und setzte neue Ungleichheiten fest: Wer über Bargeld verfügte, hatte Zugang zur Kolonialwirtschaft und zu den Gütern der „modernen" Welt. Wem aber stand dieser Zugriff offen? Neben der überall existierenden Unterscheidung in Reiche und Arme brach hier ein Riß durch die Haushalte, weil die Männer zunächst die Verfügung über Bargeld als neuem Produktionsmittel monopolisierten. Dazu wurden sie durch die Steuerpolitik der Kolonialverwaltung ermuntert, die die Steuern vom Mann als mutmaßlichem Haushaltsvorstand erhob und diese sogar gestaffelt nach der Anzahl der Frauen berechnete, die ein Mann sein eigen nannte. Die Frauen zahlten also als erste den Preis für die Einführung der Geldwirtschaft.

Koloniale Städte und städtisches Leben
Die Städte hatten vor der Kolonialzeit eine andere Rolle. Sie waren politisches, religiöses und ökonomisches Zentrum des Volkes, Begegnungsort verschiedener Völker und Kulturen, aber sie hoben sich nicht völlig von den ländlichen Regionen ab. Sie hatten denselben kulturellen, politischen und ethnischen Charakter, unterlagen denselben Wertesystemen, und auch ihr Lebensstandard unterschied sich nicht fundamental von dem der Dörfer. Die kolonialen Städte dagegen waren Sitz der fremden Verwaltung und hatten die Funktion, die Ziele der kolonialen Herrschaft und Wirtschaft durchzusetzen. Hier residierte der Vertreter der Kolonialmacht, hier waren die anderen Behörden und die Polizei, das Gefängnis, das Gericht, aber auch neue Einrichtungen wie Post, Bank und modernes Verkehrswesen. Hier lagen auch die Niederlassungen der kolonialen Handelshäuser. Entsprechend boten sich hier Arbeitsplätze an, hier öffneten Schulen, Krankenhäuser oder Krankenstationen, hier wurde der koloniale Wandel in seiner ganzen Breite sichtbar und ließ den Glanz eines bisher unbekannten modernen Lebens aufleuchten, besonders in den Hauptstädten der Kolonien.

Auch in den Wohnvierteln zeigten sich diese Veränderungen: Wohlhabende und einflußreichere Leute übernahmen Elemente des europäischen Häuserbaus und errichteten „moderne" Häuser. Fahrräder erschienen im Straßenbild. Sportvereine und Clubs wurden gegründet als neue Formen der Freizeitgestaltung – wobei es so etwas wie Freizeitgestaltung in vorkolonialer Zeit kaum gegeben hatte. Die Vereine und Clubs dienten aber auch als Diskussionsstätten, in denen politische Ziele formuliert und Prozesse der politischen Meinungsbildung initiiert wurden. Europäische, amerikanische und asiatische Formen der Musik vermischten sich mit einheimischen. Selbst die Mode veränderte sich und ließ neue Formen der Frisur, der Bekleidung, des „Ausgehens" entstehen, als Ausdruck eines neuen Selbstbewußtseins und neuer Werte.

In den Städten, in der Nähe von Verwaltung und Handelshäusern, aber auch in den europäischen Haushalten, in denen Afrikaner eine Beschäftigung gefunden hatten, waren wichtige Informationen zu erhalten. In unmittelbarer Nähe der Weißen zu leben, war nicht nur eine neue Erfahrung, es erlaubte auch einen kleinen Einblick in Lebens- und Denkweise der Kolonialherren, was zur Nachahmung anleiten, aber auch das Gespür dafür schärfen konnte, wie man mit diesen Fremden und ihrer Herrschaftsform fertigwerden könnte. Überhaupt entwickelten sich die kolonialen Städte, wie alle Städte auf der Welt, zu Orten der Begegnung bzw. Konfrontation zwischen Herrschenden und Beherrschten, zwischen unterschiedlichen Kulturen und Lebensformen, und zu Stätten raschen sozialen Wandels. Sie boten zahlreiche neue Verdienstmöglichkeiten und förderten die Kreativität vieler junger Menschen, die einen eigenen Weg zwischen Tradition und europäischer Moderne suchten. Hier waren neue Lebensformen möglich, hier konnte man sie ausprobieren, selbst wenn dies mit vielen Entbehrungen und der Vereinzelung verbunden war.

Gegenüber dieser neuen Welt fielen die Landregionen immer mehr ab, weil sie nicht modernisiert wurden. Sie blieben der Hort der Tradition, eher der Vergangenheit zugewandt, nur Missionare ließen sich dort nieder. Die Dorfbevölkerung unterstand weiterhin einer einheimischen Autorität, in der Regel einem Häuptling, der aber nicht mehr durch die traditionelle Institution des Ältestenrates kontrolliert wurde. So kam es oft vor, daß Herrscher und andere Mitglieder der traditionellen Führungsschicht ihre Position in der Kolonialadministration nutzten und das Gewohnheitsrecht sowie ihre eigene Rolle als Hüter und Zuweiser des Landes mißbrauchten, um sich Land zur Errichtung eigener Plantagen anzueignen, um Arbeitskräfte dort einzusetzen und die Erträge einzustreichen. Die Landbevölkerung erlebte also die Belastung durch die kolonialen Steuern, die Abwanderung der aktivsten Teile, die Umwidmung von Land zum Anbau von Exportgütern und die Ausbeutung durch die eigenen Machtträger. Auch vor der Kolonialzeit waren die Abgaben der Landbevölkerung an die lokalen Herrscher und oft auch in die Städte abgeführt worden, aber die Menschen hatten sich den Zugang zu Land erhalten und den eigenen Lebensunterhalt erwirtschaften können, außer in den Fällen besonderer Trockenheit, anderer Naturkatastrophen oder Kriegen. Eine fortschreitende Verarmung der ländlichen Gebiete war unbekannt, doch jetzt setzte sie vielerorts ein, und mit ihr ein neues Phänomen, die Landflucht.

Das Besondere der Kolonialzeit war für die dörfliche Bevölkerung, daß sie die ökonomische Unabhängigkeit, die sie sich gegenüber den lokalen Herrschern erhalten hatte, jetzt langsam verlor: Der Zugang zu Land wurde durch die kombinierten Ansprüche von Kolonialverwaltung und einheimischen Autoritäten schwieriger, und die Verpflichtungen der Abgaben- und Steuerzahlungen wuchsen, so daß die Feldarbeit allein zu ihrer Begleichung nicht mehr ausreichte. Selbst der Anbau potentiell profitträchtiger Produkte wie Kaffee, Kakao oder Tee änderte daran auf längere Sicht nichts, weil die Preisentwicklung von den Produzenten nicht beeinflußt werden konnte. Was Jahrhunderte afrikanischer Herrschaft und Wirtschaftsform nicht geschafft hatten, wurde nun eingeleitet: Die Verurteilung der bäuerlichen Bevölkerung zur Abhängigkeit. *(Verlust der ökonomischen Unabhängigkeit in den Dörfern)*

Die Schaffung neuer Arbeitsplätze in Kolonialverwaltung und Kolonialwirtschaft war zunächst auf die Städte konzentriert. Damit setzte sich eine Entwicklung fort, die schon lange vorher begonnen hatte und nun zu einer bisher nur in Ansätzen erlebten Ausweitung der gesellschaftlichen Arbeitsteilung führte: Neue berufliche Tätigkeiten und Spezialisierungen ergaben sich nicht nur im Hand- *(Neue Formen der gesellschaftlichen Arbeitsteilung)* werk, wo die Ausweitung der Bautätigkeit den Umgang mit neuen Materialien und Techniken mit sich brachte, wo der Bau und der Betrieb der Eisenbahnen und Hafenanlagen auch gelernte Arbeitskräfte verlangte. Auch die staatliche Verwaltung, das Bildungs- und Gesundheitswesen, die Polizei und das Militär, die Handelshäuser und die Missionen benötigten einheimisches Personal. Hinzu kamen die zahlreichen Haushalte und die täglichen Bedürfnisse der wachsenden Bevölkerung in den Städten. Es bildeten sich aber auch andere Berufe heraus: Fotografen, Schneider, öffentliche Schreiber und viele andere mehr. Und schließlich entstand eine völlig neue Kategorie der Schulabgänger, die Fähigkeiten und Kenntnisse erworben hatten, für die in der Gesellschaft bisher kein Bedarf bestanden hatte: Lehrer, Journalisten, Anwälte und Ärzte, auch wenn ihre Zahl nicht groß war. Diese Erweiterung beruflicher Tätigkeiten machte auch vor den Dörfern nicht halt. Hier mußten Arbeitskräfte für die größeren Pflanzungen gefunden werden, und der Häuptling oder die Native Authority benötigten Schreiber und verlangten die Einrichtung von Schulen, in denen neu ausgebildete junge Leute als Lehrer eine Anstellung fanden.

Viele Menschen erlebten diese Veränderungen am eigenen Leibe, indem sie selbst solche Tätigkeiten ausübten und solche Berufe erlernten. Sie fanden ihr Einkommen nicht mehr in der Familie und der gemeinsam betriebenen Land- oder Viehwirtschaft, sondern in einem Lohnarbeitsverhältnis. Das eigentlich Neue war ihre ökonomische Herauslösung aus dem Familienverband und das Ausscheiden aus der Verfügungsgewalt des Haushaltsvorstandes. Selbst wenn die gezahlten Löhne nur auf die Grundbedürfnisse der arbeitenden Person zugeschnitten waren und die Gründung sowie Ernährung einer eigenen Familie oft nicht zuließen, bedeutete ein solches Arbeitsverhältnis für den Betroffenen einen Zugewinn an persönlicher Freiheit und für das Familienoberhaupt einen Verlust an Autorität und Einkommen. Die Gesellschaft als Ganze sah ihre soziale Hierarchie dadurch betroffen. Diese Auswirkungen zeigten sich vor allem in den ländlichen Gebieten, sie hatten ihren Ursprung aber in den Städten, wo die meisten Arbeitsplätze geschaffen wurden und wo die Zahl der Arbeiter immer mehr anschwoll. Eine rasche Urbanisierung, Slumbildung, Verarmung, gewerkschaftliche Organisation, Arbeitskämpfe und politischer Protest haben hier zusammengefunden.

Wanderarbeit war vom Ansatz her ein vorübergehendes Phänomen, das zwar auch Lohneinkommen außerhalb der Familiengemeinschaft ermöglichte, aber die Rückkehr in diese Lebensgemeinschaft vorsah. Doch auch diese Form der Arbeit brachte durch die Abwesenheit der Männer und die mitgebrachten Güter und Ideen Unruhe und Veränderung mit sich. Die Zwangsarbeit, zu der die Verwaltung zur Durchführung von öffentlichen Arbeiten wie Straßen- oder Eisenbahnbau über den örtlichen Chief heranziehen konnte, griff weniger direkt in das Sozialgefüge ein, weil die Betroffenen in der Regel nur einmal in ihrem Leben eingezogen wurden und dann in ihre Gemeinschaft zurückkehrten. Die schlechten Arbeitsbedingungen haben allerdings sehr viele Menschenleben gekostet.

Für Leib und Leben noch gefährlicher war der Einsatz afrikanischer Soldaten

Landregionen als eigentliche Verlierer der Kolonialwirtschaft

Wanderarbeit

auf den afrikanischen und europäischen Kriegsschauplätzen in den beiden Weltkriegen. Wer als Kriegsveteran in seine Heimat zurückkehrte, konnte nicht einfach übergangslos in die dörfliche Tätigkeit reintegriert werden. Er brachte neue Erfahrungen und andere Fähigkeiten mit und wurde manchmal in die Polizeikräfte oder die Armee übernommen; manche „anciens combattants" erhielten auch eine Rentenzahlung vom französischen Staat.

Von diesen Veränderungen der gesellschaftlichen Arbeitsteilung waren nicht alle Mitglieder in der gleichen Weise betroffen. Die Frauen blieben meistens ausgeschlossen, sieht man einmal von den wenigen Krankenschwestern ab. Ihre Rolle war zunächst im Zuge der Ausweitung der Marktproduktion beschnitten worden, indem der Anbau von Exportfrüchten von Männern übernommen und geradezu monopolisiert wurde. In der Regel erhielten nur Männer das entsprechende Saatgut, nur sie konnten Kredite oder Vorschüsse für diesen Anbau in Anspruch nehmen und zusätzliches Land beschaffen sowie Arbeitskräfte organisieren, und nur sie wurden von den Aufkäufern als Geschäftspartner anerkannt. Dadurch gelangte Bargeld auch nur in die Hände von Männern. Umgekehrt war es den Frauen durch das Gewohnheitsrecht verwehrt, sich aus der Nahrungsmittelproduktion auszuklinken, so daß ihre ökonomische Tätigkeit faktisch auf diesen traditionellen Bereich beschränkt blieb und sie keine Einstiegsmöglichkeit in den modernen und lukrativen Wirtschaftssektor hatten. Aufgrund der innerfamiliären Machtverhältnisse wurden sie zudem angehalten, zusätzliche Arbeit auf den Feldern ihrer Männer zu leisten und damit deren Einstieg in die Cash-Crop-Produktion mitzutragen.

In sehr vielen Gegenden verschlechterten sich auch ihre Zugangsmöglichkeiten zu Land, weil Häuptlinge und andere Würdenträger als erste auf Grund und Boden zurückgriffen, die bislang der Gemeinschaft zur Verfügung gestanden hatten. Wenn auch ihre Männer Kaffee oder Kakao anbauten, blieb ihnen oft nichts anderes übrig, als für die Nahrungsmittelkultur weiter entfernt liegende Felder aufzusuchen.

Die ökonomischen Veränderungen der Kolonialzeit führten also neben einer Ausweitung der gesellschaftlichen Arbeitsteilung, von der die Frauen fast vollständig ausgeschlossen blieben, auch zu einer Neuordnung der geschlechtlichen Arbeitsteilung. Die Neudefinition der Rolle der Frau setzte an die Stelle ihrer führenden Rolle in der vorkolonialen Ökonomie eine im wesentlichen auf den Haushalt beschränkte Funktion und beraubte die Frauen ihrer früheren Unabhängigkeit als Produzentinnen für Haushalt und Markt. Diese Entwicklung wurde von kolonialen Vorstellungen über das Geschlechterverhältnis mitgetragen, wie sie von europäischen Ehepaaren in den Kolonien, allen voran von Missionarsehepaaren, vorgelebt und in der Schule vermittelt wurden. Teile der afrikanischen Elite griffen diese Ideen als moderne Erziehungskonzepte auf und bestanden in Verhandlungen mit der Kolonialverwaltung oder der Schulleitung, vor allem in Internaten, ausdrücklich auf der Vorbereitung der jungen Frauen auf eine Rolle in einem sogenannten „zivilisierten" Haushalt. Dies bedeutete, daß die Tätigkeiten

Verschlechterung der Stellung der Frau

der jungen Frauen nun um den Haushalt, verstanden als europäische Kategorie, kreisen sollten und daß die europäischen Vorstellungen dieser Zeit über weibliche und männliche Aufgaben, Verhaltensweisen und Schicklichkeiten Einzug in afrikanische Gesellschaften nahmen.

Diese Entwicklung gestaltete sich aber sehr verschieden und nahm in islamisierten Gegenden eine andere Form an als dort, wo christliche Ordensfrauen Mädchenschulen aufbauten.

Viele Elemente im traditionellen Wertesystem veränderten sich also und wurden langsam durch neue ersetzt. Ein Charakteristikum, das all diesen Transformationsprozessen gemeinsam war, bestand in der Individualisierung der Gesellschaft. Weil der Familienverband als Lebens- und Produktionseinheit für eine wachsende Zahl von Menschen, besonders für jüngere Leute, nicht mehr den einzigen und bestimmenden Lebensmittelpunkt bildete, trat auch die familiäre Solidarität in den Hintergrund, und die Alten und die Ahnen stellten für diese Menschen nicht mehr den unangefochtenen Referenzrahmen dar. Das Individuum und seine Entscheidungs- bzw. Entfaltungsmöglichkeiten wurden in einem langsamen Umwandlungsprozeß aufgewertet. Neue Eliten traten in den Vordergrund, Menschen, die im ererbten System keine Autorität gehabt hatten und die nun nach vorn geschoben wurden. Persönliche Qualifikationen wie Bildung, Berufsausbildung oder Leistung und vor allem ihre Verwendungsmöglichkeit im Kolonialsystem waren der Grund dieses Aufstiegs, nicht mehr die Zugehörigkeit zur wichtigen Familie, also die Abstammung und die Legitimation aus der Tradition.

Die Chiefs, ihre Berater und die Mitglieder der Native Authority blieben auf einer anderen Ebene stehen: Sie genossen zwar auch ein hohes Ansehen, weil sie in den ländlichen Regionen Teil der Kolonialverwaltung und deshalb notwendige Vermittler in vielen Angelegenheiten waren und gleichzeitig in Rechtsprechung und Landzuweisung weiterhin eine wichtige Rolle spielten. Aber ihre Position war ambivalent, denn sie verkörperten beide Ordnungen.

Was in der Kolonialzeit auch abgeschafft wurde, waren bestimmte Formen der Ungleichheit: Vor allem die Sklaverei oder das, was Europäer als die Institution der Sklaverei bezeichneten. Es hatte in vorkolonialer Zeit zahlreiche Formen der Abhängigkeit gegeben: Die Abhängigkeit der sozial Jüngeren von den sozial Älteren, die Abhängigkeit der Ärmeren von den Reicheren, der einfachen Leute von den großen Familien oder von einem „big man", zahlreiche Klientelbeziehungen, die Schutz gegen Gefolgschaft boten, die Abhängigkeit der Frauen von den Männern, die Institution der Schuldknechtschaft, die Abhängigkeit der Kriegsgefangenen oder der Verurteilten von ihren neuen Herren und die Abhängigkeit von Menschen, die aus unterschiedlichen Gründen verkauft worden waren und nun in einer fremden Umgebung für den neuen Herrn arbeiten mußten. Die Kolonialmächte haben nicht direkt in diese zentralen Elemente der gesellschaftlichen Hierarchie eingegriffen, aus Angst vor Unruhen und aus der Notwendigkeit, selbst auf Arbeitskräfte, also auf den Einsatz von Sklaven zurückgreifen zu müssen. So wurden in der Kolonialzeit nur der Sklavenhandel, die Sklavenjagden und andere For-

Marginalia:

Individualisierung der Gesellschaft

Abschaffung der Sklaverei

men der Neu-Versklavung und das Eingehen neuer Schuldknechtschaftsverhält-
nisse untersagt. Die Institution der Haussklaverei, von der in manchen Regionen
die Hälfte oder ein noch höherer Anteil der Bevölkerung betroffen war, ist von
den Kolonialmächten nicht direkt abgeschafft worden, sie wurde entweder vor
Gericht nicht mehr anerkannt, wie in Nigeria, oder durch die Freisetzung der Kinder von Haussklaven, wie im Kameruner Küstengebiet um die Stadt Douala, von
innen her ausgehöhlt.

All diese Umstellungen machen deutlich, daß die afrikanischen Gesellschaften
langsam ein altes Erbe verloren, die zentrale Bedeutung der Gemeinschaft im Leben
der Menschen. An ihre Stelle traten mit der schrittweisen Aushöhlung ihrer ökonomischen Basis Tendenzen zur Individualisierung, die im Laufe der Zeit neue Reali-
täten schufen. Die Alten wurden und werden zwar auch weiterhin als lebendes
Gedächtnis und Hort des Gewohnheitsrechts gepriesen, aber ihre Rolle, die Gesellschaft durch ihre Autorität und die Verfügung über das gemeinsam Erwirtschaftete
zusammenzuhalten, können sie mangels Masse längst nicht mehr ausfüllen. Die
neuen Einkommensmöglichkeiten haben eher die Jüngeren und Aktiveren favori-
siert, die Lohnarbeit übernehmen oder auf andere Weise in die Kolonialwirtschaft
einsteigen konnten. Dort, wo Häuptlinge und andere Vertreter der Tradition durch
eigene Pflanzungen die Brücke zur Geldwirtschaft geschlagen haben, ist ihre Autorität auch nicht mehr ausschließlich im Gewohnheitsrecht begründet, sondern in
wachsendem Maße in ihrer individuellen ökonomischen Leistungsfähigkeit.

Auf diese veränderte Basis hat sich ein fremdes Wertesystem gelegt, das um das
Individuum kreist, das westlich-christlich-kapitalistische System. Es ist seit
Beginn der kolonialen Fremdherrschaft aktiv, über die tägliche Erfahrung einer
anderen Lebensform der Kolonialbeamten und ihrer Ehefrauen, eines anderen
Herrschaftsstils und einer Legitimierung von Macht, die außerhalb jeder Perspektive der Anbindung an die Ahnen lag und nur auf der militärischen Eroberung
beruhte. Es hat sich auch im täglichen Erleben der Logik der kapitalistischen
Kolonialwirtschaft mit ihrem individuellen Gewinnstreben gezeigt und in der
traumatischen Erfahrung der militärischen und technologischen Unterlegenheit
gegenüber dem Westen. Und es war der zentrale Punkt der westlichen Schulbildung und der christlichen Missionstätigkeit, die beide die Qualifikation und Verantwortlichkeit des Individuums ansprachen und es aus den Zwängen der
Gemeinschaft herauslösen wollten. In vielen Bereichen des Lebens ist dies auch
eingetreten, und gemeinschaftsorientiertes Denken und Leben ist nicht mehr die
prägende Norm der gesellschaftlichen Werte.

5. Kulturelle Veränderungen

Auf den genannten Wandlungsprozessen bauten andere Veränderungen auf, im
Denken, im Selbst- und Weltverständnis, in den Wertesystemen und in vielen Formen des täglichen Verhaltens. Sie brachten einerseits eine Bereicherung, indem sie

Veränderung des
Bewußtseins

neue Wege auftaten und neue Energien freisetzten. Anderseits stellte die europäische Kultur, die unter den Vorzeichen einer überlegenen Fremdherrschaft auftrat und zu einer Begegnung mit afrikanischen Zivilisationen nicht bereit und nicht fähig war, die lokale Kultur radikal in Frage. Für die Betroffenen hatte dies eine tiefgreifende Verunsicherung zur Folge.

Die Präsenz der Weißen, ihre Fähigkeit, trotz zahlenmäßiger Unterlegenheit ihre Herrschaft aufrecht zu erhalten, und die Bedenkenlosigkeit ihres gewaltsamen Vorgehens waren für die Afrikaner eine traumatische Erfahrung. Sie erlebten ihre eigene Machtlosigkeit und das Versagen der Ahnen, die bisher das Überleben garantiert und die Eigenständigkeit ihrer Zivilisation verkörpert hatten.

Die Kolonialherren unternahmen viel, um diese Situation auszunutzen. In den Schulen wurden einerseits Fähigkeiten vermittelt, die auf einen Einsatz in Kolonialwirtschaft oder Kolonialverwaltung vorbereiten sollten, wie Lesen, Schreiben, Rechnen, Geographie, Biologie, Geschichte und natürlich die Sprache der jeweiligen Kolonialmacht. Daß die Schule damit ihre ureigenste Aufgabe, auf das Leben in der eigenen Gesellschaft und den Dienst an ihr vorzubereiten, verriet, interessierte die Kolonialherren nicht, wirkte sich aber äußerst negativ auf die afrikanische Gesellschaft aus. Es wurden entfremdete Jugendliche herangezogen, die die Selbstorganisationsfähigkeit und die Entwicklungsdynamik ihrer eigenen Gesellschaft nicht mehr stärken konnten. Zwar ließen sich diese Schulkenntnisse auch für andere Zwecke nutzen, z. B. zur Artikulierung nationalistischer Ziele, aber die kolonialen Schulen dienten vom eigenen Anspruch her der Stärkung des kolonialen Systems. Sie vermittelten das Bewußtsein der Unterlegenheit der afrikanischen Kulturen; Afrika wurde als Kontinent ohne Geschichte dargestellt, bewohnt von „Wilden", beherrscht von grausamen und willkürlichen Potentaten, charakterisiert durch Aberglauben, Menschenopfer, magische Praktiken und vieles andere mehr. Ihren bizarren und gefährlichen Höhepunkt fand diese Bildungspolitik in der französischen Kolonialschule, in der die Kinder die Geschichte Frankreichs kennenlernten und in dem berühmt-berüchtigten Slogan „nos ancêtres – les Gaulois" gleichsam vereinnahmt wurden, um die eigenen Ahnen durch die zivilisierteren Gallier zu ersetzen.

Schule und Mission   Dieselbe doppelte Tendenz hatte die christliche Mission, auch wenn sie sich selbst anders verstand und in erster Linie christliche Gemeinden gründen wollte. Sie stellte ein neues Gottes- und Menschenbild vor und interpretierte die Welt anders, als dies in afrikanischen Religionen geschah. Der christliche Gott wurde als der einzige Gott dargestellt, die christliche Weltsicht und das christliche Wertesystem als die einzig wahren. Afrikanische religiöse Vorstellungen und Riten wurden abgewertet, die Missionare sprachen von Götzen, Idolen, von Satanskult, lehnten Fetische, Schreine, Altäre und heilige Haine als Aberglauben ab, nannten Sitten und Gebräuche „heidnisch" und verwarfen viele Elemente der lokalen Moralvorstellungen als unmenschlich. Insbesondere attackierten sie die Fetischpriester und die Medizinmänner, hinter denen sie Zauberer sahen, die Chiefs und ihren auch ins Geistliche reichenden Machtanspruch, die Verehrung der Ahnen, die Initiationsriten und die Polygamie. Im überlieferten afrikanischen Weltbild hatten all diese Faktoren aber eine positive Funktion, sie waren der Kernpunkt der lokalen Zivilisationen. Die Polygamie war eine Institution, die man auch als Sozialversicherung für alle Betroffenen betrachten konnte, denn sie schuf große Familien und machte das Überleben aller Mitglieder leichter. Dies alles in Frage zu stellen, war zunächst destruktiv. Was die Mission an ihre Stelle setzen wollte, war die christliche Weltsicht mit ihrem biblischen Gottes- und Menschenbild und ihrem Moralkodex. Dazu gehörte auch die zentrale Rolle des Individuums, das für sich selbst verantwortlich ist, sich selbst zu verwirklichen und sein eigenes Heil zu suchen hat, im Gegensatz zur Einbindung und Unterordnung des einzelnen in die Gesellschaft, wie es in afrikanischen Kulturen üblich war. Daneben war das Christentum prinzipiell zukunftsorientiert – es hat zwar seinen Anfang in der göttlichen Botschaft, ist aber auf die Vollendung der Heilsgeschichte und die Wiederkehr Christi angelegt – im Gegensatz zu afrikanischen Denksystemen, in denen auf abgehobener Ebene zwar auch der Schöpfergott, im täglichen Lebensvollzug aber die Gründerahnen und generell die Ahnen die zentrale Rolle und den Orientierungsrahmen darstellen. Eine Orientierung auf die Zukunft war dieser Denkweise fremd.

Indem nun die Kolonialmacht, die Schule und die Mission gemeinsam auftraten, zumindest in zeitlicher Gemeinsamkeit, wurden die Afrikaner mit einem doppelten Dilemma konfrontiert: Der offensichtlichen militärisch-technologischen Überlegenheit der Weißen, die wohl auch eine Überlegenheit des Gottes und der Riten sowie der magischen Kräfte der Weißen andeuteten, und der Unterlegenheit der eigenen Kultur und Götter, Ahnen und Riten. Anderseits boten Schule und Mission die Möglichkeit, am System und der Kraft der Weißen, wohl auch an ihrem Reichtum und ihrem Lebensstil, ein wenig zu partizipieren, um den Preis der Aufgabe mancher Überzeugungen und Kräfte, die bisher die eigene Gesellschaft zusammengehalten und sie vertraut und liebenswert gemacht hatten.

Was dabei in den Köpfen der Betroffenen vor sich ging, war natürlich sehr verschieden. In der scharfen Konfrontation des entweder – oder hat sich dieser Konflikt wohl nur in den Reden der Missionare abgespielt. Die Menschen selbst haben Kompromisse geschlossen und das von den Europäern übernommen, was ihnen akzeptabel, überlegen oder besser erschien, vor allem technische und berufliche Fertigkeiten, schulisches Wissen wie Lesen und Schreiben und das Erlernen europäischer Sprachen. Sie haben aber das bewahrt, was sie an ihrer eigenen Kultur besonders schätzten, den Gemeinschaftssinn, die Ahnenverehrung, die Verbindung von Religion und Leben, den Respekt vor den Geistern. Dieser selektive Anpassungsprozeß war ein langwieriges Verfahren, das sich nach Ort und Zeit veränderte und sehr verschiedene Ergebnisse erbracht hat. Die sogenannten „Unabhängigen Kirchen", die „messianischen Bewegungen" oder das sporadische Auftreten von Propheten, Kinjikitile in Deutsch-Ostafrika (1905), William Wade Harris (1865–1929) in Liberia und der Elfenbeinküste, Simon Kimbangu (1890–1951) im belgischen Kongo, John Chilembwe (1860–1915) in Nyassaland oder

Kompromisse der Afrikaner

Alice Lenshina in Sambia (1960) sind besonders augenfällige Beispiele dieser Entwicklung, die letztlich eine Auseinandersetzung zwischen zwei Welten war und als Prozeß auch heute nicht abgeschlossen ist. Die zahlreichen afrikanischen Kirchen, die in den letzten Jahren etwa in Ghana, Nigeria oder Südafrika wie Pilze aus dem Boden geschossen sind, zeigen dies.

Über praktische Fähigkeiten und weltanschauliche Interpretationen hinaus vermittelten Schule, Mission, Arbeit bei den Europäern und der tägliche Anschauungsunterricht, der vom Auftreten der Weißen ausging, bestimmte Werte, die aus dem kapitalistischen System der Kolonialherren entnommen und für die Funktionsfähigkeit dieses Systems notwendig waren: Individualismus, Gewinnstreben, Arbeitsdisziplin, Rationalität. Sie waren zwar den afrikanischen Kulturen nicht fremd, traten im kapitalistischen Gesellschafts- und Wirtschaftssystem aber in geballter Form auf. Die europäische Schule und das Christentum in seiner europäischen Form waren aufs engste mit diesen Werten verbunden und schoben sie wie selbstverständlich in den Vordergrund, so daß europäische Zivilisation, Christentum und kapitalistisch geprägte Lebensform ideologisch fast zu einer Einheit verschmolzen. In diesem Sinn ist das Bewußtsein der Kolonisierten beeinflußt worden. Nicht nur ihr Wissen, ihre Fähig- und Fertigkeiten, ihre Bildung, ihre religiösen Praktiken und ihr Handeln haben sich gewandelt – auch ihr Bewußtsein und ihr Gefühl dafür, was richtig und falsch ist, sind verändert worden, eine regelrechte „colonization of consciousness" (John Comaroff) hat eingesetzt.

„Colonization of consciousness"

Staatliche und kirchliche Schulen haben in der Kolonialzeit neue Werte vermittelt. Sie haben dabei zwar nur eine zahlenmäßig kleine Gruppe von Afrikanern direkt erreicht, aber die neue Führungselite hat sich gänzlich aus diesen Schulabgängern rekrutiert. Die Anstöße zum Widerstand waren zu Beginn der Kolonialzeit noch von den alten Führungsschichten ausgegangen. Die Besinnung auf die eigene Kultur aber, wie sie in der Zwischenkriegszeit in der Bewegung der „négritude" von Léopold Senghor, Aimé Césaire und Léon Damas getragen wurde, in den panafrikanischen Kongressen, dem „National Congress of British West Africa" zum Ausdruck kam und die in politische Forderungen und die Unabhängigkeitsbewegungen mündete, war das Werk amerikanischer Schwarzer und afrikanischer Intellektueller. Die bekanntesten Beispiele der schulischen, universitären und dann politischen Karriere von Afrikanern waren Léopold Sedar Senghor (Senegal), Kwame Nkrumah (Goldküste-Ghana), Félix Houphouët-Boigny (Elfenbeinküste), Nnamdi Azikiwe (Nigeria), Jomo Kenyatta (Kenia), Julius K. Nyerere (Tanganyika-Tansania), Kenneth Kaunda (Nordrhodesien-Sambia), Hastings Banda (Nyassaland-Malawi) und Nelson Mandela sowie viele seiner Mitstreiter im ANC. Sie haben staatliche oder kirchliche Schulen besucht, ein Hochschulstudium absolviert, die Unabhängigkeitsbewegung angeführt und sind in politische Führungspositionen aufgestiegen. Ähnliches gilt für zahlreiche Kirchenführer, Bischöfe der verschiedenen christlichen Konfessionen, die weniger im Unabhängigkeitskampf, aber in jüngster Zeit, bei den Demokratisierungsprozessen als leitende Persönlichkeiten der sogenannten „conférences nationales" eine

Neue Eliten

führende Rolle gespielt haben: In Zaire, Benin und vor allem in Südafrika, wo der geachtete anglikanische Erzbischof Desmond Tutu eine politisch herausragende Bedeutung hat. Diese Entwicklungen zeigen, daß die kolonialen Bildungsmöglichkeiten auch für die Aushebelung des Kolonialsystems genutzt werden konnten.

Sie haben aber auch zu Entfremdung geführt, zu neuen Ungleichheiten zwischen Schulbesuchern und den anderen, zwischen Jungen, die bevorzugt zur Schule geschickt wurden, und Mädchen, für die westliche Schulbildung sehr viel seltener zur Verfügung stand, sowie generell zwischen den jungen Schulbesuchern, die lesen und schreiben konnten, die Sprache der Kolonialherren lernten und neue naturwissenschaftliche Kenntnisse erwarben, und ihren Eltern und den älteren in der Gesellschaft, die das alles nicht verstanden. So kam es zu ernsthaften Autoritätskrisen, die sich mit Generationskonflikten zu gefährlichem Sprengstoff verbanden, wenn die älteren z. B. den Regenmacher zu Hilfe riefen und die jüngeren sie auszulachen begannen. Viele solcher Verunsicherungen setzten der Gesellschaft und der natürlichen Weisheit und Autorität der älteren zu.

Auch auf anderen Gebieten haben sich kulturelle Veränderungen eingestellt: Die Medizinmänner sind zwar nicht verschwunden, aber die sogenannte westliche Medizin hat sie häufig als Scharlatane abgetan. Dadurch ist vielerorts das Wissen um die Heilkraft von Pflanzen und die sozialen Hintergründe von Erkrankung und Heilung verlorengegangen, ohne daß ein Ersatz geschaffen worden wäre. Im Gegenzug haben allerdings Impfkampagnen bei der Eindämmung von Epidemien und bei der Bekämpfung der Kindersterblichkeit geholfen.

Die Kommunikationsmöglichkeiten sind revolutioniert worden, indem der Straßen- und Eisenbahnbau die Gesellschaften einander nähergebracht und die Kontakte erleichtert sowie den Raum umgestaltet hat, aber auch indem neue Formen der Kommunikation eingeführt wurden, die Presse und später der Rundfunk, die nicht nur ein Sprachrohr der Kolonialmacht blieben.

Auch der Islam hat an der kulturellen Umgestaltung mitgewirkt, indem er in der Kolonialzeit in vielen Regionen Fuß fassen konnte und die Weltsicht sowie die Lebensform vieler Menschen umgeprägt hat – dabei hat er aber auch ein afrikanisches Gesicht bekommen. Die Kolonialherren betrachteten diese fremde Religion mit Argwohn, so daß er einen Gegenpol zur europäischen Vorherrschaft bildete, also auch eine politische Funktion hatte.

6. Aneignung und Umkehrung kolonialer Einflüsse

Die Afrikaner haben nicht nur passiv die Fremdherrschaft ertragen: Sie haben so etwas wie eine Gegenwelt errichtet, die es ihnen ermöglicht hat, manche Härten des Kolonialsystems zu lindern und manche seiner Mechanismen für eigene Zwecke zu nutzen. Dies ist auf politischer, ökonomischer und kultureller Ebene erfolgt. Schon die Kontaktaufnahme der Europäer mit einheimischen Machtträ-

Die Gegenwelt der Afrikaner

gern gestaltete sich zu Anfang schwierig, wenn falsche Herrscher vorgeschoben wurden, um die wirklichen Repräsentanten der Gesellschaft vor dem Einfluß der Weißen zu schützen, oder wenn abgesetzte Chiefs weiterhin als die wirklichen Mittelpunkte ihrer Gemeinschaft betrachtet wurden. Selbst wenn Chiefs oder andere Machtträger in das koloniale Verwaltungssystem eingebunden wurden und formal Loyalität übten, verstanden sie sich in vielen Fällen zunächst als Interessenvertreter ihres Volkes und gaben bei der Steuerfestlegung geringere Einwohnerzahlen an, ließen die Bevölkerung vor der Ankunft der Steuerbeamten oder der Arbeiteranwerber aus dem Dorf flüchten oder gaben die verschiedensten Gründe an, um die vorgesehenen Lasten des eigenen Dorfes zu senken. Wenn sie selber Arbeitskräfte oder Soldaten für den Kolonialherren rekrutieren mußten, schickten sie in erster Linie Sklaven oder Abkömmlinge von Sklaven, um die eigene Bevölkerung zu schonen. Daß sie von den Steuerabgaben und den Arbeitsleistungen der Bevölkerung profitierten und ihre Position auch gegen die Interessen ihrer Untertanen ausnutzten, diskreditierte sie in deren Augen, änderte an der grundsätzlichen Politik des Verhandelns, Feilschens und Opponierens aber nichts. Sie hatten schließlich ein machtvolles Instrument zur Hand, die afrikanischen Dolmetscher, die zwar auch zwischen den persönlichen Interessen und dem Druck der Kolonialmacht hin- und hergezogen wurden, die aber durch Sprachmanipulation lokale Belange durchsetzen, jedenfalls die Kolonialbeamten an der Nase herumführen konnten.

Bei größeren wirtschaftlichen Entscheidungen und Projekten war die afrikanische Einflußnahme schwieriger. Es gab lediglich die Möglichkeiten des Boykotts, des passiven Widerstands oder des Schmuggels, wenn auf der anderen Seite der Grenze die Erträge höher oder die Exportzölle niedriger waren.

Auf kulturellem Gebiet hat das afrikanische „Arrangement" mit den Weißen vielleicht die größte Bedeutung gehabt. Allerdings sind diese Formen der Begegnung erst ansatzweise untersucht. Offensichtlich ist die Umkehrung der kolonialpolitischen Ziele bei der Schule. Aber auch andere Formen des Umgangs mit dem europäischen Bildungsinstrument sind genutzt worden: In die sogenannten „écoles des fils de chefs" in Französisch-Westafrika wurden jahrelang andere Kinder gesandt, um die Söhne der wirklichen Chiefs vor dem fremden Einfluß zu schützen.

Sprache, Spottlieder und politischer Witz Die wichtigste Form der Verarbeitung der Fremdherrschaft, die bis in die entlegensten Dörfer reichte, war aber die Sprache, d. h. die verschiedenen Ausdrücke, die zur Bezeichnung der Weißen oder bestimmter Weißer erfunden wurden. So werden die Weißen in weiten Teilen des frankophonen Westafrika mit dem Wort „toubab" bezeichnet. Das Wort bedeutet ursprünglich „Arzt" und wird mit einem lokal variierenden Bedeutungszusammenhang generell auf alle Europäer angewandt, kann positiv, aber auch negativ besetzt sein. Zahlreiche lokale Kolonialbeamte trugen einen Spitznamen, der ihnen selbst nicht bekannt war oder als Ehrenbezeichnung ausgegeben wurde, mit dem die örtliche Bevölkerung sich über sie lustig machte und ihnen damit etwas von ihrer Macht und ihrem Schrecken nahm.

So nannte man einen Beamten „touk-toïga" – der den Baobab tragen läßt – weil er bei seinen Straßenbauprojekten auf schnurgeraden Trassen bestand, auch wenn mächtige Bäume wie der Affenbrotbaum (Baobab) im Weg standen. Andere hießen wegen ihrer Launenhaftigkeit oder ihrer Grausamkeit „hinkender Teufel", „Dornenhaufen" oder „Schädelbrecher". Ein weiterer hatte den Spitznamen „Hose runter", weil er aus geringem Anlaß Stockhiebe austeilen ließ. „Sehen und Sterben" schließlich wurde ein Beamter genannt, dessen Anblick einen das Sterben lehrte. Der katholische Bischof von Ouagadougou, Mgr. Thévenoud, hieß „beringter Vogel" oder auch „der Richelieu von Obervolta", weil er sehr scharf gegen Andersdenkende, besonders gegen Moslems, vorging. Beamte, die man schätzte, hatten positive Namen wie „Bon papa", „Glücklicher Winter", „das Mißverständnis ist tot". Ein Arzt wurde „der Tod ist geblendet" genannt, ein Lehrer „das Wissen hat Früchte getragen" [468: HAMPÂTÉ BÂ, 335–336].

Die Menschen haben auch den politischen Witz, Wortspiele, Lieder, Spottlieder, Reime und obszöne Gesten benutzt, um die weißen Eroberer ihrer Unangreifbarkeit zu entkleiden. So hat es ein deutscher Leutnant auf dem Vormarsch in den Norden Togos erfahren, als die Menschen um sein Zelt tanzten und sangen – nicht nur um ihm die Ruhe zu nehmen, sondern auch um ihn unter den äußeren Zeichen eines ehrerbietigen Tanzes zu verunsichern, zu entzaubern und sich selbst aufzubauen. Selbst bei großen Empfängen der Ortskommandanten am Eingang des Dorfes machte man sich in den Begrüßungsliedern über den Besucher lustig, ohne daß dieser es merkte. Er bedankte sich sogar für den freundlichen Empfang, obwohl die Leute gerade seine Torheit besungen hatten, mitten in der Regenzeit eine festgestampfte Piste anlegen zu lassen, damit er im Auto bis ins Dorf vorfahren könnte.

Wahrscheinlich würden auch kritische Untersuchungen der Übersetzungen der Bibel oder christlicher Gebetstexte viele Anpassungen an örtlich bekannte Sachzusammenhänge zutage fördern. Von Missionaren ist häufig berichtet worden, daß Gläubige mit Entsetzen, Schmunzeln oder schallendem Gelächter auf manche Ausdrücke in den Predigten reagiert haben, womit die Schwierigkeit der Übertragung von Begriffen in fremde Kulturen deutlich wird, aber auch die Möglichkeit der Manipulation durch einheimische Dolmetscher.

Viele Verbote von Kolonialmacht oder Mission sind durch das Ausweichen auf andere Formen oder durch Geheimhaltung umgangen worden, etwa das Verbot von Initiationsfeiern oder die Tätigkeit von Medizinmännern. Andere Dinge ließen sich überhaupt nicht durchsetzen bzw. verbieten, wie die Abschaffung oder Eindämmung des Brautpreises oder der Polygamie, Institutionen, in denen die Europäer eine Demütigung der Frau erblickten. Sie ließen sich weder abschaffen noch kontrollieren, und auch die langsame Monetarisierung des Brautpreises, d. h. die Ersetzung der Rinder, die als Gegengabe zum Überwechseln einer Frau in eine andere Familie gezahlt wurden, durch Bargeld hat ein Heraufschnellen der Preise nicht verhindern können. Anderseits ist durch die Einführung europäischer Rechtsvorstellungen das ererbte Rechtsempfinden nicht umgestülpt worden, so

Grenzen des europäischen Einflusses

daß der Kampf der Mission gegen die Polygamie nur dazu geführt hat, daß die Brautleute heute in vielen afrikanischen Staaten bei der standesamtlichen Trauung, wenn diese Form der Heirat gewählt wird, entscheiden können, ob sie ein monogames oder ein polygames Ehestatut wünschen.

Hier wäre auch zu erwähnen, daß mit der von den Kolonialmächten angeregten schriftlichen Fixierung des Gewohnheitsrechts eine geschickte Konstruktion entstanden ist, in der die Interessen verschiedener afrikanischer Gruppen und die der Kolonialherren zusammenkamen.

Auch die europäischen Rechtssysteme oder das, was von ihnen auf die Afrikaner übertragen wurde, konnte selektiv von ihnen genutzt werden, wenn es die eigenen Interessen besser berücksichtigte. Andernfalls berief man sich auf das sogenannte Gewohnheitsrecht. Clevere Frauen und Männer haben sich so in städtischen Gebieten Grundstücksrechte ins Grundbuch eintragen lassen, um sich mit Immobilienspekulationen gegenüber den Weißen und den afrikanischen Mitbürgern abzusichern. Andere haben die Möglichkeiten des kolonialen Eherechts genutzt, wenn auf diese Weise eine Scheidung leichter, schneller oder billiger zu werden versprach, im umgekehrten Fall aber auf die afrikanische Gerichtsbarkeit zurückgegriffen.

7. Die grossen Einschnitte: Die zwei Weltkriege und die Weltwirtschaftskrise

Die Weltkriege waren nicht nur für Europa von enormer Bedeutung. Sie haben auch das Gleichgewicht der Kräfte im Weltmaßstab verändert. Der Aufstieg der USA zur Weltmacht und die Entstehung eines zweiten Pols, der Sowjetunion, haben schon nach dem Ersten Weltkrieg die Großmachtstellung der Kolonialmächte England und Frankreich relativiert, auch wenn der Versailler Friedensvertrag und die Gründung des Völkerbundes ihnen zunächst eine Aufwertung ihres Kolonialmachtstatus zu gewähren schienen. Hinzu kam ein langsamer Wandel in der Einstellung der Weltöffentlichkeit zum System der Kolonialherrschaft, eingeleitet durch die USA und die Ereignisse, aus denen die Sowjetunion hervorging. Präsident Woodrow Wilson hatte 1918 in seiner Erklärung der 14 Punkte das Recht der Völker auf Selbstbestimmung als eine Voraussetzung für einen dauerhaften Frieden in der Welt genannt. Auch wenn er sich in Punkt fünf nur gegen eine einfache Verlagerung der deutschen Kolonien unter die Herrschaft der anderen Kolonialmächte wandte und dies durch die Unterstellung unter den Völkerbund auch durchsetzen konnte, war damit grundsätzlich die Eroberung als Legitimation von Herrschaft in Frage gestellt. Das unter anderem auf solchen Gedanken aufbauende System der kollektiven Friedenssicherung in der Satzung des Völkerbundes war der erste Schritt zur Verankerung des Selbstbestimmungsrechts der Völker im Völkerrecht. Die Oktoberrevolution und der Aufstieg der Sowjetunion hatten längerfristig dieselbe Wirkung, indem sie eine internationale Front gegen

Machtverschiebung durch die Weltkriege

das imperialistische System aufbauten und Moskau zum Zentrum dieser Neugestaltung der Welt und zum potentiellen Verbündeten aller Feinde des Imperialismus machten.

So war als Folge des Ersten Weltkriegs ein Meinungsumschwung angeregt worden, der die Kolonialmächte auf dem Höhepunkt ihrer Macht, in der Zwischenkriegszeit, begleitete und schließlich die Kolonialideologie aushöhlte. Der Zweite Weltkrieg hat diese geistige und politische Neuordnung der Welt weitergetrieben.

Diese Machtverschiebung hat die Basis der kolonialen Welt verändert. Zunächst ist die Kolonialmacht Deutschland aus Afrika vertrieben worden, in blutigen Kriegen, die vor allem in Deutsch Ostafrika Zehntausenden von Afrikanern den Tod gebracht haben, durch die direkten Kriegshandlungen, Trägerdienste, die Beschlagnahmung von Nahrungsmitteln und Vieh, durch die Politik der verbrannten Erde und durch die Hungersnot, die sich im Anschluß an den Krieg einstellte. Die sogenannte Ostafrika-Kampagne stand unter dem Befehl von General Paul von Lettow-Vorbeck. Er hatte sich gegen Gouverneur Heinrich Schnee durchgesetzt, der die Neutralität erhalten und die afrikanische Bevölkerung nicht in die Kriegshandlungen einbeziehen wollte. Lettow-Vorbecks Ziel war es dagegen, durch den Krieg in Ostafrika möglichst viele Gegner Deutschlands zu binden. Dies wirkte sich verheerend auf die Bevölkerung aus, Ostafrika wurde als bloßes Schlachtfeld genutzt, und die direkten und indirekten Kriegsfolgen werden heute zu Recht als „ökologische Katastrophe" bezeichnet. Nach dem Krieg wurden die deutschen Kolonien im Versailler Friedensvertrag als Treuhandmandate des neu geschaffenen Völkerbundes anderen Kolonialmächten zugewiesen: Togo den Kolonialmächten England und Frankreich, Kamerun kam zu einem kleinen Teil unter britische Vorherrschaft und zum größeren unter französische; Deutsch Südwestafrika geriet unter die Zuständigkeit Südafrikas, in Deutsch Ostafrika wurde das Tanganyika-Territorium England und die Gebiete Ruanda und Urundi Belgien unterstellt. Die Treuhandgebiete verloren ihren Status als Kolonien. Sie wurden der Hoheit anderer Mächte unterstellt mit der ausdrücklichen Zielsetzung der Vorbereitung von Selbstverwaltung und Unabhängigkeit. Dazu wurde der Völkerbund ermächtigt, Inspektionsreisen zur Überprüfung der Mandatsmacht durchzuführen und Rechenschaftsberichte von den Mandatarmächten einzufordern. Umgekehrt erhielten diese Territorien das Recht, Petitionen an den Völkerbund zu richten. Diese Regelungen formulierten zum ersten Mal den zeitlich begrenzten Charakter der Kolonialherrschaft und die Pflicht zur Hinführung auf eine spätere Unabhängigkeit.

Langfristig ebenso bedeutungsvoll waren die Erfahrungen der Bevölkerung: Sie hatte erlebt, daß die Europäer zwar über mächtiges Kriegsgerät verfügten, aber nicht unbesiegbar waren und auch keinen homogenen Block darstellten – sie bekriegten sich vielmehr gegenseitig. Diese Einsicht hat sich zwar nicht direkt in eine protonationalistische Widerstandsbewegung umsetzen lassen, aber sie hat neue Ausgangspunkte und ein neues Denken geschaffen. In den panafrikanischen Kongressen, der Bewegung der Négritude oder der Formierung des National

Das Schicksal der deutschen Kolonien

Neues Selbstbewußtsein

Congress of British West Africa hat dies eine erste Form gefunden. Auf andere Weise, aber mit Auswirkungen bis in die Dörfer hinein, galt dies für die schwarzen Soldaten, die auf dem europäischen Kriegsschauplatz gekämpft und an der Rheinlandbesetzung teilgenommen hatten. Sie hatten eine Kolonialmacht besiegt, hatten Weiße getötet und waren dafür dekoriert worden. Als „anciens combattants" genossen sie neben gewissen Privilegien auch ein besonderes Ansehen.

Dies war der politische Rahmen, der die Zwischenkriegszeit geprägt hat. Ausgefüllt wurde er u. a. durch die Veränderungen, die sich aus der Umstellung von der Raub- auf die Ausbeutungswirtschaft, vom „pacte colonial" auf die „mise en valeur" ergaben. Die erste auffallende Veränderung war der Ausbau der Infrastruktur: Häfen und Eisenbahnen. Mehrere Bahnlinien waren schon vor dem Ersten Weltkrieg in Betrieb genommen oder begonnen worden; die Fertigstellung und erhebliche Erweiterung wurde nun in Angriff genommen.

Ausbau der Kolonialwirtschaft

In diese Zeit fiel auch der Aufschwung der Weltmarktproduktion durch afrikanische Kleinbauern und europäische Siedler. Alle Kolonien nahmen an dieser Exportproduktion teil, herausragend aber waren einige Territorien. Senegal wurde zum großen Erdnußexporteur, die Goldküste produzierte vor allem Kaffee und Kakao, die Elfenbeinküste ebenfalls Kaffee. Nigerias Süden lieferte Kakao, der Norden Erdnüsse und Baumwolle, Kamerun Kakao und Kaffee. Tanganyika führte Kaffee, Tee und Baumwolle aus, Ruanda Kaffee. Die Wirtschaft der Siedlerkolonien Kenia und Südrhodesien blieb bezeichnenderweise breiter gefächert: Beide produzierten Kaffee, Tee, Mais, Weizen und Tabak für den Export. Die Explosion der Exporte zeigt diese Veränderung in den Kolonien auch statistisch an: So stiegen die Werte der Exporte aus Französisch-Westafrika zwischen 1902 und 1928 von 13,1 Mio US $ auf 88 Mio US $, aus Nigeria von 1,3 Mio £ auf 9,7 Mio £ und aus der Goldküste gar von 0,4 Mio £ auf 6,9 Mio £. [413: GIFFORD/LOUIS, 659–660].

Nach dem Krieg war eine größere Zahl weißer Siedler in die Elfenbeinküste und vor allem nach Kenia und Südrhodesien gekommen. Die britische Regierung hatte eine gezielte Ansiedlung von Kriegsveteranen betrieben. Beide Kolonien entwickelten sich zu Siedlerkolonien, in denen den weißen Einwanderern ausgedehnte Ländereien zur Verfügung gestellt wurden. Ihre Interessen erhielten Vorrang vor denen der Afrikaner, die in großer Zahl von ihrem Land vertrieben und in Reservaten neu angesiedelt wurden, wo sie dann als Arbeitskräfte für die Weißen zur Verfügung stehen sollten. Die Kenya Highlands sind zum Synonym für diese Siedlerpolitik geworden. Die fruchtbare Region im kenianischen Hochland wurde weißen Einwanderern überlassen, hier entstand die neue Hauptstadt Nairobi, die wegen ihres europäischen Flairs, der konsequent ausgebauten Infrastruktur und des guten Klimas bald verarbeitende Industrien und Firmensitze anzog. Dieses Gebiet wurde mit der zentralen Eisenbahnlinie und dadurch mit dem Hafen Mombasa verbunden, die Siedler erhielten Kredite, konnten auf verbilligte Frachttarife zurückgreifen und den Anbau der ertragreichsten Produkte Kaffee, Tee, Mais und Weizen monopolisieren. Kenia und Nairobi sind dadurch zu einem regionalen Wirtschafts- und Verwaltungszentrum geworden.

In anderen Kolonien ist zwar auch die Zahl der europäischen Pflanzer gestiegen, aber sie haben die Politik nicht in vergleichbarem Maße bestimmen können. Die Expansion der Exportproduktion ging hier auf afrikanische Kleinbauern zurück. Dies war auch in der Goldküste der Fall, die zu einem der größten Kakao-Lieferanten aufstieg. Hier stieg die Kakaoproduktion mit atemberaubender Geschwindigkeit: Von 5 Tonnen im Jahresdurchschnitt im Zeitraum 1891–1895 auf 218 895 Tonnen zwischen 1926–1930 [441: BOURRET, 26].

Die Bergwerksproduktion in den Kolonien, mit Ausnahme von Südafrika und Südrhodesien, ist nur sehr langsam angelaufen, weil zunächst Prospektionen durchgeführt und umfangreiche Investitionen getätigt werden mußten. So hat die Kupferproduktion in Katanga (Belgisch-Kongo) erst im Jahre 1911 mit 998 Tonnen begonnen, hat 1930 138 949 Tonnen und beim Beginn des Zweiten Weltkrieges im Jahre 1939 122 649 Tonnen erreicht [412: GANN/DUIGNAN IV. 377]. In Nordrhodesien (Sambia) sind die großen Konzessionen erst zwischen 1923 und 1926 vergeben worden; die Produktion von Kupfer, Zink und Blei hat sich dann allerdings rapide entwickelt [440: BARBER, 127].

Charakteristisch für die Zwischenkriegszeit war auch das Vordringen europäischer Handelshäuser sowie europäischer, libanesischer und indischer Händler bis in die entlegensten Gebiete, mit der Konsequenz, daß afrikanische Händler immer mehr aus dem Außen- und Zwischenhandel verdrängt wurden.

Vordringen fremder Händler

Den größten Einschnitt hat die Weltwirtschaftskrise (ab 1929) ausgelöst. Sie hat die Kolonien wirtschaftlich und politisch ins Mark getroffen, weil die Kolonialökonomien nur wenige Güter umfaßten und Weltmarktschwankungen sich unmittelbar auf die gesamte Wirtschaft auswirkten. Ein Rückzug in die Nahrungsmittelproduktion für den lokalen Markt oder in eine stärkere Subsistenzproduktion stand nicht vielen Arbeitnehmern offen, besonders in den Städten war dies keine Alternative. Der Preisverfall der Cash-Crops auf dem Weltmarkt hatte über den Einbruch der Exporterlöse zunächst einen starken Rückgang der Einnahmen der Kolonialverwalung zur Folge und zwang sie zu einer Rückführung der staatlichen Ausgaben und Investitionen. Zusätzlich sah sie sich von den Vertretern der europäischen Interessen bedrängt, die sich in ihrer Existenz bedroht fühlten. Die Siedler erlitten erhebliche Verluste, senkten die Löhne und verlangten vom Kolonialstaat Steuer- bzw. Zollsenkungen, Kredite, eine Garantie der Exportpreise und andere Hilfsmaßnahmen. Die Handelshäuser und die privaten europäischen Händler senkten die Aufkaufpreise der Cash-Crops sowie die Löhne ihrer Arbeiter und zogen sich aus entlegenen Gebieten zurück. Libanesische, indische oder afrikanische Händler konnten hier einsteigen.

Für die Bevölkerung hatten diese Einschnitte zur Folge, daß die Aufwendungen zum Aufbau eines Gesundheits- und Schulwesens reduziert wurden. Neben den Lohnsenkungen auf den Plantagen sahen sie sich ebenso mit Lohnkürzungen und dem Verlust von Arbeitsplätzen im städtischen Bereich, auf den öffentlichen und privaten Baustellen, in den Bergwerken und Häfen konfrontiert. Dies war besonders in den Siedlerkolonien spürbar, wo die Entwicklung von Lohnarbeit und die

Folgen der Weltwirtschaftskrise

Entstehung einer Lohnarbeiterschaft weiter fortgeschritten waren. So fielen in Kenia die Löhne afrikanischer Arbeiter zwischen 1929 und 1934 um etwa 40%, und die Zahl der Arbeiter sank in den Jahren 1930, 1931 und 1932 [454: STICHTER, 95]. Die afrikanischen Kleinbauern und die größeren Pflanzer erlebten neben den Einbußen aus den Verkaufserlösen auch ihre Machtlosigkeit gegenüber der Kolonialverwaltung, die ihnen nicht entgegenkam. Der einzige Ausweg bestand darin, die Produktion durch eine Ausweitung der Anbauflächen zu vergrößern oder sich zu einem Boykott der europäischen Aufkauffirmen zu verbünden, was beim Verkaufsboykott von Kakao in der Goldküste geschah. Die Arbeiter versuchten ihrerseits, ihre Interessen zu vertreten und sich gewerkschaftlich zu organisieren. Besonders virulent war diese Entwicklung bei den Hafenarbeitern in der aufsteigenden kenianischen Hafenstadt Mombasa.

Zusammengenommen stellte diese Epoche die Kolonialpolitik erstmals generell in Frage. Es wurde deutlich, auch wenn die Vertreter der europäischen Interessen dies nicht in aller Schärfe durchschauten, daß die Kolonien und ihre Wirtschaft nur dauerhaft lebensfähig waren, wenn sie über Investitionen in Produktion und Produktivität gestärkt und auf die Entwicklung des eigenen Territoriums umorientiert würden. Das hätte aber ihre Befreiung aus der Unterordnung unter das Mutterland, d. h. die Beendigung der Kolonialherrschaft, bedeutet.

Vor allem die exportorientierten afrikanischen Cash-Crop-Produzenten und die Arbeiter mußten erkennen, daß diese Wirtschaftsform in eine Abhängigkeit führte, deren Determinanten sie nicht beeinflussen konnten und die nur durch steigende Leistungen und wachsende Repression zu ihren Lasten aufrechtzuerhalten war. Kurz: Erstmals waren die ökonomischen und politischen Grenzen des Kolonialsystems aufgezeigt.

Diese Konsequenzen sind durch Investitions- und Entwicklungsprogramme und die langsame Erholung der Wirtschaft abgefedert worden, haben sich aber im Zweiten Weltkrieg und der Nachkriegszeit um so deutlicher manifestiert. Eine Planung wirtschaftlicher Entwicklung hatte es im französischen Kolonialreich schon unter Kolonialminister Albert Sarraut gegeben. Sie wurde 1931 unter dem Eindruck der Weltwirtschaftskrise durch Programme für öffentliche Arbeiten in jeder Kolonie präzisiert und durch staatliche Anleihen auf eine breitere Basis gestellt. Erst nach dem Zweiten Weltkrieg erweiterte Paris den finanziellen Rahmen und die Anwendungsgebiete dieser Programme entscheidend: Die „Fonds d'Investissements pour le Développement Économique et Social" (FIDES) von 1946 stellten den Kolonien jährliche Zuschüsse für die Durchführung von Entwicklungsplänen zur Verfügung. Der Schwerpunkt lag weiterhin mit 66% der Mittel im Infrastrukturbereich (Verkehr und Urbanisierung); etwa 20% flossen in Projekte zur Verbesserung der Produktion und etwa 14% in soziale Projekte [412: GANN/DUIGNAN IV. 132].

Für eine bessere Planung und Ausweitung von Investitionen in den englischen Kolonien ist 1929 der „Colonial Development Act", mit einem jährlichen Finanzvolumen von £ 1 Million, und 1940 der „Colonial Development and Welfare Act"

Koloniale Entwicklungspolitik

mit jährlich £ 5.5 Millionen verabschiedet worden. Unter dem Eindruck der veränderten öffentlichen Meinung formulierte dann ein Bericht des Colonial Office von 1944 ein neues Ziel: Die Menschen sollten gesünder, wohlhabender und gebildeter werden. Darauf bauten Zehnjahrespläne der einzelnen Kolonien auf, die für den Zeitraum von 1946–1956 Gelder in Höhe von £ 120 Millionen und einen jährlichen Forschungsetat von £ 1 Million enthalten sollten [412: GANN/DUIGNAN VI. 113]. Bezeichnend für den damit verbundenen Wandel in den kolonialpolitischen Vorstellungen war der Schwerpunkt dieser Pläne, der eine Verbesserung der Wirtschaft und der Lebensbedingungen der Bevölkerung in den Mittelpunkt stellte.

Der Zweite Weltkrieg hat die Widersprüche des Kolonialsystems noch stärker aufgedeckt und mit der Schwächung der Kolonialmächte das Ende der Fremdherrschaft eingeleitet. Durch den Verlust des Großmachtstatus der Kolonialmächte und den Aufstieg der Sowjetunion zur zweiten Supermacht sowie das Aufstreben Chinas ist das globale Machtverhältnis nachhaltig verändert und die Bedeutung der Kolonialmächte Großbritannien und Frankreich drastisch reduziert worden. Die anderen Kolonialmächte Belgien, Italien, Portugal und Spanien sind sogar völlig verschwunden oder auf die Größe einer Mittelmacht zurückgeführt worden. Frankreich und England waren zwar als Siegermächte aus dem Krieg hervorgegangen, konnten ihre Kolonialimperien aber nicht halten. Frankreich, das „Freie Frankreich" unter de Gaulle, sah sich schon 1944 genötigt, auf der Konferenz von Brazzaville über die Neuordnung der Beziehungen zu den Kolonien in der Nachkriegszeit nachzudenken. England mußte 1947 seinen größten Kolonialbesitz, Indien, in die Unabhängigkeit entlassen. Im Jahr zuvor hatte Frankreich der Gründung der Republik Vietnam innerhalb der Föderation Indochina und der „Union Française" zustimmen müssen, was den Indochinakrieg nicht beendete. Erst die Niederlage in Dien-Bien-Phu (1954) zwang Frankreich zur Anerkennung der Unabhängigkeit der Staaten Indochinas.

Der Zweite Weltkrieg und die öffentliche Meinung

Italien war 1941 aus Äthiopien vertrieben worden und verlor 1947 auch die Herrschaft über Lybien. 1945 wurde die arabische Liga gegründet, mit dem Ziel, die Kooperation zwischen den arabischen Völkern und ihre Position gegenüber den bisherigen kolonialen Großmächten zu stärken. Im Jahre 1946 anerkannten die Niederlande die Gründung der „Vereinigten Staaten von Indonesien" als ersten Schritt in die Unabhängigkeit. 1949 formierte sich auf einer Konferenz in Neu Delhi der asiatisch-arabische Block. Er weitete sich auf der Konferenz von Bandung 1955 zur „Bewegung der Blockfreien" aus und bildete damit eine breite Front gegen die Kolonialmächte. An seiner Spitze standen Persönlichkeiten wie Nasser, Tito, Nehru, die nun als anerkannte Sprecher der nicht-industrialisierten Welt auftraten und den Völkern, die noch unter kolonialer Herrschaft standen, als Vorbilder und Sprachrohr dienten. Gleichzeitig wurden sie vom Westen und Osten umworben.

Hinter diesen Ereignissen lagen ebenso tiefgreifende Veränderungen der öffentlichen Meinung und des Rechtsempfindens. So hatte die Atlantik-Charta von 1941, die von Präsident Roosevelt in Verhandlungen mit dem britischen Premier

Winston Churchill als Leitlinie für die Nachkriegsordnung formuliert worden war, die 14 Punkte von Präsident Woodrow Wilson von 1918 aktualisiert und allen Völkern das Recht auf Selbstbestimmung zuerkannt. Dies war zwar ohne ausdrückliche Erwähnung der Kolonien erfolgt, schloß diese aber de facto ein. Entsprechend wurde im State Department im November 1942 ein internes Papier ausgearbeitet, „Declaration on National Independence for Colonies". Ein Damm war damit gebrochen, auch wenn dies nicht sofort offizielle amerikanische Politik wurde. Aber noch im Jahre 1945 verabschiedeten die Großmächte und die Gründerstaaten der Vereinten Nationen die Charta dieser Weltorganisation, die den Weltfrieden wahren wollte und dazu von dem Prinzip der Gleichberechtigung aller Staaten und dem Selbstbestimmungsrecht der Völker ausging. Dieses Grundprinzip wurde in den Jahren 1948 in der Allgemeinen Erklärung der Menschenrechte und 1960 in der Erklärung zur Entkolonisierung auch für die politische Praxis ausdrücklich festgeschrieben.

Während des Kriegsgeschehens selbst hatten die Afrikaner ähnliche Erfahrungen gemacht wie im Ersten Weltkrieg. Wieder waren afrikanische Soldaten auf den europäischen Kriegsschauplatz geschickt worden und hatten Niederlagen und Siege ihrer Kolonialmacht erlebt, d. h. erneut die Angreifbarkeit des Systems der Weißen erfahren und zudem einen Blutzoll zu seiner Verteidigung entrichten müssen. Wie Albert Sarraut 1923 hat auch de Gaulle 1944 die Verpflichtungen anerkannt, die Frankreich daraus erwuchsen.

Der Krieg hatte aber auch für die Masse der Bevölkerung eine ganz konkrete Bedeutung: Wegen der Unsicherheit der Meere konnten die kommerzielle Verbindungen mit dem Weltmarkt und besonders mit den Kolonialmetropolen nicht aufrechterhalten werden, und die Ausfuhr von Bodenschätzen und landwirtschaftlichen Produkten mußte drastisch eingeschränkt werden. Das Ausbleiben von Importen und vor allem der Wegfall des Absatzmarktes trafen die weißen Pflanzer, die zudem in ihrer Mehrheit zum Militärdienst eingezogen wurden. Aber auch die afrikanischen Bauern waren betroffen, und die vielen hunderttausend Lohnarbeiter, die sich ihrer monetären Einkommensmöglichkeiten bzw. ihres Arbeitsplatzes beraubt sahen. Die sogenannte Kriegswirtschaft verschärfte ihre Lage weiter, indem zusätzliche Anstrengungen und Leistungen eingefordert wurden.

E. AFRIKANISCHER WIDERSTAND

1. Widerstand gegen die koloniale Eroberung und Etablierung

Die Reaktionen der afrikanischen Gesellschaften auf Ankunft, Eroberung und Herrschaft der Europäer schwanken zwischen Zusammenarbeit und Widerstand. Das allein ist nicht überraschend. Von größerem Interesse ist die Einsicht in die Gründe dieser Reaktionen, die Zielsetzungen, die Zusammensetzung der Handelnden, die Identität ihrer Wortführer, die Allianzen, die leitenden Diskurse, die Formen, in denen sie sich ausdrückten, und die Ergebnisse. Politischer Widerstand wird hier in einem sehr weiten Sinn als Versuch verstanden, „die Ansprüche des Staates und der Herrschenden zu blockieren oder zu unterlaufen" [483: ISAAC-MAN, 32–33]. In dieser Sicht sind weniger die Aktionen von Einzelpersonen relevant als solche von Gruppen. Konzepte von Widerstand

Die Beschäftigung mit dem frühen Widerstand gegen die europäischen Eroberungen ist mit einer schwer zu beantwortenden Frage belastet. Wie ist es zu erklären, daß die zahlenmäßig unterlegenen weißen Eindringlinge, die unter den klimatischen Bedingungen litten, von tropischen Krankheiten hinweggerafft wurden und über keine Ortskenntnisse verfügten, die Schwarzen niederwerfen und ihre Territorien erobern konnten? Eine umfassende Erklärung ist nicht zu geben, auch wenn man auf die waffentechnische Überlegenheit der Eroberer hinweist und auf die in den meisten Fällen schleichende Eroberung, die zunächst nicht als solche sichtbar wurde und hinter Vertragsabschlüssen und einer nur gelegentlichen Präsenz der neuen Herren versteckt blieb. Dennoch weiß man, daß alle afrikanischen Gesellschaften sich gegen die Fremdherrschaft zur Wehr gesetzt haben, sobald diese als solche erkennbar wurde. Zwar variierten die Formen dieser Reaktionen zwischen militärischem Widerstand, Flucht, passivem Widerstand oder scheinbarer Annahme der neuen Machtverhältnisse bei gleichzeitiger Stärkung traditioneller Abwehrstrategien. Aber keine Gesellschaft hat sich freiwillig untergeordnet.

Die bekanntesten Aufstände und Kriege gegen das Vordringen der Kolonialmächte waren die Grenzkriege zwischen den vorrückenden Weißen und den Xhosa in Südafrika zwischen 1779 und 1878, die Kriege der Asanti gegen die Briten, die mit dem Fall der Hauptstadt Kumasi 1874 endeten, die Kriege der Zulus gegen Buren und Briten (bis 1879), der Kampf des Mahdi im Sudan (†1885), die Kriege von El Hadj Omar (†1861) und Samori (†1900) gegen die Franzosen in Westafrika, der Aufstand von Sayyid (1885–1920) in Somalia, der Sieg König Meneliks von Äthiopien gegen die Italiener (1896), die Aufstände der Matabele in Südrhodesien (1893). Aus dem deutschen Kolonialbesitz in Afrika sind der Abushiri-Aufstand (1888–1889) und der Maji-Maji-Aufstand (1905–1907) in Deutsch-Ostafrika sowie der Herero-Krieg (1904–1905) in Deutsch-Südwestafrika die bekanntesten. Daneben aber ist es fast in allen Regionen zu mehr oder weniger Aufstände und Kriege blutigen kleineren Aufständen gekommen. In Deutsch-Ostafrika wurden für den Zeitraum vor 1905 insgesamt 83 Militäroperationen [166: KJEKSHUS, 148] gezählt, die der Niederschlagung von Widerstandsaktionen dienten. Erwähnt sei hier auch, daß Rudolf Manga Bell, ein Sprecher der Duala in Kamerun, im Jahre 1914 hingerichtet wurde wegen Verrats am Kaiser und am Deutschen Volk, weil er gegen die Landenteignung der Duala protestiert und diesen Protest bis nach Berlin getragen hatte. All dies hat der koloniale Diskurs lange in dem Begriff „Befriedung" verpackt.

Gründe und Ziele von Widerstand   Eine Analyse der Gründe und Ziele der Widerstandsaktionen zeigt, daß sie keine atavistischen Reaktionen gegen Neuerungen waren, kein planloses Aufbegehren von sogenannten Primitiven, keine Verzweiflungstaten, keine Rückgriffe auf eine „Magie der Verzweiflung", wie Zeitgenossen den Maji-Maji-Aufstand gedeutet haben. Vielmehr war den Aufständen eine rationale Begründung eigen, der Kampf um den Erhalt von Unabhängigkeit und Selbständigkeit. Daß solcher Widerstand zeitlich nicht sehr lange durchzuhalten war, lag nicht nur an der überlegenen Waffentechnik der Eroberer, sondern auch an der bisweilen fragwürdigen Legitimation der afrikanischen Herrscher. Daraus resultierte das Problem, daß unterschiedliche Gruppen mit dem Widerstand gegen die Europäer auch eigene Interessen verbanden. Eine Einheitsfront gegen die Weißen war nicht möglich.

Ein Nebeneffekt war häufig die Besinnung auf die Legitimation von Herrschaft und eine Neudefinition von Souveränität, worauf die Vorkämpfer der Unabhängigkeit in späteren Jahrzehnten zurückgreifen konnten. Damit verbunden war das Problemfeld der Ziele des Widerstandes. Selbst wenn man sich gegen Fremdherrschaft wehrte, sagte dies noch nichts aus über die Vorstellungen einer zukünftigen Ordnung von Gesellschaft und Staat. In vielen Regionen hatten die ökonomischen und politischen Veränderungen des 19. Jahrhunderts zu Destabilisierung und tiefgreifendem Wandel geführt. Dies forderte jetzt seine Konsequenzen ein. Händler, die sich der einengenden Lenkung der Wirtschaft durch die Herrschenden entziehen wollten, und Menschen, die eine neue Lebens- und Wirtschaftsform in den Städten suchten oder im kolonialen oder missionarischen Bildungssystem andere Wertesysteme kennengelernt hatten, entwickelten Zielvorstellungen zur künftigen Gestaltung des Lebens und des Gemeinwesens, die sich von denen der bisher Herrschenden entfernten, sich aber nicht in ein gemeinsames Zukunftsmodell, das dem Widerstand gegen die Fremden eine dynamische und wegweisende Perspektive gegeben hätte, einbauen ließen.

Ein klassisches Beispiel waren die Petitionen, die von Vertretern der Duala in Kamerun an den deutschen Reichstag und später an die Versailler Friedenskonferenz und den Völkerbund gerichtet wurden. Darin wurde zunächst ein Ende der Landenteignungen, dann aber auch eine Beendigung der kolonialen Fremdherrschaft sowie die Übertragung der Herrschaft über Kamerun auf die Duala gefordert. Die Problematik lag darin, daß ein Volk, das bisher durch seine Rolle als Zwischenhändler eine regionale Vormachtstellung eingenommen hatte, dies nun in einen politischen Herrschaftsanspruch über eine größere Region ummünzen wollte, und daß dieses Volk der Duala aus mehreren rivalisierenden Gruppen bestand und in seiner Geschichte nie gemeinsame politische Strukturen gekannt hatte.

Ähnliche Probleme des internen Machtkampfes stellten sich in den meisten Kolonien einer gemeinsamen Bekämpfung der Kolonialherren in den Weg. Es ist deshalb problematisch, diese Formen des Widerstandes als proto-nationalistisch einzustufen, wie es von tanzanischen Historikern versucht worden ist. Im Maji-Maji-Aufstand gegen die deutsche Herrschaft (1905–1907) sind zwar zeitweise regionale Interessen durch gemeinsame religiös-magische Vorstellungen miteinander verknüpft worden und haben ein Ausbreiten des Aufstandes erleichtert. Aber die Gemeinsamkeiten waren nicht tief genug und haben die ersten Erfolge nicht überlebt.

2. Widerstand gegen die Kolonialpolitik

Neben diesem Widerstand der Eroberungszeit, den Ranger „primären Widerstand" nennt [494: Ranger], hat es andere Formen gegeben, die immer virulent waren und sich in einer Vielzahl von Aktionen Luft machten. Sie gehörten zum kolonialen Alltag und haben die Kolonialpolitik mitbestimmt. Die Afrikaner sind nicht in Resignation versunken und zu passiven Erduldern der Kolonialherrschaft geworden. Sie haben durch ihr tägliches Verhalten die Kolonialmächte gezwungen, ihre Zielsetzungen und konkreten Maßnahmen an den Interessen der Beherrschten zu orientieren. *Kontinuierlicher Widerstand*

Dies kam auf höchster Ebene im System der indirekten Herrschaft zum Ausdruck, in dem einheimische Herrscher in ihren Machtpositionen belassen wurden. Dieser Umstand erlaubte es den Briten nicht, im islamisch geprägten Nord-Nigeria ein modernes Schulsystem einzuführen oder christliche Missionen zuzulassen. Ebenso waren die Eingaben aus den Mandatsgebieten des Völkerbundes an diese Weltorganisation sowie die Berichte, die von den Mandatsmächten geliefert werden mußten, reale Einschränkungen der Kolonialmächte.

Auf der lokalen Ebene sind ganze Dörfer vor der Ankunft der Steuerbeamten oder der Rekrutierer von Arbeitern oder Soldaten geflohen oder auf die andere Seite der Koloniegrenze gewechselt. Und man weiß heute, daß in vielen Dingen des täglichen Lebens die Aktionen der Kolonialmächte erschwert, boykottiert oder ins Gegenteil verkehrt wurden. So haben Frauen in manchen Gebieten Saatgut, das ihnen von der Verwaltung zur Einführung von Zwangskulturen gegeben wurde, insgeheim abgekocht und erst dann eingepflanzt, um den Behörden zu beweisen, daß ihre Böden für diese Kulturen nicht geeignet seien. Spottlieder, Spitznamen oder das Vertauschen von Schulkindern zum Schutz der Häuptlingssöhne vor Entfremdung waren andere Einwirkungsmöglichkeiten der Bevölkerung.

Nach dem Zweiten Weltkrieg sind neue Formen des Widerstandes entstanden, die ursprünglich aus einem anderen Kontext stammten: Sportvereine, Clubs,

Tanzgruppen und Sparvereine von Frauen und viele andere Gruppierungen sind zu hochpolitisierten Versammlungen umgeformt worden. Sie hatten zunächst den äußeren Rahmen zur Versammlung von Gleichgesinnten oder Gleichaltrigen geboten oder waren Freizeitzwecken gewidmet. Nun dienten sie als Netzwerke nationalistischer Information, Meinungsbildung, der Bekanntmachung von Parteisprüchen und Parteiführern, dem Vertrieb von Parteimitgliedskarten und dem Sammeln von Geld. In diesen Gruppen ist das politisch-nationalistische Bewußtsein geschaffen worden, auf dem die Parteien ihre Tätigkeit überhaupt erst aufbauen konnten. Ein konkretes Vehikel nationalistischer Propaganda und nationalistischer Begeisterung stellten darüber hinaus bestimmte Kleidungsstücke und Symbole dar. Besonders Frauen bedienten sich dieser Tücher, um in der Öffentlichkeit das Bewußtsein für die eigenen Forderungen zu verbreiten und überall präsent zu machen – sehr zum Ärger der Kolonialbehörden, die alles taten, um derartige Formen von „distinctive dress" zu verbieten [481: GEIGER, 473]. Die Behörden gingen auch sehr restriktiv mit Liedern um, die bei Parteiversammlungen gesungen wurden. In Tanganyika verlangten sie zunächst, daß alle Texte zuvor vorgelegt werden müßten. Nachdem ihnen aber mitgeteilt worden war, daß die Zahl der Lieder gering sei und man immer dieselben Lieder singe, begnügten sie sich damit, daß man vor Versammlungen mitteilte, welche Liednummern aus der Liste des einmal eingereichten Verzeichnisses gesungen werden sollten.

Religiöser
Widerstand

Verbreitet waren während der Kolonialzeit auch religiöse Bewegungen, die an die Kraft der Ahnen appellierten und in messianischer Form von ihnen bzw. von einer Rückkehr zu den Werten der Vergangenheit die Vertreibung der Weißen und eine bessere Zukunft erwarteten. Das berühmte Xhosa-Cattle-Killing im Siedlungsgebiet der Xhosa in Südafrika (1856/57), bei dem die Prophetin Nongqawuse erfolgreich zur Tötung aller Rinder und zum Aussetzen der Aussaat als Voraussetzung für die Intervention der Ahnen aufgerufen hat, oder der Glaube an die Schutzkraft des heiligen Wassers, maji-maji, das gegen die Gewehrkugeln der Deutschen schützen sollte, sind Beispiele dieser durchaus rationalen Reaktionen, beruhten sie doch auf Erfahrungen mit dem Umgang mit Feinden. Andere religiöse Bewegungen hatten den Charakter der Flucht aus der missionarischen Bevormundung in den christlichen Kirchen. Sie haben Grundelemente des Christentums beibehalten, verstanden sich aber stärker als christliche Neugründungen aus afrikanischem Erbe und als Freiräume, in denen politische und kulturelle Aspirationen besser gelebt und eingeübt werden konnten. Der African National Congress (ANC) in Südafrika ist übrigens auch aus solchen Wurzeln hervorgegangen, d. h. aus der Möglichkeit, kirchliche Freiräume zur politischen Bewußtseinsbildung zu nutzen.

3. Internationale und überregionale Formen und Foren des Widerstandes und der politischen Meinungsbildung

Als solche sind in erster Linie die sogenannten panafrikanischen Kongresse von 1919 in Paris, 1921 in London, Brüssel und Paris, 1923 in London und Lissabon, 1927 in New York und vor allem 1945 in Manchester anzusehen. Der Panafrikanismus hat wichtige Vorläufer und Wortführer im 19. Jahrhundert gehabt, unter anderem die Antisklaverei-Bewegung, die Bewegung, die zur Gründung des Staates Liberia geführt hat, und Persönlichkeiten wie die schwarzen Amerikaner Booker T. Washington und W.E.B. Du Bois. Die panafrikanischen Kongresse waren die erste Gelegenheit der Begegnung von Schwarzen aus Afrika, den USA, den westindischen Inseln, Haiti und Europa sowie der erste Ort der Formulierung gemeinsamer Interessen. Der senegalesische Abgeordnete in der französischen Nationalversammlung, Blaise Diagne, Bürgermeister der Hauptstadt Dakar, und ein engagierter Anwerber von afrikanischen Soldaten im Ersten Weltkrieg, lernte so auf dem Pariser Kongreß von 1919 W.E.B. Du Bois und die Ideen der schwarzen Amerikaner kennen. Aus den unterschiedlichen Interessen entstanden allerdings auch schwerwiegende Meinungsverschiedenheiten über das taktische Vorgehen. So wollten die Organisatoren dieses Kongresses ihn ursprünglich zur Einflußnahme auf die Versailler Friedensverhandlungen nutzen, um eigene Vorstellungen über die Zukunft der Kolonien einzubringen, was ihnen u. a. wegen der unterschiedlichen Einschätzung der Lage und der positiven Grundhaltung des Konferenzvorsitzenden Blaise Diagne, der das französische Kolonialsystem angesichts seiner Stellung im französischen Staat verteidigte, nicht gelang.

Eine deutlich politischere und kritischere Orientierung nahm der zweite panafrikanische Kongreß, wo zwar die Forderung von Marcus Garvey, eines wortgewaltigen schwarzen Publizisten auß Jamaica, „Afrika den Afrikanern" [506: Geiss, 193], abgelehnt, aber immerhin diskutiert wurde und dadurch an Publizität gewann. Mit der Formel einer in Zukunft zu erlangenden Souveränität wurde dieses Gedankengut auch festgeschrieben und weitergereicht. Diagne hat auf diesem Kongreß übrigens eine Dankesschuld von Frankreich für die geleistete Kriegshilfe in Form von Solidarität mit den Afrikanern eingefordert.

Der fünfte Panafrikanische Kongreß in Manchester 1945 stand unter anderen Vorzeichen. Der Machtverlust der Kolonialmächte deutete sich an, ebenso war der Meinungsumschwung in der Frage der zukünftigen Gestaltung der kolonialen Welt unübersehbar. Es traten jetzt radikalere afrikanische Kräfte in den Vordergrund, allen voran Kwame Nkrumah und Jomo Kenyatta, die späteren Väter der Unabhängigkeit und erste Staatspräsidenten von Goldküste/Ghana bzw. Kenia, sowie George Padmore, der Theoretiker der panafrikanischen Einigung. Die zentrale Resolution des Kongresses, „The Challenge to the Colonial Powers", enthielt die zentrale Forderung nach Unabhängigkeit für Afrika, die man mit friedlichen und wenn nötig auch mit gewalsamen Mitteln erringen wolle. Die veränderte Weltlage und die Interessensallianz mit Vertretern der kommunistischen

Panafrikanische Kongresse

Parteien drückte sich auch in der Schlußformel aus: „Colonial and Subject Peoples of the World – Unite„[506: GEISS, 316].

Zeitgleich und in enger Verbindung mit diesen Entwicklungen entstanden regionale Organisationen, die von lokalen Problem ausgingen und lokale Stimmen zu Wort kommen ließen und bündelten. Dies war die typische Aufgabenstellung des „National Congress of British West Africa", der sich 1920 in Accra (Goldküste) formierte und ein politisches Mitspracherecht der Afrikaner in Westafrika durch freigewählte Institutionen, eine kommunale Selbstverwaltung in allen wichtigen Städten Britisch-Westafrikas, ein Ende der Diskriminierung im West African Civil Service, ein bis zur Hochschulreife führendes Schulsystem sowie die Pressefreiheit forderte. Daß solche Organisationen und Petitionen nicht ohne Erfolg blieben, zeigt die Tatsache, daß in den Kolonien Nigeria und Goldküste in den Jahren 1923 und 1925 neue Verfassungen erlassen wurden, nach denen eine beschränkte Zahl von Afrikanern als Vollmitglieder in die Legislative Councils gewählt werden konnte. Als Folge bildete sich in Nigeria die erste politische Partei, die „Nigerian Democratic Party" unter Herbert Macaulay.

National Congress of British West Africa

Eine andere Folge war, daß in der Goldküste ein neues Bildungsinstitut gegründet wurde, um den Forderungen nach höherer Bildung nachzukommen: Das Achimota College. Hier sollte versucht werden, moderne Bildung mit afrikanischen Werten zu verbinden und aus beiden Kulturen eine Synthese zu schaffen. Seine Gründung war allerdings auch die Folge des Berichts einer britischen Untersuchungskommission, die 1920/21 und 1923 die britischen Kolonien in Afrika bereist und entsprechende Empfehlungen zum Ausbau des Bildungswesens vorgelegt hatte. So kamen erste nationalistische Stimmen von afrikanischer Seite und Reformansätze der Kolonialmacht zusammen und schufen Institutionen, die für die weitere Entwicklung der afrikanischen Bevölkerung von großer Bedeutung werden sollten.

Für politischen Druck in der Kolonialmetropole hatte nicht nur die Besinnung nach dem Ersten Weltkrieg gesorgt sowie der erste panafrikanische Kongreß; auch eine Deputation des National Congress of British West Africa, die im Jahre 1920 mehrere Monate in England war, hatte Konsequenzen, indem sie in zahlreichen Gesprächen und Vorträgen das politische Bewußtsein vor allem der Linken auf die Probleme der Kolonien lenkte und die afrikanischen Studenten in Großbritannien weiter politisierte. Diese organisierten sich im Jahre 1925 in der „West African Students Union" und konnten so ihre Interessen besser nach außen vertreten; die Schirmherrschaft übernahm Casely Hayford, ein führendes Mitglied des National Congress aus der Goldküste.

Négritude

Im frankophonen Westafrika erlangte die Bewegung der „Négritude" große Bedeutung, die auf die Diskriminierung und politische Unterwerfung durch die Weißen mit einer bewußten Betonung der Werte der schwarzen Kultur antwortete. Diese Argumentationsbasis blieb zwar auf die Intellektuellen beschränkt, leitete bei ihnen aber einen Politisierungsprozeß ein. Mit den Zeitschriften „L'Etudiant Noir" (1934–1940) und „Présence Africaine" (seit 1947) verfügte diese Bewegung auch über ein eigenes Mittel der Selbstdarstellung, und das Pariser Verlagshaus Présence Africaine hat sich langsam zu einem wichtigen Sprachrohr der Schwarzen entwickelt, das bis heute existiert. Die führenden Persönlichkeiten der Bewegung, Léon Gontran Damas, Aimé Césaire und Léopold Sédar Senghor, haben diese literarischen Einflußmöglichkeiten genutzt und in eine kritische Abrechnung mit dem Kolonialsystem übersetzt. Die schärfste Form hat diese Kritik in zwei Werken gefunden, der „Anthologie de la nouvelle poésie nègre et malgache de langue française" von Léopold Sédar Senghor, das als schwarze Revolution gegen die politische und kulturelle Unterdrückung durch den Westen angesehen wurde, und in „Discours sur le Colonialisme" von Aimé Césaire, die beide in Paris erschienen, 1948 und 1950.

4. Afrikanische Schriftsteller und die Politisierung der Bevölkerung

Eine internationale Dimension erhielten auch die Stimmen afrikanischer Schriftsteller, deren Werke in den Metropolen veröffentlicht und dort gelesen wurden. Als Vorläufer galten afrikanische und amerikanische Autoren sowie Persönlichkeiten aus den westindischen Inseln, die z. T. schon vor der Jahrhundertwende publiziert hatten und die Geschichte in den Dienst einer politischen Bewußtseinsbildung gestellt hatten. James Africanus B. Horton (1835–1883), ein politisch-philosophischer Schriftsteller aus Sierra Leone, hatte schon 1868 „West African Countries and Peoples, British and Native. With the Requirements Necessary for Establishing That Self-Government Recommended by the Committee of the House of Commons; And a Vindication of the African Race" geschrieben. Von Edward Wilmot Blyden (1832–1912), einem Schwarzen von den Westindischen Inseln, der nach Liberia ausgewandert war, stammten u. a. „The Negro in Ancient History", Washington 1869, „Christianity, Islam and the Negro Race", London 1887, und „West Africa Before Europe and other Addresses, Delivered in England in 1901 and 1903", London 1905. John Mensah Sarbah (1864–1910), aus der Goldküste, veröffentlichte 1897 und 1907 in London „Fanti Customary Law" und „Fanti National Constitution". Ähnliche Themen hat J.E. Casely Hayford (1866–1930), der Gründer des British Congress of West Africa, aufgegriffen: „Gold Coast Native Institutions", London 1903. Diese Schriften waren nicht als ethnologische Bestandsaufnahmen gedacht, sondern als Rückbesinnung auf die Werte afrikanischer Zivilisationen. Insofern waren ihre Autoren die ersten Vertreter eines schwarzen bzw. afrikanischen Nationalismus. Auf diesen Traditionen bauten Politiker wie Nnamdi Azikiwe, später der erste Staatspräsident Nigerias, mit seinen Schriften „Renascent Africa", Accra 1937, und in direkter Nutzung der politischen Aktualität „The Atlantic Charter and British West Africa", Lagos 1943, auf; ebenso Kwame Nkrumah mit seiner Schrift „Towards Colonial Freedom. Africa in the struggle against world imperialism", London 1947.

Schwarze Schriftsteller

Zu ihnen kamen schriftliche Fixierungen der lokalen Geschichte durch Afrikaner, die im Umkreis von christlichen Missionen lebten und europäische Bildungseinrichtungen besucht hatten: Carl Christian Reinsdorf schrieb 1905 die „History of the Gold Coast and Asante", Samuel Johnson veröffentlichte 1921 seine „History of the Yorubas", A. Kagwa schrieb mündliche Überlieferungen über die Geschichte Ugandas nieder (1906), und J.U. Egharevba verfaßte das inzwischen berühmte Buch „A short history of Benin" (1934).

Auf ihnen wiederum bauten afrikanische Schriftsteller auf, die erstmals die eigene Kultur belletristisch aufarbeiteten und frei von europäischen Vorurteilen darstellten. Der Ausgangspunkt waren erneut die USA, wo Schwarze wie W.E. Du Bois (1868–1963), der später von den USA nach Ghana auswanderte, in seinem Roman „The Souls of Black Folk" (Chicago 1903) oder der aus Jamaika stammende Marcus Garvey (1887–1947) mit seinem Ruf „Zurück nach Afrika". Sie initiierten kulturelle und politische Bewegungen, die sich mit Schlagworten wie „Black is beautiful" auf den eigenen Wert der Schwarzen besannen, eine Befreiung der Schwarzen durch „Black Capitalism" predigten und am Beginn der „Négritude" und des Panafrikanismus standen. Als erster Schriftsteller hat René Maran (1887–1960), ein Schwarzer aus Martinique, der als französischer Kolonialbeamter in Afrika tätig war, im Jahre 1921 einen Roman geschrieben, der als erster „Neger-Roman" bekannt wurde und in dem er seine Eindrücke vom Umgang der Kolonialmacht mit afrikanischen Kulturen und Gesellschaften wiedergibt: „Batouala. Véritable roman nègre". Darin werden Elemente der afrikanischen Kultur als Ergebnis eigener Erfahrungen mit der Umwelt und eigener Deutungen der Welt dargestellt und das Kolonialsystem einer heftigen Kritik unterzogen. Der Roman hat den angesehenen französischen Literaturpreis Prix Goncourt erhalten, politisch aber einen Skandal verursacht. Solche Äußerungen gingen auch im kolonialen Mutterland nicht ungehört unter und haben die Kritik an der Kolonialherrschaft belebt. So hat André Gide in seinem „Voyage au Congo", Paris 1927, diese Kritik aufgegriffen und weitergeführt.

Paul Hazoumé, Schriftsteller aus Dahomey, hat einen anderen Weg beschritten, als er 1935 in Paris den Roman „Doguicimi" veröffentlichte. Er beschreibt am Lebensweg von Doguicimi, der überaus schönen Frau des obersten Generals des Königs von Dahomey, die Ethik und die kollektive Psychologie des Volkes von Dahomey im 18. Jahrhundert, die Intrigen am Hofe und die bewundernswerte Standhaftigkeit einer Frau. Damit wird ein Gegenpol zur kolonialen Demütigung der Schwarzen gesetzt, ohne direkt das Kolonialregime anzugreifen.

Im anglophonen Afrika hatte 1938 die selbstbewußte Beschreibung der Zivilisation der Kikuyu durch Jomo Kenyatta in seinem Buch „Facing Mount Kenya" ebenfalls einen Neuansatz gegen die degradierende europäische Interpretation formuliert und die Stärken, die zentrale Rolle der Gemeinschaft in der Kultur der Kikuyu, den Platz des Individuums und die Achtung vor den Alten sowie die innere Rationalität dieser Kultur beschrieben.

Nach dem Zweiten Weltkrieg, im Jahre 1952, ist gleichsam als „Ouvertüre der anglophonen Literatur Westafrikas" [573: SEILER-DIETRICH, 55] der erste englischsprachige Roman Nigerias erschienen, „The palm-wine drinkard" von Amos Tutuola. Hier wird ohne direkten politischen Anspruch eine Geschichte von der Reise des Palmweintrinkers in die Totenstadt erzählt, die auf Märchen mit breiter Verbreitung in Westafrika beruht, aber sehr genau in die nigerianische Wirklichkeit eingepaßt ist. Der Erfolg des Romans außerhalb Afrikas war enorm, weil man hier sehen konnte, daß afrikanische Märchen große Verwandtschaft mit denen anderer Kulturen haben und daß die afrikanischen Kulturen ähnliche Vorstellungen und Wertesysteme entwickelt haben wie die europäischen oder asiatischen. Diese Entdeckung war ein wichtiger Schritt zur Integration afrikanischer Kulturen in den Mainstream der kulturellen Entwicklung der Menschheit. Eine direkt politische Wirkung hat wenig später Chinua Achebe, ebenfalls ein Nigerianer, angestrebt, indem er in seinem Roman „Things Fall Apart", London 1958, die Funktionsweise einer nigerianischen Gesellschaft vor Ankunft der Europäer und ihr Auseinanderbrechen durch die destruktive Intervention der Missionare und Kolonialbeamten beschreibt. Hiermit wurde ein literarischer Beitrag zur Rekonstruktion der afrikanischen Vergangenheit und zum Aufbau eines positiv geladenen historischen Bewußtseins geleistet.

Die moderne afrikanische Literatur und ihre Vorläufer haben damit Themen aufgegriffen, die die Rehabilitierung der eigenen Kultur zum Inhalt hatten und in versteckte oder direkte Kritik am europäischen Herrschaftsanspruch einmündeten. Sie waren Teil einer breit gefächterten Bewegung, die auf verschiedenen Ebenen einer zunehmenden Politisierung diente, in Afrika selbst, aber auch in Kolonialkreisen in Europa, wo diese Stimmen als Zeichen eines nationalen Erwachens sehr ernstgenommen wurden. Die spezifische Aufgabe der Schriftsteller bestand in dem, was die Kolonialherren am meisten fürchteten: „to undo the subversion of the mind" [509: SICHERMAN], die zerstörerischen Wirkungen der kolonialen Umerziehung, die alles afrikanische als minderwertig abgewertet und die Unterwerfung erst möglich gemacht hatte, rückgängig zu machen, den Geist zu befreien.

Rehabilitierung der afrikanischen Kultur

Die moderne Literatur in europäischen Sprachen hat in Afrika sicher weniger Leser gefunden, und ihre Wirkung auf das afrikanische Milieu blieb daher begrenzt. Aber sie war nur die Spitze eines Eisberges: In lokalen Sprachen wurden ebenfalls Geschichten erzählt und Theaterstücke aufgeführt, deren unmittelbare Wirkung auf das Publikum viel größer war. Als Beispiel sei das Theaterstück „Ngaahika Ndeenda" (Ich heirate, wann ich will) von Ngûgî wa Thiong'O, dem bekanntesten kenianischen Schriftsteller, erwähnt, in dem er in Kikuyu die ungerechte Landverteilung in Kenia anprangerte und damit das heißeste politische Eisen anpackte. Er hatte durchschlagenden Erfolg beim Publikum, mußte dafür aber mit einem Jahr Gefängnis büßen.

5. Die Wirkung der Presse

Auch der Einfluß der lokalen Presse war erheblich. Hier erfuhren viele Afrikaner von Entwicklungen in der ganzen Welt, hier konnten sie kritische Kommentare von afrikanischen Korrespondenten oder Leserbriefe der unterschiedlichsten Ausrichtungen lesen. Die Beherrschung des Lesens war dabei nicht Voraussetzung, weil die meisten Zeitungen vorgelesen wurden und dadurch ein großes Publikum, manchmal bis zu hundert Zuhörer erreichten. Die englischsprachige Presse in Ostafrika war zunächst in den Händen von Indern oder Europäern, innerhalb der Standard-Pressegruppe: Der „African Standard" (Mombasa ab 1902), der „East African Standard" (Nairobi ab 1910), die „Mombasa Times" (ab 1910), der „Tanganyika Standard" (ab 1930), der „Uganda Argus" (ab 1953). Eine unabhängige schwarze Presse entfaltete sich in einheimischen Sprachen, vor allem in Luganda, Kikuyu und Suaheli. Die erste afrikanische Zeitung, Sekanyolya, eine Monatszeitung in Luganda, der in Uganda am weitesten verbreiteten Sprache, erschien 1920. Andere Zeitungen folgten. Viele von ihnen kritisierten sehr offen das Verhalten der eigenen Chiefs und schließlich auch die Kolonialverwaltung. Die Zeitungen der Weißen und Inder verfolgten zwar andere Zielsetzungen, enthielten aber ebenfalls vieles, das der politischen Bewußtseinsbildung dienen konnte.

Zeitungen und ihre vielen „Leser"

Dasselbe galt für die englischsprache Presse in Westafrika, die allerdings von Anfang an in afrikanischen Händen war. Sie hatte ihren Ursprung bei schwarzamerikanischen Einwanderern in Liberia und der befreiten Sklavenbevölkerung in Sierra Leone. Diese gründeten im 19. Jahrhundert Zeitungen in Monrovia, Freetown, Cape Coast, Accra und Lagos. Davon überlebten drei Wochenblätter in Lagos bis 1920. Der „Gold Coast Independent" wurde 1918 in Accra gegründet, der „West African Pilot", von Nnamdi Azikiwe 1937 gegründet, hat wegen seiner nationalistischen Ausrichtung binnen kurzem eine Auflage von 9000 Exemplaren erreicht und damit alle Tageszeitungen von Lagos weit überrundet. In Südnigeria erschienen 1937 außerhalb der Hauptstadt sechs Wochenzeitungen mit einer Gesamtauflage von etwa 15 000 Exemplaren.

Im Vergleich dazu war die lokale Presse in den frankophonen Kolonien wenig entwickelt. Die erste größere Zeitung, die von Schwarzen herausgegeben wurde, war die „Voix du Dahomey" (Cotonou ab 1927). Ihr folgten bald andere in Senegal und Elfenbeinküste. Die meisten hatten eine sehr kritische Grundhaltung gegenüber der Kolonialregierung und gerieten in gerichtliche Auseinandersetzungen mit den kolonialen Behörden.

Insgesamt war die Presse der Ort der Kritik an lokalen Mißständen, an Übergriffen der Chiefs, der Verwaltung oder der Handelshäuser, aber auch der Ort, an dem vorsichtige Kritik am Kolonialsystem als ganzem entstand. Sie war die Stimme, die Forderungen nach Reformen im sozialen, kulturellen und politischen Bereich stellte und damit zur kritischen Instanz in den Kolonien wurde. Ihr politisierender Effekt ist nicht hoch genug einzuschätzen, weil hier die eigene Kritik in schriftliche Form gegossen erschien, weil zusätzliche kritische Stimmen aus einem größeren Kontext geäußert und in die Diskussion eingeführt wurden und weil ihre Autoren zu Meinungsführern wurden, um die man sich scharen konnte.

6. DIE ENTSTEHUNG UND AUSBREITUNG
POLITISCHER PARTEIEN

Ausgelöst durch die Veränderungen, die den Zweiten Weltkrieg und die unmittelbare Nachkriegszeit begleiteten, sind überall politische Forderungen der Afrikaner laut geworden und haben in der Gründung politischer Parteien ihren organisatorischen Ausdruck gefunden. Die Kolonialmächte hatten auf die globalen Machtverschiebungen und den Stimmungsumschwung in der Weltöffentlichkeit und im eigenen Land zunächst mit Verfassungsänderungen in den Kolonien bzw. in den Kolonialstrukturen reagiert, um ihre Vorherrschaft aufrechterhalten zu können. Das ist aber in wenigen Jahren am erstarkenden Widerstand der afrikanischen politischen Parteien gescheitert. *(Randnote: Reaktionen der Kolonialmächte auf politische Forderungen)*

England hatte den Kolonien neue Verfassungen gegeben und die Mitsprachemöglichkeit durch eine schrittweise Aufstockung der Zahl der afrikanischen Mitglieder in den „Legislative Councils" und in den „Executive Councils" ausgebaut. Weil die englischen Kolonien aber selbständige Einheiten darstellten und nicht Teil des Mutterlandes waren wie die französischen Kolonien, erfolgte dieser Prozeß in Formen, die von der Situation in jeder einzelnen Kolonie diktiert wurden. Als Beispiel sei die Entwicklung der Goldküste skizziert, weil hier am schnellsten die völkerrechtliche Unabhängigkeit erreicht wurde. 1946 hatte eine neue Verfassung die Zuständigkeit des Legislativrates vom Küstenstreifen auch auf das Herzland der Kolonie, Asante, ausgedehnt. Diese Verfassung mußte aber auf Druck der politischen Parteien im Jahre 1949 reformiert werden und einen Legislativrat von 84 Mitgliedern mit klarem Übergewicht der gewählten Volksvertreter und eine Exekutive einrichten, in der acht afrikanische Minister ebenfalls über die Mehrheit verfügten und damit in der Person ihres Fraktionschefs inoffiziell einen Premierminister stellten. Die „Convention People's Party" ließ sich damit aber nicht abspeisen, sie verkündete den Slogan „Self-Government Now" und erzwang, daß ihr Führer, Kwame Nkrumah, im Jahre 1951 als erster Afrikaner offiziell Regierungschef und damit zum Vorreiter des Weges der britischen Afrikakolonien in die Unabhängigkeit wurde. In Nigeria ist die Entwicklung ebenfalls über den Ausbau der Legislativ- und Exekutivräte verlaufen. In Kenia wollten die Siedler einer Machtteilung nicht zustimmen und wurden erst durch den Mau-Mau-Aufstand dazu gezwungen.

Frankreich hatte zuerst das Wahlrecht zur französischen Nationalversammlung ausgeweitet und in der Konstituierung der „Union Française" ein Staatswesen geschaffen, in dem Frankreich mit den überseeischen Völkern eine Union bildete, die auf der „Gleichheit der Rechte und Pflichten, ohne Unterschied der Rasse oder *(Randnote: Entkolonisierung im französischen Kolonialreich)* der Religion" [395: ANSPRENGER, 73] begründet war. Frankreich erklärte ferner seine Absicht, die Völker zur Freiheit der Selbstverwaltung zu führen. Diese Prinzipien mußte Paris zehn Jahre später in Reaktion auf die veränderte politische Landschaft einlösen. So entstand das Rahmengesetz, die „loi cadre", vom 23. 6. 1956 als neues politisches Zukunftsmodell. Es enthielt neben dem allgemeinen Wahlrecht die Schaffung von Territorialregierungen und die Überführung der Territorialversammlungen in echte Parlamente. Damit war auch der bisherige Zusammenschluß der verschiedenen Kolonien West- und Zentralafrikas in Frage gestellt. Zwei Jahre später, unter dem Druck des Algerienkrieges und der verschärften Diskussion der schwarzen Abgeordneten in Paris sowie der politischen Parteien in Afrika, wurde in Paris ein letzter Anlauf unternommen, die Kolonien an Frankreich zu binden. De Gaulle wollte in der „Communauté Française" das französische Mutterland und die Kolonien, die jetzt den Status von Übersee-Staaten erlangten, lose zusammenschweißen und ihnen gleichzeitig die Möglichkeit einräumen, unabhängige Staaten in der „Assoziation freier Staaten" [395: ANSPRENGER, 269] zu bleiben. Der Versuch schlug fehl, als Guinea am 25. 8. 1958 seinen Willen kundtat, der Communauté nicht beizutreten, und statt dessen die nationale Unabhängigkeit vorzog. Diese Entscheidung verstärkte die Diskussion um den zukünftigen Status der Kolonien, zumal inzwischen der Sudan (1956), Marokko (1956), Tunesien (1956) und die Goldküste (1957) die völkerrechtliche Unabhängigkeit erlangt hatten. Obwohl die anderen französischen Kolonien in Afrika der Communauté zustimmten, blieb dieser nur die Funktion, für den Schritt in die endgültige Unabhängigkeit geordnete Bahnen zu schaffen.. In den Jahren 1959 und 1960 wurden alle französischen Kolonien auf dem afrikanischen Kontinent, einschließlich Madagaskar, unabhängig. Dieser Verlauf macht deutlich, daß Frankreich neue konstitutionelle Formen zur Erhaltung seines Kolonialreichs suchte, die politischen Parteien in Afrika diese Formen einer engen Bindung an Frankreich aber ablehnten. Ein solches Modell war nicht mehr durchzusetzen. Das einzige, was Paris erreichte, war der friedliche Übergang in die Unabhängigkeit. Nur dort, wo starke Siedlerinteressen vorherrschten, in Algerien und Kamerun, kam es zu blutigen Auseinandersetzungen bzw. Kriegen.

Rolle der politischen Parteien   Die Rolle der politischen Parteien Afrikas in diesem Prozeß lag auf drei Ebenen. Zum einen sollte die Masse der Bevölkerung politisiert und die politische Meinungsbildung inhaltlich gesteuert werden, um sie aus Partikular- und Regionalinteressen auf eine nationale oder territoriale Ebene zu heben und das Volk schrittweise zu einer prinzipiellen Ablehnung der kolonialen Fremdherrschaft und zur Maximalforderung der Entlassung in die völkerrechtliche Unabhängigkeit zu führen. Zum zweiten mußten sie die Bevölkerung in den Städten und den riesigen Landregionen politisch organisieren, um ihren Forderungen durch weit angelegte Protestaktionen, Streiks, Boykotts und andere Maßnahmen Nachdruck verleihen und die durch den internationalen Stimmungsumschwung verunsicherten Kolonialmächte in ständigen und wachsenden Zugzwang setzen zu können. Schließlich: Die so aufgebauten Forderungen mußten gegenüber der Kolonialmacht vertreten und im Wechselspiel von Verhandlung und Druck durchgesetzt werden. Dies ist den politischen Parteien gelungen, wenn man die Erlangung der Unabhängigkeit binnen einer sehr kurzen Frist als Maßstab ansetzt.

Die ersten politischen Parteien haben sich in Schwarzafrika nach dem Ende des Zweiten Weltkrieges gebildet. Es hatte Vorläuferorganisationen gegeben, die sich nicht offen als politische Parteien verstanden, sondern eher unter kulturellen oder ethnischen Namen firmierten, wie die „Young Kikuyu Association" von 1920 und ihre Nachfolgerin, die „Kikuyu Central Association" aus den 1920ern. Ähnlich hatte sich in Tanganyika im Jahre 1929 eine Organisation gebildet, die „Tanganyika African Association", die gegen die Siedlerinteressen eine engere Union mit Kenia und Uganda verhindern wollte, aber in Zusammensetzung und weiterer Zielsetzung eher einem afrikanischen Honoratiorenverein glich. In Westafrika war 1933 das „Nigerian Youth Movement" entstanden, mit einer großen Anhängerschaft, vor allem im Siedlungsgebiet der Yoruba. Es kämpfte gegen die politische Aufwertung der Chiefs durch die Kolonialmacht und verlangte Reformen innerhalb des Kolonialsystems, nicht seine Abschaffung. Ebenfalls in Nigeria hatte sich 1951 als kulturelle Organisation der Yoruba die „Action Group" gebildet. In der Goldküste bildeten Auseinandersetzungen zwischen der gebildeten Elite und den Chiefs über deren Rolle im Verwaltungssystem einen Streitpunkt, der war angesichts der Rolle, die von den Chiefs in Kumasi und anderen Zentren weiterhin beansprucht wurde, politisch hochbrisant.

Der Zweite Weltkrieg hat aus der wachsenden Unzufriedenheit ein genuin politisches Bewußtsein gemacht. In seinem Mittelpunkt standen zunächst Forderungen nach Reformen des Kolonialsystems: Einer Ausweitung der Mitbestimmungsmöglichkeiten, einer stärkeren Einbeziehung der Gebildeten, einer Verbesserung der Ausbildungssysteme und nach höheren Löhnen und besseren Arbeitsbedingungen, wofür sich insbesondere gewerkschaftlich orientierte Politiker einsetzten. An einer folgenden Radikalisierung des politischen Programms sind mehrere Parteien zerbrochen, denn traditionelle Macht- oder Würdenträger gingen sehr viel langsamer und zurückhaltender vor und waren mehr auf die legalen Veränderungsmöglichkeiten bedacht als die jüngeren, die eine bessere Ausbildung genossen hatten und nicht in die kolonialen Verwaltungsstrukturen integriert waren. Die älteren Politiker wurden schließlich überrannt. So hat Kwame Nkrumah, der in den USA und Großbritannien studiert und den fünften Panafrikanischen Kongreß in Manchester (1945) maßgeblich mitgeprägt hatte, zwar im Jahre 1947 die Führung der „United Gold Coast Convention" (UGCC) übernommen. Gleichzeitig hat er aber diese Plattform benutzt, um gegen die neue Verfassung der Goldküste zu agitieren, in der von einem Übergang zur Unabhängigkeit noch nicht die Rede war. Damit stellte er sich in Gegensatz zu den bisherigen Parteiführern, die in den englischen Verfassungen einen positiven Schritt gesehen hatten. Nach blutigen Unruhen in der Bevölkerung, ausgelöst im Jahre 1948 durch Boykotts gegen europäische und syrische Händler, sammelte Nkrumah im folgenden Jahr radikalere Gleichgesinnte um sich und gründete eine neue Partei, die „Convention People's Party" (CPP). Ihre

Entstehung von politischen Parteien

zentrale Forderung war neben der Umbenennung des Namens Gold Coast in „Ghana", der Bezeichnung für das große mittelalterliche Reich in Westafrika, die politisch brisante und mobilisierende Formel „Self-Government Now". Sie begann einen Feldzug der „Positive Action", eine nach Gandhi so benannte Form des öffentlichen Auftretens für gewaltlose Nicht-Zusammenarbeit mit der Kolonialverwaltung, für Streiks, Boykott von Handel und Behörden und für Demonstrationen. Dadurch fand die neue Partei schnell Zulauf bei den jüngeren und radikaleren in den Städten und auf dem Land, entfremdete sich aber auch von den afrikanischen Honoratioren und den Vertretern der älteren Generation, bis diese, vor allem die mächtigen Chiefs in Asante, eine eigene Partei, das „National Liberation Movement", zur Eindämmung des Einflusses von Nkrumah gründeten und darin von der Kolonialmacht zunächst bestärkt wurden.

Es gab in allen Kolonien ähnliche Auseinandersetzungen um die Führungsrolle und die politische Strategie zwischen den Vertretern der eher traditionell denkenden Schicht und den Häuptlingen auf der einen Seite, die ihre eigene Stellung gewahrt sehen und mit den Kolonialbehörden gemeinsam einen Weg in die politische Zukunft gehen wollten, und den Vertretern der städtischen, gebildeten aufstrebenden neuen Schicht auf der anderen Seite, die für einen schnellen Weg in die Unabhängigkeit und für eine Neugestaltung der Gesellschaft eintraten. Siegreich blieben letztlich die Strömungen und die Persönlichkeiten, die mit der wachsenden Unzufriedenheit und Radikalisierung größerer Teile der Bevölkerung Schritt hielten und diese durch ihre politische Rhetorik und die konkrete Einbindung in die politischen Forderungen mittrugen.

Die Entstehung von politischen Parteien ist zunächst im städtischen Raum erfolgt, im Aktionskreis von Intellektuellen und Geschäftsleuten, und sie haben deren spezifische Interessen formuliert. Dies hat sich über längere Zeiträume zum Nachteil der ländlichen Bevölkerung ausgewirkt, deren Vorstellungen nicht weit entwickelt waren oder im „nationalen Interesse" übergangen wurden. Die spätere Vernachlässigung der Landregionen hat hier eine ihrer Wurzeln.

Formal ging die Gründung der Parteien von Einzelpersönlichkeiten aus, die sich an die Spitze von unzufriedenen Gruppen stellten und zu ihren Wortführern und Organisatoren avancierten. Diese Rolle ist ihr unumstrittenes Verdienst. Aber sie haben in aller Regel auf Dauer einen beherrschenden Einfluß auf diese Parteien ausgeübt, so daß diese weitgehend mit ihnen identifiziert werden konnten: Die KANU und Jomo Kenyatta (Kenia), die TANU und Julius Nyerere (Tanganyika/Tansania), die UNIP und Kenneth Kaunda (Sambia), die Malawi Congress Party und Hastings Kamuzu Banda (Malawi), die RDA und Houphouët-Boigny (Elfenbeinküste), die Convention People's Party und Kwame Nkrumah (Gold Coast/Ghana), die Action Group und Chief Awolowo (Südwestnigeria), der Northern People's Congress und der Sardauna von Sokoto (Nordnigeria) oder der NCNC und Dr. Azikiwe (vor allem Südostnigeria) sind die bekanntesten Beispiele. Für die heutige Zeit ließen sich die UNITA und Jonas Savimbi (Angola) sowie im südlichen Afrika der ANC und Nelson Mandela, die SWAPO und Sam Nujoma

Parteien als Unabhängigkeitsbewegungen

(Namibia) und schließlich die ZAPU und Robert Mugabe anführen. Immer wird dasselbe Muster der Beherrschung einer Partei – und später des Staates – über Jahrzehnte hinweg durch eine einzige Persönlichkeit, den Gründer der Partei, sichtbar.

Weil diese politischen Parteien Kampforganisationen gegen die übermächtige und fremde Kolonialmacht waren, hat sich ihr Charakter auf die Notwendigkeit großer Geschlossenheit eingestellt und den Anspruch erhoben, das nationale Interesse gegen die Vertreter der Fremden zu definieren und zu vertreten. Daß daraus nach der Unabhängigkeit in sehr vielen Fällen eine Einheitspartei wurde, ergibt sich zum Teil aus dieser Geschichte.

Die größeren Parteien, die sich an die Spitze des politischen Kampfes in der jeweiligen Kolonie stellen konnten, haben mit ihren Gründervätern die Unabhängigkeit erstritten und konnten sich zu Recht als die Väter der Unabhängigkeit betrachten. Diesen spezifischen Anspruch haben viele von ihnen über Jahre hinweg durchgesetzt, indem sie den Staat zu einem Einparteiregime machten. Die meisten afrikanischen Staaten und Parteien haben so gehandelt, angefangen an der Westküste bei Senghor (Senegal), Sékou Touré (Guinea), Kwame Nkrumah (Ghana), Houphouët-Boigny (Elfenbeinküste), über Zentralafrika und Ahidjo (Kamerun) sowie Mobutu (Kongo/Zaire) bis zur Ostküste: Kenyatta (Kenia), Nyerere (Tansania), Kaunda (Sambia) und Banda (Malawi). Letzterer hatte sich sogar zum „Life President" wählen lassen. Von den genannten Politikern und Parteigründern haben nur Senghor, Ahidjo, Nyerere und Kaunda freiwillig oder durch Annahme von Wählerentscheidungen die Macht aufgegeben. Andere sind im Amt gestorben – Kenyatta, Sékou Touré, Agosthino Neto, Houphouët-Boigny – wieder andere im Amt ermordet worden wie Eduardo Mondlane, oder sie wurden durch einen Militärputsch vertrieben – Milton Obote, Kwame Nkrumah oder Nnamdi Azikiwe.

Vom Selbstverständnis und von der politischen Praxis her war keine dieser Parteien demokratisch im Sinne einer durch Wahlen konstituierten, organisierten und kontrollierten Gruppe. Sie sahen sich als Kämpfer für das gesamte Volk und seine Unabhängigkeit in der Auseinandersetzung zunächst mit dem äußeren Feind, und nach Übernahme der Macht mit der Opposition, die in dieser Tradition zu Feinden des Staates erklärt wurde. Ein demokratisches Vorbild kannten die afrikanischen Politiker nicht; denn die Kolonialherrschaft baute auf Gewalt und ihrer Durchsetzung mit militärischen Mitteln auf. Selbst dort, wo afrikanische Politiker als Abgeordnete in der französischen Nationalversammlung oder als Minister in einem französischen Kabinett politisch aktiv werden konnten, wo sie Allianzen mit europäischen Parteien, der SFIO (Section Française de l'Internationale Ouvrière) oder der PCF (Kommunistische Partei Frankreichs), schlossen, mußten sie Machtlosigkeit, Diskriminierung und Ausbeutung ihres Volkes erfahren. So war ihre politische Schule nicht der Dialog und die Diskussion um Interessen, Ziele und Strategien, sondern das mühsame Lernen von Methoden der Durchsetzung eigener Ziele mit gewaltfreien oder gewalttätigen Mitteln.

In Ländern mit sehr heterogener Bevölkerung waren die Parteien häufig die Sprachrohre von Partikularinteressen regionaler, religiöser oder ethnischer Art und haben diese Gruppen gegeneinander gewendet. Daß eine landesweite politische Gruppierung weder in Nigeria noch in Zaire, Ruanda oder Kenia vorherrschend werden und das Gemeinwohl aller Bevölkerungsteile in den Mittelpunkt des Handelns stellen konnte, daß Gruppeninteressen den Staat beherrschten und weiterhin beherrschen, für den Biafrakrieg und die Aufsplitterung Nigerias in eine Vielzahl von Bundesstaaten, für den Zerfall Zaires, den Völkermord in Ruanda und die massive Bevorzugung der Kikuyu in Kenia unter Kenyatta verantwortlich sind, ist eine schwere politische Hypothek aus der Kolonialzeit und der Gründungsphase politischer Parteien. Tabelle 1 (im Anhang) zeigt diese Verquickung von Personen, Interessen und Parteien an ausgewählten Beispielen.

Neben den von weißen Minderheitsregierungen im südlichen Afrika und in Algerien beherrschten Territorien haben alle Kolonien nach dem Zweiten Weltkrieg eine politische Mobilisierung erlebt, die sich in Kriegen, Streiks, Demonstrationen und Unruhen, oder in blutigen Rebellionen gegen die Kolonialmächte, Luft verschafften. Sie waren das Ergebnis der Unzufriedenheit der Bevölkerung mit ihrer sozialen, wirtschaftlichen und politischen Lage, der Politisierung durch die Parteien und politischen Führer sowie der Erfahrung von harter Repression und vorsichtigem Zurückweichen der Kolonialmächte. Die Unsicherheit der Kolonialbehörden und die eigenen Erfolge kamen hier zusammen.

Politische Radikalisierung

Um das Ausmaß von Protestbewegungen anzudeuten, sind in Tabelle 2 (im Anhang) einige besonders hervorstechende Unruhen aufgeführt. Ob sie politische oder gewerkschaftliche Ziele verfolgten, alle machten drei Entwicklungen klar: Sie waren weit verbreitet und spiegelten eine wachsende Politisierung der Bevölkerung, auch in Landregionen, wider; sie nahmen oft ihren Ausgangspunkt in sozialen Forderungen, wurden von Gewerkschaftlern getragen und dann ins Politische übersetzt; und erst unter dem Druck der Bevölkerung haben sich die Kolonialmächte zu Konzessionen und schließlich zum Rückzug bereiterklärt.

Zusammenbruch der Kolonialreiche

Bei einer kritischen Reflexion über die Ursachen des schnellen Zusammenbruchs der Kolonialreiche genügt es nicht, einzelne Faktoren, wie den internen Widerstand in den Kolonien, herauszustreichen und nach ihrem Gewicht zu fragen. Man muß bedenken, daß die internationale, die nationale und die territoriale Ebene miteinander verknüpft waren und sich gegenseitig beeinflußten. Die internationale Anerkennung der Kolonialreiche durch die Völkergemeinschaft war die Grundvoraussetzung für ihre Lebensfähigkeit gewesen. Sie hatte seit der Berliner Westafrika-Konferenz von 1884/85 Bestand gehabt, trotz der Besinnung auf das Selbstbestimmungsrecht der Völker in der 14-Punkte-Erklärung von Präsident Wilson und der Vorkehrungen des Völkerbundes. Die Zustimmung zur Kolonialherrschaft in den Metropolen durch Regierung, Interessengruppen, öffentliche Meinung und Wählerschaft war die zweite Ebene. Sie setzte einen allgemeinen Konsens zu diesem System als ethisch vertretbarer und insgesamt lohnender Politik voraus. Schließlich war da die Ebene der Kolonien, auf der das System der

Fremdherrschaft von der erzwungenen Akzeptanz durch die Bevölkerung abhing. Wenn eine der Ebenen sich veränderte, hatte das Konsequenzen für die anderen. Und dies ist in der Nachkriegszeit geschehen: Jede einzelne hat sich in ihrem Bestand gewandelt und Auflösungstendenzen in den anderen Ebenen verstärkt. So haben die Atlantik-Charta von 1941, die globale Machtverschiebung als Folge des Krieges und die Gründung der Vereinten Nationen einen Stimmungsumschwung in der Weltmeinung ausgelöst und für Kolonialreiche kleiner europäischer Mächte kein Verständnis und keinen Platz mehr gelassen. Die Konsequenzen für die Meinungsbildung in den Kolonialmetropolen waren enorm. Die ethische und politische Zustimmung bröckelte mit der Wahrnehmung der wachsenden internationalen Kritik, mit der Einsicht in den Verlust des eigenen Großmachtstatus und in die wachsenden Kosten der Aufrechterhaltung der Fremdherrschaft – dies um so mehr, als der soziale und politische Protest in den Kolonien zunahm und die bisher tragenden Kolonialinteressen ebenfalls zu schwanken begannen. In den Kolonien selbst wußten die politischen Führer von den weltpolitischen Veränderungen. Viele hatten an den panafrikanischen Kongressen teilgenommen und internationale Kontakte geknüpft. Sie verfolgten mit großem Interesse die Tätigkeit der Vereinten Nationen und das Auftreten der unabhängig gewordenen Staaten Asiens in der Vollversammlung. In den Mandatsgebieten erschienen Vertreter der UNO und befragten die Bevölkerung. Die Vorgänge in Indien, Indonesien und Vietnam sowie die Gründung der arabischen Liga und der Bewegung der Blockfreien waren bekannt und wurden politisch ausgeschlachtet. Schließlich machten auch die einfachen Leute die Erfahrung der Ratlosigkeit der Kolonialmacht und erlebten bei den Wahlen zu den verschiedenen Vertretungsorganen eine erste Repräsentanz ihrer Interessen.

Diese drei Ebenen haben zusammengewirkt und dazu geführt, daß Kolonialherrschaft nicht mehr zu rechtfertigen, zu bezahlen und aufrechtzuerhalten war. Sie ist in Schwarzafrika seit 1957 zusammengebrochen und hat mit dem Übergang zu einer demokratischen Herrschaftsform in Südafrika 1994 ihren Abschluß erreicht; Tabelle 3 (im Anhang) bietet eine Zusammenschau.

F. DIE UNABHÄNGIGKEIT –
„WIEDERBEGINN DER GESCHICHTE"?

Das Erleben des Schrittes in die Unabhängigkeit war eng mit der Einschätzung der Kolonialzeit verbunden. Es war eine Befreiung von der Kolonialherrschaft und ein neuer Ansatz zur Verwirklichung eigener Vorstellungen. Ob es aber ein Anknüpfen an alte Traditionen und ihre Werte, an eigene politische Erfahrungen und Strukturen aus der Zeit vor der Ankunft der Weißen werden konnte, war ungewiß und wurde zur großen politischen Debatte.

Die Formel des Historikers Joseph Ki-Zerbo aus Burkina Faso vom „Neubeginn der Geschichte" [130: Ki-Zerbo, 12] deutet sowohl den Bruch als auch die Kontinuität an. Für ihn war die Kolonialzeit das goldene Zeitalter der Fremden, d. h. die Zeit, in der Fremde das Land ausgebeutet und ihren Zwecken nutzbar gemacht hatten, so daß die Geschichte Afrikas gleichsam stehengeblieben war. Jetzt konnte sie wieder beginnen und eigene Züge annehmen. Aber es war eine andere Geschichte, von anderen Menschen und Kräften beherrscht, von anderen Interessen und Werten getrieben und von anderen Konflikten geprägt. Das alte Afrika, wenn es je existiert hat, gab es nicht mehr. Die neue Zeit sollte gekennzeichnet sein von großen Erwartungen, ansehnlichen Anfangserfolgen, abgrundtiefen Enttäuschungen und, seit Ende der 1980er Jahre, von einem bescheidenen, aber hoffnungsvollen Neuanfang.

1. Der Neuanfang, die Erwartungen und die ersten Erfolge

Der Schritt in die Unabhängigkeit erschien den Menschen als Befreiung von der Last der Fremdherrschaft, Ausbeutung und Demütigung. Die politische Unabhängigkeit sollte das Tor in eine Zukunft öffnen, in der man selbst die großen Linien der Politik bestimmen und die nationalen Ressourcen zum Wohl des eigenen Volkes einsetzen konnte. Kwame Nkrumah hatte diese Bedeutung der politischen Befreiung visionär in die an der Bibel orientierte Formel gefaßt: „Seek ye first the political kingdom and the rest shall be given to you." So verbanden die Politiker und die Massen mit dem Unabhängigkeitstag weitgespannte Erwartungen: Ein neues Gemeinwesen sollte entstehen, unabhängig und von allen Völkern geachtet. Gerechtigkeit und Achtung der Menschenwürde sollten die bisherigen Formen von Willkür, Ausbeutung und gesellschaftlicher Ungleichheit ablösen. Die wirtschaftliche Entwicklung sollte das Wohl der eigenen Bevölkerung und die Entfaltung des nationalen Territoriums zum Ziel haben. Und endlich wollte man die eigene Kultur pflegen und an die jahrhundertealten Erfahrungen anknüpfen können, um das kulturelle Erbe aufrechtzuerhalten, in dem die Vorfahren ihre Weisheit gesammelt hatten.

Die ersten Erfolge der jungen Staaten ließen Begeisterung aufkommen: Endlich wurden diese Länder von der Völkergemeinschaft ernstgenommen. Die Auf- nahme in die UNO als gleichberechtigte Mitglieder der Völkergemeinschaft ver- schaffte ihnen eine Plattform, auf der sie zum ersten Mal in der Geschichte ihre Meinung äußern, ihre Interessen selbst definieren und öffentlich vertreten und die Stellungnahmen der Großmächte kritisieren konnten. Im Zuge der Ost-West- Konfrontation wurden sie von den Großmächten geradezu umworben, was ihnen ein erhebliches politisches Gewicht zu verleihen schien. Einige herausragende Persönlichkeiten wußten diese Möglichkeiten besonders effizient zu nutzen und wurden neben Nehru, Sukarno, Fidel Castro und Nasser zu viel beachteten Spre- chern dieser neuen, dritten, Welt: Kwame Nkrumah, Julius Nyerere oder Kaiser Haile Selassie.

Internationale Anerkennung

Die Gründung einer gemeinsamen Organisation aller afrikanischen Staaten in Addis Abeba im Jahre 1964, der „Organisation für Afrikanische Einheit" (OAU), war ebenfalls ein internationaler Fortschritt, von dem man viel erhoffen konnte. Ihr waren intensive Bemühungen vieler afrikanischer Politiker vorausgegangen, die eine Zersplitterung Afrikas in eine Vielzahl von Staaten verhindern und die Aufbruchstimmung des Übergangs in die Unabhängigkeit für eine Neugestaltung nutzen wollten. Die Schaffung der Vereinigten Staaten von Afrika war ihr Ziel.

Auch im internen Aufbau haben die neuen Staaten Enormes geleistet: Staatliche Strukturen mußten erst noch geschaffen werden, eine Staatsspitze und eine Regie- rung, die Institutionen der verschiedenen Gewalten, eine funktionsfähige Verwal- tung, Polizei und Armee, politische Parteien, demokratische Meinungsbildungs- prozesse und die Organisation von Wahlen, die Presse, Presseagenturen, Rund- funk und Fernsehen, nationale und internationale Kommunikationsnetze und vie- les andere mehr. Hinzu kam der Ausbau des Bildungswesens, das vom Grund- schulbereich bis zu den Hochschulen eigene inhaltliche Zielsetzungen formulie- ren, möglichst alle Regionen und Bevölkerungsgruppen erreichen und den eige- nen Bedarf an Fachpersonal sicherstellen sollte, das Gesundheitswesen sowie der gesamte Sektor sozialer Einrichtungen. All dies ist in den ersten Jahren neu aufge- baut oder aus kolonialen Institutionen umgebaut worden und hat den Menschen gezeigt, daß die Unterschiede zur Kolonialzeit sichtbar waren und ihnen nützten.

Aufbau staatlicher Strukturen

Besonders spektakulär und prestigeträchtig war der Aufbau einer nationalen Infrastruktur im Verkehrswesen, vor allem im Luftverkehr, durch die Gründung nationaler Fluglinien, von denen die größten in Äthiopien und Nigeria entstan- den. Auch regionale Zusammenschlüsse trugen zu dieser Erfolgsbilanz bei: Die East African Airways und die noch heute existierende Air Afrique, in der die mei- sten frankophonen Staaten Westafrikas zusammengeschlossen sind. Viel Aufsehen hat auch die sogenannte Tanzam-Railway erregt, die den Binnenstaat Sambia mit Tansania und dem Hafen Dar es Salaam verband. Sie ist gegen den Rat der westli- chen Großmächte und der Weltbank errichtet worden, die dieses Projekt nicht für wirtschaftlich tragfähig hielten. Die zwei beteiligten Staaten haben es aus politi- schen Gründen durchgesetzt, um Sambia vom Rohstoffexport über die kolonialen

Häfen in Moçambique, Angola und Südafrika unabhängig zu machen. Die Bahn ist mit chinesischem Kapital und mit chinesischem Personal gebaut worden.

Die ökonomischen Leistungen, die der Produktion galten, waren ebenso beeindruckend. In den meisten Ländern konnte eine erhebliche Steigerung der landwirtschaftlichen Produktion erreicht werden. Manche Länder wie Ghana oder Côte d'Ivoire wurden zu den weltweit größten Produzenten einzelner Güter wie Kaffee oder Kakao. Andere haben ökonomische Nischen in den großen Märkten der industrialisierten Welt zu nutzen gelernt: Durch den Export tropischer Früchte, Fisch, Gemüse und Blumen. Anderswo sind Großprojekte, wie Staudämme, zur Stromgewinnung und Bewässerung durchgeführt worden und haben die Industrialisierung vorangetrieben. Überall sind neue Energiequellen erschlossen worden, neben den Staudämmen auch in Öl- oder Kohlekraftwerken.

Nigeria, Gabun, Kongo und Kamerun, an deren Küsten Erdölvorkommen entdeckt und gefördert wurden, erlebten durch diesen Reichtum eine Steigerung ihrer nationalen Einkünfte in ungeahnten Größenordnungen und konnten Großprojekte finanzieren, sahen sich allerdings auch einem verschärften inneren Verteilungskampf ausgesetzt.

Der Staat als Entwicklungsmotor   Schließlich hat der Staat in allen Ländern zur besseren Kontrolle der Wirtschaft bzw. zu einer effektiveren Kanalisierung der Entwicklungsvorhaben staatliche und halbstaatliche Unternehmen und Banken auf die Beine gestellt sowie strategisch wichtige Bereiche der Wirtschaft verstaatlicht. „Marketing boards" bzw. „Caisses de stabilisation" sind gegründet oder aus kolonialem Status in neue Einrichtungen überführt worden, um die Exportpreise der wichtigsten Ausfuhrgüter stabil halten und den Produzenten gesicherte Einkünfte garantieren zu können. Die regelmäßig neu formulierten Entwicklungspläne zeugen von diesen Anstrengungen und listen Erfolge wie Mißerfolge auf.

Auf den Arbeitsmarkt hat sich dieser Neuanfang außerordentlich stimulierend ausgewirkt. Nicht nur viele bisher von Weißen besetzte Posten öffneten sich nun der lokalen Bevölkerung, auf allen Ebenen, bis hinauf in die Vorstandsetagen; es wurden in den ersten Jahren der staatlichen Selbständigkeit auch sehr viele neue Arbeitsplätze geschaffen: In Verwaltung, öffentlichem Dienst, im Bildungs-, Gesundheits- und Sozialwesen, in der Wirtschaft, kurz: In allen Bereichen, die gegründet, ausgebaut oder umgestaltet wurden. Kampagnen zur Afrikanisierung haben die Ablösung des weißen Personals zudem beschleunigt. Für die Menschen bedeutete dieser Wandel am Arbeitsmarkt, daß in allen Städten neue Einkommensmöglichkeiten entstanden und daß fast alle Schul- und besonders Hochschulabgänger auch eine ihren Fähigkeiten und Erwartungen entsprechende Beschäftigung fanden. Dies bedeutete allerdings auch, daß der staatliche Sektor überproportional anwuchs.

Die Landregionen, in denen der größte Teil der Bevölkerung lebte, haben nur begrenzt an diesen Erfolgen teilgenommen. Die Investitionen zur Verbesserung von Produktion und Infrastruktur, zur Energieerzeugung, zum Aufbau des Bildungswesens, der sozialen und medizinischen Versorgung sind in den städtischen

Regionen konzentriert worden. Tansania bildete hier eine rühmliche Ausnahme, weil die Entwicklungspolitik bewußt eine Verbesserung der Lebensbedingungen der ländlichen Bevölkerung anstrebte.

2. POLITISCHE ENTTÄUSCHUNGEN UND FEHLENTWICKLUNGEN

Diese Erfolge waren beachtlich. Sie waren wie in einem Gesellschaftsvertrag die Voraussetzung für die Annahme staatlicher Autorität durch die Bevölkerung. Aber die Erfolge blieben gefährdet, und damit die Legitimität der staatlichen Autorität. Als schwere Last wirkten sich die künstlichen Grenzen der neuen Staaten aus. Sie hatten Volksverbände getrennt und andere Völker, die in ihrer Kultur nie zusammengehört hatten, in einem Staatswesen zusammengebunden. Ihre Gemeinsamkeit bestand fast ausschließlich im Befreiungskampf von der kolonialen Herrschaft. Die politische Führungsschicht rekrutierte sich zudem aus Mitgliedern der neuen Elite, die aufgrund ihrer Ausbildung am ehesten für die Konfrontation mit der Kolonialmacht geeignet waren. Sie repräsentierte nicht die kulturelle und ethnische Vielfalt der Gesellschaft. Sie waren auch nicht durch Wahl oder andere Mechanismen der Meinungsbildung zur Repräsentation des Volkes legitimiert. Ihre Rechtfertigung beruhte allein darauf, daß sie die Väter der Unabhängigkeit waren, so daß ihre Autorität zusammen mit dem Erfolg des nun unabhängigen Staates stand und fiel.

Eine zweite Last waren die neuen staatlichen Strukturen selbst, politisch und juristisch festgelegt in den Verfassungen. Diese waren nicht aus den Erfahrungen und Konflikten der Völker hervorgegangen, sondern waren ihnen im wesentlichen von den Kolonialmächten auferlegt worden, selbst wenn afrikanische Vertreter in den verfassunggebenden Gremien mitgewirkt hatten. Es waren also fremde Modelle, die von anderen Gegebenheiten ausgingen als denen, welche in den hochgradig multikulturellen Gesellschaften Afrikas vorherrschten.

Schließlich mußte sich als verhängnisvolle Last auswirken, daß koloniale Herrschaft auf Gewalt beruht hatte und eine besondere Form des Despotismus gewesen war. Konsultationen oder andere Formen der politischen Meinungsbildung waren in diesem System der Europäer unbekannt. So mußte der Eindruck entstehen, daß autoritäres Verhalten eine angemessene Form der politischen Machtausübung war.

Auch auf ökonomischem und sozialem Gebiet war die Unabhängigkeit gefährdet. Die Kolonialmächte hatten zwar kapitalistische Wirtschaftsformen eingeführt, diese aber auf die Exportwirtschaft beschränkt. Es sollte ein abhängiger Kapitalismus bleiben, und deshalb waren die Investitionen so angelegt, daß eine Integration in den Weltmarkt vorgezeichnet blieb und sich ein unabhängiges kapitalistisches System, das der Stärkung nationaler afrikanischer Interessen sowie einer eigenständigen Entwicklung dienen sollte, nicht entwickeln konnte. So

Lasten des kolonialen Erbes

waren der Kapitalakkumulation durch afrikanische Unternehmer und dementsprechend der Herausbildung einer reicheren und produktionsorientierten afrikanischen Mittelschicht enge Grenzen gesetzt.

Damit waren für die neue politische Klasse besondere Bedingungen geschaffen worden: Die besitzende Schicht und die Schicht der politisch Einflußreichen waren weitgehend identisch. Eine politische Opposition konnte sich kaum auf eine eigene wirtschaftliche Basis stützen, und das machte es schwer, wenn nicht unmöglich, auf politisch einflußreiche Posten zu gelangen. Diese Situation war der Boden für Klientelismus und Patrimonialismus, für den Ausbau eines Patronagesystems zur Sicherung der politischen Gefolgschaft und für den ungebremsten Zugriff auf staatliche Ressourcen zur persönlichen Verwendung.

Erste Enttäuschungen

Die politischen Enttäuschungen setzten ein, als den afrikanischen Staaten klarwurde, daß sie sich bei den Vereinten Nationen und anderen internationalen Organisationen nur dann Gehör verschaffen konnten, wenn sie gemeinsam auftraten. Ein einzelnes Land konnte nichts erreichen. Dies stellte sich schnell bei den Verhandlungen mit der europäischen Gemeinschaft über einen Zugang zu den europäischen Märkten, den sogenannten Lomé-Verhandlungen, heraus, und ebenso bei den Diskussionen um eine neue Weltwirtschaftsordnung und die UNCTAD-Verträge. Zudem erwies sich der Ost-West-Gegensatz als entscheidend in allen größeren internationalen Machtfragen. Der Versuch mehrerer afrikanischer Staaten, sich durch den Anschluß an die Blockfreien-Bewegung aus diesem Konflikt herauszuhalten, brachte ihnen nur vordergründig Vorteile. Die wichtigsten Entscheidungen wurden in der Auseinandersetzung zwischen Washington und Moskau bzw. Peking gefällt.

Machtlosigkeit der OAU

An dieser Stelle zeigte sich, daß die Strukturen der OAU nicht ausreichten, um aus der großen Zahl der afrikanischen Länder einen Staatenblock und einen international gewichtigen Machtfaktor zu machen. Es war bei der Gründung der OAU nicht gelungen, sich auf effektive Mechanismen eines Einigungsprozesses zu verständigen. Zwei Grundprinzipien standen der schrittweisen Aufgabe von Teilen der gerade erst gewonnenen staatlichen Souveränität entgegen und wurden in der Charta der OAU festgeschrieben: Die Unantastbarkeit der Grenzen und die Nichteinmischung in innere Angelegenheiten. Damit war der Weg zur Einigung blockiert, und die großen Hoffnungen, die Kwame Nkrumah, Julius Nyerere oder Cheikh Anta Diop mit ihrem Eintreten für ein geeintes Afrika verbunden hatten, waren enttäuscht. Die OAU war ein Diskussionsklub geworden, der nicht einmal in innerafrikanischen Konflikten vermitteln konnte. Er hat weder bei der Aggression des ugandischen Diktators Idi Amin gegen Tansania, noch beim Zerfall Somalias, Liberias und Sierra Leones, und noch weniger beim Völkermord in Ruanda zur Konfliktvermeidung oder -lösung beigetragen. Dieses Scheitern einer kontinentalen Einigung war symptomatisch für die Machtverhältnisse auf dem schwarzen Erdteil, weil die große Mehrheit der afrikanischen Politiker die in ihrem Land und mit ihrer Person gewonnene Unabhängigkeit nicht aufgeben wollte und weil ihre Interessen mit denen der ehemaligen Kolonialmacht, einer der Supermächte oder mit multinationalen Unternehmen eine enge Verbindung eingegangen waren. Die bei der Unabhängigkeit gewonnene Freiheit wurde so wieder verspielt.

Die politische Schwäche der einzelnen Regierungen hat in vielen Fällen dazu beigetragen, die prekäre Unabhängigkeit durch militärische Beistandsverträge mit ausländischen Mächten noch weiter auszuhöhlen. Gemeint sind hier nicht Abmachungen über Militärbasen, die zur Stationierung oder Versorgung fremder Luftstreitkräfte auf deren Weg in Krisengebiete außerhalb Afrikas abgeschlossen worden waren, sondern Verträge, die die Stationierung fremder Einheiten auf dem afrikanischen Kontinent ermöglichten. Diese Militärabkommen dienten nicht nur der Verteidigung gegen äußere Feinde. Sie halfen auch, rebellierende Einheiten der eigenen Streitkräfte niederzuschlagen – wie dies selbst in einem sonst von Militärputschen verschonten Land wie Tansania 1964 geschah – die territoriale Einheit gegen sezessionistische Tendenzen zu verteidigen und die Machthaber gegen die Opposition im eigenen Land zu schützen. Auf diesem Wege sind langfristige Abhängigkeiten gewachsen, die sich bis heute auswirken. So hatten und haben heute noch französische Militärabkommen mit Senegal, Côte d'Ivoire, Tschad, Kamerun, Gabun, Zentralafrikanische Republik, Kongo (Brazzaville) und Djibuti diese Zielsetzung. Die hiermit angesprochene Stützung afrikanischer Regime durch auswärtige, militärische und politische Interventionen zeigt einerseits die Instabilität dieser Staaten und andererseits die geringe Bedeutung der völkerrechtlichen Unabhängigkeit. Mobutu Sese Seko, der die Sezessionsbestrebungen der zairischen Ostprovinzen Katanga und Kasai nur mit auswärtiger Hilfe abwehren und der nur mit der Unterstützung des Westens bis 1997 an der Macht bleiben konnte, ist der absurdeste Fall dieser verlorenen Unabhängigkeit. Jean-Bedel Bokassa, der sich in Gegenwart des französischen Präsidenten Valéry Giscard d'Estaing zum Kaiser von Zentralafrika krönen ließ, oder Juvénal Habyarimana, der mit dem französischen Präsidenten François Mitterand freundschaftlich verbunden war und die Hutu-Power in Ruanda mit französischer Waffenhilfe ausbauen konnte, und andere Staatsmänner ließen sich aufzählen und zu einem grotesken Bild der Marionetten zusammenfügen.

Ein anderes politisches Instrument zur Erhaltung priviligierter Beziehungen der alten Großmächte zu ihren ehemaligen Kolonien, oder umgekehrt zur Festschreibung der Abhängigkeit, ist in einem Teil Afrikas die sogenannte „Frankophonie". Frankreich hat mit jenen afrikanischen Staaten, deren Amtssprache heute französisch ist, auch wenn sie wie Burundi, Ruanda oder Kongo/Zaire keine französischen Kolonien waren, besondere Beziehungen aufgebaut. Sie betreffen in erster Linie die Pflege der französischen Sprache und Kultur, pflegen aber auch ein Freundschaftsband zwischen den politischen Führern und bauen an einem Zugehörigkeitsgefühl zu gemeinsamen kulturellen und politischen Werten. Daraus entsteht auf französischer Seite eine größere Bereitschaft zu politischer, finanzieller und militärischer Hilfe und auf afrikanischer Seite eine wachsende kulturell verbrämte Abhängigkeit. Die regelmäßigen Konferenzen der Frankophonie, bei

Militärische Beistandspakte

Frankophonie

denen der französische Staatspräsident seine afrikanischen Amtsbrüder trifft, dienen der Feier dieser privilegierten Beziehungen. Sie können aber auch zur Ordnung rufen, neue französische Maßstäbe setzen und bestimmte Verhaltensweisen einfordern. So ist es auf der Konferenz in La Baule (1990) geschehen, als Präsident Mitterand in seiner Rede an die versammelten afrikanischen Staatschefs in unverblümter Form weitere finanzielle Unterstützung von Fortschritten auf dem Wege zu einer Demokratisierung ihrer Regime abhängig machte.

Die Schwäche und Fehlentwicklung ist auch durch interne Entscheidungen herbeigeführt worden. Die Verfassungen der Unabhängigkeitszeit waren Fremdkörper; sie haben ihre Bewährungsprobe nicht bestanden. Entscheidend war, daß die für das Funktionieren eines westlich demokratischen Meinungsbildungsprozesses notwendigen Voraussetzungen nicht gegeben waren: Politische Parteien waren durch die Notwendigkeiten des Unabhängigkeitskampfes als Einheitsbewegungen entstanden. Sie mußten sich nach der Konstituierung der neuen Staaten neu formieren, um ihrer Aufgabe als organisierte Meinungsvertreter von Gruppen gerecht zu werden, und diese durften nicht regionale, ethnische oder religiöse Interessen vertreten. Die parteipolitische Orientierung an nationalen Interessen ist nicht gelungen. Zum Teil war die aus der Unabhängigkeitsbewegung hervorgegangene Partei zu Grundsatzdebatten über wegweisende Entscheidungen zu Außen –, Wirtschafts- oder Innenpolitik nicht vorbereitet und nicht fähig. Das Parteienmodell mit nationalem Anspruch war zudem nicht an die Wirklichkeit angepaßt, so lange es die Träger solcher Interessen, eine in der Wirtschaft verankerte Mittelklasse, nur in bescheidenen Ansätzen gab. Die erdrückende Mehrheit der Bevölkerung wurde von Kleinbauern gestellt, und eine nennenswerte, aber dennoch zahlenmäßig sehr kleine Mittelschicht von Lehrern, Anwälten, Journalisten, Ärzten und anderen freien Berufen gab es nur in den großen Städten. Großfarmer oder Unternehmer blieben die Ausnahme und fielen politisch nicht ins Gewicht, wenn sie nicht wie die Houphouët-Boigny über politische Beziehungen zu Reichtum gekommen waren.

Auch das zweite Merkmal der Unabhängigkeitsverfassung überforderte die Parteien, die politische Klasse und die Gesellschaft: Die in demokratischen Spielregeln festgeschriebene Weise, wie Macht ausgeübt werden sollte. Unter den vorherrschenden Bedingungen bedeutete die Eroberung der Macht nicht nur die Möglichkeit, die Regierung zu bilden und politische Orientierungen für die Zukunft vornehmen zu können. Ein Wahlsieg eröffnete auch den Zugang zu den Ressourcen des Staates, wie umgekehrt eine verlorene Wahl von diesen ausschloß. Die Folge war das Festhalten an der Macht um jeden Preis und der bedenkenlos kalkulierte Einsatz staatlicher Mittel zum Aufbau einer eigenen Gefolgschaft. Dies erfolgte durch die Kooptation wichtiger Persönlichkeiten, die in hohen politischen Ämtern oder auf lukrativen Posten in der Verwaltung und in staatlichen Unternehmen eingesetzt wurden, durch die Vergabe von Importlizenzen, Regierungsaufträgen, Monopolen in bestimmten Wirtschaftszweigen, durch Steuerbefreiung, großzügig bemessene staatliche Kredite, Diensthäuser, Dienstwagen,

Verfassungen als Fremdkörper

Machterhaltung, Willkür und Selbstbereicherung

Ausbildungsvergünstigungen für die Kinder und durch viele andere Mechanismen. Dieses System der persönlichen Gefolgschaft hat das der politischen Gefolgschaft ersetzt, vor allem weil politische und ökonomische Interessen im Gefolge der Kolonialzeit unlösbar miteinander verbunden waren. Es hat sich auf allen Ebenen des politischen Geschehens bis in die entferntesten Dörfer hinein fortgesetzt. Der Prozeß wurde dadurch erleichtert, daß persönliche Gefolgschaft auch in der afrikanischen Tradition verankert war.

Die andere Seite im Kampf um den Machterhalt war das Vorgehen gegen die Opposition: Rivalisierende Parteien wurden verboten, die Regierungspartei zur Einheitspartei aufgebaut, Oppositionspolitiker wurden kooptiert oder eingeschüchtert, inhaftiert und bisweilen auch liquidiert, die Wahlordnungen wurden so manipuliert, daß Wettbewerb um Wahlkreise unmöglich wurde. Schließlich wurden die Verfassungen selbst geändert und Einparteiensysteme eingeführt oder die Parlamente und andere Entscheidungsträger gänzlich abgeschafft. Diese Entwicklung ist nicht nur vereinzelt eingetreten: Ende der 1960er Jahre waren nur noch zwei Staaten nach dem Mehrparteienmodell organisiert, Botswana und Gambia. Die Begründung dieses Übergangs zur Einparteienherrschaft war durchaus nicht immer ein verbrämter Machthunger. Es war auch die Sorge, ein System der Meinungsbildung zu finden, das der Gefahr ethnischer Zersplitterung vorbeugen und alle Kräfte des Landes im nationalen Interesse bündeln sollte. Julius Nyerere hat darüber den Dialog mit der eigenen kritischen Öffentlichkeit und mit dem Westen nicht gescheut und versucht, seine Entscheidung für ein Einparteiensystem mit dem Hinweis auf die besondere Lage seines Landes und auf die afrikanische Tradition der sogenannten „Palaver-Demokratie" zu begründen. In den politischen Institutionen der vorkolonialen Zeit war ein Element der demokratischen Meinungsbildung enthalten, indem der Ältestenrat unter Vorsitz des Chiefs solange diskutierte, bis eine gemeinsame Entscheidung gefunden war. Der Ältestenrat kannte also keine unterschiedlichen Fraktionen, sondern verstand sich als einheitliches Gremium und Vertreter der gesamten Gemeinschaft. Dieses Argument Nyereres hatte manches für sich, auch wenn nicht alle Mitglieder der Gesellschaft in dem Rat vertreten waren. Vor allem die Frauen waren in aller Regel ausgeschlossen, und es war auch nicht sichergestellt, daß alle Stimmen das gleiche Gewicht hatten. Der Rückgriff auf diese Tradition hatte Gewicht und überzeugte diejenigen, die davon profitieren konnten. Auch Nyereres Argument, ein Mehrparteiensystem setze eine differenzierte Gesellschaft voraus und lasse sich auf eine im wesentlichen egalitäre Gesellschaft nicht anwenden, entbehrte nicht der Logik, denn welche Grundoptionen konnten in sinnvoller und verantwortungsbewußter Weise in Wettstreit miteinander treten, solange in einer Gesellschaft weit über 90% der Bevölkerung Kleinbauern waren? Für einen Wettstreit der Personen sollte dennoch Platz sein, und die Mandate der Einheitspartei Tansanias, Chama Cha Mapinduzi, sollten auf lokaler Ebene in einem solchen Konkurrenzkampf besetzt werden.

Auf der anderen Seite des politischen Spektrums gab es Persönlichkeiten, die die

Opposition skrupellos ausgeschaltet, sich mit allen Mitteln an der Macht gehalten und maßlos am Staat bereichert haben. Mobutu Sese Seko (Zaire 1965–1997), die große Mehrzahl der militärischen Präsidenten Nigerias, Houphouët-Boigny (Côte d'Ivoire, 1961–1993), Jomo Kenyatta (1963–1978) und Daniel arap Moi (Kenia, seit 1978) oder Kaiser Bokassa (Zentralafrikanische Republik bzw. Zentralafrikanisches Kaiserreich, 1966–1979) sind die bekanntesten Beispiele.

„Nation-building"   Eine dritte Ebene kam hinzu: Die Problematik des Zusammenwachsens unterschiedlicher Völker, die wenig gemeinsam hatten. Nun sollten sie in einem „nation-building-Prozeß" zusammenwachsen, eine gemeinsame staatliche Autorität anerkennen, Steuern an sie abführen und ihre Gesetzgebung als bindend annehmen. Dieser Schritt, die ursprüngliche und gewachsene Loyalität gegenüber den eigenen Autoritätsträgern auf die höhere Ebene des Staates zu übertragen, setzte Vertrauen in deren Integrität, in ein gerechtes Verteilungssystem der Lasten und Vorteile und in sichtbare Gegenleistungen des Staates voraus. Die meisten Regierungen haben in den ersten Jahren der Unabhängigkeit eine nationale Ideologie entwickelt, um in der Bevölkerung eine gemeinsame Identität zu schaffen, und dies in zahlreichen öffentlichen Reden und in den Entwicklungsplänen propagiert. Jomo Kenyatta hat mit dem Wort „Harambee" (zusammen arbeiten) eine solche Richtung angedeutet; Kenneth Kaunda hat den „afrikanischen Humanismus" verkündet. Mobutu Sese Seko hat eine ökonomische Nationalisierungskampagne mit dem Ruf nach Authentizität verbunden und dem Land und dem Fluß, nach dem die Belgier ihre Kolonie „Kongo" genannt hatten, einen neuen Namen gegeben: Zaire. Die größten Städte des Landes, Léopoldville und Elizabethville, wurden umbenannt in Kinshasa bzw. Lumumbashi, und er hat für das Tragen authentischer Kleidung und afrikanischer Vornamen anstelle der christlichen Taufnamen plädiert. Persönlich hat er seinen Taufnamen Joseph-Désiré durch Sese Seko ersetzt, eine angepaßte Anzugsform gewählt und als Zeichen seiner Würde als oberster Chef des Staates die Leopardenfellmütze getragen.

Die ernsthafteste und erfolgreichste Form einer nationalen Ideologie hat Julius Nyerere mit dem Wort „ujamaa" [541: NYERERE] entwickelt. Dieses Wort ist der in Tansania am weitesten verbreiteten Sprache, dem Suaheli, entnommen, und besagt „gemeinsam wie eine Familie leben". Nyerere hat diese Lebensform als grundlegende Weisheit der Völker Ostafrikas bezeichnet und bewußt an etwas anknüpfen wollen, das die Menschen kannten und schätzten. Wie sie früher auf Dorf- oder Clan-Ebene gemeinsam gelebt und gewirtschaftet hatten, sollten sie nun mit allen Tansaniern zusammenarbeiten und für alle bessere Lebensbedingungen schaffen. In Kombination mit dem Bemühen um „self-reliance" hat diese Ideologie tatsächlich ein nationales Selbstbewußtsein aufgebaut, das prägend gewirkt hat. Die persönliche Integrität des Präsidenten und der strenge Verhaltenskodex, den die Regierungspartei für alle Amtsinhaber eingeführt hat, haben der Regierung im Inneren und Äußeren Glaubwürdigkeit und Autorität verliehen. Tansania war in diesem Nationenbildungsprozeß dadurch begünstigt, daß auf seinem Staatsgebiet in vorkolonialer Zeit keine zentralisierten Reiche mit regionalen Hegemonialansprüchen existiert hatten. Es erwies sich zudem für die nationale Integration als vorteilhaft, daß eine Vielzahl kleinerer Völker das Land bewohnte, von denen keines durch seine Größe eindeutig dominierte. Solche „natürlichen" Vorteile hatten andere Staaten nicht. Uganda, der nordwestliche Nachbar Tansanias, ist bis heute mit dem Problem konfrontiert, rivalisierende Königreiche aus vorkolonialer Zeit im Westen und Süden des Landes sowie Viehzüchtergesellschaften im Norden zu einem Staatsvolk zusammenführen zu müssen. Dabei hatte die britische Kolonialherrschaft dem Königreich Buganda aus politischen Gründen einen Sonderstatus innerhalb Ugandas zugestanden und bei Entwicklungsprojekten und der Besetzung von Verwaltungsposten Bewohner dieser Region bevorzugt. Die christliche Missiontätigkeit hatte die ethnischen und kulturellen Unterschiede noch dadurch verstärkt, daß katholische und protestantische bzw. anglikanische Missionare einerseits in dieser Region ein gegliedertes und weit verbreitetes Schulwesen aufbauten, andererseits ihre eigenen konfessionellen Rivalitäten weitergaben. So entstanden im Zuge der Unabhängigkeitsbewegung vollkommen unterschiedliche politische Parteien: Einige repräsentierten den nichtchristlichen Norden, andere die Interessen des Königshauses von Buganda, mehrheitlich anglikanisch geprägt, und wieder andere die mehrheitlich katholischen Gebiete außerhalb Bugandas. Unter diesen Bedingungen ließ sich ein Zentralstaat und eine ugandische Identität nur schwer aufbauen, und nur wenige Jahre nach Erlangung der Unabhängigkeit zerbrach der Staat: Regierungschef Milton Obote ließ den Palast des Herrschers von Buganda, des Kabaka, stürmen, trieb diesen ins Exil, schaffte Buganda und die anderen noch verbliebenen Königreiche ab und erklärte seine Partei zur Einheitspartei. Der anschließende Versuch, durch eine eigene Staatsideologie, „The Common Man's Charta", die Bevölkerung zu einen, scheiterte und konnte den Zerfall in rivalisierenden Machtgruppen nicht aufhalten; am Ende ergriff der Oberbefehlshaber der Streitkräfte, General Idi Amin, die Macht.

Nigeria ist durch seine Zersplitterung ebenfalls an den Rand des Auseinanderbrechens geraten. Der Staat wurde aus drei Großräumen zusammengeschmiedet, dem bevölkerungsreichen Norden, der politisch als Khalifat organisiert war und in der Kolonialzeit nicht am Ausbau des westlich-christlichen Schulwesens teilgenommen hatte, dem Südwesten, der in Yoruba-Stadtstaaten gegliedert gewesen war, und dem Südosten, in dem viele politisch wenig zentralisierte Völker, unter ihnen die zahlenmäßig größte Gruppe, die Ibo, lebten. Der Süden wurde durch die Kolonialmacht stärker verändert als der Norden. Schule und Mission waren hier sehr aktiv, und die wirtschaftlichen Eingriffe der Kolonialzeit haben größere soziale und kulturelle Transformationsprozesse eingeleitet, so daß bei der Unabhängigkeit neben den regionalen Unterschieden zwischen Norden und Süde auch deutliche Ungleichgewichte in der ökonomischen Entwicklung, im Bildungsstand und im politischen Bewußtsein hervortraten. Politische Parteien hatten sich zunächst im Süden gebildet, und die Forderungen nach Unabhängigkeit waren auch hier zuerst formuliert worden. Die Wahlen und die Konstituierung der ersten

Multikulturelle Bedrohung in Uganda

Die vielen Völker Nigerias und der Einheitsstaat

Provinzregierungen und der Zentralregierung machten das große Dilemma dieses neuen Staates deutlich, dessen Verfassung eine bundesstaatliche Ordnung vorsah: Die Parteien blieben im wesentlichen auf ihre Regionen beschränkt und verloren in den Jahren nach der Unabhängigkeit weiter an nationaler Repräsentanz. Die Wahlen zum Bundesparlament in den Jahren 1959 und 1964 waren dafür symptomatisch [Anhang, Tabelle 3]. Die Wahlen von 1964 lösten dann auch bürgerkriegsähnliche Zustände und den ersten Militärputsch in Nigeria aus.

An der Spitze der Parteien Nigerias standen herausragende Persönlichkeiten, die aber ihre regionale Herkunft und die regionalen Interessen nicht überwinden konnten. Dem „Northern Peoples' Congress" (NPC) standen Ahmadu Bello, der Sardauna (traditioneller Herrscher) von Sokoto und Abubakar Tafawa Balewa, der nach seinem Studium in London eine steile Karriere in der Verwaltung Nordnigerias gemacht hatte und zum Premierminister der Nordregion avancierte, vor. In dieser Partei waren vor allem Haussa und Fulani des Nordens organisiert, in der überwältigenden Mehrheit Moslems. Die Partei „Action Group" (AG) wurde von Chief Obafemi Awolowo angeführt, einem prominenten Anwalt aus Ibadan, in einer christlichen Umgebung geboren und zum Premierminister der Westregion gewählt. Ihre Mitglieder waren vor allem Yoruba aus dem Südwesten. Der „National Council of Nigeria and the Cameroons" (NCNC) stand unter der Leitung von Dr. Nnamdi Azikiwe und repräsentierte vor allem die stark christianisierte Bevölkerung der Ibo aus dem Südwesten. Azikiwe war Journalist, Bankier und Ministerpräsident der Südwestprovinz, später wurde er Staatspräsident Nigerias. Diese drei Parteien und Persönlichkeiten haben das Land nicht zu einen vermocht, ein gemeinsames Staatsbewußtsein hat sich wegen der großen regionalen Unterschiede und der darin verankerten Loyalitäten sowie wegen der enormen wirtschaftlichen Disparitäten nicht aufbauen lassen. Bei der ersten größeren Krise im Bundesstaat Südwesten ist der Integrationversuch durch einen Militärputsch um General Ironsi gestoppt worden.

Andere Länder haben unter vergleichbarem Druck gestanden, der sich noch gewaltsamer ausgewirkt hat. So herrscht im Sudan seit Jahrzehnten Bürgerkrieg zwischen islamisierten und nicht moslemischen Gruppen, und in Ruanda haben die Bevölkerungsteile der Hutu und Tutsi keinen gemeinsamen Staat bilden können.

Zusammen mit wachsenden ökonomischen Problemen hat das Scheitern auf diesen drei Ebenen, das Versagen der Parteien im Meinungsbildungsprozeß, das Festhalten der Herrschenden an der Macht und die regionalethnische Zersplitterung zu einem langsamen Verfall demokratischer Strukturen geführt, zu Umstürzen und   zur Militärherrschaft. Tabelle 4 [im Anhang] zeigt das Ausmaß dieser Entwicklung. Sie gibt den jeweils ersten Militärputsch in einem Land an. Die meisten Länder haben mehrere Putsche erlebt, in denen Militärs sich gegenseitig abgelöst oder in denen sie Zeiten der Zivilherrschaft gewaltsam beendet haben. In den 1980ern lebten etwa 65% aller Afrikaner unter einer Militärregierung, so daß „Militärherrschaft in den meisten Regionen zur Norm geworden" [531: GORDON, 74] war. Nur zwei Staaten, Côte d'Ivoire und Malawi sind bis heute noch nicht von

Militärputsche

meuternden Militärs bedroht worden. Allerdings hat der Präsident der Côte d'Ivoire Putsche „erfunden" [528: DIARRA], um seine politischen Gegner leichter liquidieren zu können.

Die genauen Ursachen der militärischen Umstürze waren in jedem Fall anders gelagert. Allen gemeinsam war das Unbehagen über die Unfähigkeit der Regierungen, die brennendsten Probleme zu lösen, über Mißwirtschaft und Machtmißbrauch der Herrschenden. In den Augen vieler war das Militär der einzige gut organisierte Machtblock und der potentiell einzige Hoffnungsträger für eine grundlegende politische Korrektur, weswegen Putsche auch häufig von der Bevölkerung begrüßt wurden. Für die Militärs selbst gaben in den meisten Fällen andere Motive den Ausschlag zur Intervention, auch wenn ihre öffentlichen Verlautbarungen nach dem Staatsstreich die Verantwortung für das Wohl des Volkes herausstrichen. Ehrgeizige Offiziere wollten selbst die Macht übernehmen oder eine bessere Bezahlung und Ausrüstung des Militärs sowie eine wichtigere Rolle im Staat durchsetzen.

In einigen Ländern ist es infolge der politischen Fehlentwicklungen, des ökonomischen Abstieges und wachsender innerer Konflikte zum Zerfall von Gesellschaft und Staat gekommen. Die Gesellschaft ist in Einzelgruppen ohne gegenseitige Solidaritätsbeziehungen auseinandergebrochen, und der Staat kann seine elementaren Funktionen, Gesetzgebung, Rechtsprechung und Regierung, nicht mehr ausüben, auch das Machtmonopol nicht mehr aufrechterhalten. Somalia, das in der Konstitution seiner Bevölkerung eine große kulturelle und ethnische Homogenität aufwies und nach Meinung vieler Beobachter gute Voraussetzungen für den Ausbau eines nationalstaatlichen Bewußtseins hatte, ist in den Regierungsjahren von Siad Barre (1969–1991) zu einem Land der Clanrivalitäten geworden, hat sich nach der Vertreibung des Diktators in Clan- und Bandenkriegen aufgelöst und faktisch aufgehört, als Staat zu existieren.

Staatszerfall

Auch in Liberia und Sierra Leone gibt es seit Ausbruch der Bürgerkriege (1990 bzw. 1994) keine staatliche Autorität mehr. Ruanda ist ebenfalls auseinandergebrochen. Die sich bekämpfenden Bevölkerungsgruppen, die sogenannten Hutu mit ca. 85% Anteil an der Bevölkerung und die sogenannten Tutsi mit etwa 15% hatten vor der Kolonialzeit mehr oder weniger friedlich auf demselben Territorium zusammengelebt, sprachen dieselbe Sprache und übten dieselben religiösen Riten aus. Die Bezeichnungen, die ihnen heute ihren Namen geben, hatten einen sozialen Inhalt und drückten aus, ob die Familien Ackerbauern oder Viehzüchter waren. Sie waren keine ethnischen Bezeichnungen für unterschiedliche Völker. Allerdings waren in der zweiten Hälfte des 19. Jahrhunderts durch die Expansion eines von der Viehzüchtergruppe beherrschten Königreiches mehrere Häuptlingstümer oder Königreiche der Ackerbauern unter Druck geraten, hatten ihre Unabhängigkeit verloren und mußten den neuen Machthabern Abgaben entrichten. Dadurch veränderte sich das Verhältnis der Bevölkerungsgruppe, und die Begriffe „Tutsi" und „Hutu" bekamen auch eine politische Konnotation: Die dem Königshof Nahe- bzw. Fernstehenden. Diese stärkere Fixierung ließ ein Über-

Völkermord in Ruanda

wechseln von einer Kategorie in die andere nicht mehr so leicht zu. In der Kolonialzeit brauchten dann die neuen Machthaber – die Deutschen und die Belgier, aber auch die Missionare – Mitarbeiter, und alle griffen auf die Gruppe zurück, die bei ihrer Ankunft die politische Macht ausgeübt hatte und als die herrschende Klasse des Landes wahrgenommen wurde. Im Zuge des Aufbaus einer kolonialen Wirtschaft und Verwaltung sowie eines angepaßten Bildungswesens bevorzugte man wiederum dieselben Bevölkerungsgruppen. Von den Kolonialherren wurden auch die ethnischen Kategorien eingeführ, um äußere Unterscheidungen bei diesen Gruppen zu erklären und die unterschiedliche Behandlung zu legitimieren. Die afrikanischen Nutznießer dieser Politik wirkten eifrig mit an einer langsamen Mythenbildung über die besonderen Fähigkeiten der Tutsi und ihre glorreiche Vergangenheit von Einwanderung und Unterwerfung der Hutu-Bevölkerung. So entstand in der Kolonialzeit ein ausgeprägtes ethnisches Bewußtsein und eine Aufteilung der Bevölkerung in ethnisch unterschiedene Gruppen, oder wie damals formuliert wurde, in unterschiedliche Stämme und Rassen. Diese neuen Kategorien fanden sogar Eingang in die Personalpapiere der Menschen. Nach dem Zweiten Weltkrieg haben aufstrebende Hutu-Politiker dieses Bewußtsein ihrerseits politisiert und das Verhältnis zwischen den zwei Bevölkerungsgruppen als jahrhundertelange Unterdrückung der Hutu durch die Tutsi dargestellt. Umgekehrt haben Tutsi-Politiker von den ererbten Herrschaftsansprüchen ihres Volkes gesprochen. Beim Übergang in die Unabhängigkeit haben Hutu-Politiker die Monarchie und die Vorherrschaft der Tutsi abgeschafft. In diesen Auseinandersetzungen, die in folgenden Jahren immer wieder ausbrachen, sind viele Tutsi umgebracht worden, andere sind nach Burundi oder Uganda geflohen. Innenpolitisch ist es in den Folgejahren in Ruanda nie gelungen, die Spannungen abzubauen oder gar die Basis für ein friedliches Zusammenleben zu schaffen. Die Probleme des Kaffeepreisverfalls, die wachsende Landknappheit, der besorgte Blick auf die Nachbarstaaten Burundi, wo die Hutu weiterhin unterdrückt wurden, und auf Uganda, wo die Tutsiflüchtlinge sich auf eine militärische Rückeroberung der Macht vorbereiteten, die Suche nach einem Sündenbock für die politischen Probleme des Landes, radikale Gruppen innerhalb von Regierungspartei und Regierung und schließlich der von außen herangetragene Demokratisierungsdruck ließen in den herrschenden Kreisen ein akutes Gefühl der Bedrohung ihrer Macht entstehen. Radikale Wortführer um Präsident Habyarimana haben diese Angst zu einer existentiellen Gefährdung der Hutu-Herrschaft und der Hutu-Identität hochgespielt und die Bevölkerung zu aktivem Vorgehen gegen die Feinde des Staates und des Volkes aufgewiegelt. Als nach der erneuten Invasion der ruandischen patriotischen Front die ruandische Regierung unter Habyarimana in den Jahren 1993 und 1994 ernsthaft unter Druck geriet und schließlich im Friedensabkommen von Arusha zur Machtteilung gezwungen wurde, bedeutete dies für die radikalen Vertreter der Hutu-Partei eine Entscheidung auf Leben und Tod, und sie setzten die Pläne einer physischen Ausmerzung der Oppositionellen und der Tutsi um, unterstützt von ihren Milizen und von sehr vielen aufgehetzten Menschen.

3. Ökonomische Enttäuschungen und Niedergang

In den Augen der Bevölkerung haben die großen Enttäuschungen der Unabhängigkeit dadurch schmerzliche Ausmaße angenommen, daß sich die Lebensbedingungen nicht verbessert, sondern kontinuierlich verschlechtert haben. Das Versprechen der Freiheit und der Ressourcennutzung zum Wohle der eigenen Bevölkerung ist in ihren Augen nicht erfüllt worden, und der große Entwicklungssprung, den die Politiker verkündet und die Masse erhofft hatten, ist ausgeblieben. Als die Euphorie der ersten Jahre verklungen war und die Errungenschaften dieser Zeit zu welken begannen, stellte sich für die große Masse eine langsame aber stetige Verschlechterung ein: Die Einkommen vieler Stadtbewohner begannen zu sinken und die Preise zu steigen, die Wohnbedingungen wurden schwieriger, der Druck auf den Wohnungsmarkt stärker, Straßen konnten nicht instand gehalten, geschweige denn weiter ausgebaut werden, öffentliche Verkehrsmittel und andere Einrichtungen verfielen. Die Strom- und Wasserversorgung fiel häufig aus, die Kanalisation, die Einrichtungen zur Gesundheitsfürsorge und das Schulwesen sowie viele andere Dinge, die das tägliche Leben ausmachen, konnten mit dem Wachstum der Städte nicht Schritt halten. In vielen Bereichen kam es zur Bildung von Slums.

Verschlechterung der Lebensbedingungen

In den Landregionen gestaltete sich die Lage nicht besser: Auch hier sanken die Einkünfte der Bauern – ob sie nun Nahrungsmittel für den lokalen Markt anbauten oder Exportfrüchte produzierten – weil die städtischen Märkte aus politischen Gründen subventioniert wurden und damit die Konkurrenzfähigkeit einheimischer Produkte absenkten. Die Exporterlöse aus der Nahrungsmittelproduktion hingen von den Schwankungen des Weltmarkts ab und wurden zusätzlich staatlich gelenkt, was in Zeiten des Preisbooms einer Bereicherung der Preiskontrollbehörden gleichkam. Die Infrastruktur verbesserte sich nicht, die Versorgung mit Elektrizität erfolgte nur sehr langsam, Investitionen zur Steigerung von Produktion und Produktivität wurden nicht getätigt. Es wurden zwar in vielen Regionen Alphabetisierungskampagnen für die erwachsene Bevölkerung angeregt, Schulen gebaut und kleinere Entwicklungsprojekte begonnen, wenn Politiker in ihrem Wahlkreis Stimmen brauchten. Aber eine konsequente Politik der ländlichen Entwicklung ist nirgends durchgeführt worden. Selbst die Ansätze der tanzanischen Regierung blieben weit hinter den Erwartungen der Menschen zurück. Insgesamt mußten die ländlichen Regionen erfahren, daß sie trotz aller Entwicklungsrhetorik vom Aufbruch der Unabhängigkeit nicht profitierten. In der Erfahrung der Menschen erschienen diese Veränderungen als merkliche Verschlechterung, häufig sogar als Verarmung.

Hinzu kam, daß nach der ersten Aufbauphase keine neuen Arbeitsplätze mehr entstanden und die Arbeitslosigkeit zu wachsen begann bzw. daß der städtische Arbeitsmarkt durch den großen Zuzug aus den Landregionen geradezu überschwemmt wurde. So setzte eine doppelte Arbeitslosigkeit ein und nahm erschreckende Ausmaße an: Die der Ausgebildeten, die keine Aussichten auf einen

Arbeitslosigkeit

Arbeitsplatz mehr hatten oder ihren Arbeitsplatz verloren, und die der neu in die Städte gezogenen, die ihre Erwartungen bitter enttäuscht sahen. Diese Situation, gekoppelt mit den wachsenden Problemen der Städte, führte zu ernsten gesellschaftlichen Konflikten und ließ die Kriminalität ansteigen.

Sie verschärfte sich weiter, als seit Beginn der 1980er Jahre die sogenannten Strukturanpassungsprogramme von Weltbank und Internationalem Währungsfonds die Regierungen zu massiven Einsparungen und einem merklichen Abbau des staatlichen Sektors zwangen. Diese Programme gingen von der Annahme aus, daß die Struktur der nationalen Wirtschaften reformiert und stärker an den Kräften des Marktes und am Weltmarkt ausgerichtet werden müßten. Dies sollte durch einen merklichen Rückgang der staatlichen Einflußnahme auf die Wirtschaft geschehen, eine weitgehende Privatisierung der staatlichen und halbstaatlichen Betriebe durch einen drastischen Personalabbau im öffentlichen Dienst, die Reduzierung von Subventionen, auch für Mieten und Grundnahrungsmittel in den Städten, eine Liberalisierung des Handels, eine Absenkung der Wechselkursparitäten. Soche und ähnliche Maßnahmen sollten die Leistungs- und Konkurrenzfähigkeit der Wirtschaft steigern und insbesondere eine Erhöhung der Produktion durch entsprechende Anreize und durch Senkung der Produktionskosten einleiten. Aber sie brachten auch erhebliche und gefährliche soziale Kosten in Form von erhöhter Arbeitslosigkeit, Verarmung und Unterversorgung mit sich.

Der „informelle Sektor" Der sogenannte „informelle Sektor" hat durch diese Entwicklung eine weitere Ausdehnung erfahren und vielen Menschen vorübergehend eine Überlebensmöglichkeit geschaffen. Gemeint ist mit dieser Bezeichnung nicht ein Wirtschaftssektor, der von der formellen Wirtschaft getrennt wäre. Man nennt informell vielmehr jene Sektoren der Wirtschaft, in denen zwar auch Steuern gezahlt werden, in denen aber ohne direkte staatliche Kontrolle, ohne feste Arbeitsverträge, Löhne und Arbeitszeiten gearbeitet wird, häufig ohne schriftliche Buchführung, ohne genau definierte Geschäftspolitik. Es werden zwar auch Investitionen vorgenommen, aber der Schwerpunkt liegt auf Gelegenheitsgeschäften, mit all ihren Risiken. Beteiligt sind kleinste Verkaufseinheiten, die nur aus einer Person und ihrem Bauchladen bestehen oder aus dem gelegentlichen Tausch von Nahrungsmitteln gegen andere Güter, aus kleinen Dienstleistungsanbietern wie öffentlichen Schreibern oder Nähern, Kleinhandwerkern. Beteiligt sind aber auch Produktionseinheiten, die Möbel oder Haushaltsgegenstände in kleinen Mengen herstellen, Handwerker, die Fahrräder oder Autos reparieren, und größere Händler, die Wege der Diversifizierung suchen und durchaus auch in Produktionsbetriebe einsteigen. Wer in diesem informellen Sektor oder in diesen informellen Praktiken tätig ist, kann gleichzeitig auch im offiziellen arbeiten und umgekehrt. Selbst Investitionen nehmen ihren Weg über diese Grenzen hinweg und suchen die jeweils beste Anlagemöglichkeit. Die Grenzen dieses Wirtschaftens liegen auf mehreren Ebenen. Zum einen ist die Organisationsform der informellen Praktiken problematisch: Ihr Umfang ist meistens sehr gering, der Arbeitsplatz bleibt unsicher und bringt keine Sozialversicherung mit sich. Die Geschäfte und Gewinne bleiben

wegen fehlender Buchführung und Marktforschung undurchschaubar und kurzfristig. Zum anderen kommt dieser informelle Sektor als Partner des Staates oder
multinationaler Firmen nicht in Frage, der Zugang zu Bankkrediten oder staatlichen Aufträgen bleibt verschlossen, und die Unsicherheiten schrecken ausländische Partner ab. Schließlich erschwert eine solche Struktur dem Staat lenkende
Eingriffe in die Entwicklung der Wirtschaft und damit die Möglichkeit geregelter
und ausreichender staatlicher Einnahmen. Umgekehrt sehen die Menschen ihre
Interessen vom Staat nicht vertreten, dem sie neben Korruption und Vetternwirt-
schaft auch eine schikanöse und schwerfällige Bürokratie vorwerfen.

Die Bevölkerung hat diesen schleichenden wirtschaftlichen Niedergang als Ver- Versagen des
sagen des Staates und als wachsende Unsicherheit, wenn nicht gar als Bedrohung   Staates
der eigenen Existenz empfunden. Dieser Eindruck hatte sich aufgedrängt, weil die
staatliche Wirtschafts- und Entwicklungspolitik offensichtlich gescheitert war, in
den marktwirtschaftlich organisierten Staaten wie in denen mit einer planwirt-
schaftlichen Orientierung. Überall war der staatliche Sektor enorm ausgeweitet
worden, in der Sorge um die Kontrolle von wirtschaftlichen Schlüsselbereichen.
Dazu aber konnte je nach der politisch opportunen Definition und nach der
gesamtpolitischen Ausrichtung des Staates sehr viel und sehr Unterschiedliches
zählen: Die Energieversorgung, Staudämme, Eisen- und Stahlwerke, die Häfen,
Eisenbahnen, der Flug- und Busverkehr und bisweilen auch Banken, Versicherungen sowie der Großhandel oder der Handel schlechthin. Auch die Notwendigkeit,
weniger profitable Betriebe in staatlicher Regie aufbauen zu müssen, hat eine
Rolle gespielt. Dies waren Betriebe oder Fabriken, für die Privatinvestoren kein
Interesse zeigten, wie die Herstellung und Wartung einfacher landwirtschaftlicher
Geräte, die Fahrradindustrie oder zahlreiche Unternehmen, die aus politischen
Gründen zur Importsubstitution gegründet werden sollten. Schließlich sind Prestigeobjekte hinzugekommen, Paläste, Kongreßzentren, Sportanlagen, Luxusho-
tels, nationale Fluglinien und Großflughäfen. Halbstaatliche und staatliche Unter-
nehmen haben außerdem die Vermarktung vieler Produkte übernommen, den
Außenhandel abgewickelt, Plantagen verwaltet oder Zement- und Baustoffindu-
strien aufgebaut, Zucker- und Salzherstellung betrieben und weite Bereiche des
Handels kontrolliert. Manche dieser Unternehmen wurden in staatlicher Regie
gegründet, andere in Nationalisierungsschüben unter die öffentliche Kontrolle
gebracht. Unabhängig von der wirtschaftspolitischen Grundorientierung der
Staaten sind zahllose Behörden gegründet worden, die „Development Corpora-
tions", denen die Entwicklung bestimmter Wirtschaftsbereiche unterstand.

An der Basis dieser Entwicklung lagen Wirtschaftspläne, in denen die Staatsbü-
rokratien versuchten, Schwerpunkte der eigenen Entwicklungskonzeptionen aus-
zuformulieren und umzusetzen. Sie sollten Investitionen von privater Hand, aus
dem In- und Ausland, in die gewünschten Bahnen lenken und ausländische Ent-
wicklungsgelder sowie das nationale Entwicklungsbudget nach den Prioritäten
der Regierung gebündelt einsetzen. Dazu erschien eine staatliche Kontrolle notwendig. Das Ergebnis war aber durchweg negativ: Eine aufgeblähte, inkompe-

tente, schwerfällige und politisch gebundene Führungsschicht von Verwaltern hat diese Unternehmen zugrundegerichtet. Nur wenige haben Gewinne erwirtschaftet, die meisten waren nicht markt- und rentabilitätsorientiert und verstanden sich eher als staatliche Grundversorgungs- und Kontrollbetriebe.

Trotz großer Investitionen ist es mit der Gründung dieser staatlichen Betriebe nicht gelungen, das von allen Staaten formulierte Ziel einer Industrialisierung oder einer nachhaltigen ländlichen Entwicklung zu erreichen. Es sind zwar Eisen- und Stahlindustrien aufgebaut worden, Erdölraffinierien, Kraftwerke, Montagebetriebe, Textilfabriken und vieles andere mehr. Aber diese Unternehmen waren gering ausgelastet und haben Verluste eingefahren. Sie haben die Abhängigkeit vom Weltmarkt nicht verringern können, die Ziele der Importsubstitution nicht erreicht und eine Diversifizierung und Verzahnung der einzelnen Wirtschaftssektoren nicht eingeleitet. In Nigeria, dem reichsten Ölproduzenten Schwarzafrikas, ist es sogar trotz eigener Raffinierien wiederholt zu Versorgungsengpässen mit Erdölprodukten gekommen.

Rückgang der Produktion   Auch die landwirtschaftliche Produktion ist zurückgegangen, bisweilen sogar drastisch, und hat die Exporterlöse schrumpfen lassen und gesteigerte Nahrungsmitteleinfuhren notwendig gemacht. Diese Engpässe sind nicht nur in Krisenjahren mit größeren Dürreperioden aufgetreten und auch nicht nur in Ländern mit besonders anfälligen ökologischen Bedingungen. Sie sind strukturell und politisch bedingt, weil die nationale Politik die ländlichen Regionen vernachlässigt und die Mehrwertabschöpfungen aus der landwirtschaftlichen Produktion nicht als Agrarreformen bei den Produzenten reinvestiert sondern zu Projekten in anderen Bereichen, Industrialisierung, Städtebau, Infrastruktur, verwandt hat. Dadurch konnte eine zukunftsorientierte Produktivkraftentwicklung in der Landwirtschaft nicht erfolgen, Modernisierungsmaßnahmen zur Steigerung von Produktion und Produktivität mußten ausbleiben.

Industrialisierung und Petrodollars in Nigeria   Zwei gegenläufige Beispiele mögen diesen komplexen Zusammenhang illustrieren, Nigeria und Tansania. Nigeria war bis in die Unabhängigkeitszeit ein agrarisches Land, geprägt durch kleinbäuerliche Produktionsformen im Nahrungsmittel- und Cash-Crop-Bereich. Es gehörte bis in die 1960er Jahre zu den führenden Weltmarktlieferanten von Erdnüssen, Palmöl, Kakao, Kautschuk und Hölzern. In einer ersten Industrialisierungsphase (1950–1966) waren vor allem Rohstoffe für den Export aufbereitet worden, aber auch eine Textilindustrie zur Verarbeitung der eigenen Baumwolle hatte die Produktion aufgenommen. Die weitere Entwicklung wurde von der expandierenden Erdölförderung bestimmt: Die Förderanlagen, petro-chemische Industrieanlagen, eine Eisen- und Stahlindustrie sowie eine Elektroindustrie konnten aus den Erdölerträgen finanziert werden. Weitere Teile der Ölmilliarden flossen in den Bau staatlicher oder halbstaalicher Produktionsstätten zur Montage von langlebigen Konsumgütern oder Kraftfahrzeugen, in den Ausbau eines verzweigten Fernstraßennetzes, die Konstruktion von Flughäfen, die Verlegung der Hauptstadt von Lagos in eine neu zu schaffende Stadt, Abuja, sowie in den Ausbau eines vielgliedrigen Universitätssystems. Zur Steigerung der Produktivität in der Landwirtschaft standen dagegen keine Gelder zur Verfügung, auch nicht zu einer Entlastung der Kleinbauern. Für sie tat die Politik nichts, obwohl sie die Träger der Nahrungsmittelproduktion waren. Eine Strukturreform, die eine dringend nötige Produktivkraftentwicklung in der Landwirtschaft gefördert hätte, fand nicht statt. Ein ähnliches Defizit war im verarbeitenden Gewerbe zu beklagen. Gegenüber den Großprojekten der Industrialisierung blieb dieser Bereich unterentwickelt. Es wurden zwar die schon erwähnten Montagewerke errichtet, eine Getränke-, Textil- und Elektroindustrie, aber diese leisteten nur einen bescheidenen Beitrag zur Beschäftigung oder zu Differenzierung und Verzahnung der Wirtschaft. Die nigerianische Wirtschaft blieb in hohem Maße vom Erdöl und von einzelnen Großprojekten beherrscht, sie blieb dadurch auch auf den Weltmarkt ausgerichtet und von ihm abhängig. Dies führte nach dem Verfall der Weltmarktpreise für Rohöl ab 1986 zu einem dramatischen Rückgang der staatlichen Einnahmen, und der Staat konnte viele Projekte und die wachsenden Einfuhren nicht mehr finanzieren. Mit dem Zusammenbruch der Kaufkraft in öffentlicher und privater Hand verminderte sich auch die Nachfrage, und die neuen Industrien waren nur noch zu 20–30% ausgelastet. Eine gigantische Staatsverschuldung war die Folge. Trotz der hohen Einnahmen aus dem Ölbereich hat Nigeria das Problem der Selbstversorgung durch eine Strukturreform der Landwirtschaft nicht gelöst. Auch die verarbeitenden Bereiche und die Großindustrie haben keine umfassenden Multiplikatoreffekte ausgelöst. Die Ölmilliarden haben lediglich Wohlstandsnischen aufgetan, im petrochemischen Bereich, in Handel, bei Immobilien, Banken und Versicherungen; die große Masse der Bevölkerung ist leer ausgegangen.

Tansania hat einen anderen Weg eingeschlagen. Die Regierung hat der sozialen Entwicklung Vorrang eingeräumt. Seit dem Arusha-Programm von 1967 hat sie ein sozialistisches Entwicklungsmodell eingeführt und darin die landwirtschaftliche Entwicklung in den Mittelpunkt gestellt. Die bäuerliche Versorgung und die bäuerliche Produktion sollten von genossenschaftlichen Produktionseinheiten, den sogenannten „ujamaa-Dörfern" ausgehen. Die verstreuten Siedlungen wurden in diese Dörfer zusammengelegt, gemeinschaftlich zu nutzendes landwirtschaftliches Gerät wurde beschafft, und diese Dörfer erhielten eine Basisausstattung im Sozial-, Gesundheits- und Bildungswesen. Die Mehrzahl der Bauern hat dieses System aber nicht akzeptiert, weil sie sich ihre Selbständigkeit, für die sie schon in der Kolonialzeit gekämpft hatten, erhalten wollten. Die Initiative wurde zudem durch die staatliche Bürokratie, ihre Schwerfälligkeit und Inkompetenz und durch ihren Anspruch, auch die Vermarktung zu übernehmen, gebremst. So konnte die landwirtschaftliche Produktion nicht gesteigert werden, und in den Jahren besonderer Dürre (1974/75 und 1978/80) baute sich eine schwere Versorgungskrise auf, der man nur durch eine Ausweitung der Nahrungsmitteleinfuhren Herr werden konnte. Der Versuch, Produktion und Produktivität in der Landwirtschaft durch eine Zusammenführung der Kleinbauern zu genossenschaftlicher Produktion zu steigern, war an den Interessen der Bauern gescheitert. Die

Ländliche Entwicklung in Tansania

Ansätze zum Aufbau einer verarbeitenden Industrie haben auch nur geringe Erfolge gehabt. Es sind zwar drei Zementfabriken, eine Raffinerie, eine Reifen-, Düngemittel- und Papierfabrik, mehrere Textilfabriken, Brauereien und Betriebe der Lebensmittelverarbeitung errichtet worden, aber diese haben weit unter ihrer Kapazität gearbeitet, wegen Fehlern im staatlichen Management, Problemen bei der Beschaffung von Ersatzteilen, Mangel an Rohstofffen und Energie. Wie in Nigeria ist auch in Tansania das Problem der Weltmarktabhängigkeit eine schwere und unkalkulierbare Last geblieben. Obwohl das Land mit Kaffee, Baumwolle, Sisal, Tee, Cashewnüssen, Tabak und Gewürznelken relativ viele landwirtschaftliche Güter exportierte, unterlag auch diese Palette Nachfrage- und Preisschwankungen, die von der Regierung nicht beeinflußt werden konnten. Der Ölschock von 1973, der die Energieeinfuhr in kürzester Zeit um ein Mehrfaches verteuerte, die Dürrejahre und der Krieg mit Uganda im Jahre 1979 haben das Budget des Staates zusätzlich belastet und die Verschuldung in die Höhe getrieben. Auch hier hat die Bevölkerung diese Entwicklung als ein Scheitern der staatlichen Entwicklungs- und Wirtschaftspolitik erfahren.

Die Ursachen dieser Entwicklung lagen in den internationalen Strukturen der Weltwirtschaft, in internen Schwächen und im Versagen der Politik.

Externe Ursachen des Niedergangs

Die Weltwirtschaftsordnung mit ihrer Orientierung an den Marktkräften und mit den mächtigen Interessen der Industrieländer hat afrikanische Staaten und Wirtschaften über die Schwankungen von Weltmarkt-Nachfrage und Weltmarkt-Preisen strukturell benachteiligt. Konkret bedeutete dies, daß die afrikanischen Staaten in extremer Weise vom Export einiger weniger Rohstoffe abhängig wurden: Im Jahre 1990/91 bestanden Angolas Exporte zu fast 92% aus Rohöl, die Ausfuhren Gabuns zu 76% aus Rohöl, die des Kongos (Brazzaville) zu 69% und die Nigerias sogar zu 95%; Mali exportierte Baumwolle (52%), Ruanda Kaffee (65%), Uganda Kaffee (71%) und Sambia Kupfer (86%). [515: GORDON/GORDON, 98. Einzelheiten: Tabelle 5 im Anhang].

Die tendenzielle Verschlechterung der „Terms of Trade" hat die Einfuhren der Entwicklungsländer bei Ausrüstungsgütern und vielen langlebigen Konsumgütern sowie technischem Know-How verteuert und umgekehrt für die eigenen Ausfuhren weniger eingebracht. Der Ölschock von 1973 hat zudem alle Länder ohne eigene Ölvorkommen hart getroffen. Bei ihren Exporten in die industrialisierte Welt, d. h. in die wichtigsten Märkte, sind diese Staaten auf unterschiedliche Abschottungsbarrieren gestoßen, die nur bestimmten Mengen Zugang zu ihren Märkten gestatteten und sich zusätzlich durch hochgeschraubte Qualitätsstandards absicherten. Die verschiedenen Subventionen, die in Europa den Agrarmarkt stützen, erwiesen sich so als Barrieren für die Entwicklungsländer, die mit Zucker oder Fleisch häufig dieselben Produkte anbieten können. Die Assoziierungsabkommen zwischen diesen Staaten und der Europäischen Union und die internationalen Verhandlungen um eine Revision der Machtstrukturen im Rahmen der United Nations Conference on Trade and Development (UNCTAD) haben die Wünsche der Entwicklungländer offengelegt, ohne zu nennenswerten Veränderungen zu führen.

Zu den internen Gründen des ökonomischen Niedergangs gehören die ökologischen Bedingungen, die sich in der Bodenqualität, den klimatischen Voraussetzungen und der Anfälligkeit für Schädlingsschwärme ausdrücken. Von Bedeutung sind aber auch die Ausstattung mit Wasserreserven und Bodenschätzen, der Entwicklungsstand von Wirtschaft, Infrastruktur und Energieversorgung, der allgemeine Ausbildungsstand der Bevölkerung, besonders der Facharbeiterschaft, das Niveau der vorhandenen Wissenschaft und Technik, die Funktionsfähigkeit des politischen Systems, der gesamtgesellschaftliche Konsens und viele andere politische, gesellschaftliche und kulturelle Faktoren.

Oft sind Mißwirtschaft und politische Fehlentscheidungen mitverantwortlich für die Krise. Mißwirtschaft hat sich in der Vergeudung öffentlicher Mittel für Prestigeprojekte gezeigt, in der persönlichen Bereicherung vieler Politiker aus der Staatskasse und in einem weitverbreiteten System der Korruption. Diese Bestechung erscheint in besonders ausgeprägter und kostspieliger Form unter dem Mantel des Klientelismus, wenn Politiker sich aus öffentlichen Mitteln die hörige Gefolgschaft kaufen. Der Klientelismus hat zwei weitere Folgen gehabt: Zum einen wurde nicht mehr um politische Programme gerungen, sondern um Personen und die Höhe der Zuweisungen. Zum andern hat sich dadurch in den Köpfen der Elite eine Haltung und ein Investitionsverhalten verfestigt, das nicht auf Investitionen im Produktionssektor, zur Schaffung von Arbeitsplätzen oder zum industriellen Ausbau, auch nicht in Entwicklungsprojekte setzte, sondern den Konsum, den Luxus, den Handel, den Transportsektor sowie die Anlage im Immobilienbereich oder auf Auslandskonten favorisierte.

Mißwirtschaft und fehlgeleitete Wirtschaftspolitik

Politisches Fehlverhalten hat sich vor allem in der Bevorzugung der städtischen und der Benachteiligung der ländlichen Regionen und der Kleinbauern gezeigt. Städtische Entwicklungsprojekte haben immer Vorrang gehabt, und die städtische Bevölkerung wurde oft durch subventionierte Preise geködert. Das aber ist einer Finanzierung aus der Arbeitskraft der Bauern gleichgekommen, die in der Folge nicht genügend Kapital zur Modernisierung ihrer Produktion und auch nicht zur Verbesserung ihrer Lebensbedingungen aufbringen konnten. Viele von ihnen haben sich deshalb aus der Marktproduktion zurückgezogen bzw. haben ihre Güter außerhalb der offiziellen Vermarktungsstrukturen oder auf Schmuggelmärkten abgesetzt. Obwohl es längst bekannt war, daß die Kleinbauern erhebliche Kostenvorteile vor den Großbetrieben haben und leistungsfähiger sind, hat der Staat landwirtschaftliche Großprojekte und Großfarmen gefördert, weil für diese internationale Entwicklungshilfegelder eingeworben werden konnten und sich diese Betriebe mit Gefolgsleuten der Politiker besetzen ließen. Die Großunternehmen haben nur in seltenen Fällen mit Profit gewirtschaftet, sie haben den Produktionsausfall, der aus der Marginalisierung der Kleinbauern hervorging, nicht ausgleichen können.

Ein ebenso gravierender Fehler war der Ausbau des staatlichen Sektors in allen Bereichen, auch in Produktion, Handel und im Bankwesen. Zwar sind dadurch vorübergehend zahlreiche Arbeitsplätze geschaffen worden, aber die gesamtwirtschaftlichen Kosten waren zu hoch.

Die Enttäuschungen aus den politischen und ökonomischen Erfahrungen sind

Unrecht und Unge- potenziert worden durch die bittere Erkenntnis, daß Unrecht und Ungerechtig-
rechtigkeiten keit in den neuen Staaten unter anderen Erscheinungsformen weiterlebten. Die Diskriminierung der Frau ist nicht mit dem Neuansatz der Unabhängigkeit aufgehoben worden, im Kampf um Arbeitsplätze, in der Auseinandersetzung um eine Neuaufteilung der geschlechtlichen Arbeitsteilung und in ihrem rechtlichen Status sehen sich die meisten Frauen weiterhin benachteiligt. Selbst so entschieden bekämpfte Formen der Abhängigkeit wie die Sklaverei sind nicht überall ausgemerzt; Mauretanien und der Sudan kennen auch heute noch diese Institution, und in den Köpfen überraschend vieler Menschen stellt die Herkunft aus einer Familie von Sklaven weiterhin einen Makel dar. Schlimmer, weil alltäglicher und weiter verbreitet, ist die Erfahrung, daß die staatlichen und kommunalen Ausgaben für Bildung, Gesundheit, soziale Einrichtungen, den öffentlichen Nahverkehr und die öffentliche Sicherheit sowie für die Energieversorgung und viele andere Dinge stark beschnitten worden sind. Sie verdichtet sich zu der Überzeugung, daß der Staat unfähig zur Lösung der dringendsten Probleme ist.

Wenn Menschen gleichzeitig durch Ausbeutung, Willkür oder Verfolgung durch Behörden oder die Regierung oder einzelne Politiker persönlich betroffen sind und den Staat als Selbstbedienungsladen für Politiker vorgeführt bekommen, brechen Vertrauen und Loyalität gegenüber dieser zentralen Institution weg. Neue Machtträger entstehen, so die berüchtigten „warlords" in Somalia, Liberia und Sierra Leone, neue Konfliktlinien brechen auf und lassen Gesellschaft und Staat durch die Politisierung von Ethnizität oder Religionszugehörigkeit an den Rand des Zerfalls geraten. Gelegentlich aufflammende Feindseligkeiten zwischen unterschiedlichen Gruppen, zwischen Moslems und Christen in nordnigerianischen Städten, zwischen Senegalesen und Mauren, Küstenbewohnern und Inländern in Kenia oder zwischen Zulu und Xhosa in Südafrika sind nichts anderes als Kämpfe um politische und ökonomische Macht, die in dieser Konfliktkonstellation zu ethnischen oder religiösen Feindseligkeiten hochgereizt werden und in Ruanda auch zu Völkermord geführt haben.

Mit anderen Worten: Die Menschen haben in den Jahren seit der Unabhängigkeit den Eindruck gewonnen, daß der Staat unfähig ist, die Politiker zudem korrupt, und daß sich die Lebensbedingungen für die meisten von ihnen deshalb verschlechtert haben. Zahlreiche Intellektuelle haben wegen dieser Perspektivlosigkeit ihr Land verlassen und warten anderswo auf die Chance eines Neuanfangs. Hunderttausende sind in Nachbarländer geflohen, Zehntausende haben als politische Flüchtlinge oder aus wirtschaftlicher Not in Europa oder Amerika eine neue Heimat gesucht.

4. NEUE HOFFNUNGEN

Die weltgeschichtlichen Verschiebungen der letzten zwei Jahrzehnte haben auch Afrika verändert. Die Globalisierung hat mit der erheblichen Intensivierung politischer und ökonomischer Machtflüsse die Supermächte überall präsent werden lassen und bisher unbekannte Einflußmöglichkeiten eröffnet. Seit dem Zusammenbruch der Sowjetunion und dem Ende des Ost-West-Gegensatzes ist zudem eine Neuverteilung der Macht auf Weltebene zu spüren: Die USA sind zur unangefochtenen Führungsmacht avanciert und verstehen sich als Ordnungmacht. Das kapitalistische und liberal-demokratische System steht ohne ernsthafte Alternative da, nur angefochten vom islamischen Fundamentalismus. Die multinationalen Konzerne haben erheblich an Einfluß gewonnen, internationale Organisationen wie Weltbank und Internationaler Währungsfonds greifen direkter in die Politik vieler Staaten ein, und auch die Vereinten Nationen haben durch ihre militärischen Interventionen im Irak, in Somalia und Jugoslawien friedensschaffende Mittel ergriffen und den Weg für eine aktive Rolle der Weltorganisation bei der Erhaltung von Frieden und Sicherheit geöffnet.

Davon ist Afrika betroffen, indem Weltbank, IWF und die Geberländer politische und ökonomische Reformen als Voraussetzung für Umschuldungsmaßnahmen und neue Kredite anmahnen. Die Weltentwicklungsberichte der Weltbank und vor allem ihre Studien „Accelerated Development in Sub-Saharan Africa" (1981) und „Sub-Saharan Africa. From Crisis to Sustainable Growth" (1989) haben die Ursachen der Entwicklungsprobleme als „a crisis of governance" [557: WORLD BANK, 60] bezeichnet und eine Demokratisierung der Systeme als Vorbedingung für wirtschaftliche Entwicklung genannt. Sie haben ferner eine Wirtschaftspolitik gefordert, in der der Produktion Vorrang vor sozialen und anderen Zielen eingeräumt wird. Die Strukturanpassungsprogramme, die in den folgenden Jahren mit einzelnen Regierungen ausgehandelt bzw. ihnen auferlegt worden sind, sollten diese Prioritäten in Politik umsetzen.

Internationaler Druck zur Demokratisierung

Die USA, Japan, die EU und andere westliche Geberländer haben ähnliche Maßstäbe für ihre Entwicklungshilfepolitik angelegt. Selbst Frankreich, das wie keine andere ehemalige Kolonialmacht besondere Beziehungen mit seinem früheren Kolonialreich aufrechterhalten hat, sah sich veranlaßt, in aufsehenerregender Form bei dem afrikanisch-französischen Gipfeltreffen in La Baule, 1990, eine Demokratisierung zu fordern. Vier Jahre später war Paris zu einem weiteren Schritt bereit, zur Abwertung der gemeinsamen Währung der meisten seiner ehemaligen Kolonien in Afrika. Der Franc CFA, „Franc de la Communauté Financière Africaine", war in einer festen Parität an den französischen Franc gebunden und garantierte damit die Konvertierbarkeit. Für Frankreich war der FCFA ein Mittel der Einflußnahme auf die Finanzpolitik dieser Staaten, kostspielig, aber effizient. Den Teilnehmerstaaten bescherte die Bindung eine feste Wechselkursparität zum französischen Franc und damit zu den großen Währungen des Weltmarkts, einen künstlichen Schutz vor inflationärer Binnenentwicklung und ein gemeinsames Finanzinstrument, das die regionale Kooperation erleichterte. Die Nachteile lagen in der politischen Abhängigkeit und in der Abkoppelung der Währung von der Wirtschaftsentwicklung ihrer Länder. Mit der Abwertung um 50% hat Frankreich die Konsequenzen aus der wachsenden Globalisierung gezogen und die weltwirtschaftlich überholte Form der besonderen Beziehungen abzubauen begonnen. Seit 1997 führt die Reduzierung der französischen Militär-präsenz in Afrika diese machtpolitischen Veränderungen konsequent weiter.

Das Ende des Ost-West-Gegensatzes hat in Afrika Feindbilder abgebaut. Der Osten kann nicht mehr gegen den Westen ausgespielt werden, Finanz- und Mili-tärhilfe läuft nicht mehr nach diesem Schema, Stellvertreterkriege, wie sie um Äthiopien und Angola geführt worden waren, verloren ihre Basis, und sogar die Neuziehung von Grenzen, durch die Anerkennung der staatlichen Selbständig-keit Eritreas (1991), wurden möglich.

Die Umgestaltung der politischen Landschaft in Süd- und Zentralafrika — Die größten Veränderungen in Afrika in dieser weltgeschichtlichen Konstella-tion waren das Ende der Apartheid in Südafrika und der Herrschaft Mobutus in Zentralafrika.

In Südafrika hat die Konfrontation zwischen den Rassen ein Ende gefunden. Die Weißen hatten sich in der westlichen Welt beheimatet gesehen und von ihr eine kritische, aber effektive Solidarität erfahren. Die schwarze Bevölkerungsmehrheit und ihre Befreiungsbewegungen African National Congress (ANC) und Pan Africanist Congress (PAC) waren vor allem vom Osten gestützt worden. Dieser Konflikt ist durch die Übernahme eines demokratischen Systems entschärft wor-den. Seit diesem Machtwechsel im Jahre 1994 ist Südafrika unter der überragenden Persönlichkeit von Nelson Mandela zur Führungsmacht auf dem afrikanischen Kontinent aufgestiegen.

Zentralafrika hat ebenfalls eine Umgestaltung erlebt. Der frühere Präsident von Zaire, Mobutu Sese Seko, war jahrzehntelang vom Westen als Garant der politi-schen Stabilität und der westlichen Interessen gestützt und hofiert worden. Nun wurde er im Juni 1997 von einer Koalition aufständischer Kräfte unter Laurent Désiré Kabila mit logistischer Hilfe durch die USA verjagt, und eine neue Regie-rung ist seitdem in blutige Auseinandersetzungen mit Rebellen und Nachbarstaa-ten zur Neuordnung der Macht verwickelt.

Bemerkenswert an beiden Umstürzen ist, daß sie erst durch weltgeschichtliche Machtverschiebungen möglich wurden, aber aus eigener Kraft erfolgt sind. Dieses gilt auch für die Lösung des Problems der rwandischen Flüchtlingscamps in Ost-Zaire und Tansania: Sie ist durch das Handeln der betroffenen Regierungen bzw. die Truppen Kabilas zustandegekommen, auch wenn dabei massive Menschen-rechtsverletzungen und Massaker zu beklagen waren. In zwei schweren und seit Jahrzehnten schwelenden Konflikten hat Afrika selbst eine Lösung eingeleitet.

Ähnliche Kräfte der Erneuerung haben sich auf kontinentaler Ebene formiert und zur Aufstellung afrikanischer Interventionstruppen zur Kriseneindämmung in Zentral- und Westafrika geführt. Der Einsatz der ECOMOG (ECOWAS MONITORING GROUP) in Liberia und Sierra Leone ist der bekannteste Ver-such einer innerafrikanischern Konflikteindämmung.

Verstärkung regio-naler Zusammen-arbeit — Auch auf politischer und wirtschaftlicher Ebene sind Formen regionaler Kooperation am Werk, ausgehend von Südafrika, Ost- und Westafrika. Pretoria bemüht sich seit langem um den Ausbau der Zusammenarbeit im südlichen Afrika im Rahmen der „Southern African Development Community" (SADC). Seit dem Machtwechsel am Kap ist das Interesse der Staaten der Region an einer Mitgliedschaft gewachsen; sie umfaßt nunmehr zwölf Mitgliedstaaten, unter ihnen auch die Demokratische Republik Kongo. Das Konzept einer „East African Community" ist vom Präsidenten Ugandas, Yoweri Museveni, wieder aufgegriffen worden. Und in Westafrika arbeitet seit 1975 die „Economic Organization of West African States" (ECOWAS), ein Wirtschaftsverband von 16 Staaten. Die Verwirklichung einer Zollunion und eines gemeinsamen Marktes sind zwar bisher an den unterschiedlichen Größenordnungen in diesem Zusammenschluß, an den divergierenden Interessen der Mitgliedsländer und an der Einbindung der frankophonen Staaten in die Franc-Zone mit ihrer eigenen Organisation, der „Union Economique et Monétaire Ouest-Africaine" (UEMOA), gescheitert, aber das gemeinsame Interesse an der Bewahrung von Frieden und Sicherheit in der Region hat die Aufstellung der ECOMOG möglich gemacht.

Diese Ansätze sind um so bemerkenswerter, als sie trotz der notorischen Schwäche der Organisation für Afrikanische Einheit (OAU), des Staatszerfalls in Somalia und Ruanda, des Völkermords in Ruanda, der Bürgerkriege in Angola und im Sudan, der neueren Militärputsche in Nigeria (1993), Niger (1999) und Burundi (1996) und der wachsenden Instabilität in Zentralafrika weiterwirken und größere Stabilität schaffen wollen.

Im Innern der afrikanischen Staaten haben große Verschiebungen eine Stärkung demokratischer Kräfte und Institutionen erzwungen. Unüberhörbar sind inzwischen die Stimmen der Opposition und der Kritik von Intellektuellen, Künstlern und Schriftstellern.

In Senegal hatte schon seit den 1960ern der Wissenschaftler Cheikh Anta Diop (1923–1986) die Politik einer engen Kooperation mit Frankreich kritisiert und eine kulturelle Eigenständigkeit durch die nachhaltige Förderung afrikanischer Sprachen und die Verwirklichung der kontinentalen Einigung in den „Vereinigten Staaten Afrikas" gefordert. In Nigeria hat der international angesehene Schriftsteller Chinua Achebe (geb. 1930) in einer spektakulären politischen Kehrtwendung schon 1966 in seinem Roman „A Man of the People" das nationalistische Konzept der Regierung, das auf älteren nigerianischen Traditionen aufbauen und diese für die Konstruktion des neuen Staates nutzbar machen wollte, als plumpen Versuch der Herrschaftslegitimation der herrschenden Elite entlarvt. Ähnlich hat der aus Mali stammende Schriftsteller Yambo Ouologuem 1968 in einem beißend scharfen Roman, „Le Devoir de Violence", die vorkoloniale Vergangenheit Afrikas nicht mehr in romantisierendem Licht dargestellt, wie Achebe dies in seinem ersten großen Roman „Things fall apart" 1958 getan hatte, sondern als eine brutale und gewaltbeladene Welt, von der man nichts in ein demokratisches System hinüberretten könne. Damit war dem Konzept eines Staatsaufbaus auf der Basis von Tradition und Nation eine klare Absage erteilt. Die Linie für die künftige kritische Auseinandersetzung der Schriftsteller mit ihrem Staat und ihrer Gesellschaft deutete sich damit an, und sie wurde über kurz oder lang in allen Ländern angenommen.

Das Aufbegehren der Schriftsteller

In Ostafrika sind ähnlich kritische Stimmen lautgeworden. Der kenianische Schriftsteller Ngûgî wa Thiong'O ist ihr wortgewaltigstes Sprachrohr. Er hat die Regierung und die Gesellschaft auf drei Ebenen angegriffen. Nach einer kritischen Abrechnung mit der Kolonialpolitik hat er schon früh den erdrückenden Einfluß der englischen Kultur in seinem Lande als Hindernis zu einer eigenständigen Entwicklung angeprangert und wie Cheikh Anta Diop die konsequente Förderung afrikanischer Sprachen verlangt, bis hin zu dem aufsehenerrgenden Appell, die Anglistik-Fakultät an der Universität Nairobi zu schließen. Erst wenn der Orientierung an fremden Modellen ein Ende gesetzt sei, könne das eigene kulturelle Erbe erhalten und für die Bevölkerung nutzbar gemacht werden. In den letzten Jahren tritt er immer stärker für eine Entkolonisierung des Denkens ein. Er will erreichen, daß nicht das Kapital und seine Akkumulationsmöglichkeiten, sondern die Interessen des Volkes in den Mittelpunkt gestellt werden. Damit greift er die Grundlagen der kenianischen Politik an, die zwar nominell liberal-demokratisch definiert sind, faktisch aber der kapitalistischen Ausbeutung dienen. Schließlich macht er der Gesellschaft und der herrschenden Klasse den Prozeß: In seinem Roman „Devil on the Cross" (1990), stellt er die Grundwerte dieser Gesellschaft als Diebstahl und Betrug hin. Sie toben sich in einem makabren Wettkampf um den Preis des gerissensten Betrügers aus. Die Stimme Ngûgîs wird in Kenia gehört, weil er viele Texte zunächst in Kikuyu und erst danach in Englisch veröffentlicht. Bezeichnenderweise erreichen die Texte in lokalen Sprachen eine viel größere Leserschaft und fordern die politische Führung zu sofortiger Reaktion heraus, d. h. zur Verfolgung des Autors. Ngûgî hat sich solchen Maßnahmen nach bitteren persönlichen Erfahrungen durch die Flucht ins Exil entzogen. Er ist seinen Weg einer konsequenten Besinnung auf die eigenen Werte der Völker Kenias bis zu Ende gegangen, schreibt jetzt nur noch in Kikuyu und überläßt die Übersetzung anderen.

Wie er kritisiert auch der nigerianische Literaturnobelpreisträger Wole Soyinka (geb. 1934) offen die Politik seines Landes bzw. seiner militärischen Machthaber. Er tritt entschieden für die demokratischen Rechte ein und ist zu einem der wortgewaltigsten Kritiker der Militärherrschaft geworden. Mit Ken Saro Wiva hat er sich für eine Revision der nigerianischen Erdölpolitik und den Schutz des Ogoni-Volkes, das unter der Umweltverschmutzung durch die Ölförderung leidet, eingesetzt. Seit der Verurteilung und Hinrichtung Ken Saro-Wivas (1995) verlangt er eine internationale Ächtung dieser Regierung und einen vollständigen Boykott Nigerias.

Auf ihre Weise hat auch das, was man Trivialliteratur nennen könnte, zur politischen Bewußtseinsbildung beigetragen. Die Romane der kameruner Autorin Calixthe Beyala, u. a. „Assèze l'Africaine" oder „Les Honneurs Perdus" (beide 1996), beschreiben z. B. den bedrückenden Alltag in ihrem Land und das Auftreten der Männer, der Reichen und der Politiker, in einer solchen Sprache und Bilderwelt, daß jeder seine Erfahrungen wiedererkennt, sie in einem größeren Rahmen der spöttischen Kritik aufgearbeitet sieht und daraus für sein eigenes Leben neue Kraft gewinnt.

Neben ihr gibt es viele andere Schriftsteller, die in ihrem Land und auf der internationalen Bühne bekannt sind. Ihr Verdienst ist es, den Frustrationen und Hoffnungen der Menschen eine Stimme zu geben und sie durch die literarische Aufbereitung zu verallgemeinern, als Erfahrung einer großen Zahl von Menschen und damit als Charakteristikum eines Systems zu entlarven. Dadurch erleichtern sie den Menschen die Verarbeitung ihres Alltags, potenzieren ihren Zorn über die herrschenden Zustände und stärken ihre Abwehrkräfte. Sicher erreicht die moderne afrikanische Literatur, in europäischen Sprachen geschrieben und im Ausland veröffentlicht, nicht direkt eine große Leserschaft, aber die Texte werden dennoch bekannt, über die Hochschulen, die internationale Presse, den Rundfunk und die Mund-zu-Mund-Propaganda, und sie haben ihre Wirkung.

Auch Wissenschaftler der unterschiedlichsten Fachrichtungen haben versucht, die öffentliche Meinung zu beeinflussen, indem sie mit den Mitteln ihres Faches ein kritisches Bewußtsein geschaffen und verbreitet haben.

Größere Öffentlichkeitswirkung haben Filmemacher erzielt, weil sie mehr Menschen in einer direkteren Bilderwelt erreichen und Kritik subtiler vermitteln können. Filme des senegalesischen Cineasten und Romanciers Ousmane Sembène, wie Xala, Tieddo oder Djelwaar haben entscheidende Epochen der Geschichte, wie die Ausbreitung des Islam, oder wichtige Persönlichkeiten der Zeitgeschichte ins Lächerliche gezogen und ihr Fehlverhalten in Farben ausgemalt, die ans Groteske grenzen, so daß die Menschen diese Kritik schmunzelnd wahrnehmen und auch auf andere Zusammenhänge anzuwenden fähig sind. *Cineasten und Musiker*

Auch Musiker haben eine solche Ausstrahlung: Youssou N'dour, der Senegalese, Miriam Makeba aus Südafrika, Manikongo und andere Gruppen aus Zaire oder der „König des Afro-Beat" Fela Anikulapo Kuti (†1997), der „Afrikas Gewissen", „musikalischer Freiheitskämpfer" oder „die Stimme des künstlerischen Widerstandes gegen Militärdiktaturen und Machtmißbrauch" genannt worden ist. Er hat Millionen von Afrikanern in seinen Bann gezogen, vor allem in seiner Heimat Nigeria, bei Konzerten die Hauptstadt Lagos lahmgelegt, die Korruption und Polizeibrutalität angeprangert, aber auch den internationalen Währungsfonds, multinationale Konzerne und westliche Politiker.

Diese Stimmen sind seit Jahren das Kernstück der Kritik an Staat und Gesellschaft. Die Regierenden haben die von ihnen ausgehende Gefahr verstanden und sie durch Inhaftierung oder Ausbürgerung zum Schweigen zu bringen versucht: Viele Schriftsteller und Sänger sind wiederholt verhaftet worden, viele leben oder lebten zeitweilig im Exil, wie Wole Soyinka, Ngûgî wa Thiong'O oder der kameruner Mongo Beti.

Kritik und Widerstand in organisatorische Formen zu gießen, war schwer, ist aber dennoch gelungen und hat Erfolge gezeitigt. Weil afrikanische Gesellschaften aber andere Erfahrungen mit sich brachten als der Westen, sind zivilgesellschaftliche Organisationsformen der industrialisierten Welt nur selten entstanden. Doch die Kritik am Staat und den Herrschenden hat auch zum Zusammenschluß und zur Organisation der Beteiligten geführt. Kooperativen, Gewerkschaften und Parteien *Zivilgesellschaftliche Organisationen* waren gleichgeschaltet oder verboten, aber Anwaltsvereine haben sich gebildet, um ihre Interessen und ihre Funktion im politischen System zu vertreten und ihre Mitglieder zu schützen. Auch Frauenverbände, religiöse Vereine, islamische Bruderschaften, Stimmen aus den großen Kirchen und unabhängige Kirchen, Selbsthilfeorganisationen, Sparvereine und viele andere Gruppierungen haben sich zu losen Organisationsformen zusammengetan. Man kann sie wegen ihrer fließenden Strukturen nur schwer genauer aufspüren, vernimmt aber an unzähligen Stellen ihre Stimme. Sie sind wie ein Chor der Unterdrückten, der sich durch alle Gruppen, Wohnviertel und Tätigkeiten zieht und den Zorn der Menschen bündelt und hinausschreit.

Der kameruner Wirtschaftswissenschaftler Célestin Monga hat dies eine „Kultur der Nicht-Disziplin" genannt [538: MONGA, 66], eine Verweigerungshaltung, die den Erklärungen der Politiker keinen Glauben mehr schenkt, nicht einmal gesundheitspolitischen Warnungen vor AIDS, hinter denen man nur Disziplinierungsversuche der Regierenden sieht. Diese Haltung schafft einen Freiraum gegenüber dem Staat, der irgendwann zur Explosion führt. Für ihn ist das eine afrikanische Form der Zivilgesellschaft, sie umfaßt alle, die den kollektiven Zorn äußern, egal in welchen Formen dies geschieht.

Diese Einschätzung ist nicht auf Kamerun oder die Interpretation eines Autors beschränkt. Kritische Beobachter aus Afrika und dem Ausland sprechen seit Jahren von einer „revanche des sociétés africaines" gegenüber dem Staat und den Herrschenden, von der „Politik von unten", die in wachsendem Maße das Handeln der Regierungen beeinflußt. Und sie konstatieren, daß Gedankensysteme wie Demokratie und Menschenrechte, die früher als europäisch abgetan wurden, heute integraler Bestandteil der politischen Kultur in Schwarzafrika geworden und von afrikanischen Autoren und Oppositionspolitikern vehement verteidigt bzw. eingefordert werden.

Trotz ihrer organisatorischen Schwäche haben diese Formen des Protests die Widerstands- und Erfindungskraft der Menschen gestärkt und die Regime von innen her ausgehöhlt. Nur so ist zu verstehen, daß in Kamerun die Ausrufung der „ville morte" während des Wahlkampfes im Jahre 1993 das Leben in den Städten lahmlegen konnte oder daß die Herrschaft von Mobutu in so kurzer Zeit und mit so geringer Gegenwehr zusammengebrochen ist. In der Erfindungsgabe der Massen, das eigene Überleben trotz der Politik ihrer Regierungen zu organisieren, und in der Fähigkeit der mittleren Führungsschichten, sich Freiräume zu erhalten, liegt ein enormes politisches Potential. Die Gesellschaft ist pluralistisch und kontradiktorisch geworden, fähig und willens zum Widerspruch. Das ist die wichtigste Entwicklung der letzten Jahrzehnte.

Vorsichtige Demo-   Konkrete Reformschritte sind manchen diktatorischen Regimen durch die Ein-
kratisierung   berufung sogenannter Nationalkonferenzen abgezwungen worden: In Togo, Benin oder Zaire. Unter dem Vorsitz angesehener Persönlichkeiten sind Vertreter der Regierung, der Opposition und anderer gesellschaftlicher Kräfte zusammengekommen und haben an einem neuen Konsens über die künftige Gestaltung des

Gemeinwesens gearbeitet. Dies war stets mit der Zulassung anderer Parteien verbunden und hat die Organisationsfähigkeit der Opposition gestärkt.

In anderen Staaten hat der Druck von innen und außen zu einer Legalisierung von Oppositionsparteien und zum Übergang zu einem Mehrparteiensystem geführt. In vielen Ländern ist dies inzwischen in der Verfassung verankert, und Wahlen haben einen ersten Machtwechsel in Sambia, Malawi, Tansania, Benin, Mali und Kongo (Brazzaville) ermöglicht. Mit manchen neuen Politikern verbinden sich im übrigen Hoffnungen auf ein pragmatischeres Vorgehen, das lokale Traditionen und Bedürfnisse stärker berücksichtigt. So werden in den Verfassungen Südafrikas und Ugandas traditionelle Machtträger ausdrücklich als Teil des politischen Systems anerkannt, und in Ghana und Uganda werden neue Formen der politischen Mitbestimmung der Bevölkerung ausprobiert.

Eine ökonomische Erholung mit einem erstaunlichen Wachstumsschub ist in den letzten Jahren in mehreren Ländern gelungen. Zwar fallen wichtige Teile Afrikas – Nigeria, Sudan, Zaire/Kongo, Liberia, Sierra Leone, Somalia, Ruanda und Burundi – wegen der Militärherrschaft oder der Bürgerkriegssituation weiterhin ökonomisch zurück, aber andere Staaten konnten durch politische und ökonomische Reformen ihre Produktion merklich steigern und Ansätze zu Diversifizierung und Weiterverarbeitung starten: Côte d'Ivoire, Ghana, Burkina Faso, Uganda und Tansania.

Das Bild Afrikas am Ende des 20. Jahrhunderts ist noch getrübt durch gravierende Mängel: Militärdiktaturen, Bürgerkriege, Armut und Verschuldung, gesellschaftliche Ungleichheiten und kulturelle Abhängigkeiten. Aber es gibt Ansätze, die Hoffnung erwecken: Die Menschen formulieren ihre Ansprüche und organisieren sich. Und: Die wirtschaftlichen Aussichten scheinen sich zu verbessern.

II. Grundprobleme und Tendenzen der Forschung

A. DIE QUELLENLAGE

Weil die Gesellschaften Afrikas länger schriftlos waren als die Europas, stellt sich das Problem des Zugangs zum Verständnis der Vergangenheit hier in besonders akuter Form. Eine Vielzahl alter und neuerer schriftlicher Quellen vermittelt zwar Eindrücke von ihrer Geschichte, und mündliche Überlieferungen, archäologische Funde, sprachhistorische Erkenntnisse und sorgsam aufgebaute Rückschlüsse ergänzen oder korrigieren dieses Bild, aber sie sind ganz oder teilweise Fremdzeugnisse. Verläßliche Erkenntnisse über das Leben afrikanischer Gesellschaften in der Vergangenheit sind daher schwieriger zu erlangen als solche über die europäische Gesellschaft.

Quellenproblematik in schriftlosen Gesellschaften

1. SCHRIFTLICHE QUELLEN

Manche Regionen Afrikas sind in schriftlichen Zeugnissen aus verschiedenen Jahrhunderten beschrieben, in Reiseberichten, Kolonialberichten und Missionsberichten aus fremder Feder, oder in Chroniken und Regierungspublikationen aus eigener Sicht. Diese schriftlichen Äußerungen nehmen mit Beginn der Kolonialzeit im 19. Jahrhundert stark zu.

Ägypten und Äthiopien als alte schriftliche Hochkulturen haben ihre eigenen Quellen und bedürfen fremder Berichte weniger. Das nördliche und südliche Afrika nehmen auch eine Sonderstellung ein, weil schriftkundige fremde Völker arabischen bzw. europäischen Ursprungs früh in diese Regionen eingedrungen sind und ihre Geschichte der Eroberung und Vorherrschaft ausführlich beschrieben haben. Die Problematik dieser Quellenlage liegt auf der Hand: Wir verfügen nicht über Äußerungen oder Selbstzeugnisse der Betroffenen.

Die Reiseberichte stammen aus mehreren Jahrhunderten, sie sind Momentaufnahmen von Fremden, die aus einem oberflächlichen und kurzen Kontakt mit lokalen Gesellschaften oder gar nur mit Küstenstreifen stammen. Reisende aus unterschiedlichen Ländern haben den afrikanischen Kontinent oder seine Küsten bereist und ihre Eindrücke überliefert. Diese Berichte sind von unschätzbarem

Reiseberichte

Wert, weil sie häufig die einzigen schriftlichen Zeugnisse sind. Ihr Informationsgehalt hängt wie bei jeder schriftlichen Quelle von der Art und Authentizität des Textes und der Qualität des Autors ab, besonders von der Zielsetzung der Reise, der Beobachtungsgabe der Reisenden, der Dauer des Aufenthaltes und der Natur ihrer Kontakte. Unersetzlich sind die Aussagen von Reisenden über die Bereiche, die sie selber am besten kannten, für die sie sich am meisten interessierten und deren Beschreibung mit den Mitteln ihrer Zeit leicht und genau durchzuführen war: Der Handelsaustausch, die Reisebedingungen, die natürliche Umwelt, die äußerlich sichtbaren Zeichen der jeweiligen Zivilisation wie Stadtentwicklung und Häuserbau, Handwerk oder Anbaugüter, Ernährung, Kleidung und öffentliche Feste. Auf den Gebieten der Anbaumethoden, Anbauplanung, gesellschaftlichen Strukturen und Konflikte, der Funktionsweise des politischen Systems, den gesellschaftlichen und kulturellen Wertesystemen, weltanschaulichen und religiösen Vorstellungen waren ihre Kenntnisse dagegen eher bruchstückhaft, wenn überhaupt vorhanden. Die Reiseberichte aus dem 19. Jahrhundert sind zahlreicher und haben auch eine andere Qualität, weil sie Erkenntnisse früherer Reisender verarbeiten und nicht nur die Küstengebiete sondern den ganzen Kontinent beschreiben. Vor allem aber gehen sie oft auf längere Aufenthalte zurück und berichten auch von Gesprächen mit Machthabern oder anderen Repräsentanten der besuchten Völker. Allerdings geraten viele Reisende in der zweiten Hälfte des 19. Jahrhunderts in den Strudel des aufkommenden Imperialismus. Von diesen kann MUDIMBE zu Recht behaupten, sie hätten nichts wirklich Neues zum Afrikabild beigetragen, sie erweiterten nur das Bild, das in der Malerei und in Theorien des sozialen Fortschritts schon formuliert gewesen sei, erwachsen aus den Vorstellungen der Europäer über die eigene und die fremde Welt. Das Neue, das die Entdecker beisteuerten, habe darin gelegen, daß der Diskurs über die „Wilden" zum ersten Mal zu einem „Diskurs wird, in dem eine politische Macht sich die Autorität einer wissenschaftlichen Kenntnis anmaßt. Daraus erwächst das Projekt Kolonialismus; dieses kann man bezeichnen als eine Erweiterung und inhaltliche Auffüllung der Macht westlicher Diskurse über die unterschiedlichen Erscheinungsweisen des Menschen" [658: MUDIMBE, 16]. MUDIMBE greift damit die Ideen von EDWARD SAID über den Orientalismus auf [779: SAID] und relativiert die Aussagen aller Reiseberichte. Dennoch ist eine sorgfältige Unterscheidung zwischen unterschiedlich motivierten und qualifizierten Reisenden möglich und berechtigt, und bestimmte Erkenntnisse lassen sich aus ihren Beobachtungen gewinnen.

Von besonderem Wert sind die Berichte von diplomatischen Missionen an afrikanischen Herrscherhöfen von T.E.BOWDICH [72: BOWDICH] oder J. DUPUIS [75: DUPUIS], da sie auf eine längere Erfahrung im Zentrum der Macht von Asante zurückgehen und ausführlich das politische System darstellen. Hierher gehören auch die Berichte der britischen Händler FYNN und ISAACS [60: ISAACS; 62: STEWART], die mit dem Zulu-Herrscher Shaka verhandelt haben. Generell hoch einzuschätzen sind die Berichte derer, die vor dem Kolonialrausch seit dem ausgehenden 18. Jahrhundert das Innere Afrikas für die Europäer entdeckt und neben geographischen Beschreibungen auch zahlreiche Beobachtungen der ökonomischen, gesellschaftlichen, politischen und kulturellen Strukturen überliefert haben: MUNGO PARK, RENÉ CAILLIÉ, HUGH CLAPPERTON oder die Deutschen HEINRICH BARTH, GERHARD ROHLFS und GUSTAV NACHTIGAL über Westafrika [83ff.], DAVID LIVINGSTONE und HENRY MORTON STANLEY über Zentral- und Ostafrika [33ff.] oder RICHARD F. BURTON, GEORG SCHWEINFURTH, WILHELM JUNKER und CARL CLAUS VON DER DECKEN über Ost- und Südafrika [35ff.]. Sie unterscheiden sich in ihrer Einschätzung deutlich von Reisenden, die während der Kolonialzeit „Expeditionen" durchgeführt haben und von Kritikern oft mit der Beschaffung von Herrschaftswissen in Verbindung gebracht werden. So berichtet Heinrich Barth mit sehr viel Hochachtung von seinen Gesprächspartnern und von den Gesellschaften, in denen er zu Gast war, und versucht mit großer Neugier ihre jüngste Geschichte zu rekonstruieren. Sein Bericht über die Stadt Timbuktu etwa kontrastiert stark mit dem eines anderen deutschen Reisenden, OSKAR LENZ [90], der dreißig Jahre später, am Vorabend der Kolonialeroberungen, dort weilte [574: ESSNER]. Ein besonders krasser Fall kolonialistisch und rassistisch eingestellter Reisender war CARL PETERS [44], der von Großmacht- und Herrenmenschdenken geprägt war und es mit der Gründung Deutsch-Ostafrikas in politische Wirklichkeit umsetzte.

Berichte, die in der Kolonialzeit entstanden sind, tragen in der Regel die Züge der gängigen Vorstellungen der Zeit und sind von ihrem politischen Umfeld geprägt.

Kolonialberichte sind Aufzeichnungen, die von zivilen oder militärischen Mitgliedern der Kolonialverwaltung oder in ihrem Auftrag angelegt worden sind, um über Vorgänge in ihrem Bezirk zu berichten, die natürlichen Gegebenheiten der Region zu beschreiben (Geographie, Bodenbeschaffenheit, Fluß- und Handelswege), und um Sitten und Gebräuche sowie religiöse und philosophische Vorstellungen der Bevölkerung, ihre politischen und gesellschaftlichen Strukturen, ihr militärisches Potential sowie alles, was der Kolonialmacht nützlich sein konnte, zu erkunden. Dazu zählen auch statistische Erhebungen aus allen Bereichen, Kartenwerke und Gerichtsakten. Diese Zusammenstellungen dienten direkt dem Herrschaftswissen der Kolonialmacht. Daß sie geprägt sind von den Vorstellungen ihrer Zeit und ihrer Autoren, ist bekannt. Daß aber auch in die Beschreibung von Lebensräumen und Landschaften die Konzepte und Wunschbilder der europäischen Betrachter eingegangen sind, ist erst durch die Ansätze der Landschaftsforschung der letzten Jahre deutlich geworden [579: LUIG/VON OPPEN].

Der Aussagewert dieser Berichte zur Funktionsweise des kolonialen Systems ist einmalig, da sie präzise Auskünfte über die eigene Zielsetzung, das eigene Vorgehen und die Auseinandersetzung mit der Reaktion der Afrikaner liefern. Ihre Aussagen zu innergesellschaftlichen Entwicklungen sind aber durch ihre Herrschaftsperspektive relativiert. Dennoch können auch sie wichtige Informationen enthalten, insbesondere zu Fragestellungen, die sich einer mündlichen Wiedergabe entziehen, etwa statistische Angaben zur Entwicklung des Handels oder der Produk-

Kolonialberichte

tion, zur Bevölkerungsentwicklung, zum Gesundheits- oder Schulwesen und zum Klima. Auch als zusätzliche Informationsquelle zu den Auswirkungen der Kolonialintervention können sie herangezogen werden.

Im Umfeld dieser Kolonialberichte sind auch die Berichte von Journalisten, Reisenden, Händlern, Wissenschaftlern oder Politikern anzusiedeln, die ohne offiziellen Auftrag, aber im Trend des Denkens der Zeit Afrika besucht und Eindrücke wiedergegeben haben. „Afrikanisten" der unterschiedlichen Fachrichtungen haben sich dabei hervorgetan und an der Erarbeitung von Herrschaftswissen mitgewirkt, aber auch kritische Stimmen laut werden lassen.

Zu den Kolonialberichten sind auch Tages-, Wochen- und Monatszeitungen in einzelnen Kolonien oder im Mutterland zu zählen, die die Interessen von Politik, Verwaltung, Wirtschaft, Siedlern, Händlern oder anderen Gruppen vertraten.

Missionsberichte   Die Kategorie der Missionsberichte ist besonders wertvoll und problematisch zugleich. Die Missionare haben ihre Beobachtungen in vielfältiger Form aufgezeichnet. Sie betreffen die Entwicklung der eigenen Kirchengemeinden und die Auseinandersetzungen mit örtlichen Machthabern um Land, die Erlaubnis zur Niederlassung, gesellschaftliche oder religiöse Praktiken, um moralische Vorstellungen, Sitten und Gebräuche. Sie beschreiben religiöse Anschauungen, gesellschaftliche Hierarchien und Konflikte, die Rolle von Sklaven und den Status der Frau. Auch Beobachtungen von klimatischen Veränderungen, Seuchen und Krankheiten, Dürren, demographischen Entwicklungen sowie den Auswirkungen der Kolonialherrschaft, besonders der Wanderarbeit und der Steuerpolitik, sind in ihnen enthalten. Diese Berichte sind dadurch gekennzeichnet, daß bestimmte Aspekte im Leben afrikanischer Gesellschaften, wie die Polygamie, die Initiationsriten, religiöse Vorstellungen und Praktiken und alles, was unter „Zauberei" gefaßt wurde, der besonderen Ablehnung der Missionare begegnete und deshalb nicht unvoreingenommen dargestellt werden konnte. Anderseits zeichnen sich die Missionsberichte durch eine größere Nähe zur Bevölkerung aus, weil sie nicht in den Zentren der Kolonialverwaltung verfaßt wurden, sondern in den einzelnen Dörfern, in denen Missionsstationen waren, und zwar von Menschen, die sich die lokale Sprache angeeignet hatten und häufig in der Form von regelmäßigen Tagebucheintragungen ihre noch frischen Eindrücke wiedergaben. Auf solchen Missionsstationen sind auch häufig die ersten schriftlichen Äußerungen aus afrikanischer Hand entstanden, von Menschen, die dort europäische Bildung erfahren hatten und nun ihre Erfahrungen, aber auch ihre Forderungen in schriftlicher Form formulieren konnten.

Chroniken   Chroniken sind Äußerungen der Betroffenen, die einen chronologische Ablauf vorstellen. Eine besondere Form sind die Tarikhs, Beschreibungen von politischen Reichen, vor Ort durch islamische Gelehrte angelegt. Die bekanntesten aus Westafrika, der Tarikh al-Sudan und der Tarikh el-Fattasch, sind ausführliche Beschreibungen des Reiches Songhay im 17. Jahrhundert und seiner unmittelbaren Vorgeschichte, in eigenen Analysen und kritischen Interpretationen. Hunderte weiterer Chroniken aus Westafrika sind uns überliefert, ebenfalls in Arabisch verfaßt, aber nicht von Zeitzeugen niedergeschrieben, sondern als schriftliche Fixierungen vorhandener mündlicher Überlieferungen. Eine der bekanntesten jüngeren Chroniken aus Westafrika, die „Chronik von Kano" im heutigen Nigeria, beschreibt die Geschichte der Stadt Kano und ihrer Herrscher, sie enthält Genealogien der Herrschergeschlechter und Darstellungen der wichtigsten Taten der einzelnen Herrscher: Kriegszüge, Förderung des Islam, Pilgerfahrt nach Mekka, Städtebau. Der Hinweis auf den Islam deutet an, daß die Chroniken von islamischen Gelehrten niedergeschrieben worden sind, häufig mit dem Ziel einer Herrschaftslegitimierung der jeweiligen Machthaber. Der religiöse Eifer der Chronisten war eines der entscheidenden Kriterien ihrer Bewertung von Ereignissen und Personen. Dennoch stellen die Chroniken ein Selbstzeugnis der Betroffenen dar, weil sie vor Ort entstanden sind, auf örtlichen Traditionen aufbauen und von Mitgliedern der örtlichen Gesellschaft zusammengestellt wurden.

Alle bisher genannten schriftlichen Zeugnisse enthalten beschreibende Darstellungen von Zeitgenossen. Authentische Äußerungen der Regierenden oder der Regierungen sind viel spärlicher erhalten, erst aus der Zeit um die Wende zum 19. Jahrhundert, wiederum aus den islamisierten Gebieten West- und Ostafrikas. Schriften religiös-politischen Inhalts, Regierungsanweisungen und Korrespondenz aus Sokoto, vom islamischen Erneuerer Usman dan Fodio, von seinen Nachfolgern und verschiedenen Emiren sind überliefert. Sie sind Quellen im strengen Wortsinn. Eine sehr wichtige Quelle ist auch der Schriftverkehr afrikanischer Herrscher oder Kriegsherren aus dem 19. Jahrhundert, in dem diese Warenbestellungen vornahmen, mit europäischen Militärs und Gouverneuren Verhandlungen führten oder Anweisungen an befreundete Herrscher erteilten. Umgekehrt ist auch aus den Berichten der europäischen Partner manches über die Absichten der afrikanischen Herrscher zu erfahren.

Am Beginn der Kolonialzeit ist eine besondere Quellenkategorie aufgetaucht, die sogenannten „Verträge", in denen afrikanische Herrscher oder nicht näher einzuordnende Vertreter der Bevölkerung Teile des Territoriums gegen allgemeingehaltene Schutzversprechen und andere Leistungen an europäische Unterhändler abgetreten haben. Diese Texte sind nie von ihnen selbst aufgesetzt worden, sie wurden ihnen diktiert. Auf europäischer Seite gab es sogar Muster-Vorlagen, die nur durch entsprechende Eintragungen von Ort, Zeit und Namen ergänzt zu werden brauchten. Die Verträge können deshalb nicht als authentische Äußerungen afrikanischer Machtträger angesehen werden. In manchen Regionen ist den Verträgen ein Briefwechsel vorausgegangen, in denen die Afrikaner eine Intervention der europäischen Macht zur Aufrechterhaltung von Ruhe und Ordnung und zur Einführung der christlich abendländischen Zivilisation erbaten, weil sie einen geordneten Frieden nicht mehr aufrechterhalten könnten und des Regierens müde seien; so erfolgt bei den Duala in Kamerun. Die Entstehungsgeschichte solcher Briefe bleibt aber unklar – und damit ihr Aussagewert.

Andere afrikanische Äußerungen im Zusammenhang mit den Verträgen sind ernster zu nehmen: Sie enthalten Klauseln oder Einschränkungen, mit denen ver-

Koloniale Verträge

sucht wurde, bestimmte Rechte im Handel und in den Sitten und Gebräuchen zu schützen. Die berühmt gewordenen „Wünsche der Kamerun-Leute", die an die deutschen Vertreter gerichtet waren, sind ein Beispiel.

Regierungspublika-   Zu den Regierungspublikationen ist auch eine in eigener Schrift verfaßte
tionen   Geschichte der im Königreich Bamoum (Kamerun) üblichen Sitten und Gebräuche zu zählen, in der unter königlicher Anleitung niedergeschrieben und damit fixiert wurde, wie die Gruppen und Individuen nach den alten Sitten und Gebräuchen einander zugeordnet waren und wie sie sich zu verhalten hatten [212: Histoire]. Eine solche Quelle ist ein Glücksfall für den Historiker, weil sie trotz aller Außeneinflüsse durch die beginnende Kolonisation Einblicke in das Denken am Königshof gestattet.

Ebenfalls gehören in diese Kategorie die Memoranden, Bitt- oder Beschwerdeschriften von afrikanischen Machtträgern, Mitgliedern der sogenannten „Native Authorities" oder anderen Herrschaftsstrukturen sowie von Ältestenräten, die während der Kolonialzeit an die Kolonialmacht, den Reichstag, soweit Kamerun betroffen war, den Völkerbund oder die Vereinten Nationen appelliert haben. Auch Aktionsprogramme, Petitionen und Aufrufe von politischen Parteien, Gewerkschaften, Kooperativen oder Befreiungsbewegungen an die Öffentlichkeit oder an Untersuchungskommissionen von Völkerbund und UNO sind als authentische Willensäußerungen der afrikanischen Bevölkerung zu bewerten.

Zu offiziellen Quellen sind auch Gerichtsakten zu zählen, die für Grundstücksfragen, Erbangelegenheiten und Handelskonflikte in den Küstenstädten reichlich vorliegen.

Mit der Machtübernahme am Ende der Kolonialzeit sind die afrikanischen Regierungen zu völkerrechtlich anerkannten Sprechern ihrer Bevölkerung geworden, und ihre Äußerungen haben denselben historischen Wert wie Regierungsäußerungen überall auf der Welt.

Einzelzeugnisse   Auch in der Kategorie der Einzelzeugnisse sind schriftliche Quellen vorhanden; eine große Zahl philosophisch-theologisch-politischer Schriften islamischer Gelehrter, Geschäftsbücher afrikanischer Händler, ihre Briefwechsel, Anträge an die Kolonialverwaltung, Rechenschaftsberichte, Schriftwechsel aus der Kommunalverwaltung von Küstenstädten usw. Aus der vorkolonialen Zeit sind solche Einzelzeugnisse spärlich, im Laufe der Kolonialzeit haben sie alle Bereiche des öffentlichen Lebens erfaßt.

Zeitungen sind ebenfalls wichtige Quellen, weil in ihnen afrikanische Stimmen zu Wort kommen. Sie werden an anderem Ort vorgestellt.

Eine besonders ergiebige Quelle sind die Examensarbeiten afrikanischer Studenten an der Ecole Normale William Ponty auf der Insel Gorée, vor Dakar. In ihnen wird die Geschichte ihrer Dörfer oder die Sitten und Gebräuche ihrer Familien und ethnischen Gruppen aufgezeichnet. Im Institut Fondamental d'Afrique Noire (IFAN) in Dakar ist eine umfangreiche Sammlung solcher Arbeiten vorhanden. Ähnliche Sammlungen kann man in den Nationalarchiven oder in den Archiven der Missionsgesellschaften erwarten.

Schriftliche Quellen zur afrikanischen Geschichte sind also vorhanden; für das 19. Jahrhundert werden sie mit jedem Jahrzehnt, das man zurückgeht, seltener, und für die früheren Jahrhunderte fehlen sie fast gänzlich.

Umfassende Sammlungen solcher schriftlicher Quellen existieren nicht, wie bei einem Kontinent dieser Größenordnung auch nicht anders zu erwarten. Selbst zu größeren Reichen, wie dem Kalifat von Sokoto, dem Königreich Benin oder den Reichen Asante und Dahomey, sind noch keine Quellensammlungen ediert worden, die größere Bereiche ihrer Geschichte umfassen würden. Es sind lediglich einzelne Schriften der Herrscher, etwa die programmatischen Schriften, Anweisungen oder Teile der Korrespondenz von Usman dan Fodio und seinen Nachfolgern, in schriftlicher Form verfügbar; allerdings sind sie nicht zusammengestellt worden. Ebenso sind zahlreiche Chroniken aus verschiedenen Regionen und Jahrhunderten ediert worden. Kleinere, themenorientierte Dokumentensammlungen zu einzelnen Ländern und Räumen wurden ebenfalls herausgegeben, wie „The East African Coast. Select Documents from the first to the earlier nineteenth century" [52: G.S.P. Freeman-Grenvilee] oder „A collection of Documents on the Slave Trade of Eastern Africa" [51: R. W. Beachey].

Quellen zur Geschichte Afrikas in der Kolonialzeit sind in größerer Zahl zugänglich als Publikationen der jeweiligen Kolonialmacht. Sie beziehen sich auf die Kolonialpolitik im allgemeinen oder die Politik in den jeweiligen Kolonien und sind in den Parlamentsdebatten im Mutterland enthalten, in Amtsblättern und anderen Regierungspublikationen. Im deutschen Fall waren dies das „Deutsches Kolonialblatt", die „Amtsblätter" der einzelnen Kolonien und die „Denkschriften". Für die englischen Kolonien wurden in London zahlreiche allgemeine „Government Publications" herausgegeben und „Annual Reports" der verschiedenen Kolonien; ferner die „Annual Reports" an den Völkerbund und später die Vereinten Nationen über das Mandatsgebiet Tanganyika. In den einzelnen britischen Kolonien erschienen die „Debates" und „Sessional Papers" der Legislative Councils, die „Official Gazette", „Blue Books" und Berichte einzelner Behörden. Die Franzosen veröffentlichten in Paris das „Journal Officiel de la République Française" und in den Kolonien jeweils ein eigenes „Journal Officiel", in dem die Verordnungen, Ernennungen usw. mitgeteilt wurden. Verordnungen und Gesetzestexte sind für manche Kolonien zusammengefaßt worden, in Deutschland z. B. unter dem Titel „Die deutsche Kolonialgesetzgebung", in den englischen Kolonien ebenso in mehrbändigen Sammlungen „The Laws of Kenya" oder „The Laws of the Uganda Protectorate" usw. Daneben publizierten in allen Kolonien die Verwaltungsabteilungen, die für Landwirtschaft, Verkehr, Städtebau, „Eingeborenenfragen", Sicherheit u.ä. zuständig waren, eigene Berichte. Diese sind nirgends zu einer Quellensammlung zusammengefaßt und gemeinsam ediert worden. Selbst zu größeren Räumen, die in der Kolonialzeit zusammengelegt wurden wie Französisch-West- oder Französisch-Zentralafrika, sind keine Quellensammlungen ediert worden. Es existiert jedoch ein „Journal Officiel de l'AOF" und ein „Journal Officiel de l'AEF". Für Ostafrika sind die Veröffentlichungen der „East

Quellen der Kolonialmacht

Africa High Commission/Common Services Organization" zu nennen. Andere Berichte aus der Kolonialzeit, von Kolonialbeamten oder Missionaren vor Ort verfaßt, sind nur selten veröffentlicht worden. Die meisten sind in den Archiven der Kolonialmächte, der Staaten, Firmen oder Missionsgesellschaften aufbewahrt. Auch in Privathand befinden sich Aufzeichnungen und Berichte. Viele Schätze sind noch unbekannt, nur wenige sind bisher wissenschaftlich erschlossen. In den glücklichsten Fällen geben Findbücher der größeren Archive Auskunft über den Bestand. In den letzten Jahren ist eine Reihe von Initiativen gestartet worden, die Bestände der Archive durch eine Publikation auf Mikrofilm, Mikrofiche oder im Internet leichter zugänglich zu machen.

Afrikanische Stimmen aus der Kolonialzeit liegen nur als Einzelveröffentlichungen vor. Seit der Unabhängigkeit gibt jeder Staat gibt seine offiziellen Veröffentlichungen heraus, ebenso die OAU, die regionalen Zusammenschlüsse, Banken, Unternehmen, Universitäten und Dokumentationszentren. Hinzu kommen Presse, Rundfunk und Fernsehen.

Für Südafrika, das seit 1652 von Weißen besiedelt und dann beherrscht wurde, ist die Quellenlage anders. Zahlreiche Dokumente sind seit mehr als 300 Jahren von den Weißen herausgegeben worden und belegen ihr Vordringen und ihre Sicht [55–58]. Schwarze Stimmen sind in größerer Zahl erst im Zusammenhang mit der Organisation des Widerstandes seit der Jahrhundertwende dokumentiert [18: LANGLEY].

2. MÜNDLICHE ÜBERLIEFERUNGEN

Aussagen, die mündlich weitergegeben werden, können die Lücke schriftlich vermittelter Kenntnisse zum Teil füllen, aber sie haben ihre eigene Problematik. Früher wurde häufig die Auffassung vertreten, die Geschichte von Völkern fange erst mit der Schriftlichkeit an und die Zeit davor sei der Vorgeschichte zuzurechnen [116: BITTERLI]. Hegel hat gar die These vertreten, Afrika sei kein geschichtlicher Weltteil, weil beim Afrikaner die „Kategorie der Allgemeinheit" fehle [586: HEGEL, 11, 145]. Heute ist es eine Selbstverständlichkeit, daß Gesellschaften ohne Schriftkultur weder geschichtslos noch stumm sind. Sie haben ihre Geschichte wie jede andere Gesellschaft auch, unabhängig davon, ob und was die Umwelt oder spätere Zeiten davon wissen. Seit sich die Alltags- und Mentalitätsgeschichte und die „oral history" einen festen Platz in der Geschichtswissenschaft erobert haben, erkennt man an, daß mündliche Überlieferungen wichtige und unentbehrliche Informationen enthalten.

Man hat gleichzeitig durch eine Problematisierung der Schriftlichkeit herausgearbeitet, daß es auch in schriftlosen Gesellschaften einen wissenschaftlichen Diskurs gegeben hat. Das bedeutet, daß diese Völker eine leistungsfähige Schulung des Gedächtnisses erreicht und verläßliche Techniken der Memorisierung entwickelt haben, die ihren mündlichen Überlieferungen größeren Wahrheitsgehalt

Überlieferungen in schriftlosen Gesellschaften

zukommen läßt, als dies in schriftlichen Gesellschaften zu erwarten ist [607–610: Goody].

Dennoch blieb immer die doppelte Problematik bestehen, eine angepaßte und differenzierende Begrifflichkeit, die Einzelheiten und feine Unterscheidungen ausdrücken konnte, zu entwickeln und die so formulierten wissenschaftlichen Erkenntnisse in ihrer vollen Breite, mit den dazugehörenden Diskussionen und Zurückweisungen vorgegebener Hypothesen und mit den Entwicklungen in der wissenschaftlichen Erkenntnis über Generationen und Jahrhunderte präzise weiterzugeben. Die Wiederentdeckung „verlorener" oder als überholt eingestufter wissenschaftlicher Erkenntnisse, wie die Überlieferung vieler griechischer Philosophen durch arabische Wissenschaftler, ist unter den Bedingungen der Nichtschriftlichkeit nicht vorstellbar. Zu welchen Leistungen mündliche Techniken der Überlieferung dennoch fähig waren, wird weiterhin kontrovers diskutiert.

Im afrikanischen Kontext greift man seit geraumer Zeit auf mündliche Überlieferungen zurück, nicht nur wegen des Fehlens schriftlicher Zeugnisse, sondern weil man eingesehen hat, daß mündliche Texte lebendigere und vielseitigere Schilderungen bieten als schriftliche [591: Vansina]. Sie haben den Vorteil, daß sie die kollektive Interpretation der Geschichte einer Gemeinschaft darstellen. Sie werden von auserwählten Personen mit gutem Gedächtnis in festgelegten und daher leichter memorisierbaren und gleichzeitig von der Kollektivität in gewissem Maße kontrollierbaren Formulierungen von Generation zu Generation übermittelt, bei besonderen Anlässen in feierlicher Form vorgetragen und von der Gemeinschaft gleichsam als ihr Selbstverständnis „gefeiert" [592: Vansina, 33 ff.].

Diese besondere Zielsetzung stellt auch ihre Hauptproblematik dar: Sie sind „documents of the present… and expressions of the past at the same time" [592: Vansina, XII], d. h. sie dienen über lange Zeiträume hinweg der Identitätsstiftung der lebenden Generation bzw. der vorherrschenden Gesellschaftskonstellation, die auf vergangene Erfahrungen zurückgreift, um die Gegenwart zu erklären. Dies erfolgt notgedrungen selektiv, weil nicht alle Erfahrungen aller gesellschaftlichen Gruppen oder Schichten in derselben Intensität memorisiert und weitergegeben werden können, vor allem aber weil die vorherrschenden Familien eher ein Interesse daran haben, die eigene Stellung abzusichern, indem sie ihre Version der Vergangenheit verbreiten lassen. So gehen die Sichtweisen anderer Gruppen verloren. Hinzu kommt, daß zur erstmaligen Fixierung und Überlieferung von Gruppeninterpretationen über einen längeren Zeitraum Menschen da sein müssen, die diese Aufgabe von der eigenen Schulung her bewältigen können und für solche Zwecke unterhalten werden. Beides ist für einfachere Familien, besonders für Familien der Unterschicht oder für bestimmte Gruppen in der Gesellschaft, für Frauen, Minoritäten oder Sklaven nicht möglich, während die herrschenden Familien sich eigene Geschichtserzähler oder „griots", wie sie in weiten Teilen Westafrikas genannt werden, halten können und damit ihre eigene kollektive Erinnerung weitergeben und häufig zur bestimmenden machen [584: Diawara, 167].

Aus dieser Zielsetzung folgt auch, daß ihr Anliegen nicht die Rekonstruktion der Vergangenheit ist, der Versuch zu klären „what really happened", vielmehr „to establish what in the past, believed to be real, was relevant to the present" [582: VANSINA, 196].

Mündliche Überlieferungen halten auch nicht wie eine Momentaufnahme einen bestimmten Zeitpunkt in einem unveränderbaren Bild fest. Der Vortragende kann die Vergangenheit nicht in Abschnitte zerlegen und bestimmte Ereignisse in ihrem historischen Umfeld erfassen. Er sieht die Geschichte als ganze und als Lehrmeisterin für alle Bereiche des Lebens. Daher ist die mündliche Überlieferung eine „Schule des Lebens und berührt all Aspekte der menschlichen Existenz". Sie ist „zugleich Religion, Wissen, Naturwissenschaft, Einführung in ein Handwerk, Geschichte, Entspannung und Erholung; jeder einzelne Punkt kann immer zur ursprünglichen Einheit zurückführen" [652: HAMPÂTÉ BÂ, 168].

Solche Überlieferungen sind in einem längeren Prozeß gesammelt und langsam in eine bestimmte Form gebracht worden. Sie sind also selbst in dieser ersten Form schon eine Interpretation. Überspitzt ausgedrückt: Sie geben nicht nur die Vergangenheit wieder, sondern auch die Art, wie diese von der Gemeinschaft oder von Gruppen in der Gemeinschaft erfahren wurde. Es handelt sich dabei auch um Wirklichkeit, aber um eine andere Dimension von Realität: Sie umfaßt die Wirklichkeit und ihre Erfahrung durch Zeitgenossen und Nachfahren [592: VANSINA, 13ff.].

Die erste Formulierung oder die erste Sammlung unterschiedlicher Versionen, die dem Geschehen am nächsten waren, kann im Zuge der Überlieferung weiteren Veränderungen oder Manipulationen ausgesetzt sein – teils aus einfachen Gründen des Vergessens oder des Verblassens zurückliegender Erinnerungen, teils aus Gründen der Aktualität oder wegen der Notwendigkeit einer nachträglichen „Reinigung" der Vergangenheit, bei der bestimmte Personen oder Personengruppen, die in Ungnade gefallen sind oder deren Beitrag zur Geschichte aus aktuellen Gründen nicht mehr opportun scheint, sowie bestimmte Ereignisse, die ein schlechtes Licht auf die Herrschenden werfen, aus dem Kanon der Überlieferungen und damit aus dem Geschichtsbewußtsein gelöscht werden. Umgekehrt kann eine Tradition auch mit Einschüben manipuliert werden, indem Abstammungslinien zur Legitimierung von Herrschenden konstruiert werden.

Diese Probleme können sich an der Form der Überlieferung aufhängen lassen: Eine mündliche Tradition ist nicht tot, sie wird tanzend oder singend aufgeführt und zeigt damit ihre enge Verknüpfung mit der feiernden Gemeinschaft – und ihren konkreten Bedürfnissen. Daher ist der Vortrag auch ein Wettstreit der Vortragenden um die öffentliche Meinung; er ist „histoire et idéologie" [584: DIAWARA, 167].

Weil mündliche Überlieferungen „kollektive Interpretationen der Vergangenheit" sind, sind sie in einer großen Anzahl vorhanden: Jede gesellschaftliche Gruppe, bisweilen sogar jede größere Familie, hat ihre eigenen Erfahrungen und Deutungen. Nur die Gesamtheit der Überlieferungen eines Dorfes und einer Region kann ein abgerundetes Bild ergeben.

Viele dieser Probleme stellen sich auch bei einer kritischen Betrachtung schriftlicher Quellen. Dennoch sind die Schwierigkeiten hier grundsätzlicher, weil mündliche Überlieferungen nicht den authentischen Wortlaut von Gesetzen oder Äußerungen bestimmter Herrscher oder Personen vermitteln können und daher den Zugang zur Vergangenheit erschweren. Mündliche Überlieferungen wollen auch eher die lebende Vergangenheit übermitteln, wie sie erfahren worden ist und noch erfahren wird, und sie wollen damit zur aktuellen Identitätsstiftung oder zur Meisterung aktueller Probleme beitragen. Dennoch haben mündliche Quellen ihren Wert und ihre besondere Rolle für das Verständnis afrikanischer Gesellschaften, wenn man sie wie andere mündliche Traditionen auch mit der notwendigen Kritik behandelt. Daher erweist sich die Arbeit mit mündlichen Überlieferungen insgesamt als sehr schwierig; Sammeln und Interpretation dürften ernsthaft nur von Personen durchgeführt werden, die lange im entsprechenden Kulturkreis gelebt haben, seine Sprache beherrschen, das Vertrauen der Bevölkerung genießen und über eine gute Ausbildung in der allgemeinen Geschichtswissenschaft und in der Arbeit mit solchen Quellen verfügen.

Geschichte und Identitätsstiftung

Ein Musterbeispiel einer derartigen Arbeit, die nur auf mündlichen Quellen beruht, ist das Werk des malischen Historikers AMADOU HAMPÂTÉ BÂ, der auf langen Reisen die Traditionen vieler Gruppen und Dörfer in der Region Macina in Westafrika gesammelt und ausgewertet hat, um die Geschichte des Fulbe-Reiches von Macina (1818–1893), so wie die Menschen diese Geschichte erfahren haben, niederzuschreiben. Er ist sich dabei der Tatsache bewußt gewesen, daß Bereiche wie Geographie, Wirtschaft, Handel, Umwelt oder Bevölkerungsentwicklung aus der Darstellung herausfallen, weil mündliche Zeugnisse diese als bekannt und daher als nicht eigens erwähnenswert voraussetzen. Dagegen spielt in der kollektiven Erfahrung der Bevölkerung der Aufstieg des Reiches unter dem begnadeten und charismatischen Marabout Amadou Cheikhou und die Rolle des Islam bei der Konstituierung des Reiches eine zentrale Rolle. Das Auftreten von Amadou Cheikhou wird denn auch ausdrücklich auf eine Prophetie aus dem Jahre 1495 zurückgeführt, in welcher er als zwölfter und letzter orthodoxer Khalif nach Mohammed angekündigt worden sei. Diese Darstellung hebt im Selbstverständnis des Autors auch hervor, daß die Menschen in dieser Region alle Ereignisse, alle Entscheidungen des Menschen und alle Veränderungen letztlich auf Gott zurückführen: Ob sie Anhänger von Naturreligionen, Moslems oder andere sind. Immer sind es übernatürliche Kräfte, die den Menschen führen und zum Handeln zwingen. Sie stellen letztlich die einzig mögliche und einzig akzeptierte Erklärung dar [585: HAMPÂTÉ BÂ, 13].

Religion als letzte Interpretation

Mündliche Überlieferungen zeigen damit eine große Bandbreite des Verständnisses von Wirklichkeit, sie sagen in einem bestimmten Sinn mehr über die Gegenwart aus als über die Vergangenheit und führen so in die Kultur der erzählenden Gesellschaft ein. Dadurch werden aber auch die Grenzen ihrer Aussagekraft sichtbar.

3. Andere Quellen

Neben schriftlichen und mündlichen Quellen, die zum Zwecke der Weitergabe von Wissen entstanden sind, geben auch andere Dinge Auskunft über die Vergangenheit: Sprichwörter, Metaphern, Märchen, Lieder, Riten, die zwar nichts über konkrete Ereignisse aussagen, aber Einsichten in die Gedankenwelt der Vergangenheit vermitteln. Auch Sitten, Gebräuche, Gewohnheitsrechte, Tabus, Totems, rituelle Vorschriften und viele Praktiken und Fertigkeiten, die aus der Vergangenheit überliefert und noch lebendig sind, können Auskünfte über das Leben früherer Gesellschaften enthalten. Dies gilt ebenso für Gegenstände aus Ausgrabungen, Überreste von Gebäuden, überlieferte Kunst- oder Kunsthandwerkstücke, Erkenntnisse aus der vergleichenden historischen Sprachforschung und vielen anderen Bereichen.

Texte und Kunst

Vor allem aus finanziellen Gründen sind systematische archäologische Grabungen erst in wenigen Regionen Afrikas unternommen worden, Funde aus älterer Zeit stehen also nur selten zur Verfügung [593–600]. Beispiele von Grabungen sind der ostafrikanische Graben, u. a. in der Olduwai-Schlucht, die Untersuchungen zur Kultur von NOK und Benin in Nigeria, zu den Hauptstädten der Reiche Ghana und Mali, die ostafrikanischen Küstenstädte oder die Ruinen von Zimbabwe. Auch in anderen Gebieten haben archäologische Erkenntnisse die Besiedlungsgeschichte bezeugt und etwa die Besiedlung großer Teile Südafrikas durch schwarze Ackerbau-Gesellschaften vor der Ankunft der Weißen belegt.

Erkenntnisse aus der Archäologie

Bauliche Überreste sind wegen der klimatischen Bedingungen, die eine Steinbauweise nicht erforderlich machten und Lehmarchitektur oder Strohhütten angepaßter erscheinen ließen, seltener und schlechter erhalten als in Europa. Beispiele sind etwa die Moscheen in Djenné, Timbuktu oder Kong, die in der typischen Lehmbauweise Zeugnis von einer leistungsfähigen, angepaßten und aufwendigen Architektur ablegen [595: Fiedermutz-Laun]. Steinruinen wie die von Zimbabwe sind dagegen selten.

Kunst- und Kultgegenstände werden ebenfalls zur historischen Forschung ausgewertet. Besonders nachdrücklich geschieht dies seit Jahren mit den Benin-Bronzen [191: Ben-Amos] und den viele Jahrhunderte zurückreichenden Fels- und Höhlenzeichnungen in der Sahara, in Tansania, Namibia und Südafrika. Diese Zeugnisse sind aber wegen ihrer eigenen Entstehungs- und Funktionsgeschichte nur beschränkt als historische Quellen aussagekräftig.

Sprachforschung und Geschichte

Die afrikanische Sprachforschung hat aus dem Sprachvergleich und der Sprachverbreitung Rückschlüsse auf Wanderungsbewegungen größerer Gemeinschaften, etwa der Bantu-Wanderungen, auf die Herkunft dieser Völker, auf eine „Proto-Bantu-Kultur" und die materielle Kultur bestimmter Gruppen vorlegen können [666: Heine/Schadeberg/Wolf]. Cheikh Anta Diop [836: Cheikh Anta Diop] und Théophile Obenga [844: Obenga] haben darüber hinaus versucht, aus einer Erforschung der Sprachen, ihres Vokabulars und ihrer Struktur, Rückschlüsse auf die Denkweise ihrer Sprechervölker, auf ihre Sozialstrukturen und ihre Geschichte abzuleiten. Linguistische Vergleiche haben ihnen erlaubt, auch die kulturelle Verwandtschaft bzw. Einheit großer Regionen Afrikas nachzuweisen. Selbst die kulturelle Kontinuität und Einheit mit der ägyptischen Hochkultur glauben sie auf diese Weise aufzeigen zu können.

Neuere Ansätze der anthropologischen Sprachforschung zeigen, wie, warum und von wem bestimmte Sprachen verwandt und als Herrschaftsmittel genutzt worden sind. JOHANNES FABIAN [606: FABIAN] hat dies an der Ausbreitung des Suaheli in Katanga im belgischen Kongo aufgezeigt und damit die komplexen Machtverhältnisse zwischen der Kolonialmacht, dem Bergwerkskonzern Union Minière, den Missionaren, den afrikanischen Händlern und Arbeitern sowie der lokalen Bevölkerung angedeutet.

Diese Herangehensweisen haben in den Materialien der betroffenen Völker eine objektive Basis. Theoretische Rückschlüsse auf die Lebensweise von Nachbarvölkern oder von anderen Gesellschaften in anderen Epochen aus vergleichender Perspektive haben dagegen hypothetischen Charakter, sie regen weitere Forschungen an, können selbst aber nur Arbeitshypothesen formulieren. Ebenfalls mit Rückschlüssen arbeiten andere Wissenschaftler, die versuchen, Lücken in unserem Wissen durch globale theoretische Konstrukte zu überbrücken, indem sie in Hypothesenform Erkenntnisse von anderen Völkern aus ähnlichen Lebensumständen dorthin übertragen. Dies ist im Kleinen bei jeder historischen Rekonstruktion üblich, wenn man sich des hypothetischen Charakters bewußt bleibt. In der afrikanischen Geschichtsforschung wird es in größerem Maßstab praktiziert, wenn und solange keine anderen Kenntnisse da sind. Diesem Versuch liegt die nicht abwegige Annahme zugrunde, daß Gesellschaften unter vergleichbaren äußeren Bedingungen auch vergleichbare Formen der Organisation ihres Über- und Zusammenlebens entwickeln können. So hat die Debatte um eine „afrikanische Produktionsweise" [602–604] und die „Bedeutung des Ökonomischen in Subsistenzgesellschaften" [605: MEILLASSOUX] mehrere Jahre hindurch die Forschung beschäftigt und zur Klärung unseres Verständnisses der Bedeutung der Wirtschaft in der Organisation afrikanischer Gesellschaften erheblich beigetragen.

Das Konzept der „asiatischen Produktionsweise", nach dem die herrschende Schicht die Bevölkerung durch Steuer- und Tributzahlungsverpflichtungen in Form von erzwungener gemeinschaftlicher Produktion und von „public works" ausbeutet, konnte als für Afrika nicht angepaßt abgelegt werden, weil der Staat hier nirgends als so mächtig erscheint. Aus dem Konstrukt einer „afrikanischen Produktionsweise" wurde der Aspekt erhalten, daß der Fernhandel häufig auf die herrschenden Schichten beschränkt blieb, ohne ökonomische Auswirkungen auf die Masse der Bevölkerung. Große Teile der Staatseinkünfte stammten aus der Kontrolle bzw. der Besteuerung des Fernhandels und aus Tributzahlungen, so daß die eigene Bevölkerung weitgehend unerfaßt blieb [601: COQUERY]. Die Modelle eines „tributary mode of production" [602: CRUMMEY, 115] und eines „slave mode of production" [602: CRUMMEY, 157] besagen, daß die ökonomische Basis des Staates bzw. der Herrschenden bei diesen Fremdleistungen lag, in Form von Tri-

Theoretische Modelle

butzahlungen oder Sklavenarbeit. Das von GEORG ELWERT eingeführte Konstrukt einer „Produktionsweise Sklavenraub" geht noch darüber hinaus und sieht die Ökonomie des Staates Dahomey von den regelmäßigen Sklavenjagden bestimmt [320: ELWERT]. Die Definition des „lineage mode of production" [602: CRUMMEY, 93] zeigt, daß die Verwandtschaftsgruppen durch gemeinsames Wirtschaften ihren Lebensunterhalt verdient haben, wobei die sozial Jüngeren und Abhängigen den größeren Teil zu erarbeiten hatten, über den die Älteren gemeinsam verfügten.

Theorien der „primitiven Wirtschaft" und der „Bedeutung des Ökonomischen in Subsistenzgesellschaften" sind von einer Vielzahl von Historikern und Anthropologen entwickelt worden. Meilensteine dieser Diskussion waren die Beiträge von KARL POLANYI [634: POLANYI] und CLAUDE MEILLASSOUX. Für POLANYI kann man ökonomische Theorien auf nicht-marktliche Wirtschaften nicht anwenden. Vielmehr erfolge in subsistenzorientierten Gesellschaften der Austausch nach anderen Prinzipien: Nach Solidarität und sozialem Status.

CLAUDE MEILLASSOUX hat diesen Ansatz präzisiert und weiterentwickelt: In seinem Modell entrichten in „archaischen Subsistenzgesellschaften" [605: MEILLASSOUX] sozial Jüngere durch Arbeitsleistungen Abgaben an sozial Ältere. Die Älteren verfügen über „Prestigegüter", die nicht vor Ort hergestellt, sondern über Austauschbeziehungen „eingeführt" werden. In ähnlicher Weise verfügen die Älteren auch über die Frauen im gebärfähigen Alter. Sie sind also die eigentlichen politischen und wirtschaftlichen Machtträger.

Solche theoretischen Aussagen sind Modelle, die von außen stammen und trotz aller Behutsamkeit in der Anwendung einen universellen Geltungsanspruch haben. Sie können die Wertesysteme und Denkweisen im Inneren der Gesellschaften nicht widergeben. Vor allem von afrikanischen Historikern werden sie als Fremdkörper empfunden, die dem komplexen Beziehungsgeflecht in afrikanischen Gesellschaften nicht gerecht werden. Man muß ihnen zu Recht auch vorwerfen, daß sie mehr Fragen aufwerfen, als sie zu beantworten vermögen. So ist inzwischen als Ergebnis der Produktionsweisendebatte anerkannt, daß es schichten- oder klassenspezifisch immer mehrere Produktionsweisen gegeben hat und daß keine über einen längeren Zeitraum dominierte.

Theoretische Modelle können für die Forschung anregend wirken, indem sie Fragen stellen, vergleichende Analysen vorschlagen und Forschungsrichtungen nahelegen. Dies ist immer wieder fruchtbringend versucht worden [392: WIRZ]. Modelle oder Theorien können aber keine globalen Lösungen erstellen. Sie sind vorläufiger, hypothetischer Natur, keine Quellen.

Mehrere Bereiche der afrikanischen Geschichte können wegen des Fehlens statistischer Daten nicht oder nur fragmentarisch erfaßt werden: Die demographische Entwicklung von Regionen, Staaten und Gesellschaften, die Lebenserwartung, klimatische Veränderungen, die wirtschaftliche Leistungsfähigkeit, die Versorgung mit Nahrungsmitteln, die Entwicklung von Einkommen und Preisen sowie Ausmaß und Folgen von Hunger, Epidemien und Naturkatastrophen.

Auch das reale Ausmaß der Sklavenjagden und des Sklavenhandels läßt sich nicht exakt rekonstruieren. Die Stadtentwicklung kann zwar durch archäologische Grabungen teilweise nachgezeichnet werden, und sporadische Momentaufnahmen von Reisenden enthalten auch statistisch verwertbares Material; aber die städtische Kultur bleibt weitgehend unbekannt. Zeitreihen, die einen Einblick in längerfristige Veränderungen gewähren, sind bei dieser Quellenlage ausgeschlossen. Dennoch gibt es Versuche, aus bekannten demographischen Daten Rückschlüsse auf die langerfristige Entwicklung von Regionen und Epochen zu ziehen [691: CORDELL/GREGORY].

B. GRUNDPROBLEME DER FORSCHUNG

1. DIE NICHTSCHRIFTLICHKEIT AFRIKANISCHER GESELLSCHAFTEN

Die Nichtschriftlichkeit hat nicht nur Konsequenzen für die Weitergabe von Wissen und Erfahrungen, sie wirkt sich auf die Produktion von Wissen, die Kommunikation zwischen Menschen und Gesellschaften, zwischen Staaten, Herrschern und Beherrschten aus.

Mensch und Wort   Erkenntnisprozesse und Forschung werden mit Hilfe schriftlicher Aufzeichnungen erleichtert, indem Zwischenergebnisse festgehalten und für die weitere Reflexion als Grundlage bereitgehalten werden können. Zwar ist Wissenschaft auch ohne Schriftlichkeit möglich und ist in der Entwicklung der Menschheit von allen Völkern auch in dieser Form betrieben worden. Aber Wiederholungen desselben Erkenntnisschrittes und derselben Entdeckungen lassen sich durch schriftliche Fixierung vermeiden. Zudem ist jede Forschung auf Präzision und eine Fülle von Einzeldaten angewiesen, die ohne schriftliche Fassung kaum denkbar und außerdem durch ihre Anbindung an einzelne Personen in hohem Maße gefährdet sind. Auch andere, einfachere Formen der Produktion von Wissen im täglichen Leben können durch schriftliche Fixierung erleichtert werden: Im Handwerk, wo Modellzeichnungen die Arbeit beeinflussen, oder im Fernhandel, wo Wegeskizzen oder Namensverzeichnisse von Handelspartnern Hilfestellung leisten können. Die mündliche Kommunikation zwischen Menschen, Gesellschaften und Staaten sowie zwischen Handelspartnern ist immer ein entscheidendes Moment in diesen Beziehungen, aber die Schriftlichkeit gibt ihnen größere Präzision und in gewissem Maße auch größere Verläßlichkeit über einen längeren Zeitraum hinweg, allerdings auch weniger Flexibilität.

Dies hat auch Konsequenzen für die Organisation und Aufrechterhaltung der Macht auf staatlicher Ebene: Die Fixierung von Regeln und Gesetzen, die präzisere Übermittlung von Anordnungen und die exaktere Abrechnung von Leistungen und Tributen machen die Herrschaft in gewissem Sinne objektiver und die Kontrolle strikter. Auch schriftliche Regelungstexte bedürfen der Interpretation, aber sie können weniger leicht manipuliert werden. Schließlich wird der Aufbau einer staatlichen Verwaltung, die auf statistische Unterlagen zurückgreifen kann und von der Person des Herrschers unabhängig ist, so erst ermöglicht und stellt eine nicht zu unterschätzende Stärkung eines politischen Systems dar.

Mit anderen Worten: Wo die Schriftlichkeit fehlt oder nicht das vorherrschende Medium ist, wird technischer und rechnerischer Genauigkeit sowie sachlichen Werten möglicherweise weniger Aufmerksamkeit geschenkt. Dafür steht der Mensch im Brennpunkt. Die menschlichen Beziehungen sind anders, und die Wertesysteme orientieren sich weniger an Dingen, stärker am Menschen. Ein Band zwischen dem Menschen und dem gesprochenen Wort entsteht in diesen Gesellschaften, und „the very cohesion of society depends on the value of and respect for the spoken word". Weil die Überlieferung in ihrer mündlichen Form den Menschen in seiner Ganzheit prägt, schafft sie letztlich „a particular type of man" [652: HAMPÂTÉ BÂ, 167–168]. Theoretiker der Schriftlichkeit drücken diesen Zusammenhang anders aus, meinen aber dasselbe, daß nämlich der Übergang zur Schriftlichkeit den Menschen und die Gesellschaft verändert [607: GOODY]. Dieser spezifische Charakter afrikanischer Gesellschaften in der vorkolonialen Zeit und im Übergangsprozeß zur Schriftlichkeit ist zu beachten, wenn man ihnen in der Forschung gerecht werden will.

2. DIE TECHNOLOGISCHE „RÜCKSTÄNDIGKEIT"

Daß afrikanische Gesellschaften im 19. Jahrhundert viele technische Errungenschaften nicht kannten, die in Europa seit langer Zeit genutzt wurden, bedarf ebenfalls der Erklärung. Das Rad, der Pflug und die weitgespannte Brücke, in vielen Weltteilen seit Jahrhunderten eingesetzt, waren in Afrika weitgehend unbekannt. Ebenso bediente man sich in aller Regel nicht der Münzen als Tauschmittel oder der Banken als Kapitaldepot und Finanzierungsmittel, und eine Weiterentwicklung in Manufakturen im Sinne einer schrittweisen maschinellen Mechanisierung fand auch nicht statt. Nimmt man das Fehlen der Schriftlichkeit hinzu, kann der Eindruck einer technologischen Rückständigkeit entstehen.

Ist dieser Eindruck aber berechtigt? Er scheint es nur auf den ersten Blick, wenn man nämlich nur das Fehlen bestimmter technischer Entwicklungen feststellt und die Belastungen beklagt, die das Leben der Menschen aus unserer Sicht dadurch begleitet haben [707: GOODY, 95 ff.]. Man kann aber Technologien auch unter dem Aspekt ihrer Anpassung an die lokalen Existenzbedingungen sehen. Dann erscheint der Einsatz des Pfluges bei Böden mit dünner Erdkrume nicht mehr angebracht, er würde eher der Erosion Vorschub leisten. Statt dessen haben die Menschen einfaches Ackergerät eingesetzt, Hacken aus Holz oder Eisen, und haben den Wanderhackbau gepflegt, um die Böden zu schonen. Wo es sich als nötig und vorteilhaft erwies, haben die Bauern auch komplexe Bewässerungssysteme aufgebaut, etwa an den Hängen des Kilimandjaro. Insgesamt waren die mit lokaler Technologie erwirtschafteten Erträge im 19. Jahrhundert ausreichend. Die Bauern haben also Formen des Bodenbaus entwickelt, die ihren naturräumlichen Bedingungen und Bedürfnissen angepaßt waren.

Der Transport von Waren durch Lasttiere oder Sklaven war zwar langsam, aber preisgünstig, denn schließlich konnten die Tiere auf der Reise in der freien Natur fressen, und die Sklaven waren billig in der Anschaffung und mußten sowieso ernährt werden. Wenn man die vergleichsweise dünne Bevölkerungsdichte und die subsistenzorientierte Produktionsform bedenkt, erscheint ein Transportsystem, das ohne Rad auskam, aber die Nutzung der Wasserstraßen einschloß und den Einsatz des Pferdes pflegte [205: LAW], als angemessen und ausreichend. Transportiert wurden Grundgüter wie Salz, Eisen, Kupfer, Hacken und anderes

Angepaßte Technologien

Gerät sowie Schmuck; in ökologisch benachbarten Zonen kamen auch Fisch, Milchprodukte, Getreide und das Luxusgut Kola-Nüsse hinzu [303: LOVEJOY]. Es scheint, daß dieser Handel bis zum Ende des 19. Jahrhundert mit dem genannten Transportsystem auskam. Für den sehr wertvollen Trans-Sahara-Handel eignete sich der Einsatz von Fahrzeugen nicht, und im Viehhandel konnte man die Handelsware zum Markt treiben.

Einfache Brücken über Bäche kannte man, Brücken über größere Flüsse nicht. Diese Technologie ist nicht entwickelt worden, weil das Bedürfnis dafür nicht bestand und ein Übersetzen über die Flüsse mit Booten jederzeit möglich war. Zudem haben die Staaten keine Zwangssysteme geschaffen, um gemeinsame Arbeiten größeren Stils durchführen zu können. Produktions- und Transportsystem waren den vorherrschenden Bedingungen angepaßt.

Die Verarbeitung von landwirtschaftlichen Rohstoffen zu Textilien und Kleidungsstücken, von Häuten und Fellen zu Zaumzeug, Taschen und Schuhen, von Ton, Eisen, Kupfer und Gold zu Gefäßen, Werkzeug und Schmuck erfolgte in handwerklichen oder häuslichen Betrieben, die zwar nur eine kleine Stückzahl herstellen konnten, diese aber mit kunstvollen Verzierungen versahen. Auch Gebrauchsgegenstände wurden häufig so gestaltet, daß sie an Kunsthandwerk erinnerten. Wegen der vergleichsweise geringen Nachfrage in subsistenzwirtschaftlich orientierten Gesellschaften konnte die Produktion den Markt ausreichend bedienen, und es entstand kein Nachfragedruck, der die Produzenten zur Steigerung von Produktion und Produktivität gedrängt hätte. Im dichter besiedelten Gebiet der Hausa-Städte im nördlichen Nigeria war diese Situation bezeichnenderweise anders, und eine komplexe Manufaktur sowie eine ausgeprägte Marktproduktion konnten sich entwickeln, wie sie die Reisenden des 19. Jahrhunderts ausführlich beschrieben haben [84: BARTH II.].

Man könnte ähnliches vom Hausbau und der Architektur sagen. Ihre Formen haben in den verschiedenen ökologischen Zonen Afrikas stark variiert, z. B. zwischen mehrgeschossigem Lehmbau im Sahel [595: FIEDERMUTZ-LAUN] und dem einfacheren Hüttenbau mit Strohdächern in anderen Gegenden. Die Wohnstätten der Menschen waren keine Luxushäuser, aber viele Häuser von Herrschern hoben sich aus der Menge heraus, durch eine größere Anlage, besondere Zeichen der Würde oder kunstvolle Schnitzereien. Größere Herrscher haben sich Paläste errichten lassen, in der durch den Goldhandel reichen Sahelregion haben sie ausländische Architekten herangezogen. Die Mehrzahl der Häuser entsprach in ihrer Einfachheit durchaus den Bedürfnissen bzw. Ansprüchen der Bevölkerung; indem der Haushaltungsvorstand, seine Frau oder seine Frauen und andere Familienmitglieder eigene Hütten hatten, war auch dem Platzbedürfnis Rechnung getragen. Skizzen von HEINRICH BARTH über die Grundrisse mancher mehrgeschossiger Häuser in Westafrika belegen die Anpassung der Menschen; die kunstvollen Moscheen in Lehmbauweise bezeugen ebenfalls die Kreativität der dortigen Gesellschaften [84: BARTH].

Warum die Völker nach der in der Forschung angenommenen großen Wanderungsbewegung von Ägypten aus die dort entwickelten technischen Errungenschaften und wissenschaftlichen Kenntnisse nicht mitgenommen und in ihrer neuen Umgebung angewandt haben, kann nur spekulativ erklärt werden, mit dem Hinweis auf die örtlichen Lebensbedingungen, denen man sich anpassen mußte, und auf die konkreten Bedürfnisse einer zahlenmäßig kleineren Gruppe. Dieses demographische Argument ist wahrscheinlich grundlegend für die Erklärung vieler Entwicklungen in Afrika [129: Iliffe].

3. Die andere Begrifflichkeit

Bei der Beschäftigung mit afrikanischen Gesellschaften wird deutlich, in welch hohem Ausmaß die Wissenschaft von Kategorien und Begrifflichkeiten geprägt ist, die der europäischen Erfahrung entnommen sind und nicht problemlos auf andere Kulturen übertragen werden können. Viele zentrale wissenschaftliche Begriffe haben einen europäischen Hintergrund und müssen überdacht oder ersetzt werden. Umgekehrt bedürfen Zusammenhänge aus der afrikanischen Wirklichkeit einer genauen Definition und Klärung, um das Gemeinte präzise auszudrücken. Diese Arbeit steht erst in ihren Anfängen. Sie geht von regionalen Erfahrungen aus und weiß noch keine Antwort auf die Frage, ob es so etwas wie eine kontinentale Wissenschaftssprache für den gesamten afrikanischen Erdteil geben wird, ob es derartige Sonderentwicklungen in der Wissenschaft überhaupt geben kann. Diese diffizile Arbeit muß im wesentlichen von afrikanischen Spezialisten geleistet werden, die mit den Zusammenhängen und den jeweiligen Sprachen vertraut und gleichzeitig in der westlichen Wissenschaftstradition zu Hause sind. *(Randnotiz: Eurozentrische Begrifflichkeit)*

An dieser Stelle soll versucht werden, die Fragwürdigkeit einer Anwendung europäischer wissenschaftlicher Begriffe auf die afrikanische Wirklichkeit aufzuzeigen und Auswege zu öffnen; gleichzeitig sollen wichtige Kategorien aus der afrikanischen Wirklichkeit vorgestellt werden.

Aus dem Zusammenhang der politischen Organisation erweisen sich z. B. unsere Begriffsbestimmungen von Staat, Nation, Reich als revisionsbedürftig. Die Organisationsformen von Staat und Gesellschaft in Afrika weisen eine solche Vielfalt und Entwicklungsdynamik auf, daß abstrakte Begriffe Gefahr laufen, nur Teile der Realität auszudrücken. Während ein Staat im wissenschaftlichen Verständnis des Westens neben einer straffen Organisationsstruktur stets auch ein bestimmtes Staatsvolk, ein Staatsgebiet mit definierten Grenzen und das Gewaltmonopol beinhaltet, hat es in Afrika immer Gesellschaften gegeben, die ohne zentralisierte politische Strukturen ausgekommen sind. Herrschaft hat sich vor der europäischen Kolonialaufteilung auch nicht auf ein festes Territorium, sondern auf Gruppen von Menschen erstreckt; solche Gruppen wandeln sich aber und können sich durch Wanderungsbewegungen zusätzlich verändern. Nicht der Schutz der Grenzen, der territorialen Integrität war demnach eine zentrale Auf- *(Randnotiz: Staat, Nation, Reich)* gabe, sondern das Bemühen, die Bevölkerung zusammenzuhalten, sie von einer „Auswanderung" abzuhalten [707: GOODY, 98]. Dies hing damit zusammen, daß Land ausreichend zur Verfügung stand und der Zugang zu Land nicht zum Ansatzpunkt einer Unterwerfung der Bevölkerung werden konnte. So war die Machtbasis der Herrschenden in besonderer Weise an den Konsens der Bevölkerung gebunden.

Afrikanische Konzepte der Macht

Ein Gewaltmonopol in der europäischen Eindeutigkeit ist auch nicht vorauszusetzen, vielmehr ist häufig eine Dualität der Machtträger und der Machtbereiche gegeben. Diese stimmen nicht mit unserer aus der Beschäftigung mit dem europäischen Mittelalter überkommenen Unterscheidung zwischen weltlicher und geistlicher Macht überein, sondern diese Differenzierung basiert auf einem anderen Verständnis der Macht. Primär, überall verbreitet und stets genau identifizierbar ist in vielen Teilen Afrikas der „maître de terre" [616: DIAGNE, 37], der „earth priest" [680: COLSON, 199–200] oder „the owner of the land" [217: VANSINA, 83], der das Land und die Nutzungsrechte im Namen der Ahnen verwaltet und zuteilt; er ist der Nachfahre derer, die als erste dieses Land in Besitz genommen und mit der Natur einen Pakt geschlossen hatten, um die magischen Kräfte des Landes zu bändigen. Er hat aber keine Macht über die Menschen, die dieses Land bearbeiten. Der „political chief" dagegen ist eine spätere Erscheinung, bei den Völkern entstanden, die eine ausgeprägte Zentralverwaltung entwickelt haben; er übernimmt aber nicht automatisch die Vollmachten des „Erdherren". Diese prinzipielle Gegenüberstellung der Kontrolle des Raumes und der politischen Macht ist nach Pathé Diagne „une originalité essentielle" der afrikanischen Welt [616: DIAGNE, 31].

Andererseits lag für die Akan-Völker in den heutigen Staaten Ghana, Côte d'Ivoire und Togo die eigentliche Macht nicht in der Person des Herrschers, sondern im „stool", einem Herrschaftssitz, der als Symbol der Einheit von Volk und Macht und als Sitz der Seele des Volkes angesehen wurde [621: HAGAN]. Andere Völker West- und Ostafrikas kennen in ihren Sprachen ähnliche Begriffe, die die Souveränität und die Macht anders konzipieren. Dies bedeutet, daß unser Begriff Staat nur in seiner weitesten Form auf die afrikanische Wirklichkeit angewandt werden darf und daß man dabei bedenken muß, daß der Staat im afrikanischen Kontext eine breitere Bedeutung hat und weniger stark festgelegte Formen der politischen Organisation umfassen kann. Ob neben Gesellschaften, die eine Zentralgewalt kennen wie große Reiche, islamische Khalifate, kleinere Königreiche oder straff organisierte Häuptlingstümer, auch anders organisierte Gesellschaften als Staaten im weitesten Sinne anzusehen sind, hängt von der Definition des Begriffes Staat ab. Gemeint sind Gesellschaften mit dezentralisierter Macht, lose miteinander verbundene Gruppen, die sogenannten segmentären Gesellschaften, und auch Gesellschaften, die man Gesellschaften ohne Staat genannt hat [149: KRAMER-SIEGRIST], die aber sehr wohl organisiert sind und selbst in zahlenmäßig sehr großen Verbänden existieren, wie die Tiv in Nordnigeria mit einer geschätzten Größe von 800 000 Mitgliedern. Es wäre absurd, solche Einheiten aus definitorischen Gründen nicht als Staaten anzusehen, wie es auch problematisch ist, den Staatsbegriff völlig seiner im Westen gebräuchlichen Konstitutiva zu entkleiden.

Hilfreich bei der Bestimmung eines afrikanischen Staatsbegriffs ist weder die grundsätzliche Unterscheidung zwischen Gesellschaften mit Staat und solchen ohne Staat [617: EVANS-MEYER-PRITCHARD], noch die von manchen Wissenschaftlern vertretene Typologie „primitiver Gemeinwesen", die Horden, Stämme, Häuptlinge und primitive Staaten unterscheidet [638: STAGL, 218] und damit auch eine aufsteigende Entwicklungsreihe impliziert, wie dies die Klassiker Talcott Parsons, Marshall Sahlins und Elman Service postuliert haben [632: PARSONS], [637: SAHLINS]. Die aufsteigende Entwicklungslinie ist tatsächlich nicht so eindeutig, und für die Organisation von Völkern in relativ dünn besiedelten Räumen gelten andere Kriterien. Auch der Rückgriff auf einen „traditionellen Staat", der auf einer bestimmten Form des Eigentums und der Aneignung des gesellschaftlichen Mehrprodukts, der Institutionalisierung von sozialer Ungleichheit und der Herausbildung von Machteliten mit alleiniger Verfügung über den Herrschaftsapparat beruhe [631: NUSCHELER, 25], hilft nicht weiter, denn die Eigentumsformen waren sehr unterschiedlich. Fast nirgends führten sie zu Abhängigkeit von den Herrschenden. Hilfreich kann nur sein, aus einer Analyse möglichst vieler afrikanischer Gesellschaften deren eigene Strukturmerkmale und Konzepte abzuleiten und darauf eine Typologie aufzubauen.

Für PATHÉ DIAGNE ergibt sich aus einer solchen Analyse für weite Teile Afrikas, daß Homogenität in Staat und Staatsmacht weder beinhaltet noch angestrebt wurde. Der Staat war „différentiel" und „communaucratique" [616: DIAGNE, 45–47], d. h. er hat die einzelnen Gemeinschaften in ihrer Identität und Selbstverwaltung unangetastet belassen, weder eine offizielle Kultur noch eine offizielle Sprache gekannt, war vom Wesen her pluralistisch. Dadurch habe sich der afrikanische Staat fundamental vom europäischen unterschieden: „L'Etat différentiel négroafricain est l'antithèse même de l'Etat-nation indo-européen, ethnocide et réducteur de l'autre" [616: DIAGNE, 46]. Die Staatsform war in der Regel eine „oligarchische Monarchie" mit einer „kollegialen Souveränität" und einer „dyarchischen Zentralgewalt", die auf zwei Schultern auflag; die „autokratische Monarchie" war das Resultat gewaltsamer Eroberungen und Unterwerfungen [615: DIAGNE, 27–28]. In dieser Definition gehen die Interessenschwerpunkte von anderen Grundeinschätzungen aus als in der europäischen Sozialwissenschaft: Die Typologisierung geht nicht von der Existenz einer Zentralgewalt als Unterscheidungskriterium aus, sondern von der Art der Machtverteilung, und sieht darin einen signifikanten Gegensatz zu den europäischen Konzepten. Eine ernsthafte Auseinandersetzung zwischen beiden Ansätzen zur Erweiterung unseres Staatsbegriffs ist noch nicht erfolgt.

Ein alternativer Staatsbegriff

Auch die Legitimationsbasis des afrikanischen Gemeinwesens ist nicht immer eine formalisierte Volkssouveränität. Macht, Durchsetzungsvermögen, militärische Stärke oder Intrige auf der einen Seite, der Anspruch, die Sicherheit und Wohlfahrt der Untertanen sichern zu können und dazu über die nötige magische

Kraft zu verfügen, auf der anderen begründen in vielen Fällen die Legitimität. Aber oft spielen Verwandtschaftskriterien eine entscheidende Rolle, d. h. die im allgemeinen Konsens akzeptierte Legitimation durch Abstammung. Dem liegt die Vorstellung zugrunde, daß eine Gemeinschaft neben den aktuellen Mitgliedern auch die schon verstorbenen umfaßt. Die Vorfahren, allen voran der Gründerahn, die Geister und die Götter wirken zusammen und beeinflussen das Wohlergehen der gesamten Gruppe. Ihre Leitung ist das Bindeglied zwischen den Lebenden und den Ahnen, d. h. sie vertritt die Lebenden gegenüber den Ahnen und vermittelt deren Wünsche an die Lebenden; sie ist durch diese Verbindungslinie legitimiert und gleichzeitig durch sie gebunden. Einen Anspruch auf die Ausübung dieser Funktion hat derjenige, der in der Abstammungslinie dem Gründerahn der Gemeinschaft am nächsten steht. Als Vertreter der Ahnen muß der „Herrscher" ihre ganze Kraft verkörpern, er besitzt die „force vitale" seiner Gemeinschaft. Dies legitimiert ihn, stellt seine Regierungszeit aber auch unter hohe Anforderungen und entzieht ihm die Beauftragung durch die Ahnen, wenn er altert oder Zeichen von Krankheit und Schwäche zu erkennen gibt. [836: CHEIKH ANTA DIOP, 143–145].

Legitimation von Herrschaft

Die doppelte Legitimation von Herrschaft, durch Abstammung und Bewährung, ist durchaus auf die Souveränität des Volks zurückzuführen, wobei Volk hier für Gemeinschaft im generationenübergreifenden Sinne steht, als Hüter der Tradition.

Es ist auch Vorsicht geboten, wenn man auf die großen „mittelalterlichen Reiche" Ghana, Mali, Songhay oder auf Kanem und Bornu den europäischen Begriff „Reich" mit seinen Konnotationen von Territorium, Nation und Reichsidee anwendet. Dieser ist selbst im europäischen Kontext mit unterschiedlichen Inhalten besetzt.

Nation und Nationalstaat

Ein afrikanisches Äquivalent für das Konzept „Nation" und „Nationalstaat" ist ebenfalls nicht vorhanden, da afrikanische Gemeinwesen von einer großen kulturellen Vielfalt sowie von unterschiedlichen und wechselnden Zugehörigkeitsmustern geprägt waren. Nationalstaaten haben sie nicht hervorgebracht, mit der möglichen Ausnahme von Buganda, Swaziland, Lesotho, wohl aber eine große Zahl fließender Gemeinschaften.

Auch die Bezeichnungen für Herrschaftsformen und Gesellschaftsmodelle haben unterschiedliche Bedeutungen. Besonders problematisch sind die Begriffe „Feudalismus" und „Feudalgesellschaft", wenn sie auf afrikanische Gemeinwesen angewandt werden [625: KOHNERT; 378: FÜSSER; 629: MAQUET]; die Problematik besteht darin, daß afrikanische Völker andere politische und gesellschaftliche Organisationsformen entwickelt haben und daß es grundherrliche Abhängigkeiten nur in wenigen Regionen gegeben hat. Selbst dabei ist nicht klar, welche Rolle das Landrecht und der Landbesitz gespielt haben.

Feudalismus und Sozialismus

Jacques Lombard hat deshalb vorgeschlagen, „Feudalstrukturen" unter afrikanischen Bedingungen eher als politische Organisationsformen und als Sozialbeziehungen zu definieren, die auf persönlichen Banden beruhen, und weniger als dingliche Rechte, die sich durch die Verleihung von Grundtiteln manifestieren [628: LOMBARD]. Ähnlich hat J.-J. MAQUET argumentiert: „la <féodalité> n'est pas en Afrique un <mode de production>, c'est avant tout <un régime politique>" [629: MAQUET].

Selbst Begriffe wie „Sozialismus" bedürfen der Überprüfung: So gegensätzliche Systeme wie das planwirtschaftlich orientierte tanzanische unter JULIUS NYERERE und das kapitalistisch-marktwirtschaftliche Kenias unter JOMO KENYATTA werden mit der Vokabel „afrikanischer Sozialismus" [560: FRIEDLAND/ROSBERG] zusammengefaßt. In beiden waren planwirtschaftliche Elemente vorhanden, auch eine Ideologie, die auf einer als afrikanisch bezeichneten Solidarität aufbaute. Aber die dem Individuum zugeschriebene Rolle unterschied beide Systeme. Vor allem hatte die Idee eines afrikanischen Sozialismus weniger den Wert einer Gesellschaftstheorie, sie diente der nationalen Integration und dem „nation-building".

Schwieriger wird die Verständigung noch bei der Bestimmung von demokratischen Strukturen, worauf die Debatte um die „Palaver-Demokratie" oder die Einheitspartei hinweist. Während im westlichen Verständnis eine Demokratie die Parteienvielfalt und die Gewaltentrennung voraussetzt, kennt die afrikanische Erfahrung beides nicht in dieser institutionalisierten Form und nennt die eigenen Systeme, mit Ausnahme diktatorischer Regime, dennoch demokratisch: Im Kreise der Ältesten werde diskutiert, bis eine einvernehmliche Lösung gefunden sei. Sie werde vom obersten Träger der Macht zusammengefaßt und verkündet. Auch der Ausübung der politischen und richterlichen Gewalt seien durch die Existenz von Normen und Kontrollgruppen Grenzen gesetzt gewesen. Die Formalisierung von Entscheidungsprozessen in Modelle des Multipartismus diene der Schürung innergesellschaftlicher Gegensätze und tribaler Interessen, nicht dem Ausgleich.

Eine klassische Gewaltenteilung ist in diesen Gesellschaften deshalb unbekannt, aber sie haben ein ausgeklügeltes System der Machtkontrolle entwickelt, durch Ältestenrat, Dorfversammlung, Geheimgesellschaften, die Institution der Königin-Mutter, die Dualität der Macht. Selbst die angesprochene oligarchische Monarchie ist dyarchisch, hat also zwei Machtträger [615: DIAGNE, 27–28]. Gewaltenteilung

Diesen Systemen eine demokratische Grundstruktur abzuerkennen, wäre ebenso falsch, wie die Gefahren eines Mißbrauches, die in einem nicht-formalisierten System gegeben sind, zu übersehen.

Es ist schwierig, bestimmte afrikanische Formen der Herrschaftsausübung in einem Begriff zu fassen und von europäischen Fachausdrücken abzusetzen. Die seit der griechischen Staatsphilosophie übliche Unterscheidung zwischen Monarchie, Aristokratie und Demokratie stößt etwa auf das Problem, daß es im afrikanischen Verständnis zwar Herrscher, aber im allgemeinen keine Alleinherrscher gibt und daß europäische Bezeichnungen wie Häuptling oder König selbst dort, wo sie sich im allgemeinen Sprachgebrauch durchgesetzt haben, etwas anderes Königtum und König meinen. Der europäische König, einem Adelsgeschlecht entstammend, mit magisch-sakraler Kraft in Verbindung gebracht, ein Herrscher „von Gottes Gnaden", ursprünglich vom Papst geweiht und in sein Amt als weltlicher Vertreter

Gottes auf Erden eingesetzt, daher nur Gott verantwortlich und oberster Gesetzgeber, hat in der afrikanischen Wirklichkeit zwar verwandte Parallelen, aber auch deutlich unterschiedene Züge. Auch der afrikanische König entstammte einem vornehmen Geschlecht, stand den Ahnen besonders nahe und verfügte über magisch-sakrale Kräfte. Aber drei wichtige Charakteristika heben ihn vom europäischen König ab: Er hat seine Macht und seinen Auftrag nicht von den Göttern und Ahnen erhalten. Er hat sie vielmehr selbst symbolisch durch das Übertreten gesellschaftlicher Tabus erobert und war deshalb kein Herrscher von Gottes Gnaden. Ferner verkörperte und symbolisierte er die Lebenskraft seines Volkes und der Natur, so daß das Wohlergehen seines Volkes von seiner persönlichen Kraft abhing. Und schließlich war er durch seine Stellung außerhalb der geltenden Ordnung aus der Gesellschaft herausgehoben, zum „monstre sacré" geworden. Das sakrale Königtum wird deshalb im afrikanischen Kontext definiert als eine „symbolische Struktur, ein Bruch mit der häuslichen, familiären oder abstammungsmäßigen Ordnung. Sie bezeichnet ein Wesen, das außerhalb des Gewöhnlichen steht, außerhalb des Raumes, potentiell gefährlich ist und dessen Macht über die Natur die Gesellschaft zu vereinnahmen trachtet" [623: DE HEUSCH, 270–271]. Obwohl dieser Herrscher außerhalb der geltenden Ordnung stand, war er kein absolutistischer Machthaber. Seine Herrschaft war keine „afrikanische Despotie" [630: MURDOCK, 36 f.] und keine absolutistische Theokratie; sie war durch institutionalisierte Kontrollen irdisch gebunden [620: HABERLAND, 809].

Auch der „konstitutionelle Monarch" europäischen Zuschnitts hat in Afrika gewisse Parallelen: Der Asantehene, Herrscher im Asante-Reich, schwor bei seiner Inthronisierung einen Amtseid auf bestimmte Pflichten und die Respektierung der Rechte der Bevölkerung. Bei Verletzung dieses Eides konnte er abgesetzt werden [316: RATTRAY].

Ein Oberbegriff für die afrikanischen Amtsbezeichnungen von Asantehene, Mansa, Askia, Mogho Naba, Oba, Oni, Alafin, Kabaka, Kazembe, Mwaant Yaav, den Herrschertiteln in Asante, Mali, Songhay, bei den Mossi, in Benin, Ile-Ife, Oyo, Uganda oder Zentralafrika, und für viele andere ist nicht vorhanden, eine Umschreibung unter Nennung des eigentlichen Titels ist vorläufig die einzige Lösung, auch wenn dies sehr verwirrend ist. In der Ethnologie hat sich eine solche Vorgehensart seit langem eingebürgert. Manche Titel sind hingegen eindeutig, weil sie von Vertretern europäischer Mächte verliehen worden sind. So wurden Familienoberhäupter in Douala, dem wichtigsten Hafen des späteren Kamerun, von europäischen Schiffskapitänen „kings" genannt, weil sie als Sprecher der Bevölkerung auftraten und von den Europäern Warenkredite erhielten. Diese Bevölkerung kannte nur Familienchefs, keine Chiefs oder Kings mit familienübergreifender Autorität. In völliger Verkennung dieser internen Ordnung sah sie sich nun mit neuen Autoritäten versehen.

Häuptling, Chief, Chef   Unter „Häuptling" (chief, chef) oder Häuptlingstum (chiefdom, chefferie) versteht man nicht einfach einen traditionellen Herrscher und seinen Machtbereich oder einen „Stammesherrscher", der in unkontrollierter Willkür Macht ausübt, sondern im Unterschied zu einem König eine Person, die über eine im weitesten Sinne des Wortes verwandtschaftlich bestimmte größere Gruppe politische Autorität ausübt. Weil sich die Macht des Häuptlings also auf seine Verwandtschaftsgruppe begrenzt und die Organisation ihres Überlebens zum Inhalt hat, basiert sie auf „un orde symbolique de la parenté et des échanges matrimoniaux" [623: DE HEUSCH, 289]. Dabei greift sie weniger auf eine Fachbürokratie als auf Personen im eigenen Umkreis und auf persönliche Herrschaftsformen zurück. Die Herrschaft erstreckt sich nicht auf alle Bereiche, die in einem Staatswesen von der politischen Macht erfaßt werden. Wegen des verwandtschaftlichen Grundmusters dieser Gesellschaften beschränkt sich die Macht eines Häuptlings auf die Belange, welche die Autorität der kleineren Familieneinheiten überschreiten und alle Mitglieder der Gemeinschaft angehen. Sie konzentriert sich auf die Redistribution von Gütern sowie die Reproduktion der Gesellschaft durch Heiratsallianzen [123: MAQUET, 62 ff.]. Der Häuptling findet seine Legitimation zur Herrschaft – in den Kategorien von Max Weber – in der Tradition, d. h. in der in Generationen gewachsenen Überzeugung, daß der Älteste aus der Abstammungslinie des Gründerahnen dessen Erbe als Verwalter der gesamten Gemeinschaft weiterführen soll und dazu von den Ahnen berufen ist. Seine Macht findet in der Überlieferung auch ihre Grenzen, indem Ältestenräte oder andere Kontrollinstanzen das Verhalten des Machtträgers an der Tradition messen. Weil es in der afrikanischen Wirklichkeit aber eine sehr große Bandbreite unterschiedlich straff organisierter, mit unterschiedlichen Kompetenzen ausgestatteter und von verschiedenem Selbstverständnis getragener Häuptlinge und Häuptlingstümer gegeben hat, bleibt auch dieses Konzept so mehrdeutig, daß es im Einzelfall der Klärung bedarf.

Bei Begriffen aus dem gesellschaftlichen Bereich sind das Klärungsbedürfnis und die spezifischen Unterschiede noch größer. Für die Erfassung von gesellschaftlicher Struktur und Hierarchie hat sich heute vielfach der Klassenbegriff eingebürgert. Er setzt ein spezifisches Verhältnis zu den Produktionsmitteln voraus und sieht den Antagonismus von herrschender und beherrschter Klasse in diesem Verhältnis grundgelegt. Im afrikanischen Kontext haben aber bis zur Kolonialzeit die Besitzverhältnisse an den Produktionsmitteln im allgemeinen keine gesellschaftlich differenzierende Rolle gespielt, da und solange Land reichlich zur Verfügung stand und in unterschiedlichen Formen im Besitz der Kollektivität lag und da Werkzeuge von jedermann hergestellt oder erworben werden konnten. Der Besitz von Vieh hat allerdings stärker stratifizierend gewirkt und über Vieh-Leihe zu starken Abhängigkeiten geführt [629: MAQUET]. Hierarchien, Abhängigkeitsverhältnisse, Ungleichheiten und Konflikte haben überall existiert, basierten aber im Unterschied zur europäischen Entwicklung primär auf Kriterien der Abstammung, der persönlichen Beziehungen [565: GUYER], oder auf der Stellung im Reproduktionsprozeß, weshalb nach einer nicht unumstrittenen Interpretation die Autorität der Alten vor allem auf ihrer Kontrolle über die Frauen im geburtsfähigen Alter [605: MEILLASSOUX] gelegen habe. Damit ist allerdings impliziert, daß ökonomische Faktoren in der Definition von gesellschaftlichem Status nie gefehlt haben.

Klasse und Klassenkampf

Stamm, Ethnie,   Als „Stamm" bezeichnet der Historiker in der europäischen Geschichte eine
Volk   durch Sprache und Brauchtum zusammengehaltene Siedlungsgemeinschaft, der
Ethnologe eine homogene und in politischer und sozialer Hinsicht autonome
Gruppe, die ihr eigenes Territorium bewohnt [639: PANOFF/PERRIN, 282]. Die in
beiden Definitionen genannte Struktur der Homogenität und die mitgemeinte
Konnotation der verwandtschaftlichen Bande als Ordnungskriterium werden in
der neueren Forschung für Afrika zunehmend in Frage gestellt, nachdem deutlich
geworden ist, daß viele Stämme eine Kreation der Kolonialzeit und der Kolonialmächte sind [670: LEROY], die zur leichteren Regierbarkeit einheimische Herrschaftsbereiche mit eigenen Traditionen sowie eigenem Bewußtsein brauchten. In
Wirklichkeit aber erfolgte die Identifikation der Menschen nach mehreren gleich-
zeitigen oder wechselnden Kriterien der verwandtschaftlichen oder sprachlichen
Zusammengehörigkeit, der geographischen Nähe, der politischen Unterordnung
bzw. Schutzsuche, der religiösen Überzeugung, der ökonomischen Absicherung,
der Zugehörigkeit zu bestimmten Organisationen oder Gruppen und vielen anderen. Deshalb waren diese Identifikationen auch einem ständigen Wandel unterworfen. Gruppen bildeten sich schnell, die Zugehörigkeitsgrenzen verschoben
sich häufig, ebenso ihre Ursachen. Gruppen lösten sich auf, gingen in größeren
Bezugsrahmen/Herrschaftsbereichen auf oder behielten einige Eigenheiten bei.
Kurz, viele Gesellschaften waren bis zur Kolonialzeit beweglicher, weniger uni-
form und fixiert als europäische Gesellschaften. Der Begriff Stamm für eine solche
sich kontinuierlich verändernde, neu formierende Gruppe mit wechselndem
Selbstverständnis hilft also bei der Beschreibung afrikanischer Gesellschaften
nicht weiter. Er fixiert vielmehr Entwicklungen, bricht sie ab und interpretiert sie
aus einer statischen Fremdperspektive. Allerdings sind in dem Prozeß des Zusam-
menwirkens von Kolonialmächten, Missionen, afrikanischen Intellektuellen und
Herrschaftsträgern auch stammesmäßige Identitäten und stammesmäßiges Selbstbewußtsein entstanden [371: ILIFFE, 318 ff.].

Die Ausweichbegriffe „Ethnie" oder „Volk" für eine Gruppe von Personen, die
derselben Kultur angehören [639: PANOFF/PERRIN, 91], stellen nur Hilfskon-
struktionen dar, die dem Problem inhaltlich nicht gerecht werden. Sie legen ein
einzelnes Kriterium der Zugehörigkeit zugrunde. Dennoch bedient man sich
heute vielfältig dieser Termini, um den Begriff Stamm zu vermeiden, der zunehmend als diskriminierend empfunden wird. Dem steht nicht entgegen, daß manche afrikanische Politiker und Journalisten weiterhin von Stämmen sprechen, um
Unterschiede in der Bevölkerung zu markieren. Allerdings geschieht dies häufig
im Zusammenhang von internen Konflikten oder von Wahlkampfsituationen, in
denen Vereinfachungen, aber auch der Appell an Gemeinsamkeiten zur Mobilisierung von Anhängern üblich sind.

Noch weniger hilfreich ist „Tribalismus", ein Begriff, mit dem Konflikte in oder
zwischen afrikanischen Gesellschaften als Stammeskonflikte oder Stammeskriege
erklärt werden [669: LENTZ]. Daß Spannungen zwischen verschiedenen ethnischen Gruppen auftreten können, wird von niemandem geleugnet. Die Frage ist

nur, wo deren Ursachen liegen, ob sie von der ethnischen Zugehörigkeit ausgehen, ob sie überhaupt damit zusammenhängen oder ob streitende Parteien sich lediglich zur Gruppensolidarisierung in primär politisch oder ökonomisch motivierten Auseinandersetzungen ethnischer, sprachlicher oder religiöser Schlagwörter bedienen [675: WIMMER]. Letzteres scheint der Regelfall zu sein, wie der Biafra-Krieg, die Machtkämpfe zwischen schwarzen Gruppen in Südafrika und vor allem der Völkermord in Ruanda gezeigt haben [665: HARDING].

Die Bezeichnung „Adel", „Adelsherrschaft" sollte behutsam benutzt werden, um Unterschiede zum europäischen Verständnis deutlich zu machen. In Afrika war die gesellschaftliche Hierarchisierung nie so weit verfestigt und verrechtlicht, daß führende Familien zu einem eigenen Stand geworden wären. Einen Adel im Sinne eines solchen Standes des erblichen Vorrechts in der politischen Leitung des Staates hat es hier nicht oder nur in wenigen Fällen gegeben. Deshalb versteht man in diesem Kontext „Adel" in einem weiteren Sinne, die Gruppe von Familien, die durch Abstammung dem Gründerahn am nächsten standen, sich in der Vergangenheit besondere Verdienste erworben hatten, oder auch solche Familien, die von Herrschern in bestimmte Funktionen berufen oder zur Gründung einer eigenen besonderen Linie befugt worden waren. Zwischen „Amtsadel" und „Blutsadel" zu unterscheiden, wie dies in der Forschung zum Sultanat Fumban in Kamerun geschehen ist, zeugt von der Schwierigkeit, die europäische Begrifflichkeit adäquat anzuwenden, drückt aber nicht den wirklichen Sachverhalt aus. Selbst wo man diese herausgehobenen Familien „chiefly families" oder „royal families" nannte, stellten sie keinen Stand dar.

Adel und Adelsherrschaft

Einer eigenen Erklärung bedarf ebenfalls der Begriff „Kaste", der bei vielen Völkern Westafrikas eine Gruppe von Menschen bezeichnet, die ein bestimmtes Handwerk ausüben, vor allem Schmiede, Weber und Schuhmacher, oder die als Barden, Hofsänger oder Überlieferer der geschichtlichen Tradition, als „Griots", tätig sind und dadurch einen gewissen Status hatten und eine gewisse gesellschaftliche Abgrenzung erfuhren. Sie waren „endogamous ranked specialist groups" [640: TAMARI, 223], die in ihrer beruflichen Spezialisierung auf die geheimen Kräfte in allen Dingen Einfluß nehmen. Um ihre besonderen Kenntnisse um diese geheimen Kräfte in der jeweiligen Verwandtschaftslinie zu erhalten, wurde die Endogamie praktiziert, und daraus entstanden die geschlossenen erblichen Gruppen. Wenn sie auch durch Tabus und unterschiedliche Heiratsverbote voneinander und von anderen Mitgliedern der Gesellschaft getrennt waren, blieb ihr Wesen doch eine berufliche Spezialisierung mit religiös-magischer Komponente und einer daraus definierten Absonderung. Solche Unterscheidungen wurden im Gegensatz zur Entwicklung in Europa oder Asien nicht zum Ausgangspunkt einer Klasseneinteilung: „la ségrégation établit une préséance sociale" [615: DIAGNE, 45]. Sie stellten auch nicht wie in Indien eine hierarchisierende Aufteilung dar. Sie sind eher als „Zünfte" oder „Gilden" anzusehen, ihre Mitglieder wurden nicht verachtet, eher gefürchtet: „Non-mélange ne signifait pas mépris." [467: HAMPÂTÉ BÂ, 408].

Kaste

Sklave   Am meisten umstritten ist der Begriff „Sklave" und die damit verbundene Institution, die Sklaverei. Im Unterschied zur Sklaverei in der Antike und zu ihrer Ausprägung in Amerika ist der Sklave in Afrika nie ein frei verfügbares Eigentum seines Herrn gewesen. Eigentumsrechte waren in Afrika immer Rechten gegenüber Personen untergeordnet und davon abgeleitet. In diesem Sinne war der afrikanische Sklave zwar nicht frei im europäischen Verständnis, er war als Abhängiger in eine Familie oder eine Gruppe eingebunden, verfügte über weniger Rechte als die übrigen Mitglieder der Gruppe, konnte aber als zusätzliches Mitglied der Familie oder der Gefolgschaft und als zusätzliche Arbeitskraft eine langsame Eingliederung in die neue Verwandtschaftsgruppe erwarten. Dabei darf man aber nicht übersehen, daß in allen Formen der Sklaverei das Element Arbeitskraft den Kernpunkt des Sklavendaseins bildete.

Auch Begriffe aus dem Bereich der Wirtschaft sind umstritten. Ein Grundproblem liegt in der Tatsache, daß wenige Quellen Auskunft über Art und Umfang sowie über die Entwicklung wirtschaftlicher Strukturen geben; Statistiken über Produktion und Handel, Preisentwicklung Investitionen und Gewinne fehlen für die frühere Zeit und sind erst aus Reiseberichten um die Mitte des 19. Jahrhunderts entnehmbar. Selbst die Anwendung statistischer Erhebungen in der Kolonialzeit hat nur die Kolonialwirtschaft erfaßt und für die afrikanische Produktion und den Binnenhandel kein Interesse gezeigt. Auch heute noch bleibt das Problem der Erfassung des sogenannten Subsistenzsektors und des informellen Sektors ungelöst. Direkte Informationen über die Produktions- und Austauschbedingungen sind also nicht verfügbar, und Aussagen über die Funktionsweise sind deshalb problematisch. Der Grund für das Fehlen entsprechender Informationen liegt darin, daß statistische Einzelheiten in mündlichen Überlieferungen nur schwer tradierbar sind und daß die Menschen an statistischen Fragen wenig Interesse hatten. Wirtschaftliche Zusammenhänge tauchen in alten Überlieferungen nur am Rande auf, weil sie als selbstverständlich erfahren wurden und in den Wertesystemen dieser Gesellschaften nicht an vorrangiger Stelle eingeordnet waren, was aber in sich auch problematisch ist. Begriffe aus der Wirtschaft müssen deshalb sorgfältig auf ihren Hintergrund überprüft werden. Das europäische Begriffsinstrumentarium, das von Marktmechanismen, Produktionsweisen und Produktionsmitteln spricht, kann nützlich sein, muß aber den Umständen angepaßt werden. An erster

Subsistenzwirt-   Stelle muß geklärt werden, daß der Terminus „Subsistenzwirtschaft" als generelle
schaft, „archaische   Bezeichnung vorindustrieller Wirtschaften zu Mißverständnissen Anlaß gibt und
Wirtschaft"   in den meisten Fällen falsch ist [203: HOPKINS, 9]. In ihrer Reinform bezeichnet eine solche Wirtschaft die ausschließliche Planung und Produktion eines Haushaltes für den Eigenbedarf. In der Wirklichkeit hat es Gesellschaften ohne Vorratsproduktion und Austauschbeziehungen nur selten und nur vorübergehend gegeben. Überall sind Vorratsspeicher angelegt worden, haben Märkte existiert, alle Regionen waren von Handelsrouten durchzogen. Man kann also allenfalls von subsistenzorientierten Gesellschaften sprechen und damit Gemeinschaften meinen, in denen der Handel und die Marktproduktion nicht die zentralen Antriebs-

kräfte waren. Märkte haben existiert und im Leben der Menschen eine Rolle gespielt, aber es ist schwer, sie genauer zu definieren. Daß solche Wirtschaftsformen leistungsfähig waren, eigene Gesetzmäßigkeiten und eine inhärente Logik mit eigenen Wertesystemen hatten, steht außer Zweifel [139: AUSTEN, 9–29], aber ihre genauere Analyse bereitet uns Probleme, weil sie mit den uns geläufigen Konzepten und Fragestellungen nicht zu erfassen sind.

Auch der von Polanyi und anderen benutzte Begriff „archaische Wirtschaft" [634: POLANYI/ AHRENSBERG/PEARSON] ist problematisch, wenn er einen globalen Erklärungswert beansprucht. Er spricht afrikanischen Produktions- und Austauschstrukturen die Marktorientierung ab und setzt an deren Stelle die Prinzipien von Reziprozität und Redistribution, die aus dem verwandtschaftlichen Grundmuster dieser Gesellschaften entnommen sind. Sie haben zweifellos einen wichtigen Platz im Leben und Denken der Menschen gehabt, aber sie waren nicht die einzigen, besonders nicht in Regionen mit wachsender Bevölkerungsdichte und folglich steigender Marktabhängigkeit.

Eine „afrikanische Produktionsweise", im Unterschied zur asiatischen oder zur kapitalistischen Produktionsweise, hat es wegen der Vielfalt der ökonomischen und demographischen Gegebenheiten auf dem schwarzen Kontinent nie gegeben. Stärker als in anderen dichter besiedelten Regionen der Erde hat ein zeitliches und räumliches Nebeneinander unterschiedlicher Produktionsweisen bestanden, ohne daß man über einen längeren Zeitraum oder für eine größere Region eine vorherrschende Produktionsweise ausmachen könnte. Es ist auch irreführend, die Ökonomien der vorkolonialen afrikanischen Gesellschaften global als vorkapitalistisch oder als gegensätzlich zur kapitalistischen Produktionsweise zu sehen. Sie waren keine kapitalistisch organisierten Volkswirtschaften, aber Gewinnstreben als Motiv des wirtschaftlichen Handelns ist immer vorauszusetzen. Auch Kapital ist immer vorhanden und aktiv gewesen, ebenso wie Sparverhalten und Investitionen. Allerdings muß man klären, was in diesen gesellschaftlichen Wertesystemen unter Gewinn, Kapital und Investition zu verstehen ist.

„Afrikanische Produktionsweise"

„Investitionen" zur Schaffung der materiellen Voraussetzungen von Handelsgeschäften (Kauf von Booten, Lasttieren, Waren, Einsatz von Trägern und anderen Arbeitskräften, Bau von Lagerräumen…) oder zur Aufnahme der Produktion (Aufbau einer Viehherde, Kauf von Hacken, eventuell Saatgut, von agrarischen Rohstoffen wie Häuten und Fellen, von mineralischen Rohstoffen wie Eisen oder Kupfer, von Baumwolle, Farbmitteln, Webstühlen, Anlage von Färbekesseln…) haben afrikanische Bauern, Handwerker, Händler und Unternehmer auch getätigt. Aber sie kannten noch andere Formen, die häufig wichtiger waren, besonders im Falle größerer Händler, die sogenannten „sozialen Investitionen". Diese bestanden in Geschenken an die Großfamilie, an Freunde, Handelspartner in wichtigen Zentren, an wichtige Persönlichkeiten, an Bekannte und Helfer, ja sogar in der Stiftung von Gotteshäusern, Moscheen oder christlichen Kirchen, in Almosen an die Armen, in der Finanzierung von Schulbesuch, von Dienstleistungen eines Marabout, eines Heilers oder Zauberers und in vielen anderen Ausgaben. Sie

Soziale Investitionen und Gewinne

dienten dazu, ein Beziehungsgeflecht von Gefolgsleuten, Helfern, Verbindungs-
leuten, Informanten, Geschäftsmaklern und Freunden zu schaffen und zu unterhalten. Dieses Netz war für den Zugang zum Markt und zur Abwicklung von
Geschäften notwendig und also ökonomisch sinnvoll, auch wenn diese unüber-
sichtlichen und unkalkulierbaren Ausgaben in der Logik des europäischen Kapitalismus als Verschwendung erscheinen mögen. Es ist aber problematisch, solche
Investitionen als Vergeudung zu bezeichnen. Sie haben eine kurzfristige Kapitalakkumulation erschwert, waren aber ohne Zweifel sinnvolle und notwendige
Investitionen in die Zukunft. Zusätzlich wurde durch soziale Investitionen der
Status des Händlers gesichert und erhöht, was in dem vorhandenen gesellschaftlichen Wertesystem als hoher Gewinn galt. Gewinn erschien ebenso wie Reichtum
als ökonomische und soziale Größe, dem Erwerb von gesellschaftlichem Ansehen
und Status zugeordnet, mit einer gemeinschaftsbezogenen Funktion. Gewinn-
maximierung oder Kapitalakkumulation im heutigen Sinne war nicht bekannt, auch
wenn Geld oder Rücklagen existierten. Der entscheidende Unterschied zur kapitalistischen Form des Wirtschaftens lag in der immer gegebenen sozialen Gebun-
denheit ökonomischer Tätigkeiten, der letztlich der Vorrang zukam [622: HAR-
DING]. Damit wird es zwar sehr viel schwieriger oder gar unmöglich, zwischen
finanziellen und sozialen Investitionen zu unterscheiden oder im buchhalteri-
schen Sinne Gewinnrechnungen aufzustellen, aber gleichzeitig wird die innere
Logik afrikanischer Gesellschaften deutlicher.

Besitz und Eigen-   Auch der „Besitz", insbesondere die Besitzverhältnisse an den Produktions-
tum mitteln, vor allem von Land, sind im Rahmen der afrikanischen Zivilisationen zu
sehen. Wie bei der Deutung des Begriffs Häuptling angesprochen, waren in vorkolonialer Zeit die wichtigsten Produktionsmittel als von den Ahnen der Gemeinschaft überlassene Lebensgrundlage allen zugänglich. So lautet die Theorie, wie sie
von der Wissenschaft seit einigen Jahrzehnten formuliert wird. Die Wirklichkeit
sah aber komplexer aus. Sie kannte unterschiedliche Formen des Eigentumsrechts
an Land, kommunales und privates. Land war ein heiliges Gut, von den Ahnen
ererbt, auf dessen Nutzung alle Mitglieder der Gemeinschaft Anspruch hatten.
Der „Chief" hatte die Pflicht, allen nach ihren Bedürfnissen genügend Land zuzu-
weisen. Dort aber, wo das verfügbare Land nicht mehr ausreichte, konnten einzelne Familien Land von Nachbarvölkern kaufen und dies als ihr Eigentum
betrachten.

Banken und Sparen   „Banken" im europäischen Sinne hat es in Schwarzafrika nicht gegeben. Den-
noch haben die Gesellschaften unterschiedliche Formen des institutionalisierten
Sparens und der Kreditvergabe gekannt und praktiziert. Am bekanntesten sind
Sparvereine, die unter verschiedenen Namen weite Verbreitung gefunden haben,
unter ihnen die „tontines", eine nach dem neapolitanischen Bankier Lorenzo
Tonti (17. Jahrhundert) benannte Form des Sparens, bei der eine Gruppe von
Sparwilligen durch regelmäßige kleine Einlagen aller Mitglieder größere Summen
erzielen kann und diese der Reihe nach allen zinslos zur Verfügung stellt. In die-
sem System, das noch heute funktioniert, werden Kredite vergeben, einzig auf der

Basis der Gruppensolidarität; andere Sicherheiten, wie sie im anonymen kapitalistischen Bankensystem üblich sind, werden nicht verlangt. Eine andere Form ist die im frankophonen Afrika als „banque du pauvre" oder „banque ambulante" bekannte Institution; sie hat sich während der Kolonialzeit als Alternative zu den offiziellen Banken gebildet und ist heute ein wichtiger Faktor im informellen Sektor. Sie funktioniert so, daß ein Organisator jeden Tag einen bestimmten, auch sehr kleinen Betrag bei jedem Kunden abholt, registriert und nach Ablauf der vereinbarten Frist mit Zinsen gegen eine geringe Verwaltungsgebühr auszahlt [641: TOURÉ]. Der Kunde erspart sich so die Formalitäten einer Bank, die an die Alphabetisierung gebunden sind, und die Wege zur Bank. Gleichzeitig erlaubt dies ein Sparen auf niedrigstem Niveau, mit Pfennigbeträgen. Der Organisator seinerseits kann über erhebliche Summen verfügen, wenn die Klientenzahl groß ist.

Kredite können aber auch durch kollektives Handeln zustande kommen, indem Mitglieder der Großfamilie sowie des bewußt angelegten und gepflegten Klientelnetzes zusammenwerfen und damit größere Beträge zusammenbringen. Das Typische an dieser Kreditform ist, daß die Beiträge der einzelnen nicht buchhalterisch vermerkt und später zurückgezahlt werden müssen, sondern daß jeder nach seinen Fähigkeiten, seinem Status und seinen sozialen Verpflichtungen beisteuert und später in irgendeiner Form Gegenleistungen erwarten darf, die sich wieder nach den Fähigkeiten, dem Status und den sozialen Verpflichtungen des Kreditnehmers bemessen. Auf diese Weise kommen größere Summen zustande, ohne daß jemand sich im finanziellen Sinne verschulden müßte.

Die genannten Formen des Sparens und der Kredite basieren auf einer Logik, die der des kapitalistischen Systems fremd ist. Sie enthalten das Problem, daß sie trotz der größeren Flexibilität eher auf die Bedürfnisse der einfachen Leute zugeschnitten waren. Für Investitionen auf höherer Ebene, zum Kauf von Grundstücken, Häusern, Fahrzeugen oder Maschinen konnten sie nur in beschränktem Maße dienen. Dennoch haben sie im Leben der Menschen eine wichtige Rolle gespielt, die weder mit den Mitteln der modernen Statistik noch der westlichen Begrifflichkeit adäquat zu beurteilen ist.

„Geld" in Form von geprägten Münzen oder von Banknoten ist in Afrika sehr *Geld und Währung* lange unbekannt geblieben oder wurde nur von Oberschichten genutzt, weil andere Formen des Geldes für die existierenden Bedürfnisse ausreichten. Die herrschenden Schichten und reiche Kaufleute haben über den Fernhandel Luxusgüter ausgetauscht. In Westafrika waren dies feine Stoffe, Pferde, Schmuck, Gewürze, Duftstoffe, getrocknete Früchte etc. aus Nordafrika und Europa gegen Gold, Sklaven, Straußenfedern und ähnliche Güter. Waffen, Tuche, Haushaltsgegenstände, Alkohol und vieles andere mehr kam in den Küstenregionen hinzu, gegen Sklaven, Elfenbein, Gold, Häute und Palmprodukte. An der Küste war dies bis in die Kolonialzeit hinein ein Tauschhandel, im innerafrikanischen Fernhandel dienten in den großen Handelszentren aber seit Jahrhunderten Währungen als Zahlungsmittel, in Westafrika vor allem Goldstaub oder der „mithqal", eine nach Gewicht bestimmte Goldmünze. Für die große Masse der Bevölkerung hat der

Austausch und die Marktproduktion nur ein geringes Gewicht gehabt, weil die meisten Dinge zum täglichen Leben in den Haushalten selbst hergestellt wurden. Zusätzliche Güter wie Salz, Schmuck, Hacken oder in ökologischen Randzonen auch Stoffe und Nahrungsmittel wurden häufig gegen andere Waren eingetauscht.

In Regionen mit großer oder wachsender Bevölkerungsdichte, wie im südlichen Nigeria, waren Austauschbeziehungen auch für das tägliche Leben von Bedeutung, und andere Formen der Bezahlung verdrängten den Tauschhandel: Importierte Münzen wie Maria Theresia Taler oder Dollar in Westafrika, Rupien in Ostafrika, Eisen-Kupferringe, die sogenannten „manillas", und Stoffe, die gleichzeitig weiterverarbeitet werden konnten, und die Kaurimuscheln, die zur Zeit Heinrich Barths in weiten Teilen Westafrikas als Münzen dienten und in denen man auch Kursschwankungen auszurechen wußte. Bei diesen Währungen handelte es sich nicht bloß um „single-purpose currencies", die nur gegen bestimmte Produkte ausgetauscht werden konnten, sondern um „general-purpose currencies", die bei allen Geschäften und überall einsetzbar waren [203: Hopkins, 68–70].

Wo ein reger Fernhandel betrieben wurde, wo man größere Geschäfte abwickelte, in den großen Handelszentren Westafrikas und den ostafrikanischen Küstenstädten, funktionierte auch ein Kapitalmarkt, beherrscht von Großhändlern, Maklern, den „landlord-brokers" [303: Lovejoy, 127 ff.], und von Bankiers, durch deren Vermittlung Geschäftsbeziehungen geknüpft wurden, Abschlüsse zustande kamen, Kredite erteilt wurden und – in der Kolonialzeit – Geld in zahlreiche Währungen gewechselt werden konnte, ohne Bankschalter, ohne Buchführung, aber in genauer Kenntnis der Wechselkurse [203: Hopkins, 63].

4. Die Rolle der Tradition und der „Alten"

Ein anderes schwieriges Problem liegt in der adäquaten Bewertung dessen, was in afrikanischen Gesellschaften Tradition genannt wird. Dieses Problem stellt sich dem Forscher und den Betroffenen, weil diese selbst mit dem Stellenwert fertig werden müssen, den sie der Tradition bei der Definition ihrer Identität und beim Aufbau von Gesellschaft und Staat beimessen wollen. Die Tradition wird in Afrika von vielen als heiliges Gut, als Norm, angesehen, von anderen als Hemmnis auf dem Wege in die Zukunft abgeschrieben.

Tradition und Identität

Jede Gesellschaft lebt in diesem Spannungsfeld. Vergangenheit und Herkunft wirken auf die Gegenwart ein und sind Teile der eigenen Identität, die man nicht schadlos negieren kann. Tradition ist das, was als kulturelles und materielles Erbe von den Vorfahren übermittelt ist: Die Wertesysteme, die Erklärungen der Welt, religiöse Überzeugungen und Praktiken und vieles andere mehr, ausgedrückt im Verhaltenskodex einer Gesellschaft, in der gesellschaftlichen Hierarchie, im Gewohnheitsrecht, den Sitten und Gebräuchen, den liebgewonnenen Gewohnheiten, der Mode, den Liedern und Tänzen, Gedichten und Erzählungen, den Festen und Institutionen und schließlich in der Sprache. Zur Tradition im materiellen

Sinn gehört auch der Siedlungsraum, in dem eine Gesellschaft lebt und ihre Erfahrungen im Umgang mit der Umwelt gesammelt hat, die Produktionsform, mit der sie sich den Umweltbedingungen angepaßt hat, das Land, das ihr gehört und in dem die Vorfahren bestattet sind, die materielle Kultur in Form von Denkmälern, Gebäuden, Wegen, Verkehrsmitteln, Handwerkszeug, Gebrauchsgegenständen, Kunst und Kunsthandwerk. All diese Vorstellungen, Gewohnheiten und Institutionen prägen die Menschen und unterscheiden sie von anderen Gruppen. Entstanden sind sie in einem langen Prozeß, der sich weit in die Vergangenheit zurückerstreckt; jede Epoche hat ihren Teil zur Ausgestaltung der Überlieferung beigetragen.

Im Unterschied zu europäischen Gesellschaften sind die Tradition und die Anwesenheit der Ahnen in Afrika lebendige Größen, auch wenn sie heute umstritten sind. Die Ahnen werden von vielen Menschen verehrt; sie sind die Gründer der Gruppe; ihnen hat Gott ein Stück Land gegeben, auf dem sie und ihre Nachfahren leben können [487: KENYATTA, 3 f.]. Sie haben mit der Natur einen Pakt geschlossen, damit diese sie ernährt und ihre Kräfte schützend über sie hält; sie haben diesen Pakt durch Riten und Verhaltensweisen gepflegt und sie mitsamt dem Wissen um Gott und die Kräfte der Natur an die folgenden Generationen weitergegeben [680: COLSON, 199]. Sie haben aus ihrem Verhältnis zum Schöpfergott und zur Natur Regeln abgeleitet, die ein menschliches Leben in Frieden ermöglichen [651: HAMPÂTÉ BÂ, 111 ff.].

Aus einem solchen Grundmuster ergeben sich drei Dinge: Die Sterbenden treten in den Rang der Ahnen ein, die Alten sind die Hüter der Tradition, und die Tradition ist unangreifbar. Die Sterbenden steigen auf in den Rang der Ahnen. Sie sind Fürsprecher oder Rächer der Lebenden, kennen deren Gewohnheiten, Vorlieben und Schwächen. Ihr Wohlwollen hängt vom Verhalten der Lebenden ab, von ihren Opfergaben, der Treue in den rituellen Vorschriften und der Einhaltung des Verhaltenskodex der Ahnen. Die Verstorbenen können auf diese Weise für die Lebenden bei den Gründerahnen, den Geistern und Göttern und beim Schöpfergott eintreten und ihr Schicksal mitbestimmen, was sich in der Wirkungsweise der Naturkräfte und -gewalten, im persönlichen Lebensweg mit Gesundheit und Krankheit, Kinderreichtum, Erfolg und Wohlstand oder aber Armut und Unglück ausdrückt. So sind die Ahnen in vielen Gesellschaften zu den Angelpunkten des Lebens geworden: Man ruft sie an, man bespricht sich mit ihnen, bittet sie um Rat, beachtet ihre Normen. Von den Lebenden stehen die Ältesten den Ahnen am nächsten. Die wichtigste Position haben die Alten inne, deren Abstammungsgruppe dem Gründerahn am nächsten steht. Dies ist häufig der Chief und seine Familie. Wie die Ahnen werden auch die Chiefs und die Alten mit besonderer Hochachtung behandelt: Sie verkörpern in sich das Wissen um die Ahnen und ihre Macht, stehen in ständigem Kontakt mit ihnen und können deshalb den Willen der Ahnen am besten interpretieren. Die Alten, als Hüter der Tradition, sind so die Machtträger in der Gesellschaft, sind letztlich unangreifbare Autoritäten. Die Verhaltensregeln und Hierarchien in der Gesellschaft drücken ihrerseits den Willen der Ahnen aus

Die Ahnen

und die positiven Erfahrungen, welche die Gemeinschaft mit der Befolgung dieser Normen gemacht hat. Was aus der Tradition heraus legitimiert ist, erhält auf diese Weise den Charakter des Heiligen und Unumstößlichen, wird zur Norm des Handelns und Denkens.

Daß bei der Ableitung von Werten aus der Überlieferung auch die aktuellen Interessen der Hüter dieser Tradition mitspielen, ist eine Selbstverständlichkeit, stellt aber das Prinzip der Tradition selbst nicht in Frage. Im kleinen ereignen sich solche Vorgänge täglich, in Anpassungen an neue Herausforderungen. Sie lassen sich auch leicht rechtfertigen, weil jede Gesellschaft sich wandelt. Problematisch aber ist es, wenn soziale Veränderungen mit dem Hinweis auf die Tradition oder mit ihrer bewußten Fälschung verhindert werden. Dies ist der Fall in der Aufteilung von Rechten zwischen den Geschlechtern. Wie an späterer Stelle ausführlicher gezeigt wird, berufen sich Männer häufig auf die Tradition, um ihren Frauen weniger Rechte zuzugestehen und von ihnen ein unterwürfiges Verhalten zu verlangen. Noch problematischer wird es auf höherer Ebene, wenn aus politischen Gründen bestimmte Verhaltensweisen mit dem Mantel der Tradition umhüllt werden, um sie zu rechtfertigen und leichter akzeptabel zu machen. Afrikanische Politiker haben sich seit der Unabhängigkeit dieses Kunstgriffs bedient, um politische Programme bei der Masse durchzusetzen oder ihre eigene Macht zu erhalten. Die zahlreichen Versionen eines „afrikanischen Sozialismus" [560: FRIEDLAND/ROSBERG; 139: AUSTEN, 233], die von so unterschiedlichen Politikern wie Léopold Senghor (Senegal), Sékou Touré (Guinea), Mamadou Dia (Mali), Kwame Nkrumah (Ghana) oder Jomo Kenyatta (Kenia) und Julius Nyerere (Tansania) zu politischen Doktrinen erhoben worden sind, beriefen sich alle auf reale oder angebliche Traditionen ihrer Völker, die von der Gleichheit aller und der gemeinsamen Verfügung über die wichtigsten Produktionsmittel sprachen. Dies war explizit bei NYERERE, der das traditionelle Leben wie eine Familie in der Formel „ujamaa" pries und bewußt an Dinge anknüpfen wollte, die den Menschen vertraut waren [541: NYERERE; 517: LEGUM, 32–45]. Auch die Verdrängung demokratischer Grundregeln, wie Parteienvielfalt und Wahlen durch die programmatische Aufwertung der Palaver-Demokratie war ein bewußter Rückgriff auf die Tradition; mit einer glorifizierenden Erinnerung an die Meinungsbildung im Ältestenrat konnte das Vorgehen gegen Oppositionsparteien legitimiert werden. Der persönliche Herrschaftsanspruch, die auf die Person des Herrschers konzentrierte und manchmal reduzierte Machtausübung und der patrimoniale Zugriff auf die Staatskasse für eigene Ziele waren Ausdrucksformen dieses Bewußtseins, Nachfolger des Gründerahn und mit derselben Macht und Autorität ausgestattet zu sein. Zur öffentlichen Demonstration dieses Anspruches trugen manche Politiker einen Herrscherstab mit sich (Kenias Präsidenten Kenyatta und Arap Moi oder Gatsha Buthelezi in Südafrika), die Leopardenfellmütze (Mobutu in Zaire) oder andere Insignien. Damit wurde öffentlichkeitswirksam betont, daß sie in der Nachfolge der Tradition stünden und unantastbar seien. Diese Zusammenhänge wurden von Kritikern der Opposition sehr wohl

Manipulation der Tradition

durchschaut, viele Stimmen der modernen Literatur und Musik haben dies ins Bewußtsein der Bevölkerung getragen.

Auf noch höherem Niveau angesiedelt ist der Versuch, nicht nur einzelne Verhaltensweisen durch die Überlieferung legitimieren zu lassen, sondern ganze Traditionen neu zu schaffen. Dies ist von den Kolonialverwaltungen ausgegangen. Sie mußten zur Durchsetzung ihrer Vorstellungen von Recht und Zivilisation sowie ihres Machtanspruchs auf Herrschaftswissen zurückgreifen können, mußten Ernennungen in politische Ämter oder Absetzungen von Autoritätsträgern begründen, Revolten gegen ihre eigene Autorität sanktionieren oder Streit schlichten und Recht sprechen können und sahen die Grundlage in den Wertesystemen und Normen der unterworfenen Völker. Dazu wurde mit Hilfe von europäischen Anthropologen der Versuch unternommen, solches Recht oder solche Rechtsvorstellungen aufzuzeichnen. Es wurde dann Gewohnheitsrecht genannt [643: CHANOCK]. Die französische Kolonialmacht hat sogar den Versuch gestartet, in allen Kolonien ein solches „Coutumier Juridique" in schriftlicher Form vorzulegen. Auch die Deutschen haben in Ostafrika ähnliches versucht und ausführliche Fragebögen an die einzelnen Stationen versandt. Auf der Basis der Antworten wurden dann Zusammenstellungen über Stammesrecht einzelner Völker erstellt, auf das im übrigen sowohl die Engländer als Treuhandverwalter wie auch die unabhängige Regierung Tanganyikas zurückgegriffen haben [661: SIPPEL]. Bei der Sammlung solchen Wissens fanden die Europäer Unterstützung bei einer Vielzahl von Afrikanern, die ein Interesse an der Aufzeichnung bestimmter Sichtweisen und Überlieferungen hatten. Chiefs, Würdenträger, Älteste, Lehrer, Katechisten und Studenten wurden gefragt, welche Sitten und Gebräuche in ihrer Gesellschaft vorherrschten, wie das politische System funktionierte, welche Rechte der Chief hatte, wie die Gesellschaft strukturiert war, welches die Grundelemente von Familien- und Erbrecht waren, welche Wertesysteme der Gesellschaft und ihren Sozialdisziplinierungsmöglichkeiten zugrundelagen und welche Überlieferungen über die Geschichte ihrer Region existierten. Wenn dies von europäischer Seite mit dem Ziel geschah, Herrschaftswissen zu sammeln, waren solche Überlegungen umgekehrt auf afrikanischer Seite auch vertreten, in der doppelten Form, die Europäer von den heiligsten Dingen fernzuhalten und gleichzeitig die unterschiedlichen Interessen der jeweiligen afrikanischen Wortführer berücksichtigt zu sehen So entstanden neue Traditionen, zusammengesetzt aus echten Überlieferungen, ihrer Anpassung an die neuen Rahmenbedingungen, aus Interpretationen durch Vertreter von Interessengruppen und aus Erwartungen der Kolonialmächte. Sie waren nicht gänzlich erfunden, zeigten aber, daß Traditionen umformuliert und manipuliert werden können [654: COOPER]. In manchen Fällen, besonders in Südafrika, sind auf diese Weise Stämme buchstäblich erfunden worden und mit ihnen Häuptlingstümer mit ihren Sitten und Gebräuchen. Bestimmte Gruppen haben damit eine neue Identität und eine eigene Geschichte erhalten, und ihre Herrscher konnten fester in das Apartheid-System eingebunden werden, wie die Geschichte von Justice Mabandla zeigt, der nach dem Zweiten Weltkrieg zum Paramountchief

„The invention of tradition"

der Bhele wurde [648: CRAIS]. Hier ist ein neues ethnisches Bewußtsein entstanden, das in der alten Tradition keine Basis hatte, sich aber im Laufe der Jahre unter den Bedingungen der Rassenpolitik Pretorias herauskristallisieren konnte und neue Fakten, auch neue Traditionen geschaffen hat.

Die tiefere Problematik der Tradition und vor allem der Berufung auf sie liegt in diesem lebendigen Fluß, der keine fixe Stelle kennt und sich ständig fortbewegt. Der Rückgriff auf dieses Leben ist eine Verzerrung, weil er den Strom aufhält, und eine Blockade, weil er neues Leben abwehrt. Ein solcher Eingriff ist in der Verantwortlichkeit der Kolonialmächte bzw. des südafrikanischen Apartheidregimes geschehen und wurde von Ethnologen und Historikern in zahlreichen Werken durch die akademische Analyse, die nun auch von Traditionen und Stämmen und vom eigentlichen Afrika spricht, nachvollzogen worden. Von afrikanischen Politikern wird er noch heute geschickt gehandhabt. Sie kommen damit indirekt dem Bedürfnis vieler Menschen entgegen, die sich in Zeiten des krisenhaften Übergangs an Werten festhalten, die ihnen vertraut scheinen oder ihnen von den Älteren vermittelt wurden und mit denen sie aufgewachsen sind. Die sogenannten Hüter der Tradition erscheinen unter diesen Bedingungen in einem nostalgisch-verklärten Licht, von dem auch die Vergangenheit als die gute alte Zeit aufgewertet wird. Das Bild eines „Merry Old Africa" ist das Ergebnis. Es fasziniert durch die Bilder einer intakten Welt, in der die Menschen in Frieden lebten, in Einklang mit der Natur, den Pflanzen und Tieren, wenn und solange sie den Stimmen der Ahnen folgten. Es wirkt auch anziehend auf zahlreiche Menschen, die in der Auseinandersetzung mit der eigenen Identität nach bewährten Maßstäben suchen und deshalb den Erzählungen der Alten lauschen; in deren Schilderungen der Vergangenheit sehen sie ihre Wurzeln und ihren Ruhepunkt [655: HOVE/TROJANOW]. AMADOU HAMPÂTÉ BÂ, der entschiedenste Verteidiger der afrikanischen Traditionen und der mündlichen Überlieferung, hat in diesem Zusammenhang das berühmte Wort geprägt: „Wenn ein Alter stirbt, verbrennt eine ganze Bibliothek". Für ihn stirbt in der Tat ein Teil des kulturellen Erbes Afrikas, wenn man die Tradition nicht mehr schützt und beachtet [652: HAMPÂTÉ BÂ, 202]. Dieses Bild fasziniert im übrigen auch zahlreiche ausländische Forscher, die in Afrika immer noch den Kontinent der alten Gebräuche und Lebensformen sehen, die afrikanische Weisheit enthusiastisch bewundern und die moderne Entwicklung vornehmlich als Verlust ansehen.

Die Alten als Hüter der Tradition (marginal)

In Kontrast dazu steht die Haltung vieler Jugendlicher, Arbeiter und Intellektueller in den Städten. Ihnen erscheint diese an den Normen der Tradition orientierte Einstellung zu sehr rückwärtsgewandt; eine Orientierungshilfe für den Aufbau von Gesellschaft und Staat in der Zeit der Globalisierung oder für die Auseinandersetzung mit der Moderne erkennen sie darin nicht. Auch für die Probleme des einzelnen in der anonymisierten Arbeitswelt der Städte bieten diese Normen keine Hilfe. Sie werden eher ignoriert oder als überholt abgetan.

Die Moderne und die Tradition (marginal)

Die Kritiker dieser an der Tradition orientierten Kultur sind zahlreich. AXELLE KABOU, Kamerunerin mit langer Erfahrung im Entwicklungshilfebereich, wirft der afrikanischen Elite vor, sich hinter sogenannten afrikanischen Werten und dem gebetsmühlenartig wiederholten Vorwurf der kolonialen Verantwortlichkeit zu verstecken und die Weiterentwicklung der eigenen Gesellschaft „nicht zu wollen". [657: KABOU]. CÉLESTIN MONGA, Wirtschaftswissenschaftler aus Kamerun, hat diese Argumente in einem Prozeß der traditionellen Kultur systematisiert. Er kritisiert zunächst die Regierungen und ihre Kulturpolitik, die den Einzug der Moderne und neuer Anschauungen und Lebensformen nicht erkannt haben oder aus einsichtigen politischen Gründen nicht wahrhaben wollen. An die Stelle einer ernsthaften Auseinandersetzung sei nur die ständig wiederholte Betonung jahrhundertealter Werte der afrikanischen Zivilisationen durch die Regierung und die von ihr betreuten Kulturvereine getreten. In Wirklichkeit aber dächten die Menschen anders: Sie beklagten die kulturellen und psychischen Blockaden, die aus ihren Völkern rückständige Nachzügler machten; sie beschwerten sich über die Last der afrikanischen Großfamilie, die Sinnlosigkeit bestimmter Riten und Zeremonien, an denen man aber dennoch festhalte, und schließlich über das Leid, das durch Zauberei und ähnliche Praktiken zugefügt werde. Diese verschiedenen Ansatzpunkte lassen sich in einer grundsätzlichen Kritik der afrikanischen Tradition als kulturelle und psychische Blockade bündeln: Sie richtet die Menschen zu wenig auf die Zukunft aus, setzt sie zu sehr dem Irrationalen aus und unterdrückt das Individuum. Die geringe Ausrichtung auf die Zukunft komme in der exzessiven Orientierung an den Normen der Tradition zum Ausdruck. Eine konsequente Zukunftsplanung über einen längeren Zeitraum und ein Abweichen von einmal eingeführten Bräuchen und Vorschriften sei dadurch erschwert; vor allem aber sei die Konzeption von Fortschritt in der traditionellen afrikanischen Welt nicht vorhanden. So komme es, daß „veraltete und überholte Vorschriften unser Leben beherrschen und blockieren" [539: MONGA, 32]. Das Irrationale drücke sich vordergründig in den unzähligen Tabus, dem Glauben an Geister, der Zauberei, den zahlreichen religiösen Riten und verschiedenen Formen von Integrismus aus. Im Inneren sei diese Haltung durch eine Unterwerfung unter Gott gekennzeichnet, die an die Aufgabe der Persönlichkeit und ihrer Entscheidungsmöglichkeiten grenze. Sie entspreche auf anderer Ebene dem Verhältnis zur Natur: Afrikanische Kulturen hätten immer die Kohabitation, den Einklang mit der Natur gesucht, während andere Völker sie sich untertan gemacht hätten. Die Folge sei eine erschreckende Ergebenheit in das Schicksal, oder, wie im Roman „Devoir de Violence" von Yambo Ouologuem (Paris 1968) formuliert, eine „trop grande réceptivité des sociétés africaines précoloniales face à l'esclavage et à la colonisation" [539: MONGA, 32]. Daß die afrikanische Tradition das Individuum unterdrücke, ist von anderen Kritikern vorsichtig konzediert worden, oder wird von ihnen anders interpretiert, indem der westlichen Kultur ein exzessiver Individualismus sowie die Ausbeutung des einzelnen vorgehalten wird. Monga spricht von der Diktatur der Gemeinschaft über das Individuum und begründet dies mit dem Hinweis, daß die Bewertung der Tradition einer Verabsolutierung gleichkomme und nur Platz für bestehende Hierarchien und konformes Denken und Verhalten lasse. So beherrsche die Tradition das Leben und verwandle die Länder in totalitäre Gesellschaften. Diese hätten sich damit weitgehend aus den Prozessen, die unser Jahrhundert bestimmen, ausgeklinkt. So wird die beängstigende Frage, ob „die intellektuelle und psychische Herangehensweise unserer Völker an die grundlegenden Probleme der Zeit den Anforderungn dieser Jahrtausendwende" gerecht werde, zur Schicksalsfrage für die Zukunft der afrikanischen Völker. Zu Recht hält MONGA den Anschluß an die Weltkultur nur für möglich, wenn die Versöhnung von traditionellem Gemeinschaftssinn und der Autonomie des einzelnen gelingt.

Urbanes Leben mit neuen Werten Viele Menschen in den Städten haben sich von der Tradition verabschiedet und orientieren sich an Werten der Weltkultur, wie sie sich in den Medien oder der vorherrschenden Musikkultur darbieten. Afrikanischen Künstlern bieten Musik und Tanz außerdem die Möglichkeit, selbst aktiv auf diese Weltkultur einzuwirken. Der Afro-Beat zeigt diese Wege der gegenseitigen künstlerischen Befruchtung. Musiker wie Fela Kuti, Mory Kante, Toure Kunda, Alpha Blondy, Salif Keita, Youssou N'Dour oder Myriam Makeba lassen sich nicht als Verteidiger der Tradition vereinnahmen, sie suchen eine Synthese zwischen afrikanischer und westlicher Kultur. Sie verkörpern zwar nicht den Bruch, sie überhöhen die Tradition und entwickeln ihre Werte weiter, inhaltlich und in ihren Ausdrucksformen.

Die Abwendung von überlieferten Werten ist noch deutlicher in der Lebensweise wachsender Teile der Stadtbevölkerung, die ähnlichen Phänomenen der Massengesellschaft ausgesetzt ist wie die Menschen in allen Großstädten. Junge Leute suchen einen eigenen Weg, denken an eine Zukunft außerhalb der Großfamilie oder des Dorfes. Junge Frauen orientieren sich nicht mehr vornehmlich am traditionellen Bild der Frau als Mutter, sie wollen ihre Lebensform selbst bestimmen, eine gute Ausbildung erhalten und selbständig beruflich tätig sein können. Arbeitswelt, Beruf, Mode, Diskotheken, Freizeit, Freunde sind zu zentralen Elementen ihrer Lebensplanung geworden und haben die Großfamilie als Leitbild verdrängt. Die schwierigen Lebensbedingungen, die schlechten Wohnmöglichkeiten, die Probleme des Arbeitsmarktes haben in den Städten, vor allem in den Metropolen, auch eine neue Kultur entstehen lassen, eine Kultur der Gewalt [539: MONGA, 38 ff.], die allein das Überleben garantiert. Diese Gewalt richtet sich gegen alles: Den Staat, die Politiker, die Parteien, die ausländischen Unternehmen. Letztlich zeigt sie, daß die Tradition umgekehrt wird, daß ihr alle Probleme angelastet werden, indem die Autorität des Staates, der Familie und der Überlieferung für die Verschärfung der Ungerechtigkeiten in der Gesellschaft verantwortlich gemacht werden.

Die Problematik der Tradition liegt also auf mehreren Ebenen und ist schwer zu erfassen: Als überlieferte Kultur beeinflußt sie das Denken aller Menschen, auch derer, die in den Städten neue Lebensformen schaffen. Als Norm ist sie umstritten, von manchen verherrlicht, von einer wachsenden Zahl als fremd empfunden oder ignoriert. Als Legitimationsquelle für die Erhaltung der Macht wird sie von Politikern und Autoritätsträgern auf allen Ebenen genutzt, bis hin zur Begründung bestimmter Machtverhältnisse zwischen den Geschlechtern.

Dieser Kritik der Tradition muß man entgegenhalten, daß sie aus einer westlichen Sichtweise kommt, selbst wenn sie von afrikanischen Autoren formuliert wird. Dieser Punkt trifft aber nicht den Kern der Problematik, weil überall unter veränderten Lebensbedingungen neue kulturelle Lebensformen ausprobiert werden, die auf Modelle anderer Gesellschaften zurückgreifen, welche als angepaßter und attraktiver erscheinen. Was sich in manchen Staaten als islamischer Fundamentalismus gegen die westlichen Werte als Verursacher des Scheiterns im eigenen Land wendet, ist nur vordergründig eine Auseinandersetzung mit dem Westen, in Wahrheit stehen die eigene Kultur und Traditon auch zur Disposition. Die Masse der Stadtbevölkerung sucht neue Wege; die Übernahme westlicher Werte ist dabei ein erster Schritt, dem die Auseinandersetzung und Verschmelzung kultureller Modelle folgt. Diese Menschen fragen nicht danach, woher die neuen Werte kommen, wenn sie nur attraktiv erscheinen und Auswege aufzeigen.

Man kann dieser kritischen Abrechnung mit der Tradition auch vorhalten, sie verschweige die Gefahren, die sich die kapitalistische Kultur durch ihren Umgang mit der Natur und ihrem Fortschrittsglauben eingehandelt hat. Auch dieser Einwand trifft nicht gänzlich zu, denn die industrialisierte Welt hat begonnen, die ökologischen Gefahren wahrzunehmen und das ökonomisch Mögliche mit dem ökologisch Sinnvollen abzuwägen. Und dem Fortschrittsglauben geht es um etwas Grundsätzlicheres: Die Einsicht, daß wissenschaftliche Erkenntnisse immer vorläufig sind und neue Forschungswege aufstoßen, und um die Einsicht, daß auch Eingriffe in die Natur auf verträgliche Weise geschehen können und zur Verbesserung der Lebensbedingungen der Menschen möglich und geboten sein können.

Schließlich ist ein Argument zu bedenken, das die Diskussion um die Tradition in Afrika in Frage stellt: Viele Elemente dieser Kultur erweisen sich bei näherem Hinsehen nicht als afrikanisch, sie sind Ausdrucksformen ländlicher Lebensweisen in nicht-industrialisierten Gesellschaften, wie sie auf allen Kontinenten existiert haben. Dann aber bedeutet die Auseinandersetzung mit der sogenannten traditionellen Kultur afrikanischer Völker nicht mehr den Kampf um das kulturelle Erbe eines Kontinents. Dann muß man auch die Diskussion um die afrikanische Kultur neu ansetzen und den Versuch einer Definition vorbehaltlos beginnen. Diese Debatte hat längst eingesetzt; federführend sind die Philosophen PAULIN HOUNTONDJI [654], KWAME ANTHONY APPIAH [642], VALENTIN MUDIMBE [658–659], D. ETOUNGA-MANGUELLE [649] oder KWAMA GYEKYE [650] und andere, die sich zu Wort melden, wie CÉLESTIN MONGA, ACHILLE MBEMBE [831. 524] oder AXELLE KABOU.

Afrikanische Werte als allgemein-menschliche Werte

5. DIE VIELFALT DER VÖLKER

Ein zentrales politisches Problem der afrikanischen Staaten ist ihre Zusammensetzung aus einer Vielzahl von Völkern und Kulturen. Dies ist ebenso eine Herausforderung an die Wissenschaft. Der afrikanische Kontinent kennt eine geradezu unüberschaubare Diversität von Sprachen, deren Einordnung in vier große Sprachfamilien versucht worden ist [416: Heine]. Trotz der Verwandtschaft vieler Sprachen untereinander herrscht in allen Staaten eine Vielfalt von Sprachen, von denen nur wenige verschriftlicht worden sind. Nur in einigen Ländern, z. B. in Somalia, Burundi oder Ruanda, haben sich einzelne Sprachen durchgesetzt und stellen ein wichtiges Element der kulturellen Einheit dar. In der großen Mehrzahl der Staaten rivalisieren lokale oder regionale Sprachen um die Vorherrschaft, was die politische Einigung gefährdet und die politischen Machtkämpfe zwischen Regionen und Völkern zu einem Grundsatzproblem hochstilisiert und zu folgenschweren Auseinandersetzungen über die Kultur- und Schulpolitik führt: Die Fragen der Alphabetisierung der Kinder und der Erarbeitung von Schulbüchern hängen in hohem Maße von der Entscheidung über die Unterrichtssprache ab, und diese ist ein Politikum. Ebenso bedeutsam ist die Existenz einer von der Mehrheit akzeptierten und beherrschten Sprache als Kommunikationsmittel und als Basis von nationalem Zusammengehörigkeitsbewußtsein.

Die meisten Staaten haben das Problem durch die Beibehaltung der Kolonialsprache verdrängt, damit aber eine doppelte Last übernommen: Die Alphabetisierung in einer Sprache, die nur von einer Minderheit beherrscht wird, und die Herauszögerung einer Entkolonisierung des Bewußtseins, die nur durch den Rückgriff auf die eigene Sprache und die vorbehaltlose Annahme des eigenen kulturellen Erbes möglich ist, wie der senegalesische Wissenschaftler Cheikh Anta Diop, der kenianische Schriftsteller Ngûgî wa Thiong'o [508: Ngûgî] und viele andere mit Nachdruck gefordert haben

Nur Tansania hat den mutigen Schritt getan und konsequent eine afrikanische Sprache, das Kisuaheli, zur Amts- und Unterrichtssprache ausgebaut; allerdings hatte das Kisuaheli auch in der Kolonialzeit schon weite Verbreitung und Unterstützung erfahren.

Mit der Vielzahl der Sprachen ist die Vielfalt der Kulturen verbunden, deren Ausdruck sie sind. In den weiten, durch unterschiedliche demographische Dichte und divergierende ökologische Rahmenbedingungen charakterisierten Räumen Afrikas haben die Menschen angepaßte Organisationsformen des Überlebens entwickelt. Dazu gehören die ideelle Erklärung der Welt, der rituelle Umgang mit der Natur, die religiösen Praktiken, die Formen und Normen des Zusammenlebens, die Ausgestaltung der politischen Herrschaft und die Produktion sowie die in der Gesellschaft vorherrschenden Machtverhältnisse und vieles mehr, was ihre Kulturen ausmacht. Mit diesem unterschiedlichen Erbe sind die Völker in der Vergangenheit einander begegnet, heute stehen viele einander in demselben Staatsgebiet gegenüber und sollen zu einem einheitlichen Staatsvolk zusammenwachsen.

Die Problematik liegt auf verschiedenen Ebenen. Einerseits sind die heutigen Staaten Afrikas multikulturelle Gesellschaften und stehen vor der schwierigen Aufgabe des Zusammenwachsens; andererseits sind diese Gesellschaften weder Stämme noch Völker oder Nationen. Die meisten waren bis in die Kolonialzeit

Das Zusammen-
wachsen als
Aufgabe

durch vielfältige Loyalitäten und Identifikationsmuster geprägt; die gemeinsame Abstammung von einem Gründervater fehlte ihnen, auch wenn die Zugehörigkeit zu bestimmten Clans gegeben war und der Identifikation diente. Ebenso unterstanden sie in der Regel nicht Häuptlingen, die als Nachfahren des Gründergeschlechts angesehen worden wären. Sie hatten auch keine eindeutig definierte Tradition und Kultur, mit einem daraus abgeleiteten Selbstverständnis. Sie waren vielmehr Gemeinschaften, die sich durch ihre Wirtschaftsform, ihre Wohn- oder Siedlungsregion, durch das Bekenntnis zu einem Herrscher, der sie beschützen konnte oder der sie zeitweilig unterworfen hatte, und durch ähnliche Faktoren von benachbarten Gesellschaften abhoben. Dies alles waren Dinge, die sich wandelten, zwar nicht in plötzlichen Schüben, aber in Prozessen, die eine feste Zuordnung oder eine Verdichtung zu einer Gruppe mit bestimmten kulturellen Merkmalen nicht zuließen. Deshalb waren sie in vieler Hinsicht auch flexibler als Gesellschaften aus dem europäischen Kulturkreis.

Eine erste stärkere Festschreibung eigener Charakteristika war in Westafrika und Teilen Ostafrikas durch die Übernahme des Islam erfolgt. Die Religion des Propheten hatte mit festen Überzeugungen und Praktiken bestimmte Verhaltens- und Denkweisen vermittelt, die als Unterscheidungskriterium von anderen Völkern dienen konnten. Bezeichnenderweise entstanden in der Folgezeit Auseinandersetzungen, die den Charakter von Religionskriegen hatten und in denen es nicht mehr vordringlich um materielle Güter ging, sondern auch um ideelle Werte, um die sich die Bevölkerung scharte. Der Islam als einigendes Band

Eine Verfestigung zu Einheiten mit Institutionen und Normen, die sich auf die Vergangenheit und auf Gründerahnen beriefen, ist häufig im Zuge politischer Konzentrations- oder Staatsbildungsprozesse in vorkolonialer Zeit erfolgt oder im Rahmen kolonialer „Eingeborenenpolitik". Im letzteren Falle haben die Kolonialmächte Traditionen und Geschichtsinterpretationen der unterworfenen Gesellschaften sammeln lassen und sie zu festen Einrichtungen verdichtet. Auf diese Weise sind straff organisierte Gruppen und Stämme geschaffen worden, wo diese vorher nicht bestanden hatten. Man kann deshalb zu Recht von einer Tribalisierung afrikanischer Gesellschaften sprechen, von der „creation of tribes" [371: ILIFFE, 318] oder der „invention of tribalism" [670: LEROY], vor allem dort, wo das Herrschaftssystem der „indirect rule" eingeführt wurde. So charakterisiert JOHN ILIFFE die Entwicklung in Tanganyika nach der Übernahme dieser Herrschaftsform durch die Briten als eine Zeit, in der „Tanganyika experienced a vast social reorganisation in which Europeans and Africans combined to create a new political order based on mythical history" [371: ILIFFE, 324]. Eine neue politische Ordnung auf der Basis einer mythischen Geschichte ist also das Merkmal vieler afrikanischer Gesellschaften. „Tribalisierung" in der Kolonialzeit

Nach Erlangung der Unabhängigkeit hat sich dieser Ethnisierungsprozeß der Politik im Kampf um die politische Macht im neuen Staat fortgesetzt [675: WIMMER]. Das von den Befreiungsbewegungen und den Vätern der Unabhängigkeit propagierte Ideal des „nation-building" in den neuen Nationalstaaten sah sich sehr bald von diesen gegenläufigen Kräften in Frage gestellt. Man hatte geglaubt, daß eine erfolgreiche Nationalstaatsbildung regionale, ethnische oder religiöse Faktoren überwinden müsse; sie seien im Zuge der Modernisierung abzubauen, weil sie ein echtes Zusammenwachsen der Völker erschweren, wenn nicht verhindern würden. Weltweit gingen damals Politiker wie Modernisierungstheoretiker von der Annahme aus, diese Identifikationsebenen seinen Relikte einer überholten politischen Kultur, die für die Zukunft keinen Bestand haben würden.

Das Gegenteil ist eingetreten: Ruanda ist an neu konstruierten ethnischen Gegensätzen zerbrochen; Nigeria hat aus der Sorge um ähnliche Konflikte den Weg der Föderalisierung beschritten und das Land in nunmehr 36 Bundesstaaten aufgeteilt, ohne damit das Problem der neuen Ethnizität aus der Welt zu schaffen.

„Modernisierung" und ethnisches Bewußtsein

Die politikwissenschaftliche Forschung spricht heute vom Scheitern des Nationalstaatprojekts in Afrika und fordert eine Neubewertung ethnischer und anderer Faktoren, die auch Ansätze für eine regionale Identifikation der Menschen mit dem Staat bieten könnten [545: OLUKOSHI, 32–37]. Sie könnten vielleicht eher als andere Faktoren wie Nationalbewußtsein oder Nationalstolz eine „civic identity" schaffen helfen und der Bevölkerung das Bewußtsein vermitteln, eigene Formen des kulturellen Lebens pflegen zu dürfen und gleichzeitig Teil des Gesamtstaates zu sein. Wenn solche kulturellen Diversitäten durch den Staat geschützt würden, könnte auch die Anerkennung der Eigenständigkeit anderer Gruppen im selben Staat erreicht werden. Die Basis dieses Umdenkens ist die Einsicht in das Scheitern des Nationalstaates, aber auch die Besinnung auf die Entstehung von Ethnizität, nämlich daß eine ethnische Gemeinschaft eine „imagined community" [663: ANDERSON] sei, die erst durch die Betonung besonderer Eigenschaften entstehe und nicht voraussetze, daß jeder jeden kennt oder gar mit ihm verwandt ist. Auf dieselbe Weise sei auch die größere Gemeinschaft aufzubauen, indem den einzelnen Segmenten ihre Identität belassen werde. Die neue Verfassung Ugandas hat diesen Ansatz aufgenommen und ausdrücklich „traditional and cultural leaders" der einzelnen Völker anerkannt; diese haben im Staat zwar keine politische Funktion und sind aus allen politischen Aufgaben ausgeschlossen, aber sie können der lokalen Bevölkerung als Ansprechpartner und als Mittelpunkt der eigenen Identifikation dienen und diese damit in den Staat integrieren helfen [535: KANYOGONYA].

6. LANDRECHT: GEMEINSCHAFTSEIGENTUM UND PRIVATEIGENTUM

Die Landrechtproblematik ist nicht nur ein akademisches Thema, bei dem es vorrangig um die Bestimmung vorkolonialer Eigentumsformen und -vorstellungen in Bezug auf Land ginge; diese Fragestellung gehört auch dazu. Aber es geht ebenso um den heutigen Zugang der Menschen zu Land, um die aktuellen Landbesitzverhältnisse, ihre Herausbildung in der Geschichte und um die Konflikte, die aus unterschiedlichen Deutungen von Land und Landansprüchen entstehen. Auch die Konsequenzen der Kommerzialisierung von Land, das früher als heiliges Gut angesehen wurde, stehen zur Debatte.

Das „Land der Ahnen"

Der Ausgangspunkt der Beschäftigung mit Landrechten war die Annahme, afrikanische Gesellschaften würden nur kommunale Formen von Landeigentum kennen. Völlig abwegig war diese Vorstellung nicht, da Land in den meisten Regionen reichlich vorhanden war und deshalb die Notwendigkeit einer privatrechtlichen Sicherung von Eigentumstiteln nicht sichtbar wurde. Zudem stellten die Europäer fest, daß Teile des Landes nicht bearbeitet wurden, zumindest nicht ständig. Sie erfuhren auch, daß in vielen Regionen die ersten Besiedler eines Landstriches einen Pakt mit den magischen Kräften der Natur geschlossen hatten, wodurch eine gefahrlose Bebauung der Böden erst möglich geworden war. Die Nachfahren dieser ersten Siedler hätten als Erdpriester die Funktion übernommen, über die Erde und den Pakt zu wachen. Daraus ist der Dualismus von Machtträgern erwachsen, dem „maître de terre", verantwortlich für den richtigen Umgang mit der Erde, und dem „maître politique", dem Träger der politischen Macht [615: P. DIAGNE]. Dem entsprach das Konzept von Land als von Gott den Ahnen gegeben, von ihnen bewahrt und rituell beschworen, zur Ruhestätte der Ahnen geworden, „our ancestors' land", das man nicht privat besitzen und auch nicht veräußern konnte. Es gehörte der Gemeinschaft der Verstorbenen, der Lebenden und der künftigen Generationen. Der Chief war der Hüter des Landes, er teilte es Mitgliedern der Gemeinschaft zur Nutzung zu, aber es blieb Eigentum der Gemeinschaft [680: COLSON].

Dieses Bild wurde erstmals korrigiert, als JOMO KENYATTA, der spätere Staatspräsident von Kenia, im Jahre 1938 eine Sammlung der Überlieferungen seines Volkes vorlegte. Er hat in seiner Beschreibung des Landsystems der Kikuyu ausgedrückt, wie Landhaltung rechtlich geregelt war. In seiner Schilderung der Überlieferungen seines Volkes hat Gott am Anfang die Erde in kleinere Gebiete aufgeteilt und diese den einzelnen Rassen und Nationen als ihr Siedlungsgebiet gegeben. So haben die Kikuyu vom Schöpfer ein Stück Land erhalten; es sei das Land aller Kikuyu, in dem die Ahnen beerdigt sind. Entsprechend habe jede Familie einen Anspruch auf Land. Mit der Ausweitung des Siedlungsraumes und dem Anwachsen der Gemeinschaft habe man schließlich das vorhandene Land unterteilen müssen: „While the whole tribe defended collectively the boundary of their territory, every inch of land within it had its owner" [487: KENYATTA, 21–23]. Er hat hinzugefügt, daß die Kontaktaufnahme mit den Geistern der Ahnen über die Erde erfolgte, in der diese beerdigt waren, und daß die Kikuyu die Erde als „the mother of the tribe" betrachteten. Land war also ein heiliges Gut, es gehörte der Gemeinschaft und durfte von allen genutzt werden. Dort aber, wo Land knapp geworden war, oder wo zusätzliches Land durch einzelne Familien von Nachbarvölkern erworben werden konnte, sind private Eigentumstitel entstanden. Auf das ursprüngliche Land der Gemeinschaft aber hatte jedes Mitglied Anspruch gehabt. Durch die Urbarmachung eines Landstückes, durch die Anlage von Bewässe-

Privateigentum an Land

rungseinrichtungen oder sonstige Investitionen entstanden gewisse Ansprüche einer Familie auf dieses besondere Stück Land, aber es blieb letztlich Eigentum der Gesamtheit. Danach kannten die Kikuyu unterschiedliche Formen von Landeigentum, auch private Eigentumsrechte. Ähnliche Entwicklungen hat es bei vielen afrikanischen Völkern gegeben.

Der Zugang zu Land

Diese in der Theorie geltende Aufteilung und Zusicherung von Rechten auf Land wurde in der Praxis durch zahlreiche Einschränkungen problematisch. Zum einen hing der Zugang zu Land vom Status der einzelnen in der Gesellschaft ab: Frauen, Abhängige und Sklaven konnten Land nicht in demselben Sinne „besitzen" wie die erwachsenen Männer, konnten diese auch nicht beerben. Außerdem war es den Chiefs und anderen wichtigen Männern immer möglich, im Namen des Gewohnheitsrechts für sich selbst bessere Landstücke oder größere Anteile am Bewässerungssystem zu reservieren. Schließlich standen die landrechtlichen Regeln in einem direkten Verhältnis zur Bevölkerungsdichte, waren also dem Wandel unterworfen. Diese Vielfalt von Faktoren deutet auf abstrakter Ebene die Komplexität der Konzepte von Land und Landrechten an; sie sind in sich nur sehr schwer rekonstruierbar und im europäischen Vokabular nicht oder nur partiell faßbar. Die häufig bemühte Formel „the chief owns the land, the people possess the land" drückt dieses Dilemma aus und zeigt, daß Landbesitz im afrikanischen Kontext weniger ein dingliches Recht war, vielmehr Teil und Ausfluß eines persönlichen Beziehungsgeflechts, bei dem Rechte auf oder an Personen und ihre Dienstleistungen im Mittelpunkt stehen [644: CHANOCK]. Der in der europäischen Forschung häufig benutzte Ausdruck „traditionelles Landrecht" zerfließt also bei näherem Zusehen und wird zu etwas, das sich je nach Interessenslage der Betroffenen wandelt. In diesem Rahmen hat es ein Nebeneinander unterschiedlicher Besitztitel und Rechte gegeben: Stammesland, Stammesland mit besonderen Nutzungsrechten, und Land im Privatbesitz einer Familie, und diese Titel waren eng mit dem persönlichen Status oder mit den Rechten an Personen verbunden. Die Nutzung selber erfolgte nach örtlichen Gegebenheiten und Erfahrungen, d. h. in ständigem Anbau oder im Wanderhackbau, bei dem Jahre des Anbaus mit solchen der Brache abwechselten. Herrenloses Land gab es deshalb nur in nicht oder extrem dünn besiedelten Regionen. Was die Kolonialmächte als herrenlos bezeichneten und zu „Kronland" machten, war Land, auf das eine Gruppe Anspruch hatte, es auch benötigte, das sie aber aus langfristiger ökologischer Planung heraus vorübergehend unbebaut ließ. Heute weiß man durch zahlreiche Studien, daß kommunale Eigentumsvorstellungen sehr gut in das Konzept der Kolonialmächte paßten, weil sie die Chiefs in einer ihrer Funktionen stützen und an sich binden konnten und gleichzeitig leichter die Möglichkeit hatten, Land zu enteignen.

Kommunales Land und die kolonialen Interessen

Auf afrikanischer Seite ist die kommunale Interpretation zu Anfang der Kolonialzeit mitgetragen worden, vor allem von den Chiefs, aus der Erkenntnis, daß ihre Rechte dadurch gefestigt würden. Das Blatt hat sich aber gewendet, als im Laufe der Jahre andere Gruppen in der Gesellschaft, allen voran Unterprivilegierte, die nur sehr beschränkten Zugang zu Land hatten, ihre Ansprüche formulierten und dazu ihrerseits kommunale Deutungsmuster vortrugen. Zahlreiche Chiefs und Älteste hatten sich aber in der Zwischenzeit ehemals als kommunales Land ausgegebene Felder angeeignet und Kaffee- oder Kakaofelder angelegt, die sie nun als ihr Eigentum ansahen. Damit kamen sie zwar den Tendenzen vieler Kolonialverwaltungen entgegen, die den Übergang zu Privateigentum an Grund und Boden vorantreiben und eine grundbesitzende Klasse schaffen wollten [689: SWYNNER-TON]. Sie kollidierten aber direkt mit jenen, die nun ihre gemeinsamen Nutzungs- und Eigentumsrechte einforderten [644: CHANOCK]. Aus dieser veränderten Interessenlage ist zum einen eine große Unsicherheit über gewohnheitsrechtliche Vorstellungen zum Landbesitz am Ende der vorkolonialen Zeit entstanden. Zum anderen entwickelte sich aus dieser Situation eine nicht endenden Kette von Auseinandersetzungen um Land und Landrechte.

In der Kolonialzeit hat sich die Diskussion um Land, Landrecht und Landbesitzverhältnisse von Grund auf geändert. Neue Bedürfnisse waren durch die Niederlassung von Kolonialverwaltungen, Firmen, Siedlern, Pflanzern und Missionaren entstanden. Durch die Nutzung von Land für Weltmarktproduktion hatte der Wert von Land materiell und ideell andere Dimensionen angenommen. Die Kolonialmächte gingen zu Landenteignungen über und zu einer Neudefinition der Landrechte. Enteignungen wurden in Städten vorgenommen, um europäische Wohnviertel zu errichten, deutlich getrennt von den Vierteln der Schwarzen. Die Enteignung führender Mitglieder der Duala-Eliten in Kamerun durch die deutschen Kolonialbehörden ist eines der bekanntesten und umstrittensten Beispiele [683: ECKERT]. Auf der anderen Seite tasteten sie das von ihnen als Grundmuster angesehene kommunale Eigentumsrecht der Gemeinschaften nicht an, aber sie erklärten alles Land, das nicht bebaut oder bewohnt oder zu Weidezwecken genutzt wurde, zu Kronland und unterstellten es dem Verfügungsrecht des Kolonialgouverneurs. Land erhielt einen kommerziellen Wert.

Davon profitierten nicht nur die Europäer; auch afrikanische Eigentümer stiegen in dieses Geschäft ein und verkauften Landrechte in den neuen Verwaltungs- oder Wirtschaftszentren. So haben Chiefs und andere Personen Landstücke an europäische Firmen veräußert und damit erhebliche Einkünfte erzielt. Chiefs scheinen dabei eine besonders günstige Position gehabt zu haben, weil sie von den Europäern als rechtmäßige Vertreter ihrer Gemeinschaft angesehen wurden [469: MANN]. Landentäußerungen sind aber auch innerhalb afrikanischer Gesellschaften erfolgt: Überall wo Cash-Crops angebaut wurden oder wo neue größere Ansiedlungen entstanden, haben lokale Herrscher, Chiefs oder Älteste Landtransfers zugestimmt, gegen Bezahlung, und sie haben sich selbst Land zugesprochen. In den Städten haben diese Übertragungen eine besondere Brisanz erreicht, vor allem wenn solche Rechte nicht katastermäßig fixiert wurden, sondern nach ortsüblichen Methoden erfolgten. So sind von zahlreichen Herrschern im Süden des heutigen Ghana Rechte auf bestimmte Landstücke gleich mehrmals an verschiedene Personen oder Gruppen verliehen worden und haben zu jahrzehntelangen

Land und Landverkauf

Auseinandersetzungen um diese „stool rights" geführt. Es ist auch zu Landaneignungen durch religiöse Autoritäten gekommen. So haben z. B. in Senegal moslemische Geistliche, Marabouts, Land besetzt und es mit ihren Schülern im Erdnußanbau nutzbar gemacht. Die Erdnußkultur ist so zur wichtigsten Produktionsbasis geworden, und die Marabouts sowie die Bruderschaften, in denen sie mit ihren Schülern organisiert waren, haben daraus große Gewinne erwirtschaftet. Ob in dieser Inbesitznahme kommunale Rechte der betroffenen Gemeinschaften oder Gemeinden verletzt wurden, ist schwer zu sagen, weil Trägern religiöser Autorität häufig Besitztitel ohne Zwang, aber auch ohne materielle Gegenleistungen, übertragen werden.

Als Konsequenz veränderter Rahmenbedingungen haben sich seit der Kolonialzeit die Eigentumsrechte an Land deutlich verfestigt, und private Besitzansprüche haben zugenommen. Damit hat sich auch die Rolle der Chiefs gewandelt; sie hatten als erste von den privatrechtlichen Möglichkeiten Gebrauch gemacht und Landbesitzverhält-nisse und soziale Konflikte sind oft von Hütern des Landes der Ahnen zu Eigentümern geworden. Weil aber nicht jeder von diesem Transformationsprozeß in der gleichen Weise profitieren konnte, ist Landbesitz zu einer Quelle gesellschaftlicher Differenzierung geworden. Zudem ist für alle jene eine wachsende Rechtsunsicherheit eingetreten, die ihre aus dem Gewohnheitsrecht abgeleiteten Ansprüche auf bestimmte Landparzellen nicht hatten registrieren lassen und nun keine Beweisstücke für ihre Rechte anbringen konnten. Viele Chiefs jedoch und andere, die die neuen Möglichkeiten des Landerwerbs nutzen konnten, haben mehrere Grundstücke erworben. Als Folge ist eine erhebliche Konzentration von Landbesitz eingetreten und belastet den sozialen Frieden [682: DOWNS, 53–90].

Als weitere Konsequenz aus diesen Veränderungen haben Frauen in doppelter Weise eine Benachteiligung hinnehmen müssen. Einmal haben Männer Landbesitzrechte erworben, registrieren lassen und können nun über entsprechend an Wert gesteigerte Produktionsmittel verfügen und sie auch als Sicherheit bei der Kreditaufnahme einsetzen. Zum andern haben die Zwischenhändler und Aufkaufstellen von Cash-Crops diese Güter nur von Männern aufgekauft. Zum Ende der vorkolonialen Zeit hatten Frauen und Männer denselben Zugang zu Land und hatten gemeinsam produziert. Häufig war der Anteil der Frauen an der Nahrungsmittelerzeugung sogar wesentlich größer gewesen als der der Männer und hatte den Frauen ein beachtliches Maß an ökonomischer Selbständigkeit garantiert. Jetzt, unter den kolonialen und postkolonialen Bedingungen, fanden sich die Frauen ohne abgesicherten Zugang zu Land wieder, ohne die Möglichkeit des Einstiegs in die Weltmarktproduktion und der Kreditaufnahme, wie ACHOLA O. PALA dies für Kenia nachgewiesen hat [463].

Wegen der Enteignungen von Land in Siedlerkolonien mußten größere Gruppen von Menschen erleben, wie ihr Land, mit allen ideellen und rituellen Banden, sowie ihre ökonomische Basis verlorenging. In Kenia und Rhodesien, aber auch am Kamerunberg, wurden sie in zu klein bemessene und nahebei errichtete Reservate umgesiedelt, um als mittellose Arbeitskräfte auf den Plantagen der weißen

Pflanzer zur Verfügung zu stehen. Viele von ihnen sind verarmt und mußten als Arbeitskräfte auf der untersten Lohnstufe in den Städten ihr Auskommen suchen. Bei den Enteignungen in den Städten waren auch Mitglieder der lokalen Elite betroffen, die durch Prozesse gegen die Kolonialmacht oder durch den Einstieg in die Plantagenwirtschaft einen Ausgleich gesucht haben.

Die heutige Problematik des Landrechts besteht darin, daß Konflikte um Land für erheblichen sozialen Zündstoff sorgen. Weder die koloniale Gesetzgebung noch die sukzessiven Ansätze der unabhängigen Regierungen zu Landreform und zu einer annehmbaren Harmonisierung der einander überlagernden Landrechtsformen sind erfolgreich gewesen. Es gibt in keinem afrikanischen Staat eine tragfähige und einheitliche rechtliche Regelung der Landfrage. Die Landverteilung ist ungleich, viele Rechtstitel widersprechen einander, und die Streitfälle werden vor unterschiedlichen Gerichten mit divergierenden und konträren Rechtsnormen ausgefochten, vor Instanzen, die nach Gewohnheitsrecht urteilen, und anderen, die nach den Normen der staatlichen Gesetzgebung vorgehen. Damit wird ein langfristig angelegtes Ressourcenmanagement erschwert: Wiederaufforstungsmaßnahmen, Bewässerungsvorhaben, Sanierung von Stadtvierteln, Wasserversorgung, Kanalisation, Elektrifizierung und Straßenbau begegnen enormen Hindernissen; auch die private Initiative zum Hausbau, zur Sanierung von Wohnraum oder zur Errichtung von Produktionsstätten findet hier schnell eine Grenze.

7. Ansätze zur Erforschung der Bevölkerungsentwicklung

Statistische Erhebungen zur Entwicklung der Bevölkerung sind erst in der Kolonialzeit vorgenommen worden. Wie Volkszählungen überhaupt, sind auch die afrikanischen Angaben ungenau, zumal sie von der neuen Okkupationsmacht durchgeführt wurden; viele Dörfer haben eine genauere Erfassung gescheut, aus Angst, sie würde zur Steuererhebung oder Stellung von Zwangsarbeitern oder von Rekruten für die beiden Weltkriege dienen. Viele Zählungen waren deshalb lediglich grobe Schätzungen, auf der Basis der Zählung von Hütten in ausgewählten Regionen. Auch wenn die heutigen Bevölkerungszahlen genauer sind, stellen sie wegen des Fehlens angepaßter Erfassungsmethoden oder wegen der politischen Brisanz, die in multikulturellen Gesellschaften mit der Aufschlüsselung der einzelnen Teile der Bevölkerung und der Festlegung von Wahlkreisen verbunden ist, nicht viel mehr als Trendaussagen dar. Das deutlichste Beispiel für dieses Dilemma ist die neuere Geschichte Nigerias, wo zunächst das zahlenmäßige Gewicht der drei Regionen, in die das Land bei der Unabhängigkeit aufgeteilt war, Norden, Südosten und Südwesten, für politischen Zündstoff sorgte und wo dann versucht wurde, durch die Schaffung immer neuer Bundesstaaten regionalen Forderungen entgegenzukommen.

Das Interesse an demographischen Daten wird von einer Vielzahl von Faktoren gespeist, vor allem von der Frage nach dem Zusammenhang von Bevölkerungs-

Das Fehlen von Statistiken

Demographischer
Druck und Ent-
wicklung dichte, Bevölkerungsdruck und ökonomischen, technologischen sowie politischen und gesellschaftlichen Entwicklungen. Viele Autoren haben darauf hingewiesen, daß größere technische Fortschritte in der Entwicklung der Menschheit in
solchen Regionen erfolgt sind, ja erzwungen wurden, in denen das Überleben
einer dichter werdenden Bevölkerung nur durch die Erfindung angepaßter Technologien wie künstlicher Bewässerungssysteme oder durch eine Steigerung der
Produktivität erreicht werden konnte [465: BOSERUP]. Umgekehrt könnte dann
gefolgert werden, daß dünn besiedelte Gegenden oder fruchtbare Gebiete eine
ständige Weiterentwicklung der Produktionstechniken nicht benötigen und sie
deshalb auch nicht hervorbringen, womit der geringe technische Entwicklungsstand vieler Gesellschaften im 19. Jahrhundert vordergründig erklärt werden
könnte. Aber diesen eindeutigen geographisch-demographischen Determinismus
gibt es nicht.

In demselben Zusammenhang wird die Frage gestellt, in welchem Ausmaß die
politische und gesellschaftliche Entwicklung von demographischen Faktoren
abhängt: Ob und wie die Zentralisierung der politischen Macht oder die Entstehung größerer Reiche [699: STEVENSON], die wachsende gesellschaftliche Arbeitsteilung oder die Entstehung von Städten und ihre Umwandlung zu Stadtstaaten
durch Veränderungen in der Bevölkerungsdichte und -zusammensetzung beeinflußt worden sind; ob und wie umgekehrt größere klimatische Veränderungen
oder Dürre- und Hungerkatastrophen und Wanderungsbewegungen soziale Veränderungen und Revolutionen hervorgerufen und die politische Geographie ganzer Regionen umgewandelt haben, wie man das von Angola und der Seenregion in
Ostafrika weiß [697: MILLER; 701: WEBSTER].

Schließlich ist auch der Zusammenhang von landwirtschaftlicher und demogra-
phischer Veränderung wichtig, hat doch die Einfuhr neuer Nahrungsmittel wie
Cassava und Mais seit dem 15. und 16. Jahrhundert [709: VON OPPEN] oder von
Reis, Bohnen und Süßkartoffeln in späterer Zeit kurzfristig zu einer demographischen Explosion geführt. Heute spricht man gar von der Mais-Revolution in
Afrika, von der man sich eine nachhaltige Verbesserung der Ernährungsbasis der
Bevölkerung verspricht [704: BYERLEE]. In geschichtlicher Perspektive und auf
globaler Ebene hat das Vordringen der Landwirtschaft in die Waldregionen tiefgreifende demographische Veränderungen nach sich gezogen. Aber auch in diesen
Fällen ist es nicht klar, ob das Bevölkerungswachstum der auslösende Grund war
oder ob die Veränderungen den Bevölkerungsanstieg verursacht haben. Zu verges-
sen sind auch nicht Epidemien und Seuchen, die ganze Landstriche oder Großräume erfaßt haben und wie in der europäischen Geschichte große Teile der Bevölkerung hinweggerafft haben können.

Ein anderes Motiv für die demographische Forschung hängt eng damit zusammen: Die Interpretation des Sklavenhandels und seiner Auswirkungen. Diese Forschung geht davon aus, die geringe Bevölkerungsdichte mancher Regionen sei
durch die jahrhundertelange Sklavenjagd bedingt. Sklavenhandel, Entvölkerung
und Stagnation bzw. Rückentwicklung der Bevölkerung sowie politische Wirren,

der Aufstieg von Militärregimen, die ökonomische Rückentwicklung und schließlich die längerfristigen Auswirkungen der regionalen Anbindung an den Weltmarkt mit ihren demographischen Folgen erscheinen so in einem direkten Zusammenhang. Auf diese Fragen gibt es beim heutigen Stand der Forschung noch keine
ausreichend abgesicherten Antworten. Es liegen lediglich vorläufige Ergebnisse   Erste Schätzungen
vor [694: FYFE; 695: HANCE; 700: TARVER].

Einzeluntersuchungen zu regionalen Entwicklungen stellen die Basis unserer
Kenntnisse dar; globale Schätzungen zur Bevölkerungsentwicklung und Simula-
tionsmodelle bauen darauf auf und geben zur globalen Bevölkerungsentwicklung
Afrikas für die letzten dreihundert Jahre folgendes Bild:

Tabelle 1: Bevölkerungsentwicklung Afrikas [695: HANCE, 16. 35]

1650	ca. 100	Millionen
1750	95–100	Millionen
1800	90–100	Millionen
1850	95–100	Millionen
1900	120–150	Millionen
1920	140	Millionen
1950	222	Millionen
1960	278	Millionen
1967	328	Millionen

Derselbe Autor gibt als durchschnittliche jährliche Wachstumsrate folgende
Daten an:

Tabelle 2: Wachstumsrate der Bevölkerung

1750–1800	0,0 %
1800–1850	0,1
1850–1900	0,4–0,8
1900–1930	0,6
1930–1950	1,3
1958–1965	2,3
1960–2000	2,6

Diesem Modell widersprechen vor allem die Annahmen von LOUISE-MARIE
DIOP, die von einer angenommenen Bevölkerung von ca. 120 Millionen im Jahre
1948 zurückrechnet, indem sie die Verluste von Kolonialherrschaft und Sklaven-   Bevölkerungsent-
handel, die sie jeweils mit ca. 70 Millionen angibt, addiert und zu einer Bevölke-   wicklung und Skla-
rungszahl von etwa 260 Millionen Menschen um 1550 kommt. Ihr Modell zeigt   venhandel
einen enormen Bevölkerungsrückgang:

Tabelle 3: Bevölkerungsentwicklung Schwarzafrikas [692: DIOP, 773]

um 1550	ca. 260 Millionen
um 1650	ca. 260 Millionen
um 1850	192–188 Millionen
um 1948	ca. 120 Millionen

Auch der nigerianische Historiker J.E. INIKORI rechnet die Verluste des Sklaven-handels zurück und gibt Afrika für die Zeit um 1800 etwa 200 Millionen Einwoh-ner [731: INIKORI, 283–314].

Beide Rechnungen werden aber nicht allgemein anerkannt, weil sie quellenmä-ßig unsicher bleiben, methodisch deterministisch erscheinen und andere relevan-ten Faktoren außer acht lassen [647: COQUERY, 36–37].

Solche Versuche einer Aufrechnung der Bevölkerungsverluste aus dem Skla-venhandel sind wegen ihrer problematischen Datenbasis und ihrer regionalspezi-fischen Perspektive nur von beschränkter Aussagekraft. Das gilt auch für die jüng-sten Modelle von DAVID MILLER und PATRICK MANNING. MILLER gibt für West-Zentralafrika in der 2. Hälfte des 18. Jahrhunderts jährliche Bevölkerungsverluste von über 200 000 Menschen an [751: MILLER, 140 ff.]. MANNING hat ein Simula-tionsmodell für die Bevölkerungsveränderung vorgelegt, in dem er für West- und West-Zentralafrika für die Zeit um 1700 eine Gesamtbevölkerung dieses Raumes von 22–25 Millionen Menschen annimmt. Unter den vorherrschenden natur-räumlichen Bedingungen der Zeit kann man ein durchschnittliches Wachstum von etwa 0,5% annehmen; bei dieser Vorgabe hätte die Bevölkerung um 1850 etwa 100 Millionen Menschen zählen müssen; es waren aber nur geschätzte 46–53 Mil-lionen. Dies bedeutet, daß nur ein Wachstum von jährlich einem Prozent den Ver-lust durch den Sklavenhandel ausgeglichen hätte. MANNING weist im übrigen zu Recht darauf hin, daß dieser relative Rückgang der Bevölkerung in einer Zeit erfolgte, in der Europa und Amerika eine höhere Wachstumsrate erlebten, und daß dadurch der Anteil der afrikanischen Bevölkerung an der Weltbevölkerung um 1900 geringer war als gegen 1700. [746: MANNING, 85].

Solche Modelle weisen neue Wege, sind aber keine abgesicherten Erkenntnisse.

Kolonialeroberung und Bevölkerungs-rückgang

Einig ist man sich zwar darin, daß die Errichtung der Kolonialherrschaft durch die Eroberungskriege und Befriedungskampagnen, durch Zwangsarbeit und Hungersnöte zunächst mit einem erheblichen Bevölkerungseinbruch verbunden war. Besonders drastische Beispiele eines solchen Einbruches sind der belgische Kongo vor dem Ersten Weltkrieg, der Untergang der Herero in Südwestafrika, die Niederschlagung des Maji-Maji-Aufstandes in Ostafrika und die Folgen des Ersten Weltkriegs, in dessen Verlauf die Truppen der deutschen Kolonialmacht unter großen Verlusten in der Zivilbevölkerung vertrieben wurden. Erst nach dem Krieg konnte dieser Trend langsam umgekehrt werden, indem die Versorgung mit Nahrungsmitteln verbessert wurde und durch eine langsame Senkung der Kinder-sterblichkeit die Bevölkerungssituation stabilisiert werden konnte [647: COQUERY, 46 ff.]. Aber generell hat sich die Wissenschaft in den letzten Jahren aus globalen Rechnungen zurückgezogen, weil die Bestimmungsfaktoren der Bevöl-kerungsentwicklung regional und lokal zu verschieden sind. Bei regionalen Ver-gleichen hat man zudem festgestellt, daß die Bevölkerungsentwicklung seit dem 19. Jahrhundert in Zentralafrika und in Westafrika gravierende Unterschiede auf-weist, daß besonders Viehseuchen, Dürrezeiten, Sklavenjagd und besonders harte Formen kolonialer Ausbeutung wie Zwangsarbeit und Umsiedlung eine an sich schon dünnere Bevölkerung in Zentralafrika härter getroffen haben als in West-afrika. Medizinische Detailuntersuchungen haben darüber hinaus entdeckt, daß die geringe Fruchtbarkeit mancher Völker in Ost-Zentralafrika auch durch Geschlechtskrankheiten verursacht war. Die Forschung schließt daraus, daß bei der gegebenen geographischen Weite und Vielfalt Afrikas globale Aussagen wenig Sinn machen [698: PERROT, 7–15].

Für das Verständnis der Entwicklung konkreter Gesellschaften sind Angaben zur regionalen und lokalen Bevölkerungsentwicklung wichtig, weil nur sie Auf-schluß geben können über ökonomische, ökologische, politische, gesellschaftliche und kulturelle Zusammenhänge. Aber auch hier stellt sich das Problem der Quel-len, auch hier liegen gesicherte Erkenntnisse erst seit dem späten 19. Jahrhundert vor.

Als Beispiel sei auf Studien zu Ostafrika verwiesen, in denen die Problematik statistischer Rückrechnungen und Interpretationen aus mündlichen Überliefe-rungen deutlich wird, in denen aber dennoch Rahmenbedingungen der Entwick-lung sichtbar werden. Als erster hat KUCZYNSKI [696, Band II.] eine Bevölkerungs-stabilität für die Zeit bis zur Mitte des 19. Jahrhundert behauptet, als die Region von Sklavenjägern und zahlreichen Kriegen überzogen wurde. Seit der Errichtung der Kolonialherrschaft hätten Sklavenhandel und lokale Kriege ein Ende gefun-den, und ein schnell einsetzendes Bevölkerungswachstum sei ermöglicht worden. KJEKSHUS hat dagegen die Hypothese aufgestellt, die Bevölkerung Ostafrikas, bzw. die des späteren Tanganyika, habe bis zum Ende des 19. Jahrhunderts durch-weg zugenommen oder sei stabil geblieben. Erst die Kolonialeroberungen sowie die Rinderseuchen und Hungersnöte, die im Zusammenhang mit den kolonialen Veränderungen aufgetreten seien, hätten zu einem ernsthaften Bevölkerungsein-bruch geführt [166: KJEKSHUS]. Er verweist auf die große Zahl von Eroberungs-feldzügen und Befriedungsaktionen, die Niederschlagung des Maji-Maji-Auf-standes, die Opfer des Ersten Weltkrieges sowie die Serie von Rinderpestepide-mien, die seit den 1890ern durch italienische und britische Truppen in Äthiopien und dem Sudan eingeschleppt worden sind und ganze Gebiete verwüstet haben, auf das Eindringen von Tsetse-Fliege und Schlafkrankheit, die Ausbreitung von Cholera, Pocken und Geschlechtskrankheiten, die Entvölkerung ganzer Regio-nen im Zuge der Arbeiteranwerbung durch die Kolonialbehörden und viele andere Faktoren. Die Umkehrung dieser negativen Kurve der Bevölkerungsent-wicklung sei erst seit den späten 1920ern eingetreten. [166: KJEKSHUS]. JOHN ILIFFE hat die Entwicklungen im 19. Jahrhundert in sehr viel düstereren Farben dargestellt, hat von der „historic poverty" gesprochen, von den Grundproblemen der großen Entfernungen, der Krankheiten und der Unterbevölkerung. Den Ein-bruch der Kolonialzeit hat er genauso drastisch interpretiert wie Kjekshus, auch er spricht von der ökologischen Katastrophe und den enormen Verlusten in der Bevölkerung [371: ILIFFE]. JUHANI KOPONEN hat diese Modelle in wesentlichen Punkten verändert: Für ihn haben KJEKSHUS und ILIFFE in ihren Darstellungen des 19. Jahrhunderts nichts anderes getan, als die Mythen des „merry Africa" bzw.

Bevölkerungsent-wicklung in Ost-afrika

des „primitive Africa" zu stützen [373: KOPONEN, 21], so als habe die Bevölkerung in Ostafrika in paradiesischen Zuständen oder umgekehrt unter existenziell höchst bedrohlichen Bedingungen gelebt. Nach seiner Theorie hat sich das Bevölkerungswachstum im späteren Tanganyika seit Mitte des 19. Jahrhunderts erheblich verändert, ist in einen Rückgang umgeschlagen, weil die Ausweitung der Handelsbeziehungen mit der Küste entlang den Karawanenrouten die Voraussetzungen der bisherigen Wirtschaftsform und des bewährten Gesellschaftsmodells verändert und zu einer allgemeinen Verunsicherung und Unsicherheit geführt haben; der Sklavenhandel habe diese Situation dann noch entscheidend verschärft.

Auf geographisch noch kleinerer Ebene hat GERALD W. HARTWIG viele der Angaben von KOPONEN bestätigt: Er hat in Überlieferungen der Inselbevölkerung von Ukerewe im Viktoria-See den Zusammenhang zwischen gesellschaftlichen Wertesystemen, hier besonders der Solidarität der Gruppe und der Redistributionspflicht des Häuptlings, und Veränderungen wie persönlicher Bereicherung oder Machtstärkung durch Militarisierung entdeckt, die in größere gesellschaftliche Differenzierungen, Verarmung und Hungersnöte eingemündet sind [356: HARTWIG; 354: HARTWIG/PATTERSON].

Die Unterschiedlichkeit dieser Interpretationen zeigt, daß sichere Kenntnisse für die Bevölkerungsentwicklung für die Zeit vor dem 20. Jahrhundert nicht vorliegen. Sie macht auch deutlich, daß demographische Entwicklungen im Mittelpunkt der Interpretation der Gesamtgeschichte dieser Völker stehen und für zukünftige Forschungen ein wichtiges Anliegen darstellen.

In einer neuen Globalperspektive hat der britische Afrikahistoriker JOHN ILIFFE nun eine Interpretation der Geschichte der afrikanischen Völker vorgelegt, die die Besiedlung und die Organisation des Überlebens unter ungünstigen naturräumlichen Bedingungen in den Mittelpunkt stellt. Er nennt die Afrikaner Grenzlandpioniere, die eine besonders unwirtliche Region für die menschliche Spezies insgesamt erschlossen haben. Ihre Geschichte habe deshalb als zentrale Themen „die Besiedlung des Kontinents, die Koexistenz mit der Natur, den Aufbau stabiler Gesellschaften und deren Verteidigung gegen Angriffe von Völkern aus begünstigteren Regionen" [129: ILIFFE, 9].

C. GLOBALINTERPRETATIONEN

1. DIE MODERNE GESCHICHTE AFRIKAS ALS DIE GESCHICHTE DER INTEGRATION IN DIE WELTWIRTSCHAFT

Kann man die Geschichte Afrikas seit dem ausgehenden 18. Jahrhundert als die Geschichte der Integration in die Weltwirtschaft begreifen, wie es manche Wissenschaftler vorschlagen? Was würde ein solcher Ansatz für die Einschätzung der Stadtbevölkerung, für die große Masse der Kleinbauern und für die vielen Handwerker und Händler im Nah- und Fernhandelsnetz bedeuten? Ist eine solche Integration gekennzeichnet durch eine zunehmende Marginalisierung, wie vor allem IMMANUEL WALLERSTEIN und SAMIR AMIN es formulieren? Könnte man in diesem Prozeß auch eine langsame Befreiung aus den Fesseln der Tradition und der Isolierung sehen, in denen die Völker und ihre Wirtschaften im Landesinnern gefangen blieben, weil diese Regionen nicht oder nur indirekt an den interkontinentalen Austausch von Waren, Ideen und Menschen angeschlossen waren? Wäre dann die heutige Globalisierung der letzte Schritt einer solchen Erweiterung des Handlungsrahmens, der die afrikanischen Völker in vollem Ausmaß an der Entwicklung der Menschheitsgeschichte teilnehmen läßt? Letztlich also ein Ansatz zur Befreiung und zur Durchsetzung der Unabhängigkeit? In dieser Sicht würde die Kolonialzeit in neuem Licht erscheinen, einerseits als politische Barriere, die eine volle Teilnahme Afrikas am Leben der Menschheit verhindert hat, andererseits als Anschub zu tiefgreifendem Wandel.

> Die Problematik von globalen Modellen

IMMANUEL WALLERSTEIN vertritt in seinem Weltsystemansatz [711] die These, daß Afrika im Verlauf des 18. und 19. Jahrhunderts als Peripherie in die von Europa beherrschte Weltwirtschaft integriert worden ist und dabei im Prozeß der Neugestaltung der internationalen Arbeitsteilung die Rolle zugewiesen bekam, landwirtschaftliche und mineralische Rohstoffe zu produzieren. Dadurch wurde Afrika in einen Marginalisierungsprozeß ohne Ausweg gedrängt. Wallerstein geht davon aus, daß die europäische Weltwirtschaft sich in Schüben auf die ganze Welt ausgedehnt hat. Europa bzw. England und die USA waren das Zentrum; daneben existierten andere „Minisysteme", die selbst ein hegemoniales System um sich herum aufgebaut hatten. Der Expansionsprozeß der Weltwirtschaft setzte ein mit der mehr oder weniger gewaltsamen Ansiedlung europäischer Handelsniederlassungen in entfernten Weltteilen. In einem zweiten Stadium wurden Arbeitskräfte importiert, vor allem über den Sklavenhandel, um den Industrialisierungsprozeß im Zentrum mit billigen Arbeitskräften voranzutreiben. Betroffen war fast ausschließlich der afrikanische Kontinent, der sich gegen diesen Export nicht wehren und kein Gegenprodukt anbieten konnte, das auf dem Weltmarkt von Interesse gewesen wäre. Zudem war die Beschaffung von Sklaven-Arbeitskräften über einen längeren Zeitraum sehr preisgünstig. Das dritte Stadium, seit dem ausgehenden 18. Jahrhundert, hat diese Regionen als Peripherien in die Weltwirtschaft inte-

> „Weltsystemansatz" und „Dependenztheorie"

griert und ihnen eine produktive Rolle in der Arbeitsteilung der Weltwirtschaft zugewiesen: Die lokale Produktion von Rohstoffen für den Weltmarkt. Die neue Form der Arbeitsteilung drängte sich auf, weil Sklaven die geringste Arbeitsproduktivität entwickelten und daher im Einsatz in der Neuen Welt vergleichsweise teuer waren. Anderseits verschlechterte der Abzug von Arbeitskräften aus Afrika die dortigen Reproduktionsbedingungen von Sklaven und begann, die Einfuhr von Sklaven übermäßig zu verteuern. Irgendwann rechnete es sich also, die Arbeitskräfte vor Ort zu lassen und ihnen dort Produktionsaufgaben zu überlassen, die im Zentrum zu kostspielig geworden waren. Die Integration war also eine Verlagerung von Produktionsprozessen und Arbeitskosten [712: WALLERSTEIN, 55–58]. Weil aber die Entwicklung einer eigenständigen Wirtschaft mit lokalen Kapitalakkumulationsmöglichkeiten und Vernetzungsprozessen mit anderen Produktionssektoren nicht vorgesehen war, wurde Afrika marginalisiert, in seinem Zustand als Peripherie belassen. Die Kolonialherrschaft hat dieses System konsequent verfeinert, indem sie eine Wirtschaft aufgebaut hat, die an den Bedürfnissen und Abschöpfungsmöglichkeiten der Metropolen ausgerichtet war. Die Entstehung eines afrikanischen Proletariates wurde nicht zugelassen: „halbproletarische Haushalte", so die Formel von Wallerstein, konnten zu niedrigeren Kosten produzieren, weil die Reproduktionskosten der Arbeitskräfte dem afrikanischen Sektor der Wirtschaft, den Landregionen und ihren Nahrungsmittelproduzenten überlassen wurden. Daraus erkläre sich die geringe Leistungsfähigkeit afrikanischer Gesellschaften [713: WALLERSTEIN].

Viele andere Kritiker des Weltwirtschaftssystems stimmen mit den Grundzügen dieser Analyse überein, so die Anhänger des Dependenz-Ansatzes und im afrikanischen Kontext besonders SAMIR AMIN [553; 763] und CATHERINE COQUERY-VIDROVITCH [705: COQUERY]; AMIN und ANDRÉ GUNDER FRANK sprechen sogar von der „Entwicklung der Unterentwicklung", von der „ungleichen Entwicklung" [763: AMIN] und vom „ungleichen Tausch" [768: EMMANUEL]; GALTUNG erweitert mit SENGHAAS diese Interpretation, indem sie vom „strukturellen Imperialismus" sprechen. [706: GALTUNG, 29–104]. Gegen diese großen theoretischen Entwürfe wendet sich eine neue Forschungsrichtung, unter ihnen ULRICH MENZEL, für den das „Ende der Dritten Welt" gekommen ist [708: MENZEL].

Die kritische Einschätzung dieses Ansatzes der Weltmarktintegration muß historisch weit zurückgreifen und als erstes betonen, daß es trotz der vergleichsweise geringen Übersee-Kontakte Afrikas nie eine Isolierung der Gesellschaften innerhalb des schwarzen Kontinents gegeben hat. Handelskontakte innerhalb der Regionen, Fernhandel über große Entfernungen und Austauschbeziehungen zwischen benachbarten ökologischen Zonen hat es immer gegeben. Entsprechend der Nachfrage und den Kapazitäten der Transportsysteme wurden Nahrungsmittel, Textilien, Geräte für Haushalt und Landwirtschaft, Schmuck, Rohstoffe wie Salz, Eisen, Kupfer und Gold gehandelt, aber auch Luxusgüter wie Pferde, kostbare Stoffe aus Ägypten und Europa, Messer und Messerklingen, Gewürze, Kola-

Nüsse und vieles andere mehr, auch Sklaven. In den Küstenregionen haben diese   Afrikas Küsten als
Kontakte auch den Seeweg genutzt, in Westafrika zunächst zum Transport von   alte Einfallstore
Gold und Gewürzen entlang der Küste, mit Schwerpunkten in Benin und Ghana.   zum Kontinent
In Ostafrika existierten Seerouten durch das Rote Meer, zur Stadt Mogadischu
und weiter südlich.

Aber auch Außenkontakte über die Meere hat es seit Jahrhunderten gegeben.
Abgesehen von den Beziehungen im Mittelmeerraum, wo die großen Handelsstraßen durch die Sahara ankamen, oder wo mit Ägypten ein wichtiges Handels-
und Kulturzentrum existierte, sind auch andere Außenhandelskontakte aufgebaut
worden, in Westafrika zunächst durch die Portugiesen und dann auch durch
andere europäische Nationen. Die Portugiesen begannen im 15. Jahrhundert,
eigene Handelsstationen zu bauen und zu befestigen: In Arguin (Mauretanien,
1443), zahlreiche Niederlassungen an der Küste, die von den Kapverdischen
Inseln (seit 1444) aus ausgebaut wurden, in den heutigen Staaten Senegal, Guinea
und Sierra Leone, ferner Elmina (Ghana 1482), Axim (Ghana 1503), Gwato (der
Hafen von Benin, 1486), die Insel Sao Thomé (1493); an der Küste der heutigen
Staaten Kongo und Angola ließen die Portugiesen sich ab 1501 nieder, im Hinterland, im Königreich Kongo und der Stadt São Salvador waren portugiesische
Händler und Missionare seit 1501. Diplomatische Missionen haben sie an den Hof
des Oba von Benin gesandt; andere Missionen erreichten Mali (1543) und Timbuktu (1565). In der Sahara, in Wadan, bestand zwischen 1487 und 1513 ebenfalls
eine portugiesische Niederlassung.

In Ostafrika ist der Austausch mit den vorgelagerten Inseln Sansibar, Pemba
und Madagaskar stets rege gewesen und darüber mit der arabischen Halbinsel,
Persien und Indien. Die Suaheli-Kultur ist das Ergebnis dieser Kontakte zwischen
Einwanderern und Afrikanern. Durch die Errichtung portugiesischer Handelsstützpunkte und Forts ist auch hier der Kontakt mit Europa aufgebaut worden: In
Malindi (1498), Kilwa (1502), Moçambique (1503), Sansibar (1503), Mombasa
(1505). Von Sofala und Moçambique aus haben die Portugiesen den Kontakt mit
dem Hinterland gesucht, vor allem mit dem Königreich Monomotapa und seinen
reichen Goldvorkommen; seit 1530 hatten sie Niederlassungen in den benachbarten Orten Tete und Sena.

Diese Niederlassungen dienten den Handelsinteressen der Europäer; sie sind
mit militärischer Gewalt errichtet worden und haben zweifellos viel zerstört; vor
allem hat der Sklavenhandel in der Folgezeit Furchtbares angerichtet. Dennoch
wurden durch die Handelsbeziehungen auch Kontakte zwischen unterschiedlichen Völkern geschaffen, und ein Austausch von Waren, Menschen und Ideen
konnte einsetzen, wie er in dieser Vielfalt vorher nicht bekannt gewesen war.
Daran haben in erster Linie die Mächtigen und die Stadtbevölkerung partizipiert,
aber diese Einflüsse blieben nicht auf sie beschränkt.

Die Außenkontakte haben in den folgenden Jahrhunderten enorm zugenommen, die Zahl der europäischen Niederlassungen an der Westküste, die diplomatischen Missionen an die Höfe der Herrscher von Asante, Dahomey oder Benin im

18. und 19. Jahrhundert und schließlich die Zunahme der Expeditionen von Reisenden und Forschern in allen Teilen Afrikas sind ein beredtes Zeugnis dieser
Transsaharahandel Intensivierung der Kontakte. Der Transsaharahandel hatte schon lange zuvor einen Austausch mit Europa gepflegt: Europäische Güter wurden von den Endpunkten dieses Handels in Marokko in das Landesinnere geschafft, und Gold und Sklaven aus Westafrika kamen in den Norden und nach Europa. Die Händler in diesem aufreibenden Geschäft stammten vor allem aus Nordafrika. Mit ihnen kamen Salz, aber auch Güter der Oasen und Waren aus nordafrikanischer und europäischer Produktion in den Sudan, und die Händler brachten ihre politischen Ideen und religiösen Vorstellungen mit in die großen Umschlagplätze am südlichen Rand der Sahara, nach Walata, später nach Timbuktu und Kano. Wahrscheinlich hat auch das Vordringen des Islam diesen Weg genommen.

Auch die großen Pilgerfahrten westafrikanischer Herrscher nach Mekka, mit Zwischenstation in Kairo, konfrontierten die Teilnehmer mit anderen Kulturen und wirkten sich auf ihr weiteres Verhalten aus. Wenn auf dem Rückweg ausländische Architekten und Gelehrte mitgebracht wurden, fanden auch diese fremden Einflüsse und Ideen Eingang in das Erscheinungsbild und das Leben der Städte und fanden dort ihre Nachahmer.

Schließlich ist auf die großen Wanderungen hinzuweisen, die den ganzen Kontinent erfaßt und verändert haben. Die Wanderung der Bantu-sprechenden Ackerbauern aus dem Großraum Kamerun/südliches Nigeria nach Ost- und Südafrika hat nicht nur zur Verbreitung ihrer Sprache geführt, sondern auch ihrer Lebensformen, Einstellungen, politischen Ideen und Technologien. Das gleiche ist in der Wanderung der Viehzüchter-Völker, der Fulbe, aus dem äußersten Westen Afrikas bis in den Norden Kameruns erfolgt, und bei den Wanderungen anderer Viehzüchtervölker in den Raum der großen Seen Ostafrikas. Es ist überall zu Konflikten gekommen, aber auch zu Anpassungen und Verschmelzungen; neue Reiche sind entstanden, aus den lokalen Notwendigkeiten und den politischen Erfahrungen aller beteiligten Gruppen. Neue Kulte haben sich gebildet und neue Kulturen.

Die afrikanischen Völker haben im übrigen im Kontakt mit Fremden auch ihre Anbaumethoden verändert. Neue Pflanzen wie Cassava oder Mais sind angebaut worden, und man kann den Weg verfolgen, den sie von den Küsten ins Innere genommen haben [709: VON OPPEN], was zu einer agrarischen Revolution geführt hat [151: TOSH].

Afrika war also nie von der übrigen Welt abgeschnitten. Die entscheidende
Bedeutung der Frage ist, wie weit diese Außenkontakte reichten, wer betroffen war und welche
Außenkontakte Anstöße von ihnen ausgingen, auf die Produktion, die politischen Organisationsformen, die Vorstellungswelt und die Wertesysteme. Auch wenn wir darüber nur sehr wenig wissen, ist anzunehmen, daß die Auswirkungen auf vier Gruppen besonders stark waren. Erstens auf die herrschende Schicht in zentralistisch organisierten Staaten, vor allem dort, wo ihre wichtigen Mitglieder bei den Pilgerfahrten nach Mekka selbst an diesen Begegnungen mit anderen Völkern beteiligt waren. Zweitens waren die Hauptstädte der Reiche betroffen, die in diplomati-

schen und kommerziellen Beziehungen mit fremden Mächten standen; drittens die Hafenstädte, in denen der Außenhandelsverkehr abgewickelt wurde und in denen sich die Ausländer niedergelassen hatten. In manchen solcher Hafenstädte ist auch eine neue Gesellschaftsschicht entstanden, aus der Verbindung ausländischer Händler mit afrikanischen Frauen; schließlich die Knotenpunkte des Fernhandels, ihre Ausgangs- und Endpunkte, in denen die Geschäfte abgewickelt, die Waren gelagert, Makler eingeschaltet, Kredite vermittelt, Arbeitskräfte angeheuert und Verpflegung für die abreisenden Karawanen eingekauft wurden. Von europäischen Reisenden des 19. Jahrhundert wissen wir, daß die Einwohnerzahl solcher Städte sich zum Höhepunkt der jährlichen Handelssaison verdoppelte (HEINRICH BARTH zu Kano). Aber auch kleinere Rastpunkte der Karawanen waren betroffen, in denen man den Proviant ergänzte und Teilgeschäfte abschließen konnte. An all diesen Stellen waren ständig oder häufig Fremde zugegen, mit anderen Lebensweisen, anderen Ideen und anderen Gütern.

Eine weitere Besonderheit afrikanischer Gesellschaften, auch im Landesinneren, bezeugt den regen Austausch von Menschen und Ideen: Viele Gesellschaften, viele Reiche bestanden aus einer größeren Zahl von Völkern und Kulturen, deren eigene Zivilisation, ja selbst deren politische Selbstverwaltung nicht angetastet und nicht durch eine Staatsideologie oder irgendeine Form von Nationalbewußtsein verdrängt wurden. Diese Reiche waren in ihrer Grundstruktur multikulturell und erleichterten dadurch den Austausch und die Begegnung.

Einer Intensivierung der Austauschbeziehungen, vor allem im Fern- und Überseehandel, standen allerdings auch Hindernisse im Wege: An erster Stelle die demographische Struktur, d. h. die relativ dünne Besiedlung weiter Räume. Sie erschwerte den Austausch und zwang zu weitgehender Autarkie in der Nahrungsmittelversorgung. Außerdem hatte sie zur Folge, daß aus der Sicht der Bauern kein Anreiz für eine Markt- oder Überschußproduktion und kein Zwang zu Produktivitätssteigerung gegeben war, weil eine Nachfrage nach den Grundgütern des täglichen Lebens nur in den Städten entstehen konnte. Sodann waren da die Hindernisse der großen Entfernungen und der klimatischen Bedingungen; sie ließen den Austausch zu schwierigen und kostspieligen Unternehmungen werden. Und schließlich waren es die technischen Grenzen des Transportsystems, die den Austausch weiter einengten. Das in Europa über Jahrhunderte als Transportmittel genutzte Pferd konnte z. B. nur in wenigen Regionen eingesetzt werden, in Waldgebieten konnten die Pferde nicht überleben [205: LAW].

Afrika war nicht isoliert, hat viele Fremdeinflüsse aufgenommen. Aber auf einem zentralen Sektor, der für die Konstituierung der Weltwirtschaft bestimmend wurde, hat der Kontinent nicht mithalten und Anstöße von außen aufnehmen können: In der Produktion. Über einen langen Zeitraum hatte Afrika nur wenige Güter anzubieten, die außerhalb nachgefragt wurden: Gold, Elfenbein und Gewürze, wobei der expandierende Weltmarkt Gewürze aus der arabischen Welt und aus Indien bevorzugte. Der Export von Gold als Rohstoff hatte seinerseits keine Auswirkungen auf andere Sektoren der Wirtschaft, und die Ausfuhr

Grenzen der Kontakte

von Elfenbein basierte nur auf der Ausbeutung der Natur. Der Sklavenhandel pervertierte diese Situation weiter, indem nun auch Produktivkräfte außer Landes gebracht wurden.

Dies änderte sich erst im 19. Jahrhundert, als der sogenannte legitime Handel die afrikanische Produktion direkt ansprach: Palmöl aus lokaler Produktion, Palmkerne, Gummi/Kautschuk, Häute und Felle sowie verschiedene Hölzer stiegen im Zuge der ansteigenden Bedürfnisse der Industrialisierung Europas zu begehrten Importwaren auf, und die Afrikaner waren zum ersten Mal mit einer größeren Nachfrage aus Übersee konfrontiert, der die Produzenten nachkommen konnten. Der Versuch, sogleich eine größere Plantagenproduktion für Zucker, auf der Insel Fernando Po, für Baumwolle und Erdnüsse im westafrikanischen Binnenland einzuführen, mißlang allerdings. Plantagen arbeiteten in Afrika nur dort erfolgreich, wo sie von einheimischen Herrschern betrieben wurden und wo Sklaven eingesetzt werden konnten: Im Kalifat Sokoto im nördlichen Nigeria, im Königreich Dahomey und im Herrschaftsbereich des Sultans von Sansibar und der Städte an der ostafrikanischen Küste. Dieser Mißerfolg einer Verlagerung von Produktionsstätten in Form von Plantagen ergab sich wiederum aus einem der Gründe, die seit Jahrhunderten für die langsame ökonomische Entwicklung verantwortlich waren: Die besondere demographische Struktur ließ nie einen Überschuß an Arbeitskräften entstehen. Die dünne Besiedlung weiter Teile Afrikas hatte eine größere gesellschaftliche Arbeitsteilung und besonders die Herausbildung einer Arbeiterschaft oder gar eines Arbeitsmarktes nur ansatzweise, in den Städten, zugelassen. Auch wenn diese als große Handelszentren unterschiedliche Berufe kannten und auf eine Vielzahl von Dienstleistungen angewiesen waren, blieb die überwältigende Mehrheit der Bevölkerung in der Landwirtschaft tätig, und zwar in einer wenig marktorientierten Form der Landwirtschaft. Bei der Qualität der Böden und der verfügbaren bzw. sinnvollen Technologie mußten alle Familienmitglieder bei der Bestellung des Landes oder der Viehzucht mitarbeiten, wenn die Gemeinschaft ausreichend ernährt werden sollte. Deutliche Zeichen für das Fehlen von Arbeitskräften waren seit Jahrhunderten die Sklaven, die in kleinen Haushalten, in Plantagen und im Dienst der Herrschenden zu arbeiten hatten; der Sklavenmarkt ersetzte den Arbeitsmarkt. In manchen Regionen West- und Ostafrikas kann man im 19. Jahrhundert sogar von einer „slave mode of production" sprechen [741: LOVEJOY; 719: COOPER]. Dasselbe Arbeitsmarktproblem haben die europäischen Kolonialmächte, die kolonialen Handelshäuser und die Siedler erfahren: Arbeitskräfte waren nicht verfügbar.

Das Modell WALLERSTEINS von der Integration Afrikas als Peripherie in die Weltwirtschaft geht also von zwei falschen Annahmen aus: Erstens von einer Isolierung Afrikas, die durch die Einbeziehung in das weltwirtschaftliche System durchbrochen worden wäre – eine solche Isolierung hat es nie gegeben – und zweitens von einer weltwirtschaftlich notwendig gewordenen Verlagerung bestimmter Produktionszweige nach Afrika. Letzteres hat nicht stattgefunden, und die bescheidenen Ansätze, die versucht wurden, sind erfolglos geblieben.

Produktion für den Weltmarkt im 19. Jahrhundert

Mangel an Arbeitskräften

Die neue Form der internationalen Arbeitsteilung, auf der der Weltsystemansatz beruht, ist erst später eingeführt worden, in der Kolonialzeit. Für die Entwicklungen, die in der Verantwortlichkeit der Kolonialmächte initiiert wurden, trifft dieser Ansatz zu, meint aber vornehmlich die wirtschaftliche Seite, die weiter oben Kolonialwirtschaft genannt worden ist. Daß die afrikanischen Gesellschaften andere Wege der Existenzsicherung und Kapitalakkumulation gesucht haben, daß sie sich in weiten Bereichen dem Einfluß der Kolonialmacht entzogen haben, wird dabei nicht erfaßt.

Wenn Afrikas Entwicklung seit dem 18./19. Jahrhundert nicht durch die Integration in die Weltwirtschaft bestimmt werden kann, welche alternativen Interpretationsansätze für das Verhältnis zwischen Weltwirtschaft und den Gesellschaften Afrikas sind dann denkbar?

Bei den Überlegungen zur Problematik der Tradition ist von kulturellen und psychischen Blockaden gesprochen worden; an anderer Stelle wurden die demographischen Probleme und der fehlende Modernisierungsdruck auf technischer und wirtschaftlicher Ebene erwähnt. In demselben Zusammenhang kann man die Institution der Sklaverei als Suche nach einem Ausweg aus der prekären Arbeitsmarktsituation sehen, die den Herrschenden und Wohlhabenderen ohne größere gesellschaftliche Kosten und Mühen ein Leben in Unabhängigkeit und Luxus erlaubte. Man kann in der Sklaverei allerdings auch eine Ursache für eine politische, ökonomische und gesellschaftliche Stagnation erblicken: Die Notwendigkeit einer Produktivitätssteigerung in der Wirtschaft ließ sich durch den Einsatz billiger Sklaven umgehen. Auf politischer Ebene konnte der Druck zur Stärkung der politischen Strukturen und zu einer besseren Durchsetzung staatlicher Autorität gegenüber den Untergebenen ebenfalls umgangen werden, indem Sklaven das Mehrprodukt und die Abgaben zu erbringen hatten. Und schließlich bedeutete die Verfügbarkeit von Sklaven, daß gesellschaftliche Differenzierungsprozesse und die Herausbildung neuer Formen der gesellschaftlichen Arbeitsteilung auch bei einem Anwachsen der Bevölkerung in den Städten nicht notwendig wurden. Solche Entwicklungen zu größerer Differenzierung und zahllose Formen des Anpassungsdrucks auf allen Gebieten waren zur gleichen Zeit in Europa weit verbreitet und ließen hier Feudal- und Klassengesellschaften entstehen sowie eine expansive Wirtschaft, die zur Weltwirtschaft wurde. Solchen internen Druck hat es in Afrika nicht gegeben; Ausnahmen waren Regionen mit dichterer Bevölkerung und einem ausgeprägteren System der Marktproduktion wie Nordnigeria. Aber auch hier war ein erheblicher Anteil der Bevölkerung, fast die Hälfte (HEINRICH BARTH) Sklaven, und diese Situation verminderte den Druck zu gesellschaftlichen Anpassungsprozessen.

Es gab also eine Vielzahl von Faktoren, die Veränderungen wie eine größere politische Konzentration, eine ausgeprägtere gesellschaftliche Differenzierung, eine merkliche Steigerung von Produktion und Produktivität sowie eine stärkere Rationalisierung der Verwaltung unnötig machten oder geradezu blockierten. Sie wurden nie aufgebrochen, weder von innen noch von außen. Erst der wachsende

Kulturelle und gesellschaftliche Blokkaden

Der Weltmarkt bricht Hindernisse auf

Zugriff der Weltwirtschaft hat zu einer langsamen Auflösung dieser Hindernisse geführt. Die ersten Formen des Zugriffs, durch den Sklavenhandel, waren destruktiv. Die Phase des sogenannten legitimen Handels hat in den beteiligten Staaten große Konflikte ausgelöst und ökonomische wie politische Anpassungen notwendig gemacht; hier ist durch die am meisten Betroffenen, die Händler und die weniger Privilegierten, eine revolutionäre Umgestaltung von Gesellschaft, Staat und Wirtschaft gefordert und auch partiell durchgesetzt worden: Die Macht der Herrschenden sollte beschnitten und die Rechte der Untertanen gestärkt werden, staatliche Außenhandelsmonopole, die lukrativsten Bereiche der Wirtschaft, sollten abgebaut und privaten Interessen und Händlern mehr Entfaltungsmöglichkeit geboten werden, auch der direkte Zugang zu europäischen Händlern und die Möglichkeit der Kapitalakkumulation. Das setzte eine grundlegende politische Wende und eine gesellschaftliche Machtverschiebung voraus, was sich in manchen Staaten im Sturz der Herrscher und anschließenden Bürgerkriegen ausdrückte. Hier taten sich Entwicklungen auf, die auf zwei Ebenen richtungweisend waren: Sie leiteten die Durchbrechung alter Blockaden ein und ermöglichten eine Öffnung afrikanischer Märkte auf der Basis der Gleichberechtigung bzw. der gleichen Entfaltungsmöglichkeiten afrikanischer und ausländischer Partner.

Aber beide Entwicklungen wurden durch die konkurrierenden europäischen Mächte gestoppt, weil diese eine beherrschende Stellung auf den afrikanischen Märkten anstrebten, was nur mit politischer Unterwerfung und sozialer Kontrolle möglich war. Diese Kolonialintervention war das Ende der kurzen Phase revolutionärer Umgestaltung in den betroffenen Gesellschaften und der gleichberechtigten Teilnahme afrikanischer Partner an der Weltwirtschaft. Die Kolonialzeit hat diese Abschottung von der Weltwirtschaft nur in den Bereichen aufgehoben, die der Absicherung der eigenen Herrschaft dienlich waren, in der kolonialen Exportwirtschaft und in der Ausbildung von Hilfspersonal. Beides ist aber außer Kontrolle geraten, besonders das Ausbildungssystem, das sich inhaltlich nicht einengen ließ; dieser Kontakt der Kulturen hat zwei folgenschwere Prozesse ausgelöst: Zum einen die intellektuelle und politische Herausforderung des Kolonialsystems durch die neue afrikanische Führungsschicht und zum andern die Infragestellung afrikanischer Werte und gesellschaftlicher Strukturen durch Vertreter dieser neuen Elite, verbunden mit der Forderung nach einer weitgehenden Umgestaltung. Darin kann man mit ALI A. MAZRUI mit aller Vorsicht und vielen Einschränkungen eine „mentale Befreiung" sehen [773: MAZRUI, 92]. Mit der Entlassung in die Unabhängigkeit haben die Kolonialmächte die Konsequenz aus der Herausforderung und den explodierenden Kosten einer Aufrechterhaltung der kolonialen Herrschaft gezogen.

Die vierte Phase der Begegnung Afrikas mit der Weltwirtschaft und der Völkergemeinschaft, von der Unabhängigkeit bis in die 80er Jahre, stand unter den Vorzeichen einer partiellen Neuorientierung afrikanischer Interessen, der neokolonialen Einflußnahme und der Auswirkungen des Ost-West-Gegensatzes. Von den früheren Kolonialmetropolen hat vor allem Paris eine „chasse gardée" aufgebaut und seine ehemaligen Kolonien durch vielfältige Verträge, finanzielle Leistungen und die Errichtung der gemeinsamen Währungszone im FCFA an sich gebunden. Der Ost-West-Gegensatz hat seinerseits den ganzen Kontinent in Einflußsphären aufgeteilt und diese zur Verwirklichung ihrer eigenen Interessen gegeneinander ausgespielt. Von realer Unabhängigkeit konnte keine Rede sein. Erst die letzte Phase, die in den 1980ern einsetzte, hat auch diese Formen des Neokolonialismus abgebaut und die afrikanischen Staaten stärker dem Druck von Weltwirtschaft und Völkergemeinschaft ausgesetzt. Wichtige Etappen auf diesem Wege waren das Ende der Sowjetunion und des Ost-West-Konflikts und die fortschreitende europäische Einigung, welche die afrikanischen Partner zunächst aus der einseitigen Bindung an die früheren Metropolen löste und sie an EG bzw. EU band und dann die monetären Sonderbeziehungen über den FCFA zusammenschnitt. Die wichtigste Etappe aber war die Einflußnahme von Weltbank und IWF: Sie hatte nicht nur ökonomische Reformen zum Ziel, sondern auch Strukturveränderungen in Staat und Gesellschaft; diese wurden zunehmend zur Voraussetzung von Entschuldung und Kreditgewährung gemacht. Solche Schritte mögen wie eine „zweite Kolonisierung" aussehen, aber ihr eigentlicher Effekt ist, daß die besonderen Beziehungen zwischen einzelnen afrikanischen Staaten und bestimmten Partnern langsam abgelöst werden und daß neue, globale Partner, die Völkergemeinschaft, mit Hilfsmaßnahmen und Anpassungsforderungen an ihre Stelle treten.

Globalisierung und Abbau des Neo-kolonialismus

Am Schlußpunkt dieses Prozesses steht das Ende privilegierter Beziehungen, die als neokoloniale Einflußnahme, aber auch als Schutz verstanden werden konnten. Die Globalisierung erfaßt jetzt die afrikanichen Saaten in vollem Ausmaß. Darin ist das besondere der jüngsten Entwicklung zu sehen. So kann die langsame Integration in die Weltwirtschaft auch als ein fortschreitender Prozeß der Überwindung eigener Blockaden und der Sprengung kolonialer und neokolonialer Fesseln gedeutet werden. Dies beseitigt die Formen des strukturellen Imperialismus und das vorhandene Machtgefälle innerhalb der Weltwirtschaftsordnung nicht, aber es räumt Barrieren weg, denen der Kontinent in besonderer Weise unterworfen war. Afrika war nie von weltwirtschaftlichen Veränderungen isoliert, konnte viele Anregungen aber aus vielschichtigen ökonomischen, politischen, gesellschaftlichen und kulturellen Gründen nicht umsetzen. Die Voraussetzungen für einen signifikanten Schritt zum Abbau dieser Hindernisse sind jetzt durch die Globalisierung erfolgt. Diese Interpretation unterscheidet sich vom Weltsystemansatz Wallersteins dadurch, daß er neben dem Ausgreifen der Weltwirtschaft nach Afrika immer und zunächst die Entwicklungsdynamik sowie die Blockaden der afrikanischen Gesellschaften, diese also von innen her, beachtet.

2. DIE INTERPRETATION DER SKLAVEREI IN AFRIKA

Das umstrittenste Ereignis in der jüngeren Geschichte Afrikas ist zweifellos die Sklaverei, sowohl in der Form der innerafrikanischen Sklaverei als in der des Sklavenhandels. Im Mittelpunkt der Diskussion stehen weder das Faktum noch das Ausmaß beider, sondern die Frage der Ursprünge, der Träger und der Bewertung der Folgen. Einen guten Überblick über den Forschungsstand bieten Cooper [719], Lovejoy [741] und Manning [746].

Seit den grundlegenden Arbeiten von Philip Curtin [721], Engermann-Genovese [725], Paul E. Lovejoy [739], Ralph Austen [716] und Patrick
Ausmaß des Skla- Manning [746] ist sich die Forschung darin mehr oder weniger einig, daß durch
venhandels den Sklavenhandel etwa 29 Millionen Menschen aus Afrika exportiert worden sind:

> zwölf Millionen im Transatlantischen Sklavenhandel,
> neun Millionen im Transsahara-Sklavenhandel,
> acht Millionen über die Suaheli-Küste und das Rote Meer.

Der Handel durch die Sahara und über das Horn von Afrika lieferte die Sklaven in den nordafrikanischen und arabischen Raum, der transatlantische Sklavenhandel versorgte Amerika und die Karibik mit Sklaven. Im 16. und 17. Jahrhundert wurden etwa zwei Millionen Sklaven von der Westküste und ebenfalls zwei Millionen von der Savannenregion und dem Horn von Afrika exportiert; im 18. und 19. Jahrhundert waren es insgesamt etwa neun Millionen Sklaven von der Westküste, drei Millionen aus der Savannenregion und vom Horn sowie zwei Millionen an der Ostküste. Zu diesen Zahlen sind jene Opfer hinzuzuzählen, die in den damit verbundenen kriegerischen Auseinandersetzungen ums Leben gekommen sind, möglicherweise genauso viele. Zudem hat eine Welle der Versklavung für den internen, häuslichen Bedarf eingesetzt, von der eine wachsende Zahl von Menschen betroffen war. Am stärksten in Mitleidenschaft gezogen war die Westküste Afrikas in ihrer ganzen Länge, vom Senegal bis nach Angola, am nachhaltigsten die Bucht von Biafra. Der Höhepunkt des transatlantischen Sklavenhandels lag im 17. und 18. Jahrhundert; der orientalische Handel hat seinen Höhepunkt erst im 19. Jahrhundert erreicht und die gesamte ostafrikanische Küstenregion und ihr Hinterland, weniger aber das Seengebiet, Sambia und Zimbabwe erfaßt.

Die Folgen für die unmittelbar heimgesuchten Gesellschaften waren kurzfristig
Demographische vernichtend und tödlich, ganze Dörfer sind entvölkert worden, manche Gesell-
Folgen schaften sind von der Bildfläche verschwunden und haben höchstens über vereinzelte Stimmen aus der Sklaverei über ihre vorherige Struktur und ihre traumatischen Erfahrungen Zeugnis gegeben. Es ist aber sehr schwierig, Langzeitfolgen für größere Regionen, einzelne Großräume oder den afrikanischen Koninent insgesamt zu benennen.

Patrick Manning hat eine Globalanalyse vorgelegt, die den ganzen Kontinent im Blickpunkt hat und nach Regionen unterscheidet. Sie basiert auf einer Auswertung der Quellen und einem Simulationsmodell für die Bevölkerungsentwicklung. Seine Synthese besagt:

a) Formen der innerafrikanischen Sklaverei hat es seit undenklichen Zeiten gegeben; aber im Verlaufe des 19. Jahrhunderts sind Umfang und Intensität in einigen Regionen in ungeahntem Ausmaß gesteigert worden: „Slavery became, then, not just a social status accorded to some, but a way of life, a mode of production, and a social system" [746: MANNING, 19].

b) Der transatlantische Sklavenhandel hat die innerafrikanische Sklaverei verstärkt; beide haben zu einer Deformation von politischer Kultur und Ethik geführt, zur Stärkung von „chiefs" und „warlords", zum Zusammenbruch von Ordnung, Recht und Sitte.

c) Die demographischen Folgen haben zu einer globalen Stagnation der Bevölkerung des Kontinents geführt: Um 1850 zählte Afrika etwa 50 Millionen Menschen, genauso viele wie um 1700 [746: MANNING, 85]. Regional läßt sich aufschlüsseln: In den Savannenregionen und am Horn von Afrika ist das Wachstum der Bevölkerung zwischen 1800 und 1850 deutlich zurückgegangen; zwischen zehn und 15% der Bevölkerung oder über drei Millionen Menschen waren um die Mitte des 19. Jahrhunderts versklavt. Wegen der größeren Ausfuhr von weiblichen Sklaven herrschte in dieser Region gleichzeitig ein Männerüberschuß. An der Westküste ist das Bevölkerungswachstum schon vor dem 18. Jahrhundert abgeschwächt worden; zwischen 1730 und 1850 ist eine realer Bevölkerungsrückgang anzunehmen. Wegen der zahlenmäßig größeren Ausfuhr männlicher Sklaven muß man in diesen Gebieten mit einem Frauenüberschuß rechnen. Um die Wende zum 19. Jahrhundert waren ungefähr 15% der Bevölkerung oder etwa drei Millionen Menschen versklavt. An der Ostküste hat im 19. Jahrhundert ein ernsthafter Bevölkerungsrückgang eingesetzt; über 15 % der Bevölkerung oder etwa 1,5 Millionen Menschen waren in der zweiten Jahrhunderthälfte versklavt [746: MANNING, 78].

Die demographischen Angaben zu Westafrika sind inzwischen durch eine Analyse von David Miller ergänzt worden. Er hat die Bevölkerungsentwicklung von West-Zentral-Afrika untersucht, von jenem Großraum, aus dem im 17. und 18. Jahrhundert etwa 40% der in die Neue Welt verschifften Sklaven stammten. Danach muß man die Zahl der Todesfälle, die im Zug der Sklavenjagden und der damit verbundenen innerafrikanischen Versklavung eingetreten sind, in etwa mit der Zahl der exportierten Sklaven gleichsetzen, sie für die zweite Hälfte des 18. Jahrhunderts also mit 50 000–60 000 pro Jahr annehmen. Mehr Menschen noch seien versklavt und in andere Teile West-Zentralafrikas verschleppt worden: Etwa 100 000–120 000 Menschen seien jährlich umgesiedelt worden. Die Folgen für das Geschlechterverhältnis sind dabei noch nicht einbezogen, weil es nicht meßbar ist; aber das Faktum, daß mehr Männer im transatlantischen Handel verschifft wurden als Frauen, hat sich notgedrungen auf die Zurückgebliebenen ausgewirkt [751: MILLER, 140–169].

d) Auf weltwirtschaftlicher Ebene hat der Sklavenhandel den Aufbau des atlantischen Systems durch die Bereitstellung billiger Arbeitskräfte ermöglicht [757: SOLOW; 758: THORNTON] und damit die Ausprägung des kapitalistischen Systems entscheidend gestärkt [760: WILLIAMS].

e) Die Weiterentwicklung des Kapitalismus hat dann seit der Wende zum

19. Jahrhundert zur Abschaffung des transatlantischen Sklavenhandels geführt [712: WALLERSTEIN; 760: WILLIAMS; 746: MANNING]; die Errichtung der Kolonialherrschaft hat auch den „orientalischen Sklavenhandel" und die innerafrikanische Sklaverei abgeschafft [746: MANNING; 714: ANSTEY; 734. 736: KLEIN].

Politische Folgen   Diese Interpretationsansätze werden nicht von allen Forschern akzeptiert. Für eine Gruppe kritischer Forscher hat der atlantische Sklavenhandel ähnlich wie bei MANNING den internen Sklavenhandel und die „domestic slavery" erheblich verstärkt und zu einem radikalen Bruch in der Entwicklung Afrikas geführt, wegen der Verluste an Menschenleben und der damit einhergehenden gesellschaftlichen und politischen Transformationsprozesse: „Die Geschichte der Sklaverei hat zu einer Interaktion zwischen Versklavung, Sklavenhandel und dem lokalen Einsatz von Sklaven in Afrika selbst geführt. Eine nähere Untersuchung dieser Interaktion zeigt, daß damit ein System der Sklaverei entstanden ist, das die Volkswirtschaften entscheidend geprägt hat. Dieses System hat sich bis in die letzten Jahrzehnte des 19. Jahrhundert ausgebreitet. Der Prozeß der Versklavung hat sich ausgeweitet; der Handel hat in Reaktion auf neue und größere Märkte zugenommen, und die Nutzung von Sklaven in Afrika hat sich verallgemeinert" [741: LOVEJOY, 22].

Durch diesen Transformationsprozeß sei ein Zerfall der politischen Strukturen eingetreten, in dessen Verlauf größere Reiche und Räume in kleine, sich bekämpfende Teile auseinandergerissen wurden [189: BARRY], Herrschaftsverhältnisse sich zu Willkür und Ausbeutungsmechanismen verkehrten und verfestigten und allgemeine Rechtlosigkeit einzog [754. 755: RODNEY]. Der Produktion wurden wichtige Ressourcen (Arbeitskräfte) entzogen und im System der Sklavenarbeit gleichzeitig an anderer Stelle wieder zugeführt, mit dem Effekt, daß jeder Anreiz für eine Weiterentwicklung der Produktivkräfte in den Zentren der Macht entfiel, in den Landregionen gar nicht erst anstand. Die gesellschaftlichen Strukturen seien durch eine zunehmende Stratifizierung verändert worden, indem der Anteil der Sklaven an der Bevölkerung anwuchs und damit die Sozialbeziehungen und die überkommenen gesellschaftlichen Wertesysteme, der gesellschaftliche Grundkonsens zutiefst verändert wurden. In West-Zentralafrika sind außerdem vor allem Sklavinnen vor Ort behalten worden, mit der Folge einer erheblichen Zunahme der Polygynie. Die Abschaffung des Sklavenhandels im 19. Jahrhundert hat diesen Trend nicht rückgängig gemacht, im Gegenteil: Gegen Ende des Jahrhunderts bestand in manchen Regionen Afrikas die Bevölkerung zu einem Viertel aus Sklaven; das Kalifat Sokoto, das aus dem heiligen Krieg Usman dan Fodios hervorgegangen war, muß mit etwa 2,5 Millionen Sklaven bei einer Gesamtbevölkerung von etwa zehn Millionen sogar die „zweit- oder drittgrößte Sklaven-Gesellschaft der modernen Geschichte" genannt werden [740: LOVEJOY, 392].

Andere Forscher sind in der Bewertung der Langzeitfolgen zurückhaltender und meinen, vom Ausmaß und der regionalen Konzentration her habe der Sklavenhandel nur einen marginalen Einfluß auf die afrikanische Geschichte ausgeübt [723: ELTIS]. Sie betonen, daß die Bedeutung des Außenhandels und damit auch des Handels mit Sklaven für die Wirtschaft der Küstenvölker Westafrikas so gering gewesen sei, daß ihre sozio-politische und demographische Entwicklung davon nur am Rande berührt wurde. Die interne Sklaverei steht für sie nicht in direktem Zusammenhang mit dem transatlantischen Sklavenhandel. Letzterer habe möglicherweise sogar als Bevölkerungsregulativ gewirkt, was daraus geschlossen werden könne, daß die am meisten von Sklavenjagden betroffenen Gebiete Westafrikas dennoch die am dichtesten bevölkerten seien [725: FAGE; 759: UZOIGWE]. Diese Positionen sind allerdings umstritten.

Kontrovers bleibt auch weiterhin, welcher Wirkungszusammenhang zwischen der afrikanischen Sklaverei und dem Sklavenhandel besteht. Gegen die Transfor- **Sklaverei und Skla-** mationsthese von RODNEY, LOVEJOY und MANNING wendet sich mit Nachdruck **venhandel** eine jüngere Untersuchung von JOHN THORNTON. Er behauptet, der Sklavenhandel und die Sklaverei seien in der Gesellschaft und ihren Rechtssystemen verankert und akzeptiert gewesen, lange bevor der transatlantische Handel einsetzte. Im Gegensatz zu Europa sei in Afrika der Boden kein ökonomisch wichtiges Gut und der Landbesitz kein zentrales Instrument der Bereicherung gewesen, Landbesitz in privater Hand habe sich nicht entwickelt, Land sei vielmehr heilig gewesen als Ruhestätte der Ahnen und als Verbindung mit den Kräften der Natur. Aus diesen Gründen sei Land im allgemeinen im Besitz der Allgemeinheit geblieben, statt dessen habe die Verfügungsmöglichkeit über Menschen eine größere Bedeutung gehabt; „thus it was the absence of landed private property – or to be more precise, it was the corporate ownership of land – that made slavery so pervasive an aspect of African society" [758: THORNTON, 74]. So seien Sklaven zur vorherrschenden Form privater und staatlicher Investitionen geworden, zum vorrangigen Mittel zur Schaffung von Reichtum und Macht, sowohl bei den einfachen Menschen wie bei den herrschenden Schichten. Damit wird eine enge Verbindung zwischen Sklaven als Arbeitskraft auf der einen und der Entwicklung von Handel und Produktion sowie von politischer Konzentration auf der anderen Seite hergestellt: Eine Intensivierung von Austauschbeziehungen, eine Steigerung landwirtschaftlicher und handwerklicher Produktion oder ein Aufflammen von Auseinandersetzungen um die politische Macht hätten stets zu einer Ausweitung des innerafrikanischen Sklavenhandels und der Sklavenhaltung geführt. Die Europäer hätten diesen Handel also nicht selbst geschaffen, auch nicht intensiviert, sie hätten sich lediglich in ein existierendes Handelssystem eingeklinkt. Deshalb sei der transatlantische Sklavenhandel den einheimischen Herrschern auch nicht mit Gewalt aufgezwungen worden, im Gegenteil: Sie hätten die volle Kontrolle über diesen Handel gehabt und seien selbst dafür verantwortlich. Die zahlreichen Beispiele, die THORNTON zur Untermauerung seiner These aufführt, sind überzeugend; sie vermögen allerdings nicht zu erklären, aus welchen Gründen die Menschen in Sklaven investiert haben, warum die alternative Möglichkeit, nämlich Lohnarbeit und einen Arbeitsmarkt zu entwickeln, nicht entwickelt wurde und wie die Menschen, die zu Sklaven wurden, in ihrer Würde und ihren Rechten eingeschätzt wurden.

Umstritten sind in demselben Zusammenhang zwei zusammenhängende Kom-

Definition von
Sklave und
Sklaverei

plexe: Die nähere Bestimmung dessen, was ein Sklave und was das System der afrikanischen Sklaverei ist, oder umgekehrt: Welche Vorstellung von Menschenrechten dieser Entwicklung zugrundelag; ferner sind die Ursprünge dieses Systems nicht klar. Eine ältere Definition des Sklaven geht von juristischen Kategorien aus und sieht im Sklaven jemanden, der in das Eigentum eines neuen Herrn übergegangen ist. Der Sklave ist dann letztlich mit materiellen Gütern vergleichbar; man hat ihn deshalb auch oft mit dem juristischen Status von Vieh gleichgesetzt, über das der Herr nach Gutdünken verfügen konnte [Zusammenstellung in: 715: ARCHER]. Dagegen haben MIERS und KOPYTOFF diese Definition um die Komponente menschlicher Beziehungen und der Verwandtschaft erweitert und sehen im System der afrikanischen Sklaverei eine „institution of marginality", die den Sklaven als Randfigur der Gesellschaft festschreibt, ihm aber begrenzte Integrationsmöglichkeiten in eine neue Verwandtschaftsgruppe offen läßt. Das System sei deshalb ein „continuum of marginality", ein „slavery-to-kinship continuum". In diesem Verständnis ist der Sklave „a resident stranger, an acquired stranger, an acquired outsider" [750: MIERS/KOPYTOFF, 16. 22. 15. 18. 17].

CLAUDE MEILLASSOUX wirft dieser Interpretation zu Recht vor, daß die ökonomische Funktion der Sklaven nicht berücksichtigt wird. Für ihn war die Sklaverei in Afrika und anderswo wesentlich an die Reproduktion der sozialen Verhältnisse gebunden: Die herrschenden Schichten schufen sich mit der Versklavung von Menschen ein System, mit dem sie ihre Vorherrschaft aufrechterhalten konnten: „Hofsklaverei, Militärsklaverei, Landsklaverei. Alle dienten der Erhaltung der herrschenden Klasse und der Reproduktion ihrer Herrschaftsmittel, dem Krieg und der Organisation des Krieges." Ein solches Erklärungsmodell ist umfassender, indem es die wirtschaftliche und gesellschaftliche Grundlage der Entstehung und Ausprägung der afrikanischen Sklaverei einbezieht. Es macht auch deutlich, daß dieses System schon lange vor dem Beginn des transatlantischen Sklavenhandels existiert hat. Aber es übersieht, daß auch einfache Menschen und die große Schar der Händler, die man nicht global zur herrschenden Klasse zählen kann, Sklaven erwarben und einsetzten [748: MEILLASSOUX, 54 ff.].

Von afrikanischer Seite wird heute vielfach darauf hingewiesen, daß die Bezeichnungen „Sklave" und „Sklaverei" außerhalb des Kontextes des transatlantischen Sklavenhandels unangemessen seien, weil damit für das Leben in Afrika Lebensbedingungen und Sozialstrukturen nahegelegt würden, die in der Neuen Welt gegolten hätten. Zwar habe es in Afrika sehr große gesellschaftliche Unterschiede gegeben, auch Abhängigkeitsverhältnisse und gewaltsame Unterwerfungen und grausame Zwangsumsiedlungen einzelner und ganzer Gruppen; aber die als Sklaven Bezeichneten seien nie Eigentum ihrer Herren geworden, sie seien in erster Linie als Erweiterung des jeweiligen Haushaltes und der Gefolgschaft angesehen worden und hätten die Möglichkeit einer schrittweisen Integration und einer neuen Existenzgründung gehabt.

Wahr ist daran sicher, daß es Integrationsmechanismen gab, daß manche Sklaven reich geworden oder in wichtige Ämter aufgestiegen sind, daß die meisten als

Menschen und nicht als Eigentum behandelt wurden. In vielen Gesellschaften hat es Mechanismen gegeben, nach denen Sklaven nach besonderen Verdiensten ausdrücklich freigelassen wurden oder nach denen Kinder aus Sklavenfamilien graduell in der Familie der Herren aufgingen. Aber es ist nicht zu leugnen, daß diese Menschen nicht denselben Status hatten wie die anderen Mitglieder der Gesellschaft, daß sie nicht in derselben Art über sich und die Produkte ihrer Arbeit verfügen konnten und daß sie nicht dieselben Rechte genossen, daß sie als Sklaven angesehen und behandelt wurden, daß heute noch der Ursprung aus einer Sklavenfamilie als gesellschaftlicher Makel gilt und daß im ausgehenden 19. Jahrhundert mit der Ausweitung von Sklavenplantagen in West- und Ostafrika die ökonomische Bedeutung des Sklaven als Arbeitskraft immer stärker hervortrat [741: LOVEJOY; 353: COOPER].

Ein weiteres umstrittenes Thema stellt die Abschaffung der Sklaverei durch die Kolonialmächte dar. Obwohl sie offiziell die Abschaffung von Sklavenhandel und Sklaverei als eines der vorrangigsten Ziele der Kolonialintervention bezeichnet hatten und sich auf der Berliner Westafrika-Konferenz (1884–1885) und der Brüsseler Antisklaverei-Konferenz (1890) zu sofortigen Maßnahmen verpflichtet hatten, dauerte es Jahrzehnte, bis die Haussklaverei durch entsprechende gesetzliche Maßnahmen abgeschafft war: Die Kolonialmächte fürchteten soziale Unruhen, wenn die ehemaligen Herren ihre Sklaven verlören. Außerdem standen sie vor dem Problem, daß ein Arbeitsmarkt zur Anheuerung von Arbeitskräften für den Aufbau der Kolonialwirtschaft nicht bestand, ganz abgesehen davon, daß der Einsatz von Sklaven billiger war [743: LOVEJOY/HOGENDORN; 728: HARDING]. *Abschaffung der Sklaverei*

Es bleibt die Erkenntnis, daß neben dem allgemeinen Konsens zum Umfang viele Bewertungen des Ausmaßes und der Auswirkungen des Sklavenhandels auf Schätzungen beruhen, daß genauere Rekonstruktionen für den gesamten Kontinent oder für größere geographische Räume, wie die Simulationsmodelle von PATRICK MANNING, problematisch bleiben und daß detaillierte neuere Studien nur zu einzelnen Regionen vorliegen. Die entscheidenden Probleme einer genaueren Bestimmung von Sklaverei und Sklave sowie die Frage nach dem Ursprung der afrikanischen Haussklaverei, der Verankerung von Sklavenhaltung und Sklavenhandel innerhalb der afrikanischen Gesellschaften und ihre Bedeutung für die wirtschaftliche Entwicklung bleiben kontrovers.

3. DIE BEWERTUNG DES KOLONIALISMUS

Ein anderes Forschungsproblem, das kontrovers diskutiert wird, ist die Einschätzung des Kolonialismus als Epoche in der afrikanischen Geschichte. Dabei geht es weniger um einen Prozeß des Kolonialismus, wie ihn AIMÉ CÉSAIRE [765] 1955 vorgelegt hat, als vielmehr um den Versuch einer Bestandsaufnahme, in der die unterschiedlichen Auswirkungen der Fremdherrschaft auf die Entwicklung der afrikanischen Gesellschaften aufgezeigt und bewertet werden: Die zerstörerischen Einschnitte, die Blockierung gesellschaftlicher Prozesse, die Langzeitwirkungen, aber auch die Freisetzung neuer Kräfte. Ausgangspunkt ist die Beschäfti-

Konzept von Kolonialismus gung mit dem, was unter Kolonialismus zu verstehen ist. Aus marxistischer Perspektive ist der Kolonialismus die Ausbeutung eines in Abhängigkeit gebrachten Volkes durch die herrschende Klasse eines anderen Volkes unter Ausnutzung von Unterschieden im Niveau der ökonomischen und sozialen Entwicklung [780: SCHILLING, 11]. Dabei wird vorausgesetzt, daß die sozialistischen Staaten wegen des Fehlens einer eigenen herrschenden Klasse nicht kolonialistisch sein konnten; ferner werden die Strukturen des Weltmarktes, die klassenübergreifend wirken und ganze Volkswirtschaften und Staaten mit ihrer Arbeiterschaft und deren Interessen erfassen, in diese Definition nicht einbezogen. Ebensowenig wird bedacht, daß der Kolonialismus Entwicklungsunterschiede nicht nur ausgenutzt, sondern bewußt erhalten und sogar geschaffen hat, wie theoretische Ansätze von der ungleichen Entwicklung [763: AMIN], vom peripheren Kapitalismus [782: SENGHAAS] oder von der strukturellen Gewalt [781: SENGHAAS] zu Recht formuliert haben. In eine Definition des Kolonialismus müssen diese Aspekte aufgenommen werden, da sie wesentlich sind für das Verständnis der Entwicklungen, die mit dem Ausgreifen Europas begonnen haben und Afrika in eine Entwicklung der Unterentwicklung (ANDRÉ GUNDER FRANK; SAMIR AMIN; WALTER RODNEY) geführt haben.

Aus sogenannter bürgerlicher Perspektive hat der erste deutsche Kolonialminister, BERNHARD DERNBURG, 1907 aus der Sicht des Politikers eine Definition dessen vorgelegt, was die Deutschen unter Kolonialwesen zu verstehen und zu verwirklichen hatten; sie kann in ihrer Verbindung von Pragmatismus und Programmatik richtungweisend sein in der Debatte um die Einschätzung des Kolonialismus: „Kolonisation heißt die Nutzbarmachung des Bodens, seiner Schätze, der Flora, der Fauna und vor allem der Menschen zugunsten der Wirtschaft der kolonisierenden Nation, und diese ist dafür zu der Gegengabe ihrer höheren Kultur, ihrer sittlichen Begriffe, ihrer besseren Methoden verpflichtet" [766: DERNBURG, 5]. Nutzbarmachung und Gegengabe sind die Pole dieser Erklärung, Nutzbarmachung war das Ziel, Gegengabe das Versprechen, ausgedrückt in der Denkweise der Jahrhundertwende.

Vor diesem Hintergrund geht es bei der Bewertung des Kolonialismus in Afrika um die grundlegende Frage, welche Folgewirkungen die Kolonialherrschaft hinterlassen hat. Weiter oben ist mit Ki-Zerbos Formel vom „Neubeginn der Geschichte" angedeutet worden, daß es hier um das Selbstverständnis afrikanischer Gesellschaften und um langfristige Entwicklungsmöglichkeiten geht. Das

Bruch oder Kontinuität? Problem wird zugespitzt in die Frage gekleidet, ob der Kolonialismus einen Bruch in der afrikanischen Geschichte darstellt, mit langfristigen strukturellen Folgen, oder ob trotz tiefgreifender Transformationsprozesse von einer Kontinuität gesprochen werden kann. Ob die afrikanischen Völker in diesem Prozeß ihre Identität und ihr Selbstbewußtsein verloren und ihre Entwicklungsdynamik auf lange Zeit eingebüßt haben, oder ob sie trotz der Unterwerfung und der zwangsweisen Eingliederung in die kapitalistisch organisierte Weltwirtschaft nach Wiedererlangung der Souveränität an alte Zivilisationen, Werte und Erfahrungen der materiellen und geistigen Überlebensorganisation anknüpfen konnten.

Dies ist kein akademischer Streit, sondern die prinzipielle Frage nach der Bewertung der afrikanischen Kultur und des Beitrags Afrikas zur kulturellen Entwicklung der Menschheit. Es geht ferner um die Vergangenheitsbewältigung, d. h. um die Erklärung der kolonialen Unterwerfung, der relativen Schwäche afrikanischer Gesellschaften gegenüber dem kolonialen Eroberer; aber auch um die Anpassungsfähigkeit der afrikanischen Zivilisationen: Die Frage, in welchem Maße sie fähig sind, Fremdeinflüsse aufzunehmen, mit eigenen Lebenserfahrungen zu verbinden und in einer Synthese neue Lebensformen und Weltdeutungen zu entwickeln.

Drei große Strömungen bestimmen diese Diskussion. Der nigerianische Historiker Ajayi hat schon früh die These vertreten, der Kolonialismus sei trotz mancher tiefer Einschnitte nur eine Episode wie viele andere auch gewesen. Er habe zwei gegensätzliche Auswirkungen gehabt: Einerseits habe er sich mit den konservativsten Kräften in den afrikanischen Gesellschaften verbündet und dadurch die normalen Prozesse eines sozialen und politischen Wandels blockiert. Anderseits habe er in allen Bereichen fundamentale Veränderungen herbeigeführt, vor allem die Souveränität der Völker aufgehoben. Aber da Wandel und Veränderung das Wesen der Geschichte seien, da sie in sich selbst auch nicht notwendig destruktiv seien, selbst kultureller oder religiöser Wandel nicht, falle eine Langzeitperspektive sehr viel nuancierter aus: „In any long-term historical view of African history, European rule becomes just another episode. In relation to wars and conflicts of people, the rise and fall of empires, linguistic, cultural and religious change and the cultivation of new ideas and new ways of life, new economic orientations and so on, in relation to all these, colonialism must be seen not as a complete departure from the African past, but as one episode in the continuous flow of African history" [762: Ajayi, 194]. Eine Überbewertung des europäischen Einflusses stellt für Ajayi eine Fehlinterpretation afrikanischer Gesellschaften in vorkolonialer Zeit dar, die nicht statisch gewesen seien, sondern sich durch eine starke Veränderungsdynamik ausgezeichnet hätten. Durch den Export von Baumwolle, Erdnüssen, Palmöl und Kakao in der zweiten Hälfte des 19. Jahrhunderts hätten sie gezeigt, daß sie aus eigener Kraft, ohne Anstoß durch die Kolonialwirtschaft, den Übergang von einer eher subsistenzwirtschaftlich geprägten Produktion zu einer stärkeren markt- und exportwirtschaftlichen Produktion gefunden hatten. Sie hätten also vor Ankunft der Weißen selbständig Entwicklungen zur Modernisierung von Wirtschaft, Gesellschaft und Staat eingeleitet, die von der Kolonialherrschaft blockiert worden seien: „Africa contained the seeds of its own modernisation" [194: Crowder, 8].

In diesen Interpretationsrahmen gehört auch die These, die in den Hungerkrisen zwischen 1880 und 1920 keinen Bruch in der Handlungsfähigkeit afrikanischer Gesellschaften sieht, wie Watts es formuliert [783: Watts], sondern diese

Kolonialismus als „Episode"

als vorübergehende Schwächung einstuft. WEISS bezeichnet deshalb diese Hungersnöte im nördlichen Nigeria als Krisen in einer Übergangsgesellschaft [784: WEISS, 432].

Ein zweiter Diskussionsstrang stützt sich auf diese Sicht vorkolonialer Gesellschaften und will aus der Tradition Richtlinien und Leitwerte für den Aufbau der neuen unabhängigen Staaten aufgreifen, in der Überzeugung, durch die Besinnung auf kulturelle Gemeinsamkeiten den Prozeß des „nation-building" und des ökonomischen Aufbaus zu erleichtern und die afrikanische Identität gegenüber der westlich geprägten Weltkultur deutlicher herausstellen zu können. Die Konzepte des „Afrikanischen Sozialismus", des „Afrikanischen Humanismus" oder der „Authenticité" von Julius Nyerere, Jomo Kenyatta, Kwame Nkrumah, Kenneth Kaunda, Mobutu Sese Seko und anderen Politikern wollen traditionelle Werte nutzen und zur Basis der neuen Nation machen [560: FRIEDLAND/ROTBERG]. Auch das Leitbild des Nationalstaates ging auf vorkoloniale Vorstellungen und Errungenschaften zurück und glaubte, darauf ein „nationalist project" aufbauen zu können. Wie problematisch der Zugriff auf die Vergangenheit war, stellte sich heraus, als die Politiker die Vergangenheit vor allem bemühten, wenn sie eine Rechtfertigung ihrer Entscheidungen brauchten.

In den letzten Jahren hat diese Interpretation eine Erweiterung erfahren, indem die Frage der Identität afrikanischer Gesellschaften gestellt worden ist. Identität und Wandel sind in der Tat Klassifikationen, die einander bedingen, aber auch aufheben können. Im Zuge dieser Besinnung ist die Forschungsrichtung der „Invention of Tradition" entstanden, der es ebenfalls um die Erhaltung der Kontinuität über den kolonialen Einschnitt hinaus und um die Betonung der Dynamik afrikanischer Gesellschaften geht. Danach sind koloniale Einflüsse zu den schon bestehenden Veränderungsfaktoren hinzugekommen und haben neue Formen der Anpassung geschaffen. Der Kolonialismus hat also nicht die Veränderung als neues Prinzip eingeführt, wohl aber die Richtung der Veränderung bestimmt. [653: HOBSBAWM/RANGER].

Eine völlig andere Interpretation schlagen jene vor, die ökonomische und gesellschaftliche Veränderungen, die Integration in die kapitalistische Weltmarktproduktion und die Ausprägung von Klassenbeziehungen sowie die Schaffung eines neuen Bewußtseins in den Mittelpunkt stellen. Sie sehen in der Unterordnung der Produktivkräfte unter die Produktions- und Kapitalinteressen der Kolonialmächte eine fundamentale Transformation der afrikanischen Gesellschaften, die nicht mehr um die Eigenversorgung und die Reproduktion der eigenen Gesellschaft und Kultur organisiert sind und damit zugleich deformiert und in ihrem Entwicklungsstand als Peripherien ein für allemal fixiert werden: „The traditional society was distorted to the point of being unrecognisable... It was not... in transition to modernity; as a dependent society it was complete, peripheral, and hence, at a dead end" [703: AMIN, 520]. Diese „sociétés figées et déformées" stellen einen radikalen Bruch mit der Vergangenheit dar [774: MEILLASSOUX, 52].

Der nigerianische Politikwissenschaftler Peter P. Ekeh führt diesen Ansatz über

Kolonialismus als strukturelle Transformation

die soziale und ökonomische Ebene hinaus, indem er qualitative Veränderungen im Wertesystem und den sozialen Strukturen kolonisierter Gesellschaften ausmacht: A) einheimische Strukturen seien transformiert und ihrer eigentlichen Funktion beraubt worden; so sei die Kolonialzeit an manchen Orten geradezu zu „boom years for chieftaincy institutions" geworden, allerdings unter gleichzeitiger Nivellierung vorhandener Herrschaftshierarchien und Abschaffung der traditionellen „checks and balances" politischer Macht; b) fremde soziale und kulturelle Strukturen seien implantiert worden; weil sie aber der nötigen Grundlage in den einheimischen ethischen und sozialen Erfahrungen entbehrten, seien sie Fremdkörper geblieben und zu einer „organizational immobility" pervertiert; c) schließlich seien neue soziale Strukturen als Ergebnis des Kolonialismus entstanden: Ethnische Gruppen, die als soziale Formationen vorher nicht existiert hatten und ihr politisiertes Selbstbewußtsein erst im Zuge der Staatswerdung gebildet haben; in Nigeria seien z. B. die so konstituierten ethnischen Gruppen nicht älter als Nigeria selbst [767: EKEH, 16–17]. Diese verschiedenen Ebenen des Wandels bedeuten, daß der Kolonialismus nicht eine Episode unter vielen anderen war, sondern daß es sich um eine neue Epoche in der Geschichte Afrikas handelt, „an epochal era", nur mit der französischen Revolution oder der industriellen Revolution vergleichbar [767: EKEH, 6].

Der kongolesische Philosoph VALENTIN MUDIMBE führt die Diskussion um die kulturellen Folgen für Kolonisierte und Kolonisatoren weiter, indem er von dem Bild ausgeht, das die Europäer von Afrika entworfen haben und das nun zu einem Leitbild für das künftige Afrika neugestaltet wird. Dies geschieht im Prozeß der Kolonisierung. Obwohl der Kolonialismus nur von kurzer Dauer war, hat er langfristige Entwicklungen eingeleitet: Er hat völlig neue Formen und Möglichkeiten des Diskurses über afrikanische Traditionen und Kulturen geschaffen, indem er alles an der von Europa und dem kapitalistischen System repräsentierten Moderne mißt. Dies kommt einer Trivialisierung der traditionellen afrikanischen Lebensformen und ihres geistig/geistlichen Rahmens gleich, d. h. einer grundsätzlichen Abwertung. Die kolonialen Völker wurden deshalb in eine „colonizing structure" gezwängt, als deren Ergebnis am Ende nicht die Modernisierung steht sondern die Marginalisierung, die Abdrängung in einen Zwischenraum zwischen der sogenannten afrikanischen Tradition und der projektierten Moderne. In diesen Strukturen und ihren lähmenden Auswirkungen liege die eigentliche Langzeitwirkung des Kolonialsystems [658: MUDIMBE, 2–5]. MUDIMBE greift damit zentrale Elemente aus der Modernisierungs- und Dependenzdebatte auf, erweitert sie aber durch ihre Einordnung in die Ebene des Diskurses und des Bewußtseins, die beide von tiefen und langfristigen Einschnitten zeugen.

Kolonialismus und neue Diskurse über Afrika

Eine solch radikale Deutung liegt auch den Studien von Watts über die Hungersnöte in der frühen Kolonialzeit in Nord-Nigeria zugrunde. Für ihn haben die Eroberung, die Einführung der Besteuerung, die Abschaffung der Sklaverei und die partielle Integration in die Weltwirtschaft so tiefgreifend neue Rahmenbedingungen geschaffen, daß die Handlungsstrategien der Menschen in Krisenzeiten ins

Leere laufen mußten; deshalb hat die Bevölkerung mit der Dürre von 1913 nicht fertigwerden können und wurde in eine schwere Hungerkrise gestürzt [783: WATTS].

Der Ansatz von EKEH und anderen bringt die Einschätzung des Kolonialismus einen Schritt weiter, weil hier neben den ökonomischen, gesellschaftlichen, politischen und kulturellen Veränderungen, den Trägern und Etappen ihrer Durchsetzung auch nach strukturellen Veränderungen und ihren Auswirkungen sowie nach dem Kolonialismus als umfassendem Phänomen gefragt wird, in Anlehnung an Fragestellungen, die bei der Behandlung epochaler Veränderungen in der europäischen Geschichte entwickelt worden sind.

Die Erkenntisse, die daraus gewonnen werden, sind richtungweisend für die Analyse des Kolonialismus. Aber es bleibt dennoch zu fragen, worin sich die durch den Kolonialismus verursachten Veränderungen von anderen Veränderungen unterscheiden, denen diese Gesellschaften vorher ausgesetzt waren. MARC H.

Kolonialismus als eine Form von Fremdherrschaft

PIAULT stellt diese Frage im Zusammenhang der Legitimation von Herrschaft. In der vorkolonialen Zeit habe der Herrscher seine Legitimität von der Identifizierung mit der Totalität des Universums, in dem die Gesellschaft lebte, abgeleitet; die Investitur durch den Priester habe den Chief an die Ahnen gebunden, in der Fortführung der Allianz mit den Göttern. Dieses System der organischen Zuordnung sei zwar von den Kolonialmächten in Frage gestellt worden, indem diese sich selbst als oberste Autorität und oberste Quelle der Legitimität von Herrschaft etabliert hätten; aber die Herrschaftspraxis, die Machtausübung durch den einheimischen Herrscher sei dadurch nicht grundsätzlich berührt worden: „Wenn es auch stimmt, daß die Kolonialherrschaft die Chiefs und Herrscher, die mit sakraler Macht ausgestattet waren, zu bloßen Beamten der eigenen Verwaltung in ihrem Territorium degradiert hat, ist damit noch nicht bewiesen, daß das globale System der Autorität und die politische Amtsausübung im neuen, der weißen Macht unterworfenen Rahmen nicht mehr nach denselben Prinzipien der Stammesallianz und der Identifikation mit dem sakralen Charakter der Welt funktioniert" [775: PIAULT, 33]. Die Masse der Bevölkerung, die Bauern, Händler, Handwerker, Fischer, Hirten habe deshalb in der Ankunft der Weißen nur den üblichen Machtkampf zwischen den Mächtigen gesehen, dessen Ergebnis letztlich nicht viel an den Beziehungen zwischen dem Volk und der Staatsmacht ändere. Im übrigen weist Piault darauf hin, daß die islamische Revolution, die in Westafrika im 19. Jahrhundert Theokratien geschaffen habe, tiefere Einschnitte in das Selbstverständnis der Gesellschaften mit sich gebracht habe: Eine andere Konzeption der politischen Identität, eine territoriale Bestimmung des Staates, eine politische, soziale, kulturelle, religiöse, wirtschaftliche, demographische und intellektuelle Revolution, wie es sie nie zuvor gegeben habe. Die diesen islamischen Staaten aufgezwungene Kolonialherrschaft habe keine radikale Veränderung eingeleitet, im Gegenteil habe sie die dort angelegten Zentralisierungs- und Hierarchisierungstendenzen noch gefördert.

Der Kenianer ALI A. MAZRUI ist ebenfalls dieser dritten Interpretationsrichtung zuzurechnen. Auch er spricht von grundlegenden Veränderungen als Folge von kolonialer Fremdherrschaft, allerdings in einem anderen Sinne. Er sieht im Kolonialismus ein doppeltes Gesicht, eines, das zerstört, ausgebeutet und unterworfen, und eines, das befreit hat: „It was at once a political bondage and a mental liberation. We might even say that the colonial fact was the most important liberating factor that the African mind has experienced in historical times" [773: MAZRUI, 92]. Er meint mit der Befreiung, daß die afrikanischen Gesellschaften unter dem Druck der weißen Präsenz, vor allem der Konfrontation mit dem Bildungs- und Wissenschaftssystem der Kolonisatoren, die Beschränktheit eigener Denkmuster und Wertesysteme erkannt haben, in einem vorher nie erlebten Schock, und daß sie beginnen konnten, Barrieren der eigenen Kultur langsam abzubauen. Diese Konfrontation mit der Wirtschaftsweise der industrialisierten westlichen Völker hatte schon vor der Kolonialzeit eingesetzt und wirkt auch heute; aber in ihrer massivsten Form ist sie in der Kolonialzeit aufgetreten, als Kombination von Kolonialwirtschaft, Schule, christlicher Missionstätigkeit und der täglichen Erfahrung einer anderen Lebensform. Diese Einwirkungen als „mental liberation" oder gar als „the most important liberating factor" hinzustellen, ist eine nicht gerechtfertigte Verabsolutierung, weil sie die Zerstörungen und die Gewaltanwendung verharmlost; aber eine Aufhebung von Blockaden ist tatsächlich eingeleitet worden.

Als Fazit bleibt zu bemerken, daß die Ausgangsfrage „Bruch" oder „Kontinuität" falsch gestellt ist: Es haben Brüche stattgefunden, und es sind gleichzeitig Kontinuitäten vorhanden. Unbestritten ist, daß durch die koloniale Fremdherrschaft schwere Einschnitte in allen Bereichen des Lebens erfolgt sind und daß soziale Veränderungen epochalen Ausmaßes zur Entstehung neuer „überindividueller Gebilde und Strukturen" (EKEH) geführt haben; schwer zu präzisieren bleibt jedoch, ob und in welchen Sektoren diese kolonialen Eingriffe sich qualitativ von solchen der vorkolonialen Zeit unterscheiden. In mancher Hinsicht scheint es nahezuliegen, dem Eingriff in die Ökonomie und der Einordnung in bestimmte Funktionen des Weltmarkts das schwerste Gewicht beizumessen, weil damit nichtentwicklungsfähige und nur schwer abbaubare Strukturen geschaffen worden sind, die die heutigen Lebens- und Entwicklungsbedingungen weitgehend bestimmen. Vor Ort zeigt sich dies vor allem darin, daß seit der Kolonialzeit kontinuierlich Ressourcen in Form von Gütern, guten Böden, Arbeitskräften und Arbeitszeit fremdgenutzt oder abgezogen und die unterschiedlichen Formen der regionalen Selbstversorgung aufgebrochen und ausgehöhlt wurden, mit der Folge von Unterversorgung, Hunger und Krankheit. Für viele Menschen in den Landregionen Afrikas ist deshalb die wichtigste Sorge das nackte Überleben.

Dennoch bleibt auch in der Not ein Schatten von Kontinuität erhalten. Auffallend ist etwa das Gewicht, das in den afrikanischen Staaten der ethnischen oder stammesmäßigen Zugehörigkeit oder Loyalität zugemessen wird. Man kann darin zum Teil ein Relikt kolonialer Manipulation sehen, womit im Sinne der Herrschaftssicherung kleine, greifbare Einheiten mit eigenen Führungsstrukturen

Kolonialismus als „mental liberation"

anerkannt oder zur besseren Handhabbarkeit neu geschaffen wurden, die dann ihre Eigendynamik entwickelt haben. In Notsituationen können solche Solidarisierungsmöglichkeiten sodann als Anker für eine orientierungslos gewordene Gesellschaft dienen. Man kann darin aber auch den Nährboden für fundamentalistische und integristische Strömungen erblicken. Schließlich wird die Krisenanalyse auch zu der Reflexion gezwungen, ob angesichts des Staatszerfalls in mehreren Regionen Afrikas der Nationalstaat eine angemessene Organisationsform der multikulturellen Gesellschaften Afrikas darstellt oder ob die Besinnung auf stärker verwurzelte Loyalitäten ethnischer oder religiöser Art nicht eine stärker bindende Kraft hat. Die Politisierung ethnischer oder religiöser Identitäten könnte eine authentische Form der Beteiligung an den politischen Entscheidungen sein, denn diese Identitäten sind oft Träger wichtiger mentaler und ästhetischer Inhalte, die den Menschen und ihren Gemeinschaften das Gefühl der Würde geben, und sie brauchen einen Raum für ihre öffentliche Darstellung. Die Nationalstaaten müßten nicht aufgelöst und durch ethnisch oder religiös definierte Gemeinwesen ersetzt werden, aber sie müssen die Gruppen, die in ihnen existieren, und ihre Identitäten anerkennen und ihnen kulturelle Autonomie gewähren [545: OLUKOSHI, 29]. Darin läge eine gravierende Abkehr von dem Modell, das der Kolonialismus hinterlassen hat.

Andere Schlußfolgerungen zieht der ugandische Politikwissenschaftler MAH-
Politisierung der Ethnizität MOUD MAMDANI, der in der Stärkung ethnischen Bewußtseins und der Einführung rassischer Kriterien als Basis der Herrschaft das schwerste Erbe des Kolonialismus erblickt. Für ihn ist das Grundmuster der Kolonialherrschaft identisch mit dem Modell der Apartheid: Die Kolonialmächte haben die politisch motivierte rassistische Unterscheidung zwischen Bürgern, den Weißen, und Untertanen, den Schwarzen, eingeführt und darauf ihr Herrschaftssystem aufgebaut. Die Kolonialherrschaft muß man deshalb als ein System des Despotismus bezeichnen, das in zwei Formen auftrat. Die direkte Verwaltung, das Herrschaftssystem der Franzosen, bedeutete die Beherrschung der Schwarzen im Rahmen halbabhängiger und halbkapitalistischer ländlicher Beziehungen; es war ein zentralisierter und direkter Despotismus. Das indirekte System der Briten wandte sich an eine freie Bauernschaft, deren Land Gemeinschaftseigentum blieb; es war ein dezentralisierter und indirekter Despotismus. Direkte Herrschaft war die Machtausübung durch eine städtische Instanz, indirekte Herrschaft beinhaltete eine ländliche, tribale Autorität. Dieses rassistische Modell, das den Schwarzen die Bürgerrechte vorenthielt, ist mit dem Übergang in die Unabhängigkeit nicht abgelöst worden. Zwar wurde der Rassismus als Herrschaftsform abgeschafft, aber der neue Staat wurde nicht demokratisiert, der koloniale Despotismus blieb erhalten, und die neuen Machthaber verteidigen die Macht und nicht das Recht. Wie der koloniale Staat, der in den Städten die Sprache der Zivilgesellschaft und der Bürgerrechte sprach und auf dem Land die der Gemeinschaft und der alten Kultur, hat auch der postkoloniale Staat zwei Köpfe: Die „civil power" erhebt den Anspruch, Rechte zu verteidigen, die „customary power" sucht, die Tradition durchzusetzen oder die

Macht auf die Tradition zu gründen. Die Tragödie der afrikanischen Staaten liegt in diesem Erbe; sie haben den Übergang von einem rassischen Despotismus zu einem nicht-rassischen demokratischen Staat nicht geschafft und sind weiterhin ein dezentralisierter Despotismus, auch dort, wo sozialistische Modelle eingeführt wurden [518: MAMDANI].

Diese Interpretation der Kolonialherrschaft unterstreicht einen wichtigen Punkt, den Rassismus als Basis der Herrschaft und die Doppelköpfigkeit des kolonialen Machtanspruchs. Ob man aber mit der Reduktion kolonialer Verwaltung auf zwei unterschiedliche Formen des Despotismus einen entscheidenden Fortschritt in der wissenschaftlichen Durchdringung leistet, ist nicht sicher; schließlich gab es eine Vielzahl unterschiedlicher Machtverhältnisse, die sich im Laufe der Kolonialzeit ständig verändert haben. Es ist auch problematisch, Gewohnheitsrecht, Häuptling, Stamm in so eindeutigen und fixierten Kategorien zu definieren, wie dies der Analyse von MAMDANI zugrundeliegt; viele Trends der Forschung über „invention of tradition" sind mobiler. Damit ist auch die Deutung des postkolonialen Staates durch MAMDANI relativiert.

Diese Überlegungen zeigen insgesamt, daß die Diskussion um Kontinuität oder Bruch eigentlich überholt ist, daß es vielmehr um die Suche nach neuen Formen des Selbstverständnisses und der Organisation afrikanischer Gesellschaften und Staaten auf allen Ebenen geht. Immer mehr Menschen suchen ihre Orientierung nicht mehr in der Tradition, sondern in den Modellen oder Ausdrucksformen anderer Völker; die koloniale Erfahrung wirkt als Last und Anstoß weiter. Andere blicken angesichts der Misere und der Unfähigkeit des Staates auf ältere Modelle aus der eigenen Kultur zurück, vornehmlich im islamischen Kontext; diese Alternativen tragen dann allerdings fundamentalistische Züge.

4. DER EINFLUSS VON WELTRELIGIONEN AUF AFRIKA: ISLAM UND CHRISTENTUM

In der Afrikaforschung wird seit geraumer Zeit intensiv darüber diskutiert, welchen Einfluß die großen Religionen auf das Weltbild afrikanischer Gesellschaften ausgeübt haben: Wie stark die Gottesvorstellungen und Welterklärungen durch lokale oder regionale Faktoren geprägt sind, ob sie in ihrem Erklärungswert auf die eigene Welt beschränkt sind oder darüber hinausgehen und einen universellen Anspruch haben. Letztlich ist dies auch die Frage nach der Wissenschaftlichkeit traditionellen Denkens und nach der Bedeutung dessen, was bei der Übernahme des Islam oder des Christentum geschieht.

Der Anthropologe CLAUDE LÉVI-STRAUSS hat auf der Basis eigener Forschungen in Südamerika vom wilden Denken gesprochen und globale Definitionen des Denkens sogenannter primitiver Völker gegeben, diese aber später revidiert [795: LÉVI-STRAUSS; 794: LEPENIES]. Der Naturwissenschaftler und Anthropologe ROBIN HORTON hat nach Feldforschungen in Afrika andere Antworten formu- | „Traditionelles" und „wildes" Denken

liert und damit eine heftige Debatte losgetreten. Für ihn ist das traditionelle afrikanische Denken als theoretisches Modell mit den Modellen wissenschaftlichen
Denkens in der westlichen Welt durchaus verwandt. Theorien suchen überall,
auch im afrikanischen Denken, eine Einheit in der scheinbaren Vielfalt, eine Kau-
salität über die Vernunft hinaus. Der entscheidende Unterschied zwischen traditionellem und westlich/wissenschaftlichem Denken liege in der Unmöglichkeit
des systematischen Zweifels und im Fehlen von Alternativen: „in traditional cultures there is no developed awareness of alternatives to the established body of
theoretical tenets" [789: HORTON II. 155]. Er nennt diese Kulturen daher „closed
cultures" im Gegensatz zu den „open cultures" des Westens. Bei der Konfrontation afrikanischer Ideen mit anderen Kosmologien und dem kapitalistisch-indivi-
dualistischen System werde deutlich, daß die vor Ort entwickelten Religionen sich
wenig um den Schöpfergott kümmern, vielmehr um die niedere Ebene kreisen, wo
die „lesser spirits" und die Ahnen auf das tägliche Leben der Menschen einwirken
und deshalb Gegenstand eines Kultes sind. Sie seien dem Mikrokosmos zugewandt. Daraus erwachse eine große Verunsicherung, wenn sich die lokalen Gott-
heiten und die mit ihnen verbundenen Welterklärungen den Herausforderungen
durch die Fremden nicht gewachsen zeigten und keine Antworten auf die neue
Situation wüßten. Dies mache die räumlich-ideelle Beschränkung dieser Weltan-
schauungen aus, die selbst keinen universalen Geltungsanspruch erheben. Weltreligionen wie Islam und Christentum seien ihnen überlegen, weil sie den Makro-
kosmos, den Schöpfergott und die gesamte Schöpfung im Blick hätten und deshalb auf Erklärungen auf der unteren Ebene verzichten könnten. Folgerichtig sei
eine Bekehrung zu diesen Weltreligionen als die Suche nach weiterführenden
Erklärungen zu verstehen, und der Bedeutungsverlust der „lesser spirits" weise
den Weg zum Monotheismus.

Diese „intellektualistische Theorie" ist von dem Islamwissenschaftler
HUMPHREY FISHER mit dem Argument zurückgewiesen worden, bei einem Übertritt zu einer anderen Religion spielten religiöse Elemente die entscheidende Rolle,
eine Bekehrung sei ein religiöser Akt, der in einen Prozeß der zunehmenden
Übernahme religiöser Orthodoxie einmünde [787: FISHER].

Dem ist von HORTON entgegengehalten worden, daß in der westafrikanischen
Erfahrung der Islam und das Christentum und örtliche Religionen nebeneinander
existieren können, weil die große Mehrheit der Bevölkerung eine Kosmologie
teile, die gemeinsame Züge habe; die mikrokosmische Sicht werde nicht durch die
makrokosmische verdrängt, sie erfahre darin eher eine Ergänzung [791: HORTON
II].

Bekehrung als
„conversion" oder
„conversation"?
Die Entwicklung synkretistischer Formen im islamischen und christlichen
Bereich gibt diesem Argument recht. Dennoch bleibt zu klären, warum manche
Gesellschaften sich zum Islam oder Christentum bekehrt haben und andere, die
unter denselben Rahmenbedingungen lebten, einen solchen Schritt nicht tun.
Damit ist verstärkt die Frage gestellt, welche Ziele die Betroffenen mit diesem
Schritt verbinden.

Massenbekehrungen sind schwer zu deuten. Bei einem der markantesten Fälle einer solchen Bekehrung, beim fast geschlossenen Übertritt der Beti im Umfeld der kamerunischen Hauptstadt Yaoundé zur katholischen Kirche, hat der Anthropologe PHILIPPE LABURTHE-TOLRA auf Veränderungen und Erwartungen innerhalb der Beti hingewiesen, die seit Ende des 19. Jahrhunderts besonders virulent geworden seien. Die farbenfrohe und bildhafte Liturgie der katholischen Missionare, ihr Vorgehen gegen Geheimgesellschaften und ihre angsteinflößende Magie, die Möglichkeit der Vergebung im Sakrament der Buße, das Bild des Erlösers Jesus Christus und andere Faktoren in Erscheinungsbild und Vorstellungswelt der katholischen Kirche hätten eigenen Erwartungen entsprochen und den Übertritt nicht als Bruch erscheinen lassen, wie Missionare dies gern gesehen hätten, sondern als Prozeß der Anpassung, der in der Dynamik der Gesellschaft angelegt war [793: LABURTHE-TOLRA].

Ähnlich argumentiert Valère Neckebrouck, der bei den Kikuyu in Kenia von kulturellen Anpassungsmechanismen spricht; diese hätten eine lange Tradition und seien ein bewährtes Mittel des Austausches zwischen verschiedenen Völkern und Lebensweisen. Neckebrouck verbindet diese Mechanismen auch mit ethnischen Identitätswechseln: Wer sich von der nomadisierenden Lebensweise der Massai entferne und zum seßhaften Ackerbauern werde, übernehme die Kultur und die Identität der Ackerbauern, er werde Kikuyu. Ähnlich sei die Bekehrung zum Christentum als Übertritt in eine andere, mächtigere Kultur zu verstehen: „Was die Missionare von den Kikuyu-Christen verlangten, war nichts anderes als eine Reihe von Verhaltensweisen, die ihnen von der eigenen Kultur in solchen Situationen nahegelegt wurden" [796: NECKEBROUCK, 266]. Der Übertritt zu einer als überlegen erlebten Kultur steht wiederum im Vordergrund, und die inhaltliche Auseinandersetzung mit religiösen Vorstellungen tritt zurück. Noch weiter gehen die Versuche der amerikanischen Anthropologen JEAN und JOHN COMAROFF, die den Missionierungs- und Bekehrungsprozeß in Südafrika im 19. Jahrhundert verfolgt haben. Sie wenden sich vom intellektualistischen Ansatz HORTONS und dem Orthodoxie-Gedanken FISHERS ab und gehen von einer anderen Warte an das Phänomen heran. In der Missionierung unter den Bedingungen der Kolonialzeit sei eine Kolonisierung des Bewußtseins erfolgt. Die Missionare hätten nicht nur ein neues Gottes- und Weltbild vermittelt, sondern ihre Zuhörer auf der Ebene des Bewußtseins mit neuen Werten konfrontiert, ohne daß diese bemerkt hätten, was vor sich ging: Sie hätten ihnen die christliche Botschaft, verpackt in die westlichen Vorstellungen vom Zusammenleben der Menschen, von der Bedeutung des Individuums, von der Organistion des Lebens, von der Autorität in Gesellschaft und Staat und nicht zuletzt von der kapitalistischen Arbeitsdisziplin vermittelt. Die Bekehrung der Bevölkerung sei vor allem durch eine Rekonstruktion ihrer täglichen Welt angestrebt worden. Die Afrikaner hätten die religiösen Inhalte weitgehend abgelehnt, aber die äußeren Formen der westlich-christlichen Kultur, unter anderem die Sprache, übernommen, allein schon, um mit dem Kolonialsystem verhandeln und sich in der südafrikanischen Wirtschaft zurechtfinden zu können.

Den Prozeß, der damit initiiert wurde, solle man deshalb nicht „conversion" nennen, sondern „conversation"; was hier vorgehe, sei letztlich eine „colonization of consciousness" [819: COMAROFF].

Zwei entscheidende Punkte werden aus dieser Diskussion klar. Einmal: Die Denkweise afrikanischer Völker war nicht ohne Alternativen, vielmehr kannten viele Völker Mechanismen, um Änderungen im Weltbild durch Anpassungen im Selbstverständnis zu begleiten. Afrikanische Religionen waren nicht auf den Mikrokosmos der eigenen Erfahrungswelt beschränkt, und der Zusammenbruch dieser Welt, „The Shattered Microcosm", wie einer der entschiedensten Kritiker dieser Interpretation, E. IKENGA-METUH, es nennt, hat auch nicht zur Annahme einer monotheistischen Weltsicht geführt. Die häufigste Antwort auf die Konfrontation mit der islamischen oder westlich-christlichen Welt war die Integration neuer Formen des Gottesdienstes in das vorhandene Pantheon und die Anpassung alter Riten oder Praktiken in neuen Formen. Die „gris-gris" der Moslems in Westafrika, die wie ein Talisman in der Überzeugung getragen werden, von ihnen gehe die Kraft des Dargestellten aus, sind nichts anderes als solche neue Formen der Religiosität. Dasselbe läßt sich von Gebräuchen oder von Medaillen bei den Christen sagen; auch ihnen werden geheime Kräfte zugesagt [792: IKENGA-METUH].

TERENCE RANGER zeichnet Gesellschaften im südlichen Afrika in ähnlichen Grundlinien: Die These von der „microcosmic African religion" sei ein europäisches Konstrukt, in der Kolonialzeit aus nachvollziehbaren Gründen erfunden; viele religiöse Massenbewegungen hätten sich in großen Räumen betätigt. Man könne dagegen zahlreichen christlichen Missionaren vorwerfen, sie hätten in ihrem Bemühen um die örtliche Verwurzelung ihrer Gemeinden ihrerseits einen Mikrokosmos geschaffen. Eigentlich sei die Spannung zwischen dem globalen Anspruch und der lokalen Verwirklichung in allen Religionen als Problem gegeben [799: RANGER; für die ganze Diskussion: 829: HEFNER].

Als zweites wird deutlich, daß im Prozeß der Bekehrung in Afrika nicht primär die Suche nach der Wahrheit tätig wird; unter den Bedingungen kolonialer Unterwerfung drückte die Bekehrung zunächst den Wunsch der Zugehörigkeit zu einer neuen Gemeinschaft aus. Die Bekehrung zum Islam war sehr oft der Protest gegen die fremden Herrscher; Moslem zu werden, bedeutete den Schritt in eine neue Gemeinschaft und zu einer Weltreligion, die nicht unterworfen worden war, und deshalb gleichzeitig die Distanzierung von den Kolonialherren. Der Übertritt zum Christentum stellte den komplexen Versuch dar, die Überlegenheit des Gottes der Weißen zu verarbeiten, indem man ihn und die zahlreichen Heiligen in die eigene Götterwelt aufnahm; gleichzeitig wollte man über die Teilhabe an den religiösen Kräften der Weißen der täglichen Diskriminierung entgehen und Zutritt zur Kultur der Eroberer oder noch einfacher: Einen Arbeitsplatz oder Geschenke erhalten. Für viele Menschen, vor allem in den ersten Jahren der Missionstätigkeit, war die Bekehrung allerdings schlichtweg ein Schritt der Befreiung aus einer Situation am Rande der Gesellschaft; Sklaven, Benachteiligte und ältere Frauen wollten ihr eigenes Schicksal verbessern. Religiöse Motive sollen damit nicht ausgeschlossen werden; aber man muß davon ausgehen, im Übertritt zur christlichen Kirche zunächst eine der Kolonialsituation angemessene Form der kulturellen Anpassung zu sehen.

Daß der Islam vom Norden nach Westafrika und in den Südosten eingedrungen ist und heute in mehreren Staaten am Südrand der Sahara, im Niltal und am Horn von Afrika die bestimmende Kraft ist, ist ein Faktum. Wie es aber dazu kommen konnte, welchen Weg die Islamisierung genommen hat, welche Schichten als erste den neuen Glauben angenommen haben, welche Allianzen eingegangen wurden, welche Rolle islamische Gruppen in der Geschichte dieser Räume gespielt haben, welchen Anteil der Islam an Sklavenhandel und Sklavenhaltung bzw. an der Abwehr des Sklavenhandels hatte, welche Funktion er als verbindende und mobilisierende Ideologie und als Staatsideologie ausgeübt hat, welche Formen er in Afrika angenommen und wie er das Denken und Verhalten geprägt hat, das sind Fragen, die der Klärung bedürfen. Sie ermöglichen einen leichteren Zugang zum Verständnis der Entwicklungen vor allem des westafrikanischen Großraumes [815: WILLIS].

Die Brisanz dieser Fragen liegt darin, daß der Islam von außen nach Afrika gekommen ist, zunächst die Religion der fremden, arabischen und berberischen Eroberer war und dann sehr häufig über fremde Händler Eingang ins Landesinnere und in das Leben der Völker gefunden hat. Es war eine fremde Religion, eine fremde Weltsicht, eine fremde Staatsphilosophie, eine fremde Lebensweise, die im Laufe von Jahrhunderten in Afrika heimisch geworden ist, viele Elemente lokaler Kulturen verdrängt, sich aber auch mit ihnen verbunden hat. Der Islam ist zwar nicht als Kolonialideologie mit militärischer Macht implantiert worden, aber auch seine Ausbreitung war häufig mit dem Schwert und der Erschließung oder Kontrolle von Handelswegen verbunden. Man könnte daraus die These ableiten, daß er als fremde Kraft einheimische Wertesysteme verändert und verdrängt hat und wie andere Außeneinflüsse und das Kolonialsystem Strukturen und Denkweisen entstehen ließ, die in einem langsamen Akkulturationsprozeß aufgenommen worden sind und nun zur afrikanischen Kultur und zum afrikanischen kulturellen Erbe gehören.

Die Ausbreitung des Islam in Afrika hat im Jahre 642 mit dem ersten Eroberungszug von Ägypten zum Atlantik begonnen. Seit dem zehnten Jahrhundert ist er aus Nordafrika nach Süden vorgedrungen, wohl im Zusammenhang mit klimatischen Veränderungen und mit der Blüte des Reiches Ghana, wobei die Kontrolle der Handelsrouten durch die Sahara einen wichtigen Anreiz darstellte. Aus dem zehnten und elften Jahrhundert sind die ersten Übertritte großer afrikanischer Herrscher, von Tekrur und Mali, zum Islam bekannt, ohne daß man über die Gründe und Folgen Näheres wüßte. Eine wichtige Etappe der Islamisierung war sodann die aufwendige Pilgerfahrt des Mali-Herrschers Kankan Mussa nach Mekka im Jahre 1324, die durch den ungeheuren Reichtum und Aufwand in Kairo und der übrigen islamischen Welt für Aufsehen sorgte und eine stärkere Einbindung Malis in die islamische Welt mit sich brachte. Während der Blütezeit des Rei-

Einfluß des Islam

ches der Songhay avancierten Städte wie Djenné, Gao und Timbuktu zu bekannten Zentren islamischer Gelehrsamkeit, d. h. sie waren zu einem angesehenen Teil der islamischen Welt geworden [801: CISSOKO].

Die Ankunft der Weißen an den Küsten Westafrikas im 15. und 16. Jahrhundert hat nicht nur den Goldhandel und damit den Leitsektor des überregionalen Austausches umgeleitet, sie hat mit dem langsamen Einsetzen des transatlantischen Sklavenhandels auch viele andere Handelswege von ihrer Nord-Süd-Richtung auf die Küsten umgepolt und dadurch zu einer politischen Zersplitterung und Militarisierung des äußersten Westens Afrikas geführt [189: BARRY; 754: RODNEY].

Islam und Sklavenhandel

Ab Ende des 17. Jahrhunderts haben islamische Kräfte eine Gegenbewegung begonnen, „un vaste mouvement maraboutique" [189: BARRY, 398], und trotz militärischer Rückschläge die Opposition des Rechts und der ländlichen Massen gegen die Willkür der militärischen Aristokratien organisiert. Damit wurde der Islam zur „wichtigsten Oppositionsgruppe gegen die Willkür der Aristokratien, die sich auf den atlantischen Handel und den atlantischen Sklavenhandel stützten" [189: BARRY, 398]; faktisch war der Islam damit die einzige Kraft, die sich für Recht und Ordnung, für die Interessen der großen Masse der Bevölkerung einsetzte. Die weitere Zuspitzung der Gegensätze, die sich durch die Präsenz der europäischen Händler und Kolonialmächte in den wichtigsten Hafenstädten und ihre Interessensallianz mit den zahlreichen Militärregimen ergab, führte schließlich im 18. Jahrhundert zu einer Serie islamischer Revolutionen in Bundu, im Futa Jallon und im Futo Toro. Die dann entstehenden Theokratien haben zur Absicherung ihrer noch schwachen Macht auch auf das Modell der Militärherrschaft zurückgegriffen und den Sklavenhandel als Einkommensquelle beibehalten. Erst mit der Abschaffung des atlantischen Sklavenhandels zu Beginn des 19. Jahrhundert und dem Ausbau des legitimen Handels war die ökonomische Basis für weitere Veränderungen gegeben, waren allerdings auch neue Konflikte um die Kontrolle der neuen Handelswege angelegt.

Islamische Revolutionen

So ist eine neue Serie von islamischen Revolutionen entstanden, teils stärker an religiösen und sozialen Idealen orientiert und dieser äußeren Veränderung vorgelagert, wie im Falle des nördlichen Nigeria, wo Usman dan Fodio (1754–1817) in den ersten Jahren des 19. Jahrhunderts den heiligen Krieg ausrief, eine religiöse Reformbewegung und die Verdrängung der korrumpierten und nur oberflächlich islamisierten Haussa-Aristokratien durch strenggläubige Fulbe einleitete – eine Revolution, an deren Ende die Gründung des Kalifates von Sokoto stand [340: LAST; 346: SULAIMAN; 347: USMAN]. Diese Theokratie prägt bis heute das nördliche Nigeria. Ihre größten politischen Leistungen waren die Gründung eines ausgedehnten Herrschafts- und Wirtschaftsraumes und der Anstoß zu einer freien Entfaltung von Handel und Händlern. Während benachbarte nicht-islamische Reiche wie Dahomey oder Asante im Laufe des 19. Jahrhunderts durch die Spannung zwischen politischen und wirtschaftlichen Interessen und Interessengruppen an den Rand des Zerfalls gerieten, konnten die Herrscher in Sokoto auf eine alte und reiche Händlerschicht zurückgreifen und dieser auch eine weitere Entfaltung ermöglichen, weil im islamischen Recht Steuereinkünfte vorgesehen waren, die der Führungsschicht und dem Staat ausreichende Einnahmen gestatteten [139: AUSTEN, 31–108].

Der Gottesstaat von Amadou Cheikhou (†1844) in Macina war das deutlichste Beispiel für die Verquickung orthodoxer Ideen und sozialer wie wirtschaftlicher Zielsetzungen im Gefolge der Veränderungen des Außenhandels. Hier, besonders in der neuen Hauptstadt Hamdallahi, waren das gesamte Leben und die Struktur des Staates vom Islam geprägt, der Staat war geradezu allmächtig und setzte im Namen der Religion die Grundforderungen der religiösen Führungsgruppe um Amadou Cheikhou durch. Andere Interessen, auch die der Händler, hatten sich diesem Anspruch zu beugen [343: SANANKOUA; 385: HAMPÂTÉ BÂ].

Zum Teil hatten diese islamischen Revolutionen einen offenen politischen Hintergrund: Den Aufstand islamischer Kräfte gegen die Willkürherrschaft etablierter Aristokratien und den Vormarsch der französischen Kolonialmacht; sie waren auch der Versuch, über die Vereinigung aller islamischen Kräfte ein neues Großreich zu schaffen, das in der Lage wäre, der Gewaltherrschaft einheimischer Potentaten und der weißen Bedrohung Einhalt zu gebieten. In diesem Sinn hat El Hadj Omar Tall (†1864) eine religiöse und politische Zielsetzung verfolgt und ein riesiges Reich der Toukouleur geschaffen, dabei aber nicht-islamische Reiche, wie das Reich der Bambara und ihre Hauptstadt Segu, und den islamischen Staat Macina zerstört [476: CROWDER: Mit Beiträgen zu El Hadj Omar, Samori Touré, Mamadou Lamine und vielen anderen; 127: UNESCO VII.]. Später hat Samori Touré (†1900) an der Spitze der Dioula ähnliches geleistet und sein Reich vor den vorrückenden Franzosen nach Osten verlagert [208: PERSON]. Schließlich gehört Mamadou Lamine (†1887) zu diesen Persönlichkeiten; er war ein gelehrter Moslem aus dem Volk der Soninke und hat mit einem Heer von Schülern den Kampf gegen die Ungläubigen, Afrikaner und Franzosen, aufgenommen; sein Ziel war eine gemeinsame Front gegen die Eindringlinge. Die Tragik dieser Versuche lag darin, daß sie zeitlich zu spät einsetzten und deshalb, noch bevor die Festigung eines theokratischen Großreiches wie in Sokoto gelingen konnte, der Koalition der „souverains légitimistes et du pouvoir colonial" [189: BARRY, 405] erlegen waren.

Ein wichtiger Nachfolger dieser religiösen Reformer war Amadou Bamba (1850–1927). Er gründete im Senegal die islamische Bruderschaft der Muriden [811: TIDIANE SY], schuf in der Stadt Touba ein islamisches Wallfahrtszentrum und organisierte mit seinen Schülern den Erdnußanbau und -verkauf, womit er faktisch seine Religion in das Kolonialsystem einband, obwohl der Islam gleichzeitig als Identifikationsmoment der Bevölkerung gegen die kulturelle und politische Entfremdung durch die Kolonialmacht diente [802: COULON]. Diese „transformation" hat eigentlich die Ziele des Islam ins Gegenteil verkehrt und den Islam in Westafrika zur „guiding ideology of peasant leaders for the organisation of the export production which the colonisers desired" degenerieren lassen [703: AMIN, 522]. Die Muriden sind bis heute eine tragende Kraft der exportorientierten

Bruderschaft der Muriden

(Kolonial-)Wirtschaft, aber auch des senegalesischen Staates und der kulturellen Eigenständigkeit eines Volkes. Sie sind nicht die zahlenmäßig größte Bruderschaft in Senegal, aber sie sind in allen Regionen und Gesellschaftsschichten vertreten; außerhalb Senegals mögen sie weniger bekannt sein, aber sie sind sehr gut organisiert und haben in dem besonderen Verhältnis zwischen Marabout und Talibé (Schüler) die Basis für eine weitreichende Solidarität geschaffen; weil sie darauf eine erhebliche Wirtschaftskraft mit internationalen Verbindungen aufbauen konnten, stellen sie heute in Senegal ein beachtliches politisches Machtzentrum dar. Möglicherweise haben die Muriden inzwischen sogar eine wichtige politische Rolle übernommen, die eigentlich dem Staat zukommt, die dieser aber nicht erfüllt: Sie haben ein Zusammengehörigkeitsbewußtsein und eine Solidarität erzeugt, die ihren Mitgliedern eine geistige und politische Heimat bietet und den Zusammenhalt des Staates mitträgt. Es ist nicht abwegig, anzunehmen, daß ohne diese Funktion der Staat Senegal auseinandergebrochen wäre [814: VILLALÓN].

Das Vordringen des Islam ist nicht überall in gleicher Intensität und mit Geschwindigkeit erfolgt. Manche Völker haben erst im 19., andere im 20. Jahrhundert den Schritt zum Islam getan, andere überhaupt nicht.

Islam als politische Kraft

Für den westlichsten Teil Afrikas erscheint der Islam als Kraft, die weite Gebiete durchdrungen und verändert hat, die aber politisch, vor allem seit dem 17. Jahrhundert zwischen revolutionärer Bewegung mit Rückhalt in den bäuerlichen Massen, gegen Ausbeutung durch einheimische und koloniale Regime und gegen den Sklavenhandel auf der einen, und eigenem Machtstreben, der Errichtung militärischer Herrschaftsstrukturen, sowie der Gründung theokratischer Staatswesen auf der anderen Seite geschwankt hat. Überall ist die Entwicklung von einer revolutionären zu einer ausbeuterischen und sklavenhaltenden Gesellschaft festzustellen. In der Kolonialzeit ist der Islam dann trotz seiner systemerhaltenden Züge für viele zu einer antikolonialen Ideologie und Sammlungsbewegung geworden.

Die Geschichte im östlichen Teil dieses Großraumes ist vor allem deshalb anders verlaufen, weil die Präsenz der Weißen fehlte und die unmittelbaren Auswirkungen des transatlantischen Sklavenhandels und der Umorientierung von Handel und Wirtschaft schwächer waren. Die Nachfolgestaaten des Songhay-Reiches sowie die Reiche Bornu, Bagirmi, Wadai, Darfur und Kordofan haben deshalb die Auseinandersetzungen mit Vertretern europäischer Mächte und die politische Zersplitterung erst im 19. Jahrhundert kennengelernt, der Islam war früher als im Senegal-Gambia-Becken die beherrschende Kraft in Staat und Gesellschaft. Innere Reformbewegungen haben deshalb hier größere Bedeutung gehabt. Das hatte aber auch zur Folge, daß der Islam zur Staatsideologie wurde und als solche am Sklavenhandel sowie an der Verallgemeinerung des Systems der internen Sklaverei beteiligt war: Seine Ideologie konnte regelmäßige Sklavenjagden als „heilige Kriege" gegen die Ungläubigen rechtfertigen [803: FISHER], und die Wirtschaftsentwicklung dieser Regionen ließ die Plantagensklaverei entstehen [741: LOVEJOY].

Im Nordosten Afrikas ist der Islam von Ägypten aus vorherrschend geworden. In den Küstenregionen Ostafrikas bis nach Moçambique hat sich durch die Handelskontakte mit der arabischen Halbinsel schon früh islamischer Einfluß gezeigt, durch eine starke Islamisierung am Horn von Afrika und durch die Ansiedlung einer wachsenden Zahl arabischer Händler. Hier hat deren Einbindung in die einheimische Bevölkerung zur Herausbildung einer neuen Bevölkerungsgruppe, der Suaheli, mit eigener Kultur, Sprache und Literatur geführt [172: PRINS; 812: TRIMINGHAM]. Auch hier haben moslemische Gruppen am Sklavenhandel teilgenommen und Sansibar zu einem zentralen Umschlagplatz für den Sklavenexport werden lassen [362: SHERIFF]. Durch die Intensivierung des Karawanenhandels mit dem Landesinneren und die Gründung eigener Reiche, die als Ausgangs- und Versorgungspunkt der Karawanen dienten, haben sie auch der kolonialen Penetration den Boden bereitet. Das Ausmaß dieser Entwicklung wird am Schicksal des bekanntesten Sklavenhändlers sichtbar: Tippu Tip, aus Sansibar, hatte sich ein Reich mit sieben Plantagen und 10 000 Sklaven geschaffen und war zum Statthalter des belgischen Königs am Kongo geworden, bevor er sich wegen des Menschenhandels zurückziehen mußte [30: SMITH].

In Ost- wie in Westafrika hat der Islam also als Element einer fremden Kultur Einzug gehalten, die vorgefundenen Zivilisationen verändert und neue Formen menschlichen Lebens und staatlicher Organisation mitentwickelt. Er ist nicht nur als Religion, mit bestimmten Gottes- und Weltvorstellungen und mit einem eigenen Normensystem, aufgetreten, sondern immer als Teil einer anderen Kultur; der Übertritt zum Islam beinhaltete immer auch die Übernahme zentraler Elemente einer anderen Kultur und hat dieser damit den Eintritt in die afrikanische Kultur eröffnet. Auf staatlicher Ebene sind fast alle Völker einer laizistischen Grundstruktur treugeblieben; nur Mauretanien hat sich zur Islamischen Republik erklärt. Aber in vielen Staaten ist der Islam die beherrschende Religion und die beherrschende Lebensform.

Islam als fremde Kultur

Das Christentum ist später und langsamer in Afrika eingedrungen [827. 828: HASTINGS]. Die Ausnahmen waren Nordafrika, das eine frühe christliche Blüte gekannt und christliche Gelehrte und Kirchenväter hervorgebracht hat, Äthiopien, dessen koptische Kirche ihren Ursprung auf den Apostel Thomas zurückführt, und Benin sowie Kongo, wo christliche Missionare vorübergehend im 16. Jahrhundert tätig waren. Im südlichen Afrika hat die Ansiedlung von Weißen seit dem 17. Jahrhundert christliche Einflüsse mit sich gebracht.

Das Eindringen des Christentums

Die große Welle christlicher Missionstätigkeit hat erst im 19. Jahrhundert eingesetzt, als der Missionsgedanke in Europa und Amerika neu belebt wurde. Missionsgesellschaften wurden gegründet, und erste christliche Missionare sind um die Mitte des 19. Jahrhunderts in das Innere Afrikas aufgebrochen. Die Errichtung der Kolonialherrschaft hat den Missionaren Schutz geboten, sie aber auch in das Dilemma der Zusammenarbeit gestürzt [816: BADE]. Viele Missionare wollten in der Arbeit der Kolonialmächte eine Unterstützung der eigenen Bemühungen um die Vermittlung der christlichen Zivilisation sehen. Mission und Kolonialmacht haben sich in der Folge oft bekämpft, aber auf manchen Gebieten haben sie zusammengearbeitet, vor allem in der schulischen Bildung und im Gesundheitswesen. Die nachhaltigste Form der Kooperation lag in dem gemeinsamen Auftreten als Vertreter einer überlegenen Zivilisation; ob dies den Missionaren bewußt war oder nicht, sie wurden von der Bevölkerung im allgemeinen als Partner des Kolonialsystems angesehen, als „die ideologische und rituelle Begleitseite des westlichen Imperialismus" [824: GRÜNDER, 328].

Christentum und Kolonialismus

Es hat ihnen den Vorwurf eingebracht, aktiver Teil der Kolonialherrschaft gewesen zu sein und diese häufig erst möglich gemacht zu haben. Der bekannte Spruch von der Bibel und dem Land drückt diese Klage aus: Am Anfang hätten die Missionare nur die Bibel gehabt, und die Afrikaner das Land; dann habe sich das Verhältnis umgekehrt, und die Missionare hätten das Land besessen, während die Afrikaner nurmehr die Bibel in ihrer Hand hielten. Dieser Vorwurf soll ausdrücken, daß die Missionen an der Veränderung der Wirtschaft ihres Landes und der Ausbeutung beteiligt waren.

Die Vorwürfe wenden sich aber auch gegen die Funktion, die von den Missionen im kolonialen Herrschaftsapparat übernommen wurde; sie haben den Widerstand gegen die koloniale Eroberung abgelehnt, weil ihnen die Kolonisierung notwendig erschien. Sie haben sich deshalb auch zu „Instrumenten der Befriedungsstrategien" der Kolonialmächte und zu „Agenten sozialer und territorialer Kontrolle" [824: GRÜNDER, 330] machen lassen und dadurch zur Absicherung der Kolonialherrschaft beigetragen. Auch im Schulwesen, in dem die Missionare zweifellos Enormes geleistet haben, war, zumindest in den ersten Jahrzehnten der Kolonialzeit, ihr erklärtes Ziel, die Schüler zu „Untertanengehorsam" und zu „brauchbaren Mitgliedern der kolonialen Gesellschaft" zu machen [824: GRÜNDER, 332].

Christentum und die Umgestaltung der Gesellschaft

Ein schwerer wiegender Vorwurf beklagt, daß die christlichen Abgesandten die Umgestaltung der Gesellschaft angestrebt haben. Während die Kolonialmächte eine wirtschaftliche Nutzung der Kolonien für die eigenen Zwecke verfolgt hätten, seien die Missionen viel weiter gegangen und hätten das Heiligste in Frage gestellt, die eigene Kultur, mit ihrer Weltdeutung, ihren Wertesystemen sowie den Sitten und Gebräuchen und den damit verbundenen gesellschaftlichen Strukturen und Hierarchien. All dies, was die Afrikaner in Jahrhunderten aufgebaut hatten, sei von den Missionaren im Gefühl der „absoluten Kulturüberlegenheit" in Bausch und Bogen verdammt worden [824: GRÜNDER, 336]. Sie hätten die eigenen Gottesvorstellungen, die eigenen Wertesysteme und die eigenen Formen menschlichen Zusammenlebens zur alleinigen Norm erhoben und an die Stelle des kulturellen Erbes der afrikanischen Gesellschaften setzen wollen. Das stellte eine größere Gefährdung der einheimischen Kulturen dar als die Errichtung politischer und wirtschaftlicher Ausbeutungssysteme. Bezeichnenderweise habe der Kolonialstaat die gesellschaftlichen Strukturen und Hierarchien nicht frontal angegriffen, weil er Unruhen befürchtete; die Missionen hätten solche Vorbehalte nicht gehabt: „Missionaries, possibly more than members of other branches of the colonial establishment, aimed at the radical transformation of indigenous society... They therefore sought, whether consciously or unconsciously, the destruction of pre-colonial societies and their replacement by new Christian societies in the image of Europe" [658: MUDIMBE, 47].

Wahr ist an diesem Vorwurf, daß die Missionare eine Umgestaltung der Gesellschaft erreichen wollten. Trotz des biblischen Auftrages, Allen Alles werden zu sollen und die christliche Botschaft in die lokalen Zivilisationen einzupflanzen, konnten die Missionare nicht unabhängig von der vorherrschenden Kolonialideologie ihrer Zeit denken. Sie blieben den gängigen Vorstellungen von zurückgebliebenen und wilden Völkern, von Willkürherrschaft, Unmoral und fehlgeleiteten Gottesvorstellungen verhaftet und waren damit Vertreter eines „unduldsamen Kulturimperialismus" [824: GRÜNDER, 339]. Die meisten Missionare konnten in den lokalen Lebensformen und Denksystemen keine Zivilisation erkennen und stimmten den Kolonialapologeten zu, der Europäer habe gegenüber diesen Völkern eine „zivilisatorische Mission"; ihnen, den Vertretern der Kirche, falle dabei die Aufgabe zu, eine christliche Zivilisation zu schaffen, d. h. christliche Gemeinden aufzubauen nach den Normen und Lebensweisen, die in ihrer Heimat üblich waren. Andere Formen christlichen Lebens kannten sie nicht und eine Einpflanzung christlicher Werte in die lokale Welt, die von ihnen als nicht-zivilisiert und als feindlich angesehen wurde, konnten sie sich nicht vorstellen. Selbst die räumliche Umwelt, die Landschaft, haben die Missionare zunächst als feindlich empfunden und durch „mental and physical confines" von der Missionsstation abgehoben [826: HARRIES]. Westliche Zivilisation und christliches Leben wurden weitgehend gleichgesetzt, und es erschien notwendig, die Gesellschaften an ihrer Basis, in ihren Wertesystemen und ihrem Selbstverständnis umzugestalten.

Afrikanische Kritiker wie EBOUSSI-BOULAGA [821], VALENTIN MUDIMBE [658] und ACHILLE MBEMBE [831] machen ihre Vorwürfe an die Adresse der Mission u. a. am Diskurs der Missionare fest: Ihre Sprache sei eine Sprache der Gewalt gewesen; sie habe drei Formen der Gewalt enthalten, die man auf theoretischer Ebene in folgende Konzepte fassen könne: „derision, refutation-demonstration" und „orthodoxy-conformity"; sie hätten die lokale Kultur und ihre Gottesvorstellungen lächerlich gemacht, afrikanische Religionen als falsch zurückgewiesen und die christliche Religion als die geoffenbarte Wahrheit mit Absolutheitsanspruch hingestellt [658: MUDIMBE, 51–52]. *Kulturimperialismus*

Damit treffen sie über den besonderen Fall der Missionstätigkeit unter kolonialen Bedingungen hinaus einen Kernpunkt in der missionarischen Auseinandersetzung, die Frage nach der Berechtigung christlicher Missionstätigkeit. Von der Wissenschaft kann diese Frage nicht beantwortet werden. Die Vertreter von Missionsgesellschaften gehen selbst von anderen Voraussetzungen aus, nicht von der Frage der Berechtigung ihres Vorgehens, sondern von einem Auftrag, den sie auf den allgemeinen Missionsbefehl Christi zurückführen, und von ihrer Überzeugung, die „frohe Botschaft" erhalten zu haben und damit die Verpflichtung, sie auch anderen Völkern mitzuteilen. Die Auseinandersetzung mit der Problematik, ob ein solches Vorgehen, das die Überzeugungen anderer Menschen und damit auch ihre Kultur abwertet, gerechtfertigt ist, oder unter welchen Bedingungen es gerechtfertigt sein kann, ist zugegebenermaßen sehr schwierig. Während der Kolonialzeit wurde sie in aller Regel von weißen Missionaren nicht geführt; die Zeit war dafür noch nicht reif.

Erfolge der Missionstätigkeit Die Ergebnisse der Missionstätigkeit lassen sich oberflächlich an der Zahl der Christen und christlichen Gemeinden ablesen; in stärker islamisierten Gegenden Afrikas ist die christliche Präsenz heute gering, in anderen Regionen stellen die Christen einen ansehnlichen Teil der Bevölkerung, in wieder anderen die Mehrheit, so in Uganda, Burundi, Ruanda oder Südafrika. Neben den großen christlichen Kirchen hat sich zudem eine Vielzahl unabhängiger Kirchen gebildet, vor allem in Nigeria, Ghana und Südafrika.

Die christlichen Missionen haben ihre Arbeit mit der Errichtung von Schulen und Krankenpflegeeinrichtungen begonnen. Mit der Schulbildung wollten sie die jüngere Generation gewinnen und über sie die Zukunft gestalten. Den Schulen war deshalb eine doppelte Zielsetzung eigen: Die Vermittlung von Wissen und Fähigkeiten und der Aufbau christlicher Gemeinden. Trotz dieser Ausrichtung und in deutlichem Gegensatz zu den Koranschulen lernten die Schüler in den Missionsschulen nicht nur die Bibel und die Heilsgeschichte; ihnen wurden neben Lesen, Schreiben, Rechnen und der Sprache der jeweiligen Kolonialmacht auch Kenntnisse in den Naturwissenschaften beigebracht. In den meisten Fällen haben die kirchlichen Schulen finanzielle Unterstützung durch die Kolonialmacht erhalten, unterstanden damit der staatlichen Kontrolle und wurden dem Kolonialsystem durch die Ausbildung von Helfern dienstbar. Aber das christliche wie das staatliche Bildungssystem in den Kolonien hat im Laufe der Jahre eine Eigendynamik entfaltet, wodurch Bildungsziele und -inhalte nicht mehr einseitig durch Kirche oder Staat zu kontrollieren waren.

Einflüsse des Christentums Der Einfluß christlicher Schul- und Missionstätigkeit liegt auf zwei Ebenen: Einmal ist einer zahlenmäßig großen Schicht von Menschen eine Grundausbildung vermittelt worden. Eine kleine Elite wurde herangebildet, die in Eigenverantwortung und oft in Abwendung von den christlichen Kirchen den politischen Kampf gegen das Kolonialsystem aufnehmen konnte. Zum zweiten hat der Einfluß des Christentums eine Revolutionierung des Denkens im Sinne einer Rationalisierung eingeleitet. Die Kirchen haben durch die Entsakralisierung der Natur und die gleichzeitige Betonung der Naturgesetze ein Denken propagiert, das die Menschen von der Angst vor der beseelten und mit magischen Kräften ausgestatteten Natur befreit und den Weg freimacht für eine rationalere Einstellung zur Welt. Die Möglichkeit, die Natur beherrschen zu können und zu wollen und den Menschen nicht nur als Objekt unerklärbarer Kräfte zu sehen, ist damit denkbar geworden. Weil gleichzeitig durch das Bild vom liebenden Gott auch die Furcht vor den Göttern und Ahnen abgebaut wurde, konnte auch ein rationalerer Umgang mit Krankheit und Tod Einzug halten. So überraschend diese Deutung vielleicht klingen mag: Die christliche Religion hat zum Abbau des Irrationalen im

Leben der Afrikaner einen entscheidenden Beitrag geleistet [825: HARDING]. Dies heißt lediglich, daß neue Denkmodelle möglich geworden sind, nicht, daß diese neue Welterklärung heute das Leben der Menschen bestimmt. Entscheidend ist, daß ein Grundstein gelegt worden ist. In stark islamisierten Gesellschaften stehen einem solchen Denken manche Hindernisse im Wege, und in Ländern mit fundamentalistischen Tendenzen wird solchen Deutungen bewußt der Kampf angesagt. Aber in Staaten, in denen die sogenannten Naturreligionen vorherrschen oder dominierend waren, sind Formen dieser veränderten Einstellung zu spüren. Die Verfassungen etwa trennen deutlich zwischen Staat und Religion, obwohl dieser Dualismus in der afrikanischen Gesellschaft unbekannt war, und sie garantieren die Religionsfreiheit.

Ein anderes Zeichen von Veränderung ist der öffentliche Einfluß mancher kirchlicher Würdenträger; Erzbischof Desmond Tutu in Südafrika oder andere Bischöfe, die in den sogenannten Nationalkonferenzen zwischen der Gesellschaft und dem Staat vermittelt haben, zeugen von dem hohen Ansehen, das sie als Persönlichkeiten, aber auch als Vertreter ihrer Kirche erringen konnten [822: GIFFORD].

Weil die Missionare fast zeitgleich mit den Kolonialeroberern angekommen sind und sich in vielerlei Hinsicht mit deren Zielen einig wußten, konnten sie im Unterschied zum Islam keine Rolle beim Widerstand afrikanischer Völker gegen die koloniale Unterwerfung und Ausbeutung spielen. Sie haben Exzesse des Kolonialsystems angeprangert, die Fremdherrschaft als solche aber nicht in Frage gestellt.

Dieselbe Ambivalenz gilt für die Haltung der christlichen Kirchen in der postkolonialen Entwicklung. Manche kirchlichen Organisationen und Bischöfe haben sich gegen die Aushöhlung der Menschenrechte ausgesprochen; manche haben im Widerstand gegen staatliche Willkür offen Stellung bezogen und Verbannung oder Verfolgung in Kauf genommen. Andere haben mit den herrschenden Systemen sympathisiert. In Südafrika haben Kirchenvertreter und Kirchen beider Richtungen nebeneinander gelebt. Ruanda ist ebenso zum Schauplatz von Feigheit und Mut geworden. So stehen positive und negative Zeichen in der Bilanz christlicher Tätigkeit in Afrika nebeneinander.

5. Die Bedeutung der ägyptischen Hochkultur und die kulturelle Einheit Afrikas

Die ägyptische Kultur, eine der Hochkulturen der Menschheit [842–843: HELCK], hat sich zwar auf dem afrikanischen Kontinent entwickelt, ist aber in der Forschung bis vor wenigen Jahren nicht als schwarzafrikanische Kultur bezeichnet worden. Schon HEGEL hatte in seiner Dreiteilung des afrikanischen Kontinents vom eigentlichen Afrika gesprochen, südlich der Sahara, hatte das nördliche sozusagen das europäische Afrika genannt, und das Stromgebiet des Nil schloß sich für

Ägypten als afrikanische Kultur

ihn an Asien an [586: HEGEL, 135]. Wie für ihn gehörte Ägypten für viele Wissenschaftler nicht in die kulturelle Tradition des Kontinents, auf dem es geographisch angesiedelt ist.

Selbst in neueren Darstellungen zur Geschichte Afrikas wird Ägypten häufig ausgeklammert, wie in der Fischer Weltgeschichte [115: BERTAUX, 11] oder in der vierbändigen Geschichte Afrikas aus dem Akademie Verlag (Ostberlin), wo mit Afrika ausdrücklich der subsaharische Teil des schwarzen Kontinents gemeint ist [111: Afrika I., 1]. Wenn aber in der Forschung über die Rolle Ägyptens reflektiert wird, so ist vornehmlich von den Einflüssen von Ägypten auf Schwarzafrika die Rede. So sei die Kenntnis der Eisenverarbeitung von Ägypten über Kusch und Meroe nach Schwarzafrika gelangt, kulturelle Einflüsse hätten denselben Weg genommen, vor allem die Konzepte eines Gottkönigtums und einer hierarchischen Verwaltungspraxis. [126: FAGE, 37–38]. Eigentümlich bleibt bei dieser Argumentation, daß gleichzeitig vermutet wird, die Vorstellung einer „absolute rule by a god-king" sei „a local African concept", dessen früheste Form in Ägypten bezeugt sei [126. FAGE, 34], ohne sogleich systematisch nach anderen schwarzafrikanischen Wurzeln der ägyptischen Zivilisation zu suchen.

Erst die Geschichte Schwarz-Afrikas von JOSEPH KI-ZERBO und die von der UNESCO herausgegebene General History of Africa beziehen alle Regionen, die geographisch zum afrikanischen Kontinent gehören, in das Blickfeld ein. KI-ZERBO stellt ausdrücklich die Frage, warum diese Hochkultur gerade in Ägypten entstanden ist, und nennt die ökonomischen und politischen Impulse, die von der wachsenden Bevölkerungsdichte im Niltal ausgegangen sind; dann fügt er hinzu, daß Afrika während der ersten 3000 Jahrhunderte eine Führungsrolle in der Entwicklung der Menschheit wahrgenommen habe, und diese habe in der ägyptischen Kultur ihre Krönung erfahren [130: KI-ZERBO, 59]. So vage diese Formel auch ist, mit ihr war dennoch ein wichtiger Schritt getan zur Frage, welchen Beitrag die schwarzen Völker zur Entstehung der ägyptischen Kultur geleistet haben.

In der General History of Africa der UNESCO ist Ägypten Teil des afrikanischen Kontinents. [127: II., 27–57]. Daran hatte der senegalesische Wissenschaftler CHEIKH ANTA DIOP entscheidenden Anteil: Er hat sich als erster einer systematischen Erforschung der afrikanischen Ursprünge Ägyptens zugewandt, hat dazu historische Quellen untersucht, griechische und römische Wissenschaftler sowie Schriftsteller aus der Zeit vor und nach Christus, die Ägypten bereist oder beschrieben haben oder die Ägypter in ihren Werken auftreten lassen. Ihnen als Zeitgenossen traut Cheikh Anta Diop eher einen Einblick in die Kultur dieses Landes zu, und er meint, sie würden die Ägypter als Schwarzafrikaner darstellen: Herodot, Aristoteles, Aischylos, Diogenes, Strabo, Diodor von Sizilien, Lukianos von Samosata, Apollodorus von Damaskus und Ammianus Marcellinus [838: CHEIKH ANTA DIOP, 36–41]. Er hat Sprachvergleiche angestellt zwischen dem Ägyptischen und westafrikanischen Sprachen, hat politische Konzepte von Macht, Königtum, religiöse Vorstellungen und Totems untersucht und daraus die Erkenntnis abgeleitet, daß die ägyptische Kultur afrikanische Züge trug.

Die Thesen von
Cheikh Anta Diop

Sein Bild der afrikanischen Geschichte zeigt, daß die Menschheit in Ostafrika entstanden ist und sich von dort über die ganze Welt ausgebreitet hat. Als mit gravierenden Klimaveränderungen ab etwa 3500 vor Christus die früher fruchtbare Sahara auszutrocknen begann, setzte eine erneute Wanderung ein, neue schwarze Völker strömten in das wasserreiche Niltal und sorgten in diesem engen Raum im Laufe von Jahrzehnten oder Jahrhunderten für einen wachsenden Bevölkerungsdruck. Dieser zwang die Menschen zu Modernisierung ihrer Überlebensorganisation in allen Bereichen, und daraus ist die ägyptische Hochkultur entstanden. Weil die Zivilisation des südlicher gelegenen Meroe zeitlich vor der Ägyptens entstanden war und sich in den Norden ausgebreitet und damit Ägypten erreicht hat, hatte die Zivilisation Ägyptens eindeutig schwarzafrikanische Züge: „it was the whole of the Egyptian population which was negro" [838: CHEIKH ANTA DIOP, 30].

Einwanderungsbewegungen weißen und nomadischen Ursprungs sind erst später, zur Blütezeit Ägyptens, eingetreten: „Die ethnisch homogenen schwarzen Völker haben alle Elemente der Zivilisation geschaffen, indem sie sich an die günstigen geographischen Bedingungen ihrer ursprünglichen Siedlungsräume angepaßt haben. Dadurch sind ihre Länder zu attraktiven Polen geworden, in denen sich auch Bewohner schlechterer und rückständiger Regionen aus der Nachbarschaft heimisch machen wollten, um ihre Existenzbedingungen zu verbessern. Die Vermischung, die aus diesen Kontakten entstanden ist, war also eine Folge der von Schwarzen aufgebauten Zivilisationen, nicht eine Ursache ihres Entstehens" [835: CHEIKH ANTA DIOP, 230–231]. Unter nicht bekannten Umständen hat eine Auswanderung aus Ägypten Richtung West- und Südostafrika eingesetzt, bei der die betroffenen Völker zwar ihre ägyptische Kultur mitnahmen, diese aber den neuen Lebensbedingungen anpassen mußten. Im Zuge dieses Prozesses sind Errungenschaften wie die Schrift, die Nutzung des Rades oder Bewässerungstechnologien, verlorengegangen, weil sie nicht gebraucht wurden, den neuen äußeren Bedingungen nicht angemessen waren oder weil sie schlichtweg in Vergessenheit gerieten. Andere Elemente dieses kulturellen Erbes sind erhalten geblieben.

Die Interpretation des schwarzafrikanischen Ursprungs Ägyptens wird in der Forschung nicht allgemein akzeptiert. Vor allem französische Ägyptologen haben zunächst die Beweiskraft der linguistischen, anthropologischen und ikonographischen Argumente angezweifelt und den gesamten Ansatz als unwissenschaftlich zurückgewiesen. Auch auf einem internationalen Kolloquium über die Bevölkerung des alten Ägypten (Kairo, 28.1.-3. 2. 1974) unter der Schirmherrschaft der UNESCO [Gekürzte Fassung des Schlußberichts: 838: CHEIKH ANTA DIOP, 58–82] konnten die gegensätzlichen Positionen nicht überwunden werden; die ältere Deutung besagt weiterhin: „The people who lived in ancient Egypt were ‚white', even though their pigmentation was dark, or even black, as early as the predynastic period. Negroes made their appearance only from the eighteenth dynasty onwards" [838: CHEIKH ANTA DIOP, 59].

Bei der Debatte geht es nicht um die Klärung der rassischen Zusammensetzung Ägyptens, sondern um die Kernfrage nach den kulturellen Ursprüngen der ägyptischen Hochkultur und nach dem Beitrag Schwarzafrikas zur Herausbildung dieser Kultur. Die Konsequenz der älteren Deutung wäre, daß die ägyptische Kultur ein Fremdkörper auf dem schwarzen Kontinent war, erwachsen aus dem Gemisch unterschiedlicher Völker und Kulturen in einem bestimmten ökologischen, ökonomischen und sozialen Umfeld. Aus der Interpretation DIOPS ergäbe sich, daß die ägyptische Kultur aus schwarzafrikanischen Ursprüngen geboren wurde, daß der schwarze Kontinent maßgeblich an der Geburt einer der ersten Hochkulturen der Menschheit beteiligt war und ihr seinen Stempel aufgedrückt hat.

Die Debatte ist noch nicht entschieden, auch wenn DIOPS Grundthese an Überzeugungskraft gewonnen hat. Eines schält sich trotz aller Kontroversen heraus: Die ägyptische Hochkultur war Teil der kulturellen Entwicklung des afrikanischen Kontinents, sie war vom kulturellen Erbe Schwarzafrikas geprägt und hat die weitere Entwicklung Afrikas mitgestaltet.

Eine breite Forschungsrichtung hat sich mittlerweise dieser Thematik angenommen und den Ansatz DIOPS zu den Auswirkungen schwarzafrikanischer Einflüsse auf die Entwicklung der europäischen Kultur weitergeführt. CHEIKH ANTA DIOP hatte aus seiner Interpretation der ägyptischen Kultur den Schluß gezogen, daß die Basis der europäischen Kultur nicht ausschließlich in Griechenland liege, sondern noch weiter zurückgreife, auf die ägyptische Zivilisation und damit auf Schwarzafrika. Er postuliert, Afrika sei die Wiege der europäischen Kultur gewesen [840: HARDING/REINWALD]. Dieses Gedankengut ist von verschiedenen Forschern aufgegriffen worden, in und außerhalb Afrikas. THÉOPHILE OBENGA, der kongolesische Wissenschaftler und Schüler CHEIKH ANTA DIOPS, hat versucht, eine Kontinuität philosophischen Denkens von Schwarzafrika über die ägyptische Hochkultur bis in die heutige Zeit nachzuweisen [845: OBENGA]; er hat auch auf die genetische Verwandtschaft der ägyptischen und koptischen Sprache mit modernen afrikanischen Sprachen hingewiesen [843: OBENGA]. Von einem ähnlichen Ansatz gehen Forscher in den USA, besonders in der Gemeinschaft der Afro-Amerikaner, aus; sie suchen nach den Wurzeln der westlichen Zivilisation und nach dem Anteil, der afrikanischen Kulturen dabei zukommt. MARTIN BERNAL hat in einer monumentalen Studie „Black Athena", mit dem bezeichnenden Untertitel „Die afro-asiatischen Wurzeln der klassischen Zivilisation", die These formuliert, daß die Basis der gängigen Interpretation der klassisch-griechischen Zivilisation fragwürdig ist; er zeigt durch Sprachuntersuchungen, die Neubewertung archäologischer Funde, eine Analyse der Kulte von Kreta und Griechenland und eine Vielzahl anderer Beweismaterialien, daß die klassische Zivilisation tiefe Wurzeln in afro-asiatischen Kulturen hatte, unter anderem in Ägypten und Schwarzafrika, daß diese aber seit dem 18. Jahrhundert im Zuge des aufkommenden Rassismus verschwiegen und negiert worden sind [834: BERNAL].

Kulturelle Einheit Afrikas? In engem Zusammenhang mit dieser Forschungsrichtung steht die Frage der kulturellen Einheit Afrikas. Trotz des Eindrucks einer außerordentlichen Diversität zwischen den Völkern Afrikas gehen mehrere Forscher von Gemeinsamkeiten der afrikanischen Völker aus. Weil die bisher entdeckten gemeinsamen Charakteristika von Sprache, Denkweise, Kult und gesellschaftlichen Ordnungsprinzipien Grundelemente der Kultur betreffen, sprechen sie von kultureller Einheit. CHEIKH ANTA DIOP nennt als auffallendste:

1. gemeinsame Strukturen der Sprache, die von einer „genealogical kinship" oder einer „genetic, non accidental, relationship" sprechen lassen; [838: CHEIKH ANTA DIOP, 44. 50];
2. Gemeinsamkeiten in der religiösen Weltsicht, in Götternamen und Kosmogonien; dazu gehörten auch die Verwandtschaft der Totems und die Praxis der Beschneidung;
3. Gemeinsamkeiten im Verständnis von Herrschaft und Königtum: Das Gotteskönigtum und der rituelle Königsmord;
4. Gemeinsamkeiten in der gesellschaftlichen Organisation, vor allem in der gemeinsamen Struktur des Matriarchats [836: CHEIKH ANTA DIOP, I. 204 ff.; 839: CHEIKH ANTA DIOP, 293–482].

Diese Gemeinsamkeiten sieht er zwischen der ägyptischen Kultur und den heutigen afrikanischen Zivilisationen wie auch unter den verschiedenen afrikanischen Zivilisationen. Der Kernpunkt, um den sich alle Gemeinsamkeiten ranken und auf den sie zurückgehen, sei das Matriarchat. Es sei mit der Seßhaftigkeit der frühesten Entwicklungsgeschichte verbunden. In ihm habe man die Urform afrikanischer Gesellschaftsorganisation zu sehen. Die heute unübersehbaren Unterschiede zwischen matrilinear und patrilinear organisierten Gesellschaften seien erst später in der Konfrontation mit Völkern des Nordens und mit dem Islam aufgetreten; ursprünglich hätten alle afrikanischen Völker matrilineare Grundmuster gehabt. Aus diesen Zusammenhängen leitet er die These ab, alle afrikanischen Gesellschaften seien durch eine tiefliegende kulturelle Einheit mit einander verbunden, über Räume und Zeiten hinweg. THÉOPHILE OBENGA denkt in ähnlichen Kategorien, auch sein Werk ist durchzogen vom Gedanken an die großen geschichtlichen Kontinuitäten und Verwandtschaften [844: OBENGA]. Vorstellungen von einer kulturellen Einheit Afrikas, die trotz aller Unterschiede bestehe, werden auch von anderen Forschern geteilt, wenn sie formulieren: „Specific cultural features… apply generally throughout the continent" [846: TURNBULL, 7–8].

Auf linguistischen Elementen läßt sich zweifellos ein Muster von Gemeinsamkeiten aufbauen, was die Sprachwissenschaftler auch zu ihrer Unterscheidung von Sprachfamilien veranlaßt hat. Man muß auch annehmen, daß im Laufe von Jahrtausenden Kontakte und die großen Völkerwanderungen linguistische Spuren hinterlassen haben. Aber eine genetische Verwandtschaft der Sprachfamilien läßt sich beim heutigen Kenntnisstand daraus nicht ableiten. Noch problematischer ist es mit den anderen Ebenen. Ähnlichkeiten in religiösen Auffassungen und Praktiken oder in politischen Handlungsweisen können auch in vergleichbaren Lebensbedingungen entstanden sein; so ist es bekannt, daß auch europäische Völker, die in ihrer Lebensform von der Natur und ihren Kräften abhängig waren, Formen der Beschwörung der Natur entwickelt haben, daß sie auch an die „force vitale" und magische Kräfte von Herrschern geglaubt haben und Angst vor dem Nachlassen der Kräfte eines Herrschers hatten. Ähnlichkeiten sind aber noch keine Verwandtschaften; man muß eher annehmen, daß die Lebensbedingungen einen prägenden Einfluß auf die Lösungen haben, die Menschen in ihrer Umwelt finden. Ein Beweis für eine genetische Verwandtschaft und eine Kontinuität steht noch aus. Aber die Forschung hat neue Fragen gestellt und neue Wege eingeschlagen, die ernst zu nehmen sind.

III. Quellen und Literatur

A. QUELLEN

1. Quellen zur Geschichte Afrikas

a) Archivbestände

1. Guide des Sources de l'histoire des Nations. Guide to the Sources of the History of the Nations. Hrsg. vom Conseil International des Archives/ International Council of Archives: B. Afrique/Africa.
   Band I. Quellen zur Geschichte Afrikas südlich der Sahara in den Archiven der Bundesrepublik Deutschland, UNESCO/Zug 1970.
   Band II. España. Guía de Fuentes para la Historia de Africa sub-sahariana, Zug 1971.
   Band III. Sources de l'histoire de l'Afrique au sud du Sahara dans les archives et bibliothèques françaises. 1. Archives, Zug 1971.
   Band IV. Sources de l'histoire de l'Afrique au sud du Sahara dans les archives et bibliothèques françaises. 2. Bibliothèques, Zug 1976.
   Index III–IV: Sources de l'histoire de l'Afrique au sud du Sahara dans les archives et bibliothèques françaises. 1. Archives, 2. Bibliothèques, Zug 1976.
   Band V. und VI. Guida delle Fonti per la Storia dell'Africa a Sud del Sahara esistenti in Italia. Band V, Zug 1973. Band VI, Zug 1974.
   Band VII. Vatikan. (in Vorbereitung). ·
   Band VIII. Scandinavia. Sources in Denmark, Norway, and Sweden, Zug 1971.
   Band IX. Guide to the sources of the history of Africa south of the Sahara in the Netherlands, München/Paris/London/New York 1978.

2. A guide to manuscripts and documents in the British Isles relating to the Middle East and North Africa. Compiled by N. Matthews/M.D. Wainwright, Oxford 1980.

3. A Guide to manuscripts and documents in the British Isles relating to Africa. Compiled by N. Matthews/M.D. Wainwright, Oxford 1971.

4. Guides to Materials for West African History in European Archives. Hrsg. von der University of London. Band I. Materials for West African History in the Archives of Belgium and Holland. 1962.
   Band II. Materials for West African History in Portuguese Archives. 1965.
   Band III. Materials for West African History in Italian Archives. 1965.

Band IV. Materials for West African History in French Archives. 1968.
Band V. Materials for West African History in the Archives of the United
Kingdom. 1973.

5. Guide to Federal Archives relating to Africa. Compiled by Aloha South,
   Waltham 1977.

6. Guide to Non-Federal Archives and Manuscripts in the United States Rela-
   ting to Africa.
   Vol. I. Alabama – New Mexico.
   Vol. II. New York – Wisconsin. Compiled by Aloha South, London 1989.

b) Quellensammlungen

7. Ausführliche Zusammenstellung und kritische Würdigung von Quellen
   und Literatur, in: Cambridge History of Africa, V. 497–580; VI. 767–891;
   VII. 788–994; VIII. 811–961. Dieser letzte Band enthält einen ausführlichen
   Teil „Bibliographical Essays" (788–904) zu den Themen: Decolonisation
   and the problems of independence, Pan-Africanism since 1940, Social and
   cultural change, The economic evolution of developing Africa, Southern
   Africa, English-speaking West Africa (Nigeria, Ghana, Sierra Leone, Libe-
   ria, The Gambia), East and Central Africa, The Horn of Africa (Ethiopia,
   Eritrea, Somalia, CFS/TFAI, International Relations), Egypt, Lybia and the
   Sudan, The Maghrib, French-Speaking tropical Africa, Madagascar, Zaire,
   Rwanda and Burundi, Portuguese-speaking Africa, Equatorial Guinea. Die
   „Bibliography" (905–961) ist nach denselben Themen aufgebaut.

8. A. BRASIO (Hrsg.), Monumenta missionaria africana, Lissabon 1952–
   1988.

c) Quellen zur Kolonialgeschichte

9. Ausführliche Zusammenstellung, in: [412] Colonialism in Africa, V.

Ausgewählte Quellen zur deutschen Kolonialgeschichte

10. Deutsches Kolonialblatt. Amtsblatt für die Schutzgebiete in Afrika und der
    Südsee, Berlin 1890 ff.

11. Die deutsche Kolonialgesetzgebung. Sammlung der auf die deutschen
    Schutzgebiete bezüglichen Gesetze, Verordnungen, Erlasse und internatio-
    nalen Vereinbarungen, mit Anmerkungen und Sachregister. Hrsg. von Rie-
    bow, später Zimmermann, später Köbner und Gerstmeyer. Jg. 1–13 (1893–
    1909), Berlin 1893–1910.

12. Jahresbericht über die Entwicklung der deutschen Schutzgebiete in Afrika
    und der Südsee im Jahre... Beilage zum Deutschen Kolonialblatt 1894/
    95 ff. Berlin 1893/94. – ab 1908/09 unter dem Titel: Denkschrift über die
    Entwicklung der Schutzgebiete in Afrika und der Südsee. (Erschienen als
    Reichstagsdrucksache und als Beilage zum Deutschen Kolonialblatt. – ab
    1909/10 unter dem Titel: Die deutschen Schutzgebiete in Afrika und der

Südsee. Amtliche Jahresberichte, hrsg. vom Reichskolonialamt.)
13. Mittheilungen von Forschungsreisenden und Gelehrten aus den Deutschen Schutzgebieten. Mit Benutzung amtlicher Quellen hrsg. von Dr. Freiherr von Danckelmann, Berlin 1888–1906. Fortgesetzt als: Mitteilungen aus den deutschen Schutzgebieten. Berlin 1907 ff.

d) Nationale und internationale Quellen

14. Beschlüsse und Berichte der OAU.
15. Jahrbücher und Berichte zur Entwicklung Afrikas seit der Unabhängigkeit, von OAU, UNO, Weltbank, Amnesty International und anderen internationalen Organisationen.
16. Nationale Quellen: Verfassungstexte, Gesetze und Verordnungen, Gesetzessammlungen, Regierungspublikationen, Reden von Politikern, Parlamentsdebatten, Berichte der Banken, in den jeweiligen Hauptstädten unregelmäßig veröffentlicht.

e) Quellensammlungen zu einzelnen Themen

17. R. FALK/P. WAHL (Hrsg.), Befreiungsbewegungen in Afrika. Politische Programme, Grundsätze und Ziele von 1945 bis zur Gegenwart, Köln 1980.
18. J. A. LANGLEY (Hrsg.), Ideologies of Liberation in Black Africa, 1856–1970. Documents on Modern African Political Thought from colonial times to the present, London 1979.
19. D. G. LAVROFF/G. PEISER „ Les Constitutions Africaines, Paris 1964.
20. G.-C. MUTISO/S.W. ROHIO (Hrsg.), Readings in African Political Thought, London 1975.
21. A. J. PEASLEE, Constitutions of Nations. Band I. Africa, The Hague 1965.

2. QUELLEN ZUM NÖRDLICHEN AFRIKA

22. Ausführliche Zusammenstellung von Quellen und Literatur, in: CH.-A. JULIEN, Histoire de l'Afrique du Nord, Paris 1956.

Ausgewählte Reiseberichte

23. H. VON MALTZAN, Drei Jahre im Nordwesten von Afrika, 4 Bände, Leipzig 1863.
24. H. VON MALTZAN, Reise in den Regentschaften Tunis und Tripolis, 3 Bände, Leipzig 1870.
25. G. ROHLFS, Reise durch Nordafrika, Gotha 1868 und 1873.
26. G. ROHLFS, Reisen durch Marokko, Bremen 1869.
27. G. ROHLFS, Von Tripolis nach Alexandria, Bremen 1871.

3. Quellen zu Ostafrika

28. Ausführliche Zusammenstellung von Quellen und Literatur, in: [165] History of East Africa I. 457–480; II. 700–736; III. 614–658.

a) Chroniken und andere Schriften aus Ostafrika

29. H. Brode, Autobiographie des Arabers Scheich Hamed bin Muhammed el Murjebi, genannt Tippu Tip. Transcribiert und übersetzt von H. Brode, in: Mitteilungen des Seminars für Orientalische Sprachen, Berlin 5 (1902) 175–277; 6 (1903) 1–35.

30. A. Smith, Historical Introduction. Maisha ya Hamed bin Muhammed el Murjebi yaani Tippu Tip. Supplement to the East African Swahili Committee Journals No. 28/2, July 1958 and No. 29/1, January 1959, 27.

31. The Arab Chronicle of Kilwa. Hrsg. von S.A. Strong, in: Journal of the Royal Asiatic Society (1895) 385–430.

32. Chronicle of Lamu. Hrsg. und übersetzt von W. Hichens, in: Bantu Studies (Johannesburg) 12, I. (1938) 1–33.

b) Ausgewählte Reiseberichte

33. S. W. Baker, The Albert Nyanza, 2 Bände, London 1867.

34. O. Baumann, Durch Massailand zur Nilquelle. Reisen und Forschungen der Massai-Expedition des dt. Anti-Sklaverei-Komitees in den Jahren 1891 bis 1893, Berlin 1894.

35. R. F. Burton, The Lake regions of Central Africa, 2 Bände, New York 1860. Reprint: Horizon Press: New York 1861. Reprint: Dover Publications:1 Band, New York 1995.

36. R. F. Burton, Zanzibar: City, island, and coast, 2 Bände, London 1872.

37. L. V. Cameron, Across Africa, 2 Bände, London 1877.

38. E. Pascha (Eduard Schnitzer), Die Tagebücher von Dr. Emin Pascha, hrsg. von F. Stuhlmann, 5 Bände, Hamburg/Braunschweig/Berlin 1916–1927.

39. A. Graf von Götzen, Durch Afrika von Ost nach West, Berlin 1895.

40. O. Kersten, Baron Carl Claus von der Decken's Reisen in Ost-Afrika in den Jahren 1859 bis 1865, bearb. von Dr. O. Kersten, 5 Bände, Leipzig/Heidelberg 1869 ff. Neuausgabe, von D. Henze, 2 Bände, Graz 1978.

41. J. L. Krapf, Reisen in Ostafrika ausgeführt in den Jahren 1837–1855. Unveränderter Neudruck des im Jahre 1858 mit der Verlagsangabe „Kornthal: Im Selbstverlage des Verfassers, Stuttgart: In Commission bei W. Stroh" erschienenen Buches. Mit einer Einführung hrsg. von W. Raupp, Münster/Hamburg 1994.

42. D. Livingstone, Last Journals, hrsg. von H. Waller, 2 Bände, London 1874.

43. D. Livingstone/G. Livingstone, Narrative of an Expedition to the Zambezi and its Tributaries, London 1865.

44. C. Peters, Die Gründung von Deutsch-Ostafrika, Berlin 1906.

45. G. Schweinfurth, Im Herzen von Afrika. Reisen und Entdeckungen im

centralen Äquatorial-Afrika während der Jahre 1868–1872. Ein Beitrag zur Entdeckungsgeschichte von Afrika, Leipzig 1874.

46. J. H. SPEKE, Journal of the Discovery of the Source of the Nile, London 1863.

47. H. M. STANLEY, How I found Livingstone, London 2. Auflage 1872.

48. H. M. STANLEY, Durch den dunkeln Welttheil oder Die Quellen des Nils, Reisen um die grossen Seen des Aequatorialen Afrika und den Livingstone-Fluss abwärts nach dem Atlantischen Ocean. Autorisirte Deutsche Ausgabe, 2 Bände, Leipzig, 1878.

49. H. M. STANLEY, The Congo and the Founding of its Free State, 2 Bände, London 1885.

50. F. STUHLMANN, Die Tagebücher von Dr. Emin Pascha, 5 Bände, Hamburg/ Braunschweig/Berlin 1916–1927.

c) Quellensammlungen

51. R. W. BEACHEY (Hrsg.), A collection of Documents on the Slave Trade of Eastern Africa, London 1976.

52. G. S. P. FREEMAN-GRENVILLE (Hrsg.), The East African Coast. Select Documents from the first to the earlier nineteenth century, Oxford 1962.

d) Publikationen der Kolonialregierungen und der Vereinten Nationen

53. Zusammenstellung, in: [165] History of East Africa, II. 709–710; History of East Africa, III. 616–628.

54. Zusammenstellung der Publikationen der UNO, in: [165] History of East Africa, III. 628–629.

4. QUELLEN ZUM SÜDLICHEN AFRIKA

55. Ausführliche Zusammenstellung der außerordentlich zahlreichen und umfangreichen Quellen, Quellensammlungen, Bibliographien und Literatur, in: [186] Oxford History of South Africa, unter dem Titel „Official Publications" Band I. und Band II.

56. G. W. EYBERS (Hrsg.), Select Constitutional Documents Illustrating South African History 1795–1910, London 1918.

57. D. MOODIE, The Record, or a series of official papers relative to the condition and treatment of the Native Tribes of South Africa, London 1838–1842. Reprint: Amsterdam 1960.

58. Records of South-Eastern Africa. Collected by George MacCall Theal, 9 Bände. Reprint: Kapstadt 1964.

Ausgewählte Reiseberichte

59. C. von François, Deutsch-Südwest-Afrika. Geschichte der Kolonisation bis zum Ausbruch des Krieges mit Witbooi, April 1893, Berlin 1899.

60. N. Isaaks, Travels and Adventures in Eastern Africa. Descriptive of the Zoolus, Their manners, customs. With a Sketch of Natal, 2 Bände, London 1836. Cape Town 1970.

61. K. Mauch, Reisen im Innern von Süd-Afrika 1862 bis 1872, Gotha 1874.

62. J. Stuart/D. Malcom (Hrsg.), The Diary of Henry Francis Fynn, Pietermaritzburg 1950.

5. Quellen zu Westafrika

a) Quellensammlungen

63. J. D. Fage, A Guide to Original Sources for Precolonial Western Africa Published in European Languages, Madison 1987.

64. J. D. Hargreaves (Hrsg.), France and West Africa: An anthology of historical documents, London 1969.

65. J. F. P. Hopkins/N. Levtzion (Hrsg.), Corpus of Early Arabic Sources for West African History, Cambridge 1981.

66. S. Johnson, The History of the Yorubas. From From the Earliest Times to the Beginning of the British Protectorate, Lagos 1921. 1976.

67. A. Jones, German Sources for West African History 1599–1669, Wiesbaden 1983.

68. A. Jones, Brandenburg Sources for West African History 1680–1700, Stuttgart 1985.

69. G. E. Metcalfe, Great Britain and Ghana: Documents of Ghana history, 1807–1959, Accra 1964.

70. C. W. Newbury, British policy towards West Africa: Select documents, 2 Bände, Oxford 1971.

b) Chroniken und andere Berichte aus Westafrika

71. J. Beecham, Ashantee and the Gold Coast, London 1841. 1968.

72. T. E. Bowdich, 1819. Mission from Cape Coast Castle to Ashantee, London 1819. 1966. – dt.: Geschichte der britischen Gesandtschaft an den König von Ashantee, Brünn 1820.

73. R. F. Burton, Mission to Gelele, King of Dahomey, London 1864. 1893.

74. B. Chruikshank, Eighteen Years on the Gold Coast of Africa. Including an Account of the Native Tribes, and their Intercourse with Europeans, London 1853. 1966.

75. J. Dupuis, Journal of a Residence in Ashanti, London 1824. 1966.

76. T. B. FREEMAN, Journal of various visits to the Kingdoms of Ashanti, Aku, and Dahomi in Western Africa, London 1844. 1968.

77. THE KANO CHRONICLE. English translation by Sir Richmond Palmer, in: Sudanese Memoirs, being mainly translations of a number of arabic manuscripts relating to the central and western Sudan, Lagos 1928.

78. I. WILKS/N. LEVTZION/B.M. HAIGHT, Chronicles from Gonja. A Tradition of West African Muslim Historiography, Cambridge 1986.

c) *Quellen zur Geschichte der Jihads*

79. M. BELLO, Infak al Maisur. Hrsg. von C.E.J. Whitting, London 1951.

80. A. B. MUHAMMAD, Tazyin al-waraqat. Hrsg. und ins Englische übersetzt von M. Hiskett, Ibadan 1963.

81. USUMAN DAN FODIO, Ihya al-suna. Hrsg. von I.A.S. Balogun, Ibadan 1967.

82. UTHMAN B. FUDI, Bayan wujub al-hijra >ala al->ibad., hrsg. und ins Englische übersetzt von F.H. El-Masri, Ibadan 1968.

d) *Ausgewählte Reiseberichte*

83. W. B. BAIKIE, Narrative of an Exploring Voyage up the River Wkowa and Benue – Commonly known as the Niger and Tshadda in 1854, London 1856.

84. H. BARTH, Reisen und Entdeckungen in Nord- und Central-Afrika in den Jahren 1849–1855. Tagebuch seiner im Auftrag der Britischen Regierung unternommenen Reise, 5 Bände, Gotha 1857–1858.

85. L. G. BINGER, Du Niger au Golfe de Guinée par le pays de Kong et le Mossi (1887–1889), 2 Bände, Paris 1892.

86. R. CAILLIÉ, Voyage à Tomboctou, 2 Bände, Paris 1830. 1979.

87. H. CLAPPERTON, Narrative of Travels and Discoveries in Northern and Central Africa in the years 1822–1824, London 1826.

88. H. CLAPPERTON, Journal of a second expedition into the interior of Africa from the Bight of Benin to Soccatoo, London 1828.

89. D. DENHAM/H. CLAPPERTON, Narrative of Travels and Discoveries in Northern and Central Africa, London 1828.

90. O. LENZ, Timbuktu. Reise durch Marokko, die Sahara und den Sudan. Ausgeführt im Auftrag der Afrikanischen Gesellschaft in Deutschland in den Jahren 1879 und 1880, 2 Bände, Leipzig 1884.

91. E. MAGE, Voyage au Soudan Occidental (1863–1866), Paris 1868. 1980.

92. M. PARK, Reisen ins Innerste Afrika 1795–1806, neu hrsg. von H. Pleticha, Tübingen 1976.

93. G. NACHTIGAL, Sahara und Sudan. Ergebnisse sechsjähriger Reisen in Afrika, 3 Bände, Berlin 1879–1889. Reprint: Graz 1967.

94. G. ROHLFS, Quer durch Afrika. Reise vom Mittelmeer nach dem Tschadsee und zum Golf von Guinea, 2 Bände, Leipzig 1874–1875.

95. H. Soyaux, Aus West-Afrika 1873 bis 1876. Erlebnisse und Beobachtungen, Leipzig 1879.

6. Quellen zu Zentralafrika

96. Ausführliche Zusammenstellung von Quellen und Literatur, in: [210–211] History of Central Africa, I. 278–296; II. 383–408; III. 283–307.
97. J. R. Brutsch, Les Traités Camerounais, in: Etudes Camerounaises. Yaoundé 47–48 (1955) 9–47.

Ausgewählte Reiseberichte

98. M. Buchner, Kamerun. Skizzen und Betrachtungen, Leipzig 1887.
99. M. Buchner, Aurora Colonialis, Bruchstücke eines Tagebuches aus dem ersten Beginn unserer Kolonialpolitik 1884/5, München 1914.
100. R. Büttner, Reisen im Kongolande. Ausgeführt im Auftrag der Afrikanischen Gesellschaft in Deutschland, Leipzig 3/1890.
101. A. Friedrich, Herzog zu Mecklenburg, Bericht über den Verlauf der deutschen wissenschaftlichen Zentral-Afrika-Expedition 1907–1908, Leipzig 1909.
102. Güssfeld/Falkenstein/Pechuel-Loesche, Die Loango-Expedition 1873 bis 1876, Leipzig 1879.
103. W. Junker, Reisen in Africa 1875 bis 1887. Nach seinen Tagebüchern unter Mitwirkung von Richard Buchta hrsg. von dem Reisen, 3 Bände, Wien/Olmütz 1889/1891.
104. R. Kandt, Caput Nili. Eine empfindsame Reise zu den Quellen des Nils, Berlin 1902.
105. J. J. Monteiro, Angola and the river Congo, 2 Bände, London 1875.
106. S. Passarge, Adamaua. Bericht über die Expedition des Deutschen Kamerun-Komitees in den Jahren 1893/94, Berlin 1895.
107. E. Pechuel-Loesche, Kongoland. Band 1. Amtliche Berichte und Denkschriften über das Belgische Kongo-Unternehmen. Band 2. Unterguinea und Kongostaat als Handels- und Wirtschaftsgebiet, Jena 1887.
108. E. Pechuel-Loesche, Die Loango Expedition, Leipzig 1888–1907.
109. H. von Wissmann/L. Wolf/C. von François/H. Müller, Im Innern Afrikas. Die Erforschung des Kassai während der Jahre 1883 bis 1885, Leipzig 1888.
110. E. Zintgraf, Nord-Kamerun. Schilderung der im Auftrag des Auswärtigen Amtes zur Erschließung des nördlichen Hinterlandes von Kamerun während der Jahre 1886 bis 1892 unternommenen Reise, Berlin 1895.

B. LITERATUR

1. Übergreifende Darstellungen zur Geschichte Afrikas

a) zur allgemeinen Geschichte Afrikas

111. Afrika. Geschichte von den Anfängen bis zur Gegenwart.
Band I. Afrika von den Anfängen bis zur territorialen Aufteilung Afrikas durch die imperialistischen Kolonialmächte, hrsg. von Thea Büttner, Köln 1979.
Band II. Afrika unter imperialistischer Kolonialherrschaft und die Formierung der antikolonialen Kräfte. 1884–1945, hrsg. von H. Loth, Köln 1979.
Band III. Afrika vom zweiten Weltkrieg bis zum Zusammenbruch des imperialistischen Kolonialsystems, hrsg. von Ch. Mährdel, Köln 1983.
Band IV. Afrika vom Zusammenbruch des imperialistischen Kolonialsystems bis zur Gegenwart, hrsg. von Th. Büttner, Köln 1985.

112. J. F. Ajayi/J.D.Y. Peel (Hrsg.), Peoples and Empires in African History. Essays in Memory of Michael Crowder, London 1992.

113. F. Ansprenger, Politische Geschichte Afrikas im 20. Jahrhundert, München 1992. 1999.

114. G. Balandier, Politische Anthropologie, München 1976.

115. P. Bertaux, Afrika. Von der Vorgeschichte bis zu den Staaten der Gegenwart, Frankfurt: Fischer Weltgeschichte 32, 1966.

116. U. Bitterli, Die „Wilden" und die „Zivilisierten". Die europäisch-überseeische Begegnung, München 1976.

117. The Cambridge History of Africa. -
Band I. From the earliest times to c. 500 B.C, hrsg. von J.Desmond Clark. 1982.
Band II. From c. 500 B.C. to A.D. 1050, hrsg. von J.D. Fage. 1978.
Band III. From c. 1050 to c. 1600, hrsg. von R. Oliver. 1977.
Band IV. From c. 1600 to c. 1790, hrsg. von R. Gray. 1975.
Band V. From c. 1790 to c. 1870, hrsg. von J.E. Flint. 1976.
Band VI. From 1870 to 1920, hrsg. von R. Oliver und G.N. Sanderson. 1985.
Band VII. From 1920 to 1942, hrsg. von A.D. Roberts. 1986.
Band VIII. From 1943 to the 1970s, hrsg. von M. Crowder. 1984.

118. Cheikh Anta Diop, L'Afrique Noire Précoloniale. Etude comparée des systèmes politiques et sociaux de l'Europe et de l'Afrique Noire, de l'Antiquité à la formation des Etats modernes, Paris 2. Auflage 1987.

119. R. O. Collins/J.M. Burns/E.K. Ching (Hrsg.), Problems in African History. The Precolonial Centuries, New York/Princeton 1993.

120. R. O. Collins/J.M. Burns/E.K. Ching (Hrsg.), Historical Problems of Imperial Africa, Princeton 1994.

121. R. O. Collins/J.M. Burns/E.K. Ching / K.S. Hasselblad (Hrsg.), Problems in the History of Modern Africa, Princeton 1997.

122. R. Cornevin/M. Cornevin, Geschichte Afrikas von den Anfängen bis zur Gegenwart, Frankfurt 1980.

123. C. Coquery-Vidrovitch/H. Moniot, L'Afrique Noire de 1800 à nos jours, Paris 2. Auflage 1984.

124. Ph. Curtin/L. Thompson/S. Feierman/J. Vansina (Hrsg.), African History, Boston 1978.

125. J.-G. Deutsch/A. Wirtz (Hrsg.), Geschichte in Afrika. Einführung in Probleme und Debatten, Berlin 1997.

126. J. Fage, A History of Africa, London 3. Auflage 1995.

127. General History of Africa (published in association with UNESCO).
Band I. Methodology and African Prehistory, hrsg. von Joseph Ki-Zerbo, Paris/Berkeley 1981.
Band II. Ancient Civilizations of Africa, hrsg. von G. Mokhtar. 1981.
Band III. Africa from the Seventh to Eleventh Century, hrsg. von M. El Fasil. 1991.
Band IV. Africa from the Twelfth to Sixteenth Century, hrsg. von D.T. Niane. 1984.
Band V. Africa from the Sixteenth to Eighteenth Century, hrsg. von B.A. Ogot.
Band VI. Africa in the Nineteenth Century until 1880, hrsg. von J.F.A. Ajayi. 1989.
Band VII. Africa under Foreign Domination. 1880–1935, hrsg. von A.A. Boahen. 1985.
Band VIII. Africa since 1935, hrsg. von A. Mazrui. 1986.

128. L. Frobenius, Kulturgeschichte Afrikas. Prolegomena zu einer historischen Gestaltlehre, Zürich 1933. Wuppertal 1993.

129. J. Iliffe, Geschichte Afrikas, München 1997.

130. J. Ki-Zerbo, Die Geschichte Schwarz-Afrikas, Frankfurt 1981.

131. H. Loth, Propheten – Partisanen – Präsidenten. Afrikanische Volksführer und ihre Widersacher. Berlin 1975.

132. J. Maquet, Herrschafts- und Gesellschaftsstrukturen in Afrika, München 1971.

133. Ph. M. Martin/P. O'Meara, Africa, Third Edition, Bloomington/London 1995.

134. J. Middleton/D. Tait (Hrsg.), Tribes without rulers. Studies in African segmentary systems, London 1970.

135. F. Nuscheler/K. Ziemer, Politische Herrschaft in Schwarzafrika. Geschichte und Gegenwart, München 1980.

136. R. Oliver, The African Experience, New York 1995.

137. W. Rodney, Afrika. Die Geschichte einer Unterentwicklung, Berlin 1976.

138. D. Westermann, Geschichte Afrikas. Staatenbildungen südlich der Sahara, Köln 1952.

b) zur Wirtschafts- und Sozialgeschichte

139. R. Austen, African Economic History. Internal Development and External Dependency, London 1987.

140. B. Bernardi, Age Class Systems. Social Institutions and Polities based on Age, Cambridge 1986.

141. F. Cooper, Africa and the World Economy, in: African Studies Review XXIV (1981) 1–86.

142. C. Coquery-Vidrovitch (Hrsg.), Processus d'urbanisation en Afrique, 2 Bände, Paris 1988.

143. C. Coquery-Vidrovitch, Histoire des villes d'Afrique noire. Des origines à la colonisation, Paris 1993.

144. J. Iliffe, The African Poor. A history, Cambridge 1987.

145. A. Isaacman/R. Roberts (Hrsg.), Cotton, Colonialism, and Social History in Sub-Saharan Africa, London 1995.

146. E. Isichei, A History of African Societies to 1870, Cambridge 1997.

147. M. A. Klein (Hrsg.), Peasants in Africa. Historical and Contemporary Perspectives, Beverly Hills/London 1980.

148. Z. A. Konczacki/J.M. Konczacki, Economic history of tropical Africa, 2 Bände, London 1977.

149. F. Kramer/C. Sigrist (Hrsg.), Gesellschaften ohne Staat. Band I. Gleichheit und Gegenseitigkeit. Band II. Genealogie und Solidarität, Frankfurt 1978.

150. J. F. Munro, Africa and the International Economy 1800–1960. An Introduction to the modern economic history of Africa south of the Sahara, London 1976.

151. J. Tosh, The cash crop revolution in tropical Africa, in: AA 79 (1980) 79–94.

152. T. Zeleza, A modern economic history of Africa, 2 Bände, Dakar/Oxford 1993.

2. Darstellungen zur Geschichte der Grossräume Afrikas

a) Nördliches Afrika

153. Ch.-A. Julien, Histoire de l'Afrique du Nord, 2 Bände, Paris 1951–1952.

154. J. M. Abun-Nasr, A History of the Maghrib, Cambridge 1971.

155. R. Collins/R. Tignor, Egypt and the Sudan, Englewood Cliffs 1967.

b) Ostafrika

156. R. W. Beachey, A History of East Africa, 1592–1902, London/New York 1996.

157. E. A. BRETT, Colonialism and Underdevelopment in East Africa. The politics of economic change, New York 1973.

158. K. BÜTTNER/H. LOTH (Hrsg.), Philosophie der Eroberer und koloniale Wirklichkeit. Ostafrika 1884–1918, Berlin 1981.

159. H. CHITTICK/R.I. ROTBERG (Hrsg.), East Africa and the Orient: Cultural Synthesis in Pre-Colonial Times, New York/London 1975.

160. R. COUPLAND, East Africa and its Invaders. From the earliest times to the Death of Seyyid Said in 1856, Oxford 1938.

161. S. DIAMOND/F.G. BURKE (Hrsg.), The transformation of East Africa. Studies in political anthropology, New York/London 1966.

162. R. FISCHER, Korallenstädte in Afrika. Die vorkoloniale Geschichte der Ostküste, Oberdorf 1984.

163. J. GLASSMAN, Feasts and Riot. Revelry, Rebellion, and Popular Consciousness on the Swahili Coast, 1856–1888, London 1994.

164. R. G. GREGORY, South Asians in East Africa: An Economic and Social History, 1890–1980, Westview/London 1993.

165. History of East Africa. Band I. Hrsg. von R. Oliver und G. Mathew. London 1963. – Band II. Hrsg. von V. Harlow, E.M. Chilver und A. Smith, London 1965. 2. Auflage 1976. – Band III. Hrsg. von D.A. Low und A. Smith. London 1976.

166. H. KJEKSHUS, Ecology Control and Economic Development in East African History, London 1977.

167. F. D. LUGARD, The Rise of our East African Empire, London 1893.

168. D. F. MCCALL/N.R. BENNETT/J. BUTLER (Hrsg.), Eastern African History, New York/Washington/London 1969.

169. A. C. MCEWEN, International Boundaries of East Africa, Oxford 1971.

170. J. MIDDLETON, The world of the Swahili: An African mercantile Civilization, New Haven 1992.

171. B. A. OGOT (Hrsg.), Zamani. A Survey of East African History. New Edition, Nairobi/London 1974.

172. A. H. J. PRINS, The Swahili-speaking peoples of Zanzibar and the East African coast, London 1967.

173. A. I. RICHARDS (Hrsg.), East African Chiefs, London 1960.

174. R. I. ROTBERG (Hrsg.), Imperialism, Colonialism and Hunger: East and Central Africa, Lexington 1983.

175. R. E. SEAVOY, Famine in East Africa: Food production and food policies, New York 1989.

176. A. I. SALIM (Hrsg.), State Formation in Eastern Africa. New York 1985.

177. G. S. WERE/D.A. WILSON, East Africa through a Thousand Years. A History of the Years A.D. 1000 to the Present Day, London/Ibadan 1968. 1978.

178. R. M. A. VAN ZWANENBERG, An Economic History of Kenya and Uganda, 1800–1970, London 1975.

c) Südliches Afrika

179. H. R. Bilger, Südafrika in Geschichte und Gegenwart, Konstanz 1976.

180. R. Elphick/H. Giliomee (Hrsg.), The Shaping of South African Society, 1652–1820. Kapstadt/London 1979.

181. J. Fisch, Geschichte Südafrikas, München 1990.

182. Z. A. Konczacki/J. L. Parpart/T.M. Shaw (Hrsg.), Studies in the Economic History of Southern Africa, 2 Bände, London 1990–1991.

183. S. Marks/A. Atmore (Hrsg.), Economy and Society in Pre-Industrial South Africa, London 1980.

184. S. Marks/R. Rathbone (Hrsg.), Industrialisation and Social Change in South Africa. African class formation, culture and consciousness 1870–1930, London 1982.

185. G. M. Theal, History of South Africa. 11 Bände, Kapstadt 1888–1919. Reprint 1964.

186. M. Wilson/L. Thompson (Hrsg.), Oxford History of South Africa, 2 Bände, Oxford 1969.

d) Westafrika

187. J. F. A. Ajayi/M. Crowder (Hrsg.), History of West Africa, 2 Bände, London 2. Auflage 1976.

188. S. Amin, L'Afrique de l'Ouest bloquée, Paris 1971.

189. B. Barry, La Sénégambie du XVe au XIXe siècle. Traite négrière, Islam et conquête coloniale, Paris 1988.

190. Ch. Becker/S. Mbaye/I. Thioub (Hrsg.), AOF: Réalités et héritages: Sociétés ouest-africaines et ordre colonial, 1895–1960, 2 Bände, Dakar 1997.

191. P. Ben-Amos, The Art of Benin, London 1980.

192. J. R. de Benoist, L'Afrique Occidentale Française de 1944 à 1960, Dakar 1982.

193. M. Crowder/O. Ikime (Hrsg.), West African Chiefs. Their changing Status under colonial rule and independence, Ile-Ife 1970.

194. M. Crowder (Hrsg.), West Africa under Colonial Rule, London 4. Auflage 1976.

195. F. Fèvre, Les Seigneurs du désert. Histoire du Sahara, Paris 1983.

196. D. Forde/P.M. Kabberry (Hrsg.), West African Kingdoms in the 19th century, London 1967.

197. J. Gugler/W.G. Flanagan, Urbanization and Social Change in West Africa, Cambridge 1978.

198. J. Guyer, Money Matters: Instability, Values and Social Payments in the Modern History of West African Currencies, London 1995.

199. J. D. Hargreaves, Prelude to the Partition of West Africa, London 1963.

200. J. D. HARGREAVES, West Africa partitioned. I. The Loaded Pause, 1885–1889, London 1974.

201. J. D. HARGREAVES, The End of Colonial Rule in West Africa: Essays in contemporary history, London 1979.

202. D. HENIGE/T.C. MCCASKIE (Hrsg.), West African Economic and Social History, Madison 1990.

203. A. G. HOPKINS, An Economic History of West Africa, London 1973.

204. M. JOHNSON, The Cowrie Currencies of West Africa, in: JAH 11 (1970) 17–49, 331–353.

205. R. LAW, The Horse in West African History. The role of the horse in the societies of pre-colonial West Africa, Oxford 1980.

206. D. PAULME (Hrsg.), Classes et associations d'âge en Afrique de l'Ouest, Paris 1971.

207. F. PEDLER, Main Currents of West African History. 1940–1978, London 1979.

208. Y. PERSON, Samori, une révolution Dyula, 3 Bände, Dakar 1968–1975.

209. CHR. SCHEFER, Instructions générales données de 1763 à 1870 aux gouverneurs et ordonnateurs des établissements français en Afrique occidentale, 2 Bände, Paris 1927.

e) Zentralafrika

210. D. BIRMINGHAM/P.M. MARTIN (Hrsg.), History of Central Africa, 3 Bände, London 1983. 1998.

211. J. FABIAN, History from below. The ‚Vocabulary of Elisabethville' by André Yav: Text, Translations, and Interpretive Essay, Amsterdam 1990.

212. HISTOIRE ET COUTUMES DES BAMUM rédigées sous la direction du Sultan Njoya. Traduit du bamoum par le pasteur Martin. Introduction, notes explicatives et bibliographie de H. Martin, in: Mémoires de l'IFAN, Yaoundé 1972.

213. TH. OBENGA, Afrique centrale précoloniale. Documents d'histoire vivante, Paris 1974.

214. TH. OBENGA, La cuvette congolaise. Les hommes et les structures. Contribution B l'histoire traditionelle de l'Afrique centrale, Paris 1976.

215. T. O. RANGER, Aspects of Central African History, London 1969.

216. E. STOKES/R. BROWN (Hrsg.), The Zambesian Past. Studies in Central African History, Manchester 1966.

217. J. VANSINA, Kingdoms of the Savanna. A history of Central African states until European occupation, Madison 1966. 1975.

218. J. VANSINA, The Tio Kingdom of the Middle Congo, 1880–1892, London 1973.

219. J. VANSINA, Paths in the Rainforests. Toward a History of Political Tradition in Equatorial Africa, London 1990.

220. A. J. Wills, An Introduction to the History of Central Africa, London 3. Auflage 1973.

221. Y. Zoctizum, Histoire de la Centrafrique, 2 Bände, Paris 1985.

3. Bibliograpien und Nachschlagewerke

a) Bibliographien

222. A Current Bibliography on African Affairs, Farmingdale 1967 ff.

223. M. Delancey, African International Relations: An Annotated Bibliography 1996.

224. H. Blackhurst, East and Northeast Africa Bibliography, Lanham/London 1996.

225. International African Bibliography, London 1971 ff.

226. G. Moser/M. Ferreira, A New Bibliography of the Lusophone Literature of Africa/Nova Bibliografia das Literatus Africanas de Expressao Portuguesa, London 2. Auflage 1993.

227. World Bibliographical Series: Oxford: (Ein Band pro Land).

228. T. Zurbrugg (Hrsg.), Southern Africa. A select annotated bibliography, London . 1990.

b) Biographien

229. African Biographical Archive. Afrikanisches Biographisches Archiv. München.

230. The Encyclopaedia Africana. Dictionary of African Biography. (20 vols.), Algonac/Michigan.

231. N. C. Brockman (Hrsg.), An African Biographical Dictionary, Santa Barbara 1994.

232. H. Glickman (Hrsg.), Political Leaders of Contemporary Africa south of the Sahara. A Biographical Dictionary, London 1992.

233. Ch.-A. Julien/M. Morsy/C. Coquery-Vidrovitch/Y. Person (Hrsg.), Les Africains, 12 Bände, Paris 1977–1978.

c) Zeitschriften und Jahrbücher

Zeitschriften

234. Africa. Journal of the International African Institute, London 1928 ff.

235. Africa Research Bulletin. Exeter 1964 ff. Political Series. – Economic Series.

236. African Affairs. The Journal of the Royal African Society, London 1944 ff.

237. African Archaeological Review, New York 1983 ff.

238. African Studies, Pretoria 1998. Früher: Bantu Studies.

239. African Studies Quarterly. The online Journal of African Studies, Gainesville 1995 ff.

240. African Studies Review. The Journal of the African Studies Association. 1970 ff.

241. Afrika Spectrum. Deutsche Zeitschrift für moderne Afrikaforschung, Hamburg 1966 ff.

242. Afrika und Übersee: Sprachen und Kulturen. Hamburg: Seminar für afrikanische Sprachen und Kulturen, jetzt: Seminar für Afrikanistik und Äthiopistik 1951 ff.
Vorgänger: Zeitschrift für Kolonialsprachen, Hamburg 1910 ff.
Vorgänger: Zeitschrift für Eingeborenen-Sprachen, Hamburg 1919 ff.

243. Afrika Zamani. Revue d'histoire Africaine. Review of African History. Yaoundé 1973 ff.

244. Asien, Afrika, Lateinamerika. Academic Journal, Berlin 1993 ff. Früher: Asien, Afrika, Lateinamerika. Hrsg. von: Zentraler Rat für Asien-, Afrika- und Lateinamerikawissenschaften in der DDR, Berlin 1973 ff.

245. Bulletin de l'Institut Fondamental d'Afrique Noire. Série B. Sciences Humaines, Dakar 1966 ff.

246. Cahiers Africains – Afrika Studies. Bruxelles: Institut Africain 1971 ff.

247. Cahiers d'Etudes Africaines. Paris: Ecole Pratique des Hautes Etudes, 1960 ff.

248. Clio en Afrique. Revue électronique trimestrielle de l'histoire de l'Afrique en langue française, Paris 1997 ff.

249. History in Africa. A Journal of Method, Waltham 1975 ff.

250. The International Journal of African Historical Studies. Boston: African Studies Center, Boston University, New York 1972 ff.

251. Internationales Afrikaforum. München: Europäisches Institut für politische, wirtschaftliche und soziale Fragen, München 1965 ff.

252. Journal of African History. London 1960 ff.

253. Journal of the Historical Society of Nigeria, Ibadan 1956 ff.

254. Journal of Modern African Studies. A quarterly survey of politics, economics and related topics in contemporary Africa, Cambridge 1963 ff.

255. Journal of North African Studies, London 1996 ff.

256. Journal of Southern African Studies, London 1974 ff.

257. Le Mois en Afrique. Revue française d'études politiques africaines, Paris 1968 ff.

258. North East African Studies. African Studies Center, Michigan State University, East Lansing 1979 ff.

259. Revue Canadienne des Etudes Africaines. Canadian Journal of African Studies, Ottawa 1967 ff.

260. Revue Française d'Histoire d'Outre-Mer. Société Française d'Histoire d'Outre-Mer, Paris 1913 ff.

261. Slavery & Abolition. A Journal of comparative Studies, London 1980 ff.
262. Tanzania Notes and Records. The Tanzania Society, Dar es Salaam 1972 ff.
263. Transafrican Journal of History. East African Literature Bureau, Nairobi 1971–1974, 1976–1977.

Jahrbücher

264. Africa Contemporary Record, London 1969 ff.
265. Africa South of the Sahara. A Survey and Reference Book of all the countries south of the Sahara, London 1970 ff.
266. African statistical yearbook. Annuaire statistique pour l'Afrique. Economic Commission for Africa, Addis Ababa 1971 ff.
267. Afrika... Jahrbuch. Politik, Wirtschaft und Gesellschaft in Afrika südlich der Sahara, hrsg. vom Institut für Afrika-Kunde, Opladen 1988 ff.
268. L'Afrique Politique. Publication annuelle du Centre d'étude d'Afrique noire (CEAN, Bordeaux), Paris 1994 ff.
269. Annuaire de l'Afrique du Nord, Marseille 1962 ff.
270. Annuaire des pays de l'Océan Indien. Groupement des Recherches Coordonnées Océan Indien, Aix-en-Provence 1976 ff.
271. Jahrbuch für afrikanisches Recht. Annuaire de droit africain. Yearbook of African Law, Heidelberg 1980 ff.
272. L'année Africaine, Paris 1963 ff.
273. L'année politique africaine, Dakar/Paris 1965 ff.

d) Lexika und Nachschlagewerke

274. African Historical Biography: Einzelne länderbezogene Bände unter dem Titel: Historical Dictionary of... London.
275. I. Brownlie, African Boundaries. A legal and diplomatic Encyclopaedia, London 1979.
276. Encarta Africana. Comprehensive Encyclopedia of Black History and Culture. 2 CD ROM, New York 1999.
277. Encyclopédie de l'AEF, Paris 1950.
278. Encyclopédie de l'AOF, Paris 1949.
279. H. Glickman, A Biographical Dictionary, Westport 1992.
280. E. Hertslet, The Map of Africa by Treaty, 3 Bände, London 3. Auflage 1909. Reprint 1967.
281. R. Hofmeier/M. Schönborn (Hrsg.), Politisches Lexikon Afrika. München 3. Auflage 1998.
282. R. Lipschutz/R.K. Rasmussen (Hrsg.), Dictionary of African Historical Biography, London 2. Auflage 1986.
283. J. Middleton u. a. (Hrsg.), Encyclopedia of Africa South of the Sahara, 4 Bände, New York 1997.

284. F. Nuscheler/K. Ziemer u. a., Die Wahl der Parlamente und anderer Staatsorgane, hrsg. von D. Sternberger, B. Vogel, Dieter Nohlen und K. Landfried. Band 2: Afrika. Politische Organisation und Repräsentation in Afrika, Berlin 1978.

285. C. S. Philipps, The African Political Dictionary, Santa Barbara/Oxford 1984.

286. J. S. Olson, The Peoples of Africa. An Ethnohistorical Dictionary, Greenwood Press 1996.

287. H. Schnee, Deutsches Koloniallexikon, 3 Bände, Berlin 1920. Reprint 1995.

288. Ch. G. Seligman, Races of Africa, Oxford 1930. 4. Auflage 1966. Reprint 1978.

289. L. O. Sunkuli/S.O. Kuruka (Hrsg.), Dictionary of Oral Literature, London 1990.

e) Atlanten

290. An Atlas of African History, devised by J.D. Fage, London 2. Auflage 1978.

291. Atlas Jeune Afrique (Einzelbände für die frankophonen Staaten Afrikas), Paris.

292. G. S. P. Freeman-Grenville, The New Atlas of African History, London 1991.

293. Grand Atlas du Continent Africain. Sous la direction de Regnie Van Chi-Bonnardel. Paris 1973.

4. Darstellungen zu Entwicklungen im 19. Jh.

a) Übergreifende Darstellungen

294. Ph. D. Curtin, The Rise and Fall of the Plantation Complex. Essays in Atlantic History, Cambridge 1993.

295. J. Lombard, Structures de type „féodal" en Afrique Noire, Paris 1965.

b) Westafrika

296. M. Adamu, The Hausa Factor in West African History, Zaria und Ibadan/Oxford 1978.

297. A. A. Boahen, Britain, the Sahara and the Western Sudan, Oxford 1964.

298. E. W. Bovill, The Golden Trade of the Moors, London 1958.

299. D. Forde/P.M. Kaberry (Hrsg.), West African Kingdoms in the 19th century, London 1967.

300. A. G. Hopkins, Economic Imperialism in West Africa: 1880–1892, in: EHR 21 (1968) 580–606.

301. M. Hiskett, The nineteenth Century Jihads in West Africa, in: CHA V., 125–169.

302. R. Law (Hrsg.), From Slave Trade to ,Legitimate' Commerce. The commercial transition in nineteenth-century West Africa, Cambridge 1995.

303. P. E. Lovejoy, Caravans of Kola. The Hausa Kola Trade, 1700–1900, Zaria 1980.

304. P. Manning, Slaves, Palm-Oil and Political Power on the West African Coast, in: IJAHS 2 (1969) 279–288.

305. C. Meillassoux (Hrsg.), The Development of Indigenous Trade and Markets in West Africa. Studies presented and discussed at the Tenth International African Seminar at Fourah Bay College, Freetown, December 1969. – L'Evolution du commerce africain depuis le XIXe siècle en Afrique de l'Ouest. Etudes présentées au dixième Séminaire Africain International à Fourah Bay College, Freetown, décembre 1969, London 1971.

306. H. Moniot, Al-H'aji Umar (1794–1864). Mission et guerre sainte en Afrique Occidentale, in: Les Africains XI. 239–260.

307. R. S. Smith, Warfare and diplomacy in pre-colonial West Africa, London 1976.

Zum Reich Asante

308. K. Arhin, The structure of Greater Ashanti, in: JAH 8 (1967) 65–85.

309. K. Arhin, Ashanti Rubber Trade with the Gold Coast in the Eighteen-Nineties, in: Africa (1972) 32–43.

310. K. Arhin, West African Traders in Ghana in the Nineteenth and Twentieth Centuries, London 1979.

311. K. Arhin, The economic and social significance of Rubber Production and Exchange on the Gold and Ivory Coasts, 1880–1900, in: CEA XX (1–2), 77–78 (1980) 49–62.

312. K. Arhin, Rank and Class among the Asante and Fante in the 19th century, in: Africa 53 (1983) 2–22.

313. R. E. Dumett, Compilation of African Merchants and Traders Agents of the Major Coastal Towns of Ghana, 1875–1910, in: THSG, 1973.

314. T. C. McCaskie, Accumulation, wealth and belief in Asante history, in: Africa 53 (1983) 23–43.

315. T. C. McCaskie, State and Society in Pre-colonial Asante, Cambridge 1994.

316. R. W. Rattray, Ashanti Law and Constitution, Oxford 1929.

317. I. Wilks, Asante in the 19th Century. The structure and evolution of a political order, Cambridge 2. Auflage 1989.

Zum Reich Dahomey

318. I. A. Akinjogbin, Dahomey and its Neighbours 1708–1818, Cambridge 1967.

319. H. d'Almeida-Topor, Les Amazones. Une armée de femmes dans l'Afrique précoloniale, Paris 1984.

320. G. Elwert, Wirtschaft und Herrschaft von ‚Daxome' (Dahomey) im 18. Jh.: Ökonomie des Sklavenraubs und Gesellschaftsstruktur, 1724–1818, München 1973

321. M. A. Glélé, Le Danxomé. Du pouvoir Aja à la Nation Fon, Paris 1974.

322. M. J. Herskovitz, Dahomey, an ancient West African kingdom, 2 Bände, New York 1938.

323. R. Law, Royal monopoly and private enterprise in the atlantic trade: The case of Dahomey, in: JAH 18 (1977) 555–577.

324. R. Law, The politics of commercial transition: Factional Conflict in Dahomey in the context of the ending of the Atlantic Slave Trade, in: JAH 38 (1997) 213–233.

325. J. Lombard, The Kingdom of Dahomey, in: D. Forde/P.M. Kaberry (Hrsg.), West African Kingdoms in the 19th Century, London 1967, 70–92.

326. P. Manning, An Economic History of Dahomey, Greenwich 1977.

327. P. Manning, Slavery, Colonialism and Economic Growth in Dahomey, 1640–1960, London 1982.

328. K. Polanyi, Dahomey and the Slave Trade. An Analysis of an Archaic Economy, Seattle 1966.

329. J. C. Yoder, Fly and elephant parties: Political polarization in Dahomey, 1840–1870, in: JAH 15 (1974) 417–432.

Veränderungen im Binnenland

330. R. A. Adeleye, Power and Diplomacy in Northern Nigeria 1804–1906. The Sokoto Caliphate and its Enemies, London 2. Auflage 1977.

331. J. A. Atanda, The New Oyo Empire. Indirect Rule and Change in Western Nigeria, 1894–1934, London 1973.

332. S. Babayemi, The fall and rise of Oyo, c. 1706–1905, Lagos 1990.

333. R. E. Bradbury, Benin Studies, London 1973.

334. O. Dike, Trade and Politics in the Niger Delta, 1830–1885. An Introduction to the Economic and Political History of Nigeria, London 1956.

335. T. Falola, The political economy of a pre-colonial African State: Ibadan, 1830–1900, Ibadan 1984.

336. M. Hiskett, The Sword of Truth. The Life and Times of the Shehu Usuman dan Fodio, New York 1973.

337. O. Ikime, Merchant Prince of the Niger Delta. The Rise and Fall of Nana Olomu, Last Governor of the Benin River, Ibadan 1968.

338. H. A. S. Johnston, The Fulani Empire of Sokoto, Oxford 1967.

339. A. S. Kanya-Forstner/P.E. Lovejoy (Hrsg.), The Sokoto Caliphate and the European Powers, 1890–1907, Paideuma 40, 1994.

340. M. Last, The Sokoto Caliphate, London 2. Auflage 1977.

341. R. Law, The Oyo-Empire, c. 1600 – c. 1836. A West African Imperialism in the Era of the Atlantic Slave Trade, Oxford 1977.

342. S. F. Nadel, A Black Byzantium. The Kingdom of Nupe in Nigeria, London 1942. 1973.

343. B. Sanankoua, Un Empire peul au XIXe siècle, Paris 1990.

344. R. S. Smith, Kingdoms of the Yoruba, London 3. Auflage 1988.

345. I. Sulaiman,The islamic State and the Challenge of History: Ideals, policies and operation of the Sokoto Caliphate, London/New York 1987.

346. I. Sulaiman, A Revolution in History: The Jihad of Usman dan Fodio, London 1986.

347. Y. B. Usman (Hrsg.), Studies in the History of the Sokoto Caliphate. The Sokoto Seminar Papers, Lagos 1979.

c) Ostafrika

348. R. W. Beachey, The East African ivory trade in the nineteenth century, in: JAH 8 (1967) 269–90.

349. R. W. Beachey, The Slave Trade of Eastern Africa, London 1976.

350. R. Bennett, Arab versus European: Diplomacy and war in 19th century East-Central Africa, New York 1986.

351. W. Biermann, Wachuurizi Na Halasa. Händler und Handelskapital in der wirtschaftlichen Entwicklung Ostafrikas (900–1890), Münster 1993.

352. F. Cooper, Plantation slavery on the East Coast of Africa, New Haven 1977.

353. F. Cooper, From Slaves to Squatters. Plantation labour and Agriculture in Zanzibar and Coastal Kenya. 1890–1925, New Haven/London 1980.

354. G. W. Hartwig/D. Patterson (Hrsg), Disease in African History, Durham 1978.

355. G. W. Hartwig, Economic consequences of long-distance trade in East Africa: The disease factor, in: ASR XVIII, 2 (1975) 63–74.

356. G. W. Hartwig, The art of survival in East Africa: The Kerebe and Long-Distance Trade, 1800–1895, New York 1976.

357. G. W. Hartwig, Demographic considerations in East Africa during the 19th Century, in: IJAHS 12 (1979) 653–672.

358. D. H. Johnson/D.M. Anderson (Hrsg.), The Ecology of Survival. Case Studies from Northeast African History, London 1988.

359. S. Kiwanuka/A.J. Temu (Hrsg.), East African Kingdoms in the 19th Century, New York/London/Lagos, 1996.

360. H. Kjekshus, Ecology Control and Economic Development in East African History, London 1977.

361. A. I. Richards (Hrsg.), East African Chiefs. A study of political development in some Uganda and Tanganyika Tribes, London 1960.

362. A. Sheriff, Slaves, Spices and Ivory in Zanzibar: Economic Integration of East Africa into the World Economy, London 1987.

In Kenia

363. G. Muriuki, A History of the Kikuyu. 1500–1900, Reprint Nairobi 1975.

364. W. R. Ochieng (Hrsg.),Themes in Kenyan History, Nairobi-London 1990.

365. B. A. Ogot (Hrsg.), Kenya in the 19th Century, Nairobi 1985.

In Tanzania

366. N. R. Bennett, Mirambo of Tanzania: 1840–1884, New York 1971.

367. H. Brode, Tippoo Tib, London 1907.

368. L. Farrant, Tippu Tip and the East African slave trade, London 1975.

369. I. Hahner-Herzog, Tippu Tip und der Elfenbeinhandel in Ost- und Zentralafrika im 19. Jh., München 1990.

370. J. Herzog, Geschichte Tansanias. Vom Beginn des 19. Jh. bis zur Gegenwart, Berlin 1986.

371. J. Iliffe, A modern history of Tanganyika, Cambridge 1979.

372. I. N. Kimambo/A.J. Temu (Hrsg.), A History of Tanzania, Nairobi 1969.

373. J. Koponen, People and Production in late precolonial Tanzania. History and Structures, Jyväskylä 1988.

374. G. Maddox/J. Giblin/I.N. Kimambo (Hrsg.), Custodians of the Land. Ecology & Culture in the History of Tanzania, London 1996.

375. A. Roberts (Hrsg.),Tanzania Before 1900, Nairobi 1969.

376. F. Renault, Tippo-Tip. Un potentat arabe en afrique centrale au XIXème siècle, Paris 1987.

In Uganda

377. D. E. Apter, The political kingdom in Uganda. A study in bureaucratic nationalism, Princeton 1961.

378. W.-K. Füsser, Rebellion in Uganda. Eine Staatskrise im vorkolonialen Ostafrika, Hamburg 1989.

379. H. B. Hansen, Mission, Church and State in a colonial setting: Uganda, 1890–1925, London 1984

380. H. H. Johnston, The Uganda Protectorate, 2 Bände, London 1902.

381. M. G. Kenny, Mutesa's crime: Hubris and the control of African kings, in: Comp. Stud. in Soc. and Hist. 30, 4 (1988) 595–612.

382. M. S. M. Kiwanuka, A History of Buganda. From the foundation of the Kingdom to 1900, London 1971.

383. Ch. Wrigley, Kingship and State. The Buganda dynasty, Cambridge 1996.

d) Das Zwischenseengebiet

384. A.-M. Brandstetter, Herrscher über Tausend Hügel. Zentralisierungsprozesse in Rwanda im 19. Jh., Mainz 1988.

385. J.-P. CHRÉTIEN, Hutu et Tutsi au Rwanda et au Burundi, in: J.-L. Amselle/ E. M'bokolo (Hrsg.), Au coeur de l'ethnie. Ethnies, tribalisme et État en Afrique, Paris 1985, 129–165.

386. A. MAFEJE, The Theory and Ethnography of African Social Formations: The Case of the Interlacustrine Kingdoms, Dakar 1991.

387. E. MWOROHA, Peuples et rois de l'Afrique des Lacs. Le Burundi et les royaumes voisins au XIXème siècle, Dakar/Abidjan 1977.

388. E. MWOROHA, Histoire du Burundi. Des origines à la fin du 19ème siècle, Paris 1987.

e) Zentralafrika

389. R. VON ALBERTINI, Der Belgische Kongo, in: Europäische Kolonialherrschaft 1880–1940, Zürich 1976, 292–301.

390. R. CORNEVIN, Histoire du Zaire. Des origines à nos jours. Bruxelles 3. Auflage 1970.

391. PH. MARTIN, The External trade of the Loango Coast, 1576–1870, London 1972.

392. A. WIRZ, Vom Sklavenhandel zum kolonialen Handel. Wirtschaftsräume und Wirtschaftsformen in Kamerun vor 1914, Zürich 1972.

5. VERÄNDERUNGEN UND ENTWICKLUNGEN IN DER KOLONIALZEIT

a) Übergreifende Darstellungen:

393. R. VON ALBERTINI (Hrsg.), Moderne Kolonialgeschichte, Köln 1970.

394. R. VON ALBERTINI, Europäische Kolonialherrschaft 1880–1940, Zürich/ Freiburg 1976.

395. F. ANSPRENGER, Politik im schwarzen Afrika. Die modernen politischen Bewegungen im Afrika französischer Prägung, Köln 1961.

396. H. BLET, Histoire de la colonisation française, Paris 1955.

397. P. J. CAIN/A.G. HOPKINS, British Imperialism. Band I. Innovation and Expansion 1688–1914. Band II. Crisis and Deconstruction 1914–1990, London 1994. 1998.

398. Cambridge History of the British Empire. Band III. The Empire – Commonwealth 1870–1919, Cambridge 2. Auflage 1967.

399. R. CAULK, Ethiopia and the Horn, in: CHA VII., 702–741.

400. G. G. CLARENCE-SMITH, Spanish Equatorial Africa, in: CHA VII., 537–543.

401. C. COQUERY-VIDROVITCH (Hrsg.), L'Afrique et la crise de 1930. (1924–1938). Revue Française d'histoire d'outre-mer. Numéro spécial. 63(1976) 232–233.

402. C. Coquery-Vidrovitch, French Black Africa, in: CHA VII., 329–392.

403. C. Coquery-Vidrovitch, Le Congo au temps des grandes compagnies concessionnaires. 1898–1930, Paris 1972.

404. D. C. Corward, British West Africa and Liberia, in: CHA VII., 399–459.

405. M. Crowder, Indirekte Herrschaft – französisch und britisch, in: R. von Albertini (Hrsg.), Moderne Kolonialgeschichte, Köln 1970, 220–229.

406. M. W. Daly, Egypt, in: CHA VII., 742–754.

407. H. Deschamps, Les méthodes et doctrines coloniales de la France, Paris 1953.

408. H. Deschamps, Und nun, Lord Lugard?, in: R. von Albertini (Hrsg.), Moderne Kolonialgeschichte, Köln 1970, 203–219.

409. B. Farewell, The Great War in Africa 1914–1918, New York 1986.

410. D. K. Fieldhouse, Die Kolonialreiche seit dem 18. Jahrhundert, Frankfurt 1965.

411. Francophone Africa and the depression of the 1930's., in: AEH 4 (1977).

412. L. H. Gann/P. Duignan (Hrsg.), Colonialism in Africa, 5 Bände, Cambridge 1969–1975.
       Band I. The History and Politics of Colonialism in Africa, 1870–1914.
       Band II. The History and Politics of Colonialism in Africa, 1914–1960.
       Band III. Profiles of Change: African Society and Colonial Rule.
       Band IV. The Economics of Colonialism.
       Band V. Bibliography.

413. P. Gifford/W.R. Louis, (Hrsg.), France and Britain in Africa. Imperial Rivalry and Colonial Rule, New Haven – London 1971.

414. H. Gründer, Geschichte der deutschen Kolonien, Paderborn 1985.

415. Lord Hailey, An African Survey. Revised 1956. A Study of problems arising in Africa south of the Sahara, London 1957.

416. P. Heine/U.v.d. Heyden (Hrsg.), Studien zur Geschichte des deutschen Kolonialismus in Afrika. Festschrift zum 60. Geburtstag von Peter Sebald, Pfaffenweiler 1995.

417. B. Jewsiewicki, Belgian Africa, in: CHA VII., 460–493.

418. D. Killingray/R.J.A.R. Rathbone (Hrsg.), Africa and the Second World War, Basingstoke 1986.

419. J. Koponen, Development for Exploitation. German colonial policies in Mainland Tanzania, 1884–1914, Helsinki/Hamburg 1995.

420. J. Lombard, Autorités traditionnelles et pouvoirs européens en Afrique Noire, Paris 1967.

421. F. Lugard, The Dual Mandate in British Tropical Africa, London 1922. 5/1965.

422. J. McCracken, British Central Africa, in: CHA VII., 602–648.

423. H. Nelson, Colonialism in the Congo Basin, 1880–1940, Athens 1994.

424. J. Osterhammel, Kolonialismus. Geschichte, Formen, Folgen, München 1995.

425. W. Reinhard, Geschichte der europäischen Expansion, 4 Bände, Stuttgart 1983–1990.

426. A. Roberts, Portuguese Africa, in: CHA VII., 494–536.

427. A. Roberts, East Africa, in: CHA VII., 649–701.

428. D. Rothermund (Hrsg.), Die Peripherie in der Weltwirtschaftskrise: Afrika, Asien, Lateinamerika. 1929–1939, Paderborn 1982.

429. G. N. Sanderson, The Anglo-Egyptian SUDAN, in: CHA VII., 755–787.

430. A. Sarraut, La Mise en Valeur des Colonies Françaises, Paris 1923.

431. E. Schmitt (Hrsg.), Dokumente zur Geschichte der europäischen Expansion, München 1984 ff.

432. E. Schmitt (Hrsg.), Wirtschaft und Handel der Kolonialreiche, München 1988.

433. A. Sheriff/E. Ferguson (Hrsg.), Zanzibar under colonial rule, London 1991.

434. J. Stengers, La Belgique et le Congo. Politique coloniale et décolonisation, in: Histoire de la Belgique Contemporaine 1914–1970, Bruxelles 1974, 391–440.

435. J. Suret-Canale, Afrique et Capitaux. Géographie des capitaux et des investissements en Afrique tropicale d'expression française, 2 Bände, Paris 1987.

436. UNESCO, HGA. Etudes et Documents 10: L'Afrique et la seconde guerre mondiale. Documents de travail et rapport final du colloque organisé par l'UNESCO à Benghazi du 10 au 13 novembre 1980, Paris 1985.

437. UNESCO, HGA. Etudes et Documents 12: Le rôle des mouvements d'étudiants africains dans l'évolution politique et sociale de l'Afrique de 1900 à 1975, Paris 1993.

438. B. Vandervort, Wars of imperial conquest in Africa, 1830–1914, London 1997.

439. A. P. Walshe, Southern Africa, in: CHA VII., 544–601.

b) Ökonomische Veränderungen

440. W. J. Barber, The economy of British Central Africa, London 1961.

441. F. M. Bourret, The Gold Coast: A survey of the Gold Coast and British Togoland, 1919–1946, Stanford 1949.

442. S. H. Frankel, Capital Investment in Africa. Its course and effects, London 1938.

443. A. Harneit-Sievers, Zwischen Depression und Dekolonisation. Afrikanische Händler und Politik in Süd-Nigeria. 1935–1954, Saarbrücken 1991.

444. P. Hill, Studies in Rural Capitalism in West Africa, Cambridge 1970.

445. P. Körner, Kolonialpolitik und Wirtschaftsentwicklung. Das Beispiel Französisch-Westafrika, Stuttgart 1965.

446. J. Marseille, Empire colonial et capitalisme français. Histoire d'un divorce, Paris 1984.

447. C. C. Wrigley, Aspects of economic history, in: CHA VII., 77–139.

c) Gesellschaftliche Veränderungen

448. B. Freund, The Making of Contemporary Africa. The Development of African Society since 1800, London 1984.

449. J.-H. Grevemeyer (Hrsg.), Traditionale Gesellschaften und europäischer Kolonialismus, Frankfurt 1981.

450. G. Grohs, Stufen afrikanischer Emanzipation. Studien zum Selbstverständnis westafrikanischer Eliten, Stuttgart 1967.

451. A. Isaacman/R. Roberts (Hrsg.), Cotton, Colonialism, and Social History in Sub-Saharan Africa, London 1995.

452. Ph. Martin, Leisure and Society in Colonial Brazzaville, Cambridge 1995.

453. R. Sandbrook/R. Bohen (Hrsg.), The Development of an African Working Class, London 1975.

454. S. Stichter, Migrant Labour in Kenya. Capitalism and African Response 1895–1975, London 1982.

455. I. Wallerstein, Social change: The colonial situation, New York 1966.

d) Geschlechterverhalten und Status der Frau

456. E. Boserup, Die ökonomische Rolle der Frau in Afrika, Asien, Lateinamerika, Stuttgart 1982.

457. M. Etienne/E. Leacock (Hrsg.), Women and Colonization. Anthropological Perspectives, New York 1980.

458. J. Guyer/P. Peters (Hrsg.), Conceptualizing the Household: Issues of Theory and Policy in Africa. Special Issue of Development and Change, XVIII, 1987.

459. K. T. Hansen (Hrsg.), African Encounters with Domesticity, New Brunswick 1992.

460. N. R. Hunt et.al. (Hrsg.), Gendered Colonialisms in African History, Oxford 1997.

461. C. Meillasoux, Die wilden Früchte der Frau. Über häusliche Produktion und kapitalistische Wirtschaft, Frankfurt 2. Auflage 1976.

462. N. B. Musisi, Colonial and Missionary Education: Women and Domesticity in Uganda, 1900–1945, in: [459] 172–194.

463. A. O. Pala/M. Ly, La Femme Africaine dans la Société Précoloniale. UNESCO/Paris 1979.

464. J. L. Parpart/K.A. Staudt (Hrsg.), Women and the State in Africa, Boulder/London 1989.

465. B. Reinwald, Der Reichtum der Frauen. Leben und Arbeit der weiblichen

Bevölkerung in Siin/Senegal unter dem Einfluß der französischen Kolonisation, Hamburg 1995.

466. C. VON WERLHOF/M. MIES/V. BENNHOLT-THOMSEN (Hrsg.), Frauen, die letzte Kolonie. Zur Hausfrauisierung der Arbeit, Reinbek 1983.

e) Kulturelle Veränderungen

467. A. HAMPÂTÉ BÂ, Amkoullel. L'Enfant Peul. Mémoires. Dt.: Jäger des Wortes, Memoiren I., Wuppertal 1993.

468. A. HAMPÂTÉ BÂ, Oui mon Commandant. Mémoires II. Paris 1994.

469. K. MANN/R. ROBERTS (Hrsg.), Law in colonial Africa, London 1991.

470. A. ROBERTS, African Cross-Currents, in: CHA VII., 223–266.

471. T. O. RANGER, The movement of ideas, 1850–1939, in: I.N. Kimambo/A.J. Temu (Hrsg.), A History of Tanzania, Nairobi 1969, 161–188.

472. M. VAUGHAN, Curing their Ills. Colonial Power and African Illness, Cambridge 1991.

f) Widerstand und Nationalismus

473. J.-M. ALLMAN, The Quills of the Porcupine. Asante nationalism in an Emergent Ghana, Madison 1993.

474. J. BERMAN/J. LONSDALE, Unhappy Valley. Clan, Class and State in Colonial Kenya, London 1992.

475. A. A. BOAHEN (Hrsg.), UNESCO HGA, Band VII. L'Afrique sous domination coloniale, 1880–1935, Paris 1987.

476. M. CROWDER (Hrsg.), West African Resistance. The military response to colonial occupation, London 1971. 1978.

477. D. CRUMMEY (Hrsg.), Banditry, Rebellion & Social Protest in Africa, London 1986.

478. D. DENOON/A. KUPER, Nationalist Historians in search of a nation: The „New Historiography" in Dar es Salaam, in: AA 69, 277 (1970) 329–349.

479. A. ECKERT, Die Duala und die Kolonialmächte. Eine Untersuchung zu Widerstand, Protest und Protonationalismus in Kamerun vor dem Zweiten Weltkrieg. Münster/Hamburg 1991.

480. F. EHRLER, Handelskonflikte zwischen europäischen Firmen und einheimischen Produzenten in Britisch-Westafrika. Die „Cocoa-Hold-Ups" in der Zwischenkriegszeit, Zürich 1977.

481. S. GEIGER, Tanganyikan Nationalism as ‚womens work': Life histories, collective biography and changing historiography, in: JAH 37 (1996) 465–478.

482. S. GEIGER, Tanu Women. Gender and Culture in the Making of Tanganyikan Nationalism, 1955–1965, London 1997.

483. G. GROHS, Ausdrucksformen kulturellen Protests in Afrika südlich der Sahara, in: Die Vielfalt der Kulturen. Ethnologische Aspekte von Ver-

wandtschaft, Kunst und Weltauffassung. Ernst Wilhelm Müller zum 65. Geburtstag, hrsg. von K.-H. Kohl, H. Muszinski und I. Strecker, Berlin 1990, 501–516.

484.   G. C. K. Gwassa/J. Iliffe (Hrsg.), Records of the Maji Maji rising, Nairobi 1969. 1974.

485.   A. Isaacman, Peasants and Rural Social Protest in Africa, in: ASR 33 (1990) 1–120.

486.   Th. Karis/G. M Carter (Hrsg.), From Protest to Challenge. A documentary history of African politics in South Africa 1882–1964, 5 Bände, Stanford 1972 ff.

487.   J. Kenyatta, Facing Mount Kenya. The traditional life of the Gikuyu, London 1938. 1979.

488.   J. A. Langley, Pan-Africanism and Nationalism in West Africa. 1900–1945, Oxford 2/1978.

489.   A. Luthuli, Mein Land, mein Leben. Autobiographie eines großen Afrikaners, München 1963.

490.   N. Mandela, Der Kampf ist mein Leben. Gesammelte Reden und Schriften. Mit zusätzlichen Dokumenten und Beiträgen zum Befreiungskampf in Südafrika, Dortmund 1986.

491.   K. Nkrumah, Ghana: The autobiography of Kwame Nkrumah, New York 1957.

492.   K. Nkrumah, Towards Colonial Freedom. Africa in the struggle against world imperialism, London 1962.

493.   K. Nkrumah, Consciencism: Philosophy and Ideology for Decolonization with particular reference to the African Revolution, London 1970.

494.   T. O. Ranger, Connexions between ‚primary resistance‘ movements and modern mass nationalism in East and Central Africa, in: JAH 9 (1968) 437–453. 631–641.

495.   T. O. Ranger, Resistance in Africa, From Nationalist Revolt to Agrarian Protest, in: Okihiro, Gary Y. (Ed.) 1986. In Resistance. Studies in African, Carribean and Afro-American History. Amherst 1986, 32–52.

496.   R. I. Rotberg/A.A. Mazrui (Hrsg.), Protest and Power in Black Africa, New York 1970.

497.   R. I. Rotberg, The Rise of African Nationalism: The case of East and Central Africa, in: I. Wallerstein (Hrsg.), Social change: The colonial situation, New York, 1966.

498.   R. I. Rotberg, The Rise of nationalism in Central Africa: The Making of Malawi and Zambia, 1873–1964, Cambridge (Mass.) 1965.

499.   K.-M. Seeberg, Der Maji-Maji-Krieg gegen die deutsche Kolonialherrschaft. Historische Ursprünge nationaler Identität in Tansania, Berlin 1989.

g) Entkolonisierung

500. R. VON ALBERTINI, Dekolonisation. Die Diskussion über Verwaltung und Zukunft der Kolonien. 1919–1960, Köln 1966.

501. F. ANSPRENGER, Die Auflösung der Kolonialreiche, München 1966.

502. D. BIRMINGHAM, The decolonization of Africa, London 1995.

503. F. COOPER, Decolonization and African Society. The labor question in French and British Africa, Cambridge 1996.

504. C. COQUERY-VIDROVITCH, L'impact des intérêts coloniaux S.C.O.A. et C.F.A.O. dans l'Ouest-Africain, in: JAH 16 (1975) 595–612.

505. D. K. FIELDHOUSE, Merchant Capital and Economic Decolonization. The United Africa Company 1929–1987, Oxford 1994.

506. I. GEISS, Panafrikanismus. Zur Geschichte der Dekolonisation, Frankfurt 1968.

507. P. GIFFORD/W.R. LOUIS (Hrsg.), The Transfer of Power in Africa. Decolonization, 1940–1960, New Haven/London 1982.

508. NGŨGĨ WA THIONG'O, Decolonising the mind: The Politics of Language in African Literature, London 1986.

509. C. SICHERMAN, Ngugi's colonial education: The Subversion of the African mind, in: ASR 38, 3 (1995) 11–41.

6. DER NEUANFANG SEIT DER UNABHÄNGIGKEIT

a) Übergreifende Quellensammlungen und Darstellungen

510. G. M. CARTER/P. O'MEARA (Hrsg.), African Independence: The first 25 years, Bloomington 1985.

511. CHINWEIZU, Decolonizing the African mind, Lagos 1987.

512. C. COQUERY-VIDROVITCH (Hrsg.), Histoire Africaine du XXe siècle. Sociétés – Villes – Cultures, Paris 1993.

513. B. DAVIDSON, The Black Man's Burden. Africa and the Curse of the Nation State, New York 1992.

514. ST. ELLIS (Hrsg.), Africa Now. People, Policies, Institutions, The Hague 1996.

515. A. A. GORDON/D.L. GORDON (Hrsg.), Understanding Contemporary Africa, Boulder/London 2.Auflage 1996.

516. R. HOFMEIER/V. MATTHIES (Hrsg.), Vergessene Kriege in Afrika, Göttingen 1992.

517. C. LEGUM/G. MMARI (Hrsg.), Mwalimu.The influence of Nyerere, London 1995.

518. M. MAMDANI, Citizen and Subjects. Contemporary Africa and the Legacy of late Colonialism, Kampala/London 1996.

519. M. Minogue/J. Molloy (Hrsg.), African Aims and Attitudes. Selected Documents, Cambridge 1974.

520. D. Nohlen/F. Nuscheler (Hrsg.), Handbuch der Dritten Welt. Band 4. Westafrika und Zentralafrika. Band 5. Ostafrika und Südafrika. Bonn, 3/1993.

521. J. Saul, The State and Revolution in East Africa, London 1979.

522. J. Ziegler, Afrika: Die neue Kolonisation, Darmstadt 1980.

b) Politische Entwicklungen

523. J.-F. Bayart, L'Etat en Afrique. La politique du ventre, Paris 1989.

524. J.-F. Bayart/A. Mbembe/C. Toulabor (Hrsg.), Le politique par le bas en Afrique Noire. Contributions à une problématique de la démocratie, Paris 1992.

525. H. Bergstresser, Nigeria, in: Handbuch der Dritten Welt. Band IV. Bonn 1993, 344–363.

526. S. Decalo, Coups and Army Rule in Africa. Studies in Military Style, New Haven/London 1976.

527. S. Decalo, Modalities of Civil-Military Stability in Africa, in: Journal of Modern African Studies 27 (1989) 547–578.

528. S. Diarra, Les faux complots d'Houphouët-Boigny. Fracture dans le destin d'une nation, Paris 1997.

529. F. Eboussi Boulaga, Les conférences nationales en Afrique noire: Une affaire à suivre, Paris 1993.

530. M. von Freyhold, Ujamaa Villages in Tanzania, London 1979.

531. D.L. Gordon, African Politics, in: [515], 53–90.

532. J. W. Harbeson/D. Rothchild/N. Chazan (Hrsg.), Civil Society and the State in Africa, Boulder/London 1994.

533. G. Hyden/M. Bratton (Hrsg.), Governance and Politics in Africa, Boulder/London 1992.

534. R. H. Jackson/C.G. Rosberg, Personal Rule in Black Africa. Prince, Autocrat, Prophet, Tyrant, Berkeley 1982.

535. E. Kanyogonya/K. Shillington (Hrsg.), Museveni, Yoweri Kaguta. Sowing the Mustard Seed. The struggle for freedom and democracy in Uganda, London 1997.

536. F. Kolland/E. Pilz/A. Schedler/W. Schicho (Hrsg.), Staat und zivile Gesellschaft. Beiträge zur Entwicklungspolitik in Afrika, Asien und Lateinamerika, Frankfurt 1996.

537. R. Luckham, The Military, Militarization and Democratization in Africa, in: ASR 37 (1994) 13–75.

538. J.-F. Médard (Hrsg.), Etats d'Afrique noire. Formations, mécanismes et crise, Paris 1991.

539. C. Monga, Anthropologie de la colère. Société civile et démocratie en Afrique noire, Paris 1994.

540. J. Nyerere, Freedom and Unity/Uhuru na Umoja, Dar es Salaam 1966.

541. J. Nyerere, Freedom and Socialism/Uhuru na Ujamaa. A selection from Writings and Speeches, 1965–1967, Dar es Salaam 1968.

542. J. Nyerere, Afrikanischer Sozialismus. Aus den Reden und Schriften von Julius K. Nyerere. Mit einer Einleitung von G. Grohs. Texte 5 „Dienste in Übersee", Stuttgart 1976.

543. J. Nyerere, Freiheit und Entwicklung. Aus neuen Reden und Schriften von Julius K. Nyerere. Mit einer Einleitung von G. Grohs und V. Hundsdörfer, Stuttgart 1975.

544. J. Nyerere, Bildung und Befreiung. Aus Reden und Schriften von November 1972 bis Januar 1977. Mit einer Einleitung von V. Hundsdörfer, Frankfurt 1977.

545. A. Olukoshi/L. Laakso (Hrsg.), Challenges to the Nation-State in Africa, Uppsala 1996.

546. E. Osaghae (Hrsg.), Between State and Civil Society in Africa, Dakar 1994.

547. R. Tetzlaff, Staat und Klasse in peripher-kapitalistischen Gesellschaftsformationen: Die Entwicklung des abhängigen Staatskapitalismus in Afrika, in: Verfassung und Recht in Übersee 10 (1977) 43–77.

548. R. Tetzlaff/U. Engel/A. Mehler (Hrsg.), Afrika zwischen Dekolonisation, Staatsversagen und Demokratisierung, Hamburg 1995.

549. L. Villalón/P. Huxtable (Hrsg.), The African state at a critical juncture. Between Disintegration and Reconfiguration, London 1997.

550. A. Wirz, Kriege in Afrika. Die nachkolonialen Konflikte in Nigeria, Sudan, Tschad und Kongo, Wiesbaden 1982.

551. I. W. Zartman (Hrsg.), Collapsed States. The Desintegration and Restoration of Legitimatd Authority, Boulder/London 1995.

552. K. Ziemer, Politische Parteien im frankophonen Afrika, Meisenheim 1978

c) Ökonomische Entwicklungen

553. S. Amin, Impérialisme et sous-développement en Afrique, Paris 1976.

554. P. C. W. Gutkind/I. Wallerstein (Hrsg.), The political economy of contemporary Africa, London 1976.

555. V. Delancey, The Economies of Africa, in: [515], 91–128.

556. R. W. Shenton, The Development of Capitalism in Northern Nigeria, London 1986.

557. World Bank (Hrsg.), Accelerated Development in Sub-Saharan Africa, Washington 1981. World Bank (Hrsg.), Sub-Saharan Africa. From Crisis to Sustainable Growth, Washington 1989.

d) Gesellschaftliche Entwicklungen

558. S. Berry, No condition is permanent. The social dynamics of Agrarian Change in Sub-Saharan Africa, Madison/London 1993.

559. F. Cooper/A.F. Isaakman/F. Mallon/W. Roseberry/S.J. Stern, Confronting historical paradigms. Peasants, Labor and the Capitalist World system in Africa and Latin America, Madison 1993.

560. W. H. Friedland/C.G. Rosberg Jr. (Hrsg.), African Socialism, Stanford 1964.

561. A. A. Gordon, Population Growth and Urbanization, in: [515], 167–194.

562. A. A. Gordon, Women and Development, in: [515], 249–272.

563. C. W. Gutkind/P. Waterman (Hrsg.), African Social Studies. A Radical Reader, London 1977.

564. P. Gutkind/R. Cohen/J. Copans (Hrsg.), African Labor History, Beverly Hills 1978.

565. J. I. Guyer/S.M.E. Belinga, Wealth in People as Wealth in Knowledge. Accumulation and Composition in Equatorial Africa, in: JAH 36 (1995) 91–120.

566. J. Iliffe, The emergence of African capitalism, London 1983.

567. P. Kennedy, African Capitalism: The struggle for ascendency, Cambridge 1988.

568. J. Sender/S. Smirth, The development of capitalism in Africa, London 1996.

569. M. Touré/T.O. Fadayomi (Hrsg.), Migrations, Development and Urbanization Policies in sub-Saharan Africa, Dakar 1992.

e) Kulturelle Entwicklungen

570. A. Diarra (Hrsg.), Westafrika zwischen autochthoner Kultur und Modernisierung. Ein Afrika-Reader, Frankfurt 1991.

571. J. Jahn, Muntu. Die neoafrikanische Kultur. Blues, Kulte, Négritude, Poesie und Tanz, München 2. Auflage 1995.

572. A. Kom, Dictionnaire des oeuvres littéraires négro-africaines de langue française. Band I. Des origines à 1978. Sherbrooke/Paris 1983. Band II. De 1979 à 1989, London 1996.

573. A. Seiler-Dietrich, Die Literaturen Schwarzafrikas. Eine Einführung, München 1984.

7. Die Problematik der Quellen

a) Die allgemeine Problematik der Quellen in der afrikanischen Geschichte

574. C. Essner, Deutsche Afrikareisende im 19. Jh. Zur Sozialgeschichte des Reisens, Wiesbaden 1985.

575. B. Heintze/A. Jones (Hrsg.), European Sources for Sub-Saharan Africa. Paideuma 33 (1987).

576. B. Jewsiewicki/D. Newbury (Hrsg.), African Historiographies. What History for which Africa?, Beverly Hills 1986.

577. A. Jones, Zur Quellenproblematik der Geschichte Westafrikas 1450–1900, Stuttgart 1990.

578. A. Jones/B. Streck (Hrsg.), Zur Geschichte der Afrikaforschung. Paideuma 42 (1996).

579. U. Luig/A. von Oppen (Eds.) The Making of African Landscapes. Paideuma 43, 1997.

580. C. Neale, Writing ‚Independent' History. African Historiography, 1960–1980, Westport / London.

581. T. Obenga, Pour une Nouvelle Histoire, Paris 1980.

582. A. Temu/B. Swai, Historians and Africanist History: A Critique. Post-Colonial Historiography Examined, London 1981.

b) Mündliche Überlieferungen

583. S. Camara, Gens de la Parole. Essai sur la condition et le rôle des griots dans la société Malinké, Paris 1992.

584. M. Diawara, La Graine de la Parole. Dimension sociale et politique des traditions orales du Royaume de Jaara (Mali) du XVème au milieu du XIXème siècle, Stuttgart 1990.

585. A. Hampâté Bâ/S. Daget, L'Empire Peul du Macina. 1818–1853, Paris 1962.

586. G. W. F. Hegel, Vorlesungen über die Philosophie der Geschichte. Sämtliche Werke, hrsg. von H. Glockner, Band 11, Stuttgart 3. Auflage 1949.

587. D. Henige, Oral Historiography, London/New York/Lagos 1982.

588. D. Henige, The Chronology of Oral Tradition: Quest for a Chimera?, Oxford 1974.

589. C.- H. Perrot (Hrsg.), Sources orales de l'Histoire de l'Afrique. Edition revue et corrigée, Paris 1993.

590. H. Scheub, A Review of African Oral Traditions and Literature, in: African Studies Review 28, 2–3 (1985) 1–72.

591. J. Vansina, De la tradition orale, Tervuren 1961.

592. J. Vansina, Oral Tradition as History, London 1985.

c) Archäologische Quellen

593. G. Connah, African Civilizations. Precolonial Cities and States in Tropical Africa: An Archaeological Perspective, Cambridge 1987.

594. Ch. Ehret/M. Posnansky (Hrsg.), The Archaeological and linguistic Reconstruction of African History, Berkeley/Los Angeles 1983.

595. A. Fiedermutz-Laun/D. Gruner/E. Haberland/K.H. Striedter, Aus Erde geformt. Lehmbauten in West- und Nordafrika, Mainz 1990.

596. S. K. McIntosh/R.J. McIntosh, Recent Archaeological Research and Dates from West Africa, in: JAH 27 (1986) 413–442.

597. P. Robertshaw, Archaeology in Eastern Africa. Recent developments and more dates, in: JAH 25 (1984) 369–393.

598. P. Robertshaw (Hrsg.), A history of African Archaeology, London 1990.

599. P. R. Schmidt, Iron technology in East Africa. Symbolism, Science, and Archaeology, Boulder 1997.

600. P. R. Schmidt, Archaeological Views on a History of Landscape Change in East Africa, in: JAH 38 (1997) 393–421.

d) Andere Quellen

601. C. Coquery-Vidrovitch, Recherches sur un mode de production africain, in: La Pensée 144 (1972) 61–78.

602. D. Crummey/C.C. Stewart (Hrsg.), Modes of Production in Africa. The Precolonial Era, Beverly Hills/London 1986.

603. A. Foster-Carter, The Modes of Production Controversy, in: New Left Review 107 (1978) 47–77.

604. B. Jewsiewicki/J. Létourneau (Hrsg.), Modes of Production: The Challenge of Africa. Mode de production: Des défis africains, Sainte-Foy 1985.

605. C. Meillassoux, Versuch einer Interpretation des Ökonomischen in den archaischen Subsistenzgesellschaften, in: K. Eder (Hrsg.), Seminar: Die Entstehung von Klassengesellschaften, Frankfurt 1973, 31–68.

e) Sprachwissenschaftliche Ansätze

606. J. Fabian, Language and colonial power. The appropriation of Swahili in the former Belgian Congo. 1880–1938, Cambridge 1986.

8. Grundprobleme der Forschung

a) Das Problem der Oralität

607. J. Goody, Literacy in traditional societies, Cambridge 1968.

608. J. Goody, The domestication of the savage mind, Cambridge 1977.

609. J. Goody/I. Watt, Konsequenzen der Literalität, in: J. Goody/I. Watt/K. Gough, Entstehung und Folgen der Schriftkultur, Frankfurt 1986, 63–122.

610. J. Goody, Die Logik der Schrift und die Organisation von Gesellschaft, Frankfurt 1990.

611. Ch. Marx, ‚Völker ohne Schrift und Geschichte‘. Zur historischen Erfassung des vorkolonialen Schwarzafrika in der deutschen Forschung des 19. und frühen 20. Jahrhunderts, Freiburg 1988.

b) Die andere Begrifflichkeit

612. The Arusha Declaration and TANU's policy on Socialism and Self-Reliance, Dar es Salaam 1967.

613. B. BARRY/L. HARDING (Hrsg.), Commerce et Commerçants en Afrique de l'Ouest. XIXe et XXe siècles. L'Exemple du Sénégal, Paris 1992.

614. B. BERNARDI, Age Class Systems. Social Institutions and Politics Based on Age, Cambridge 1986.

615. P. DIAGNE, Pouvoir politique traditionnel en Afrique Occidentale. Essais sur les Institutions politiques précoloniales, Paris 1967.

616. P. DIAGNE, Le pouvoir en Afrique, in: UNESCO (Hrsg.), Le concept de pouvoir en Afrique, Paris 1986, 28–55.

617. M. FORTES/E.E. EVANS-PRITCHART (Hrsg.), African Political Systems, London 1940. 1975.

618. J. G. FRAZER, The Golden Bough. A study in magic and religion, New York 1951.

619. L. FROBENIUS, Die Masken und Geheimbünde Afrikas, Halle 1898.

620. E. HABERLAND, Das Heilige Königtum, in: B. Freudenfeld (Hrsg.), Völkerkunde, München 1960, 80.

621. G. HAGAN, Le concept de pouvoir dans la culture akan, in: UNESCO (Hrsg.), Le concept de pouvoir en Afrique, Paris 1986, 56–83.

622. L. HARDING, Faszination Afrikanische Geschichte: Afrikanische Händler zwischen Gesellschaft und Geschäft, in: HZ 255 (1992) 317–344.

623. L. DE HEUSCH, Ecrits sur la royauté sacrée, Bruxelles 1987.

624. Republic of Kenya, African Socialism and its Application to Planning in Kenya, Nairobi 1965.

625. D. KOHNERT, Klassenbildung im ländlichen Nigeria, Hamburg 1982.

626. F. KRAMER/C. SIGRIST (Hrsg.), Gesellschaften ohne Staat, 2 Bände, Frankfurt 1978.

627. C. LÉVI-STRAUSS, Die elementaren Strukturen der Verwandtschaft, Frankfurt 1984.

628. J. LOMBARD, Structures de type ‚féodal' en Afrique Noire. Etude des dynamismes internes et des relations sociales chez les Bariba du Dahomey, Paris 1965.

629. J. J. MAQUET, Le Système des relations sociales dans le Ruanda ancien, Tervuren 1954.

630. G. P. MURDOCK, Africa. Its Peoples and Their Culture History, New York 1959.

631. F. NUSCHELER/K. ZIEMER (Hrsg.), Präkoloniale Gesellschafts-, Herrrschafts- und Legitimitätsformen, in: Dies. (Hrsg), Die Wahl der Parlamente, Band II. Afrika. Berlin 1978.

632. T. PARSONS, Societies: Evolutionary and Comparative Perspectives, Englewood Cliffs 1966.

633. D. Paulme (Hrsg.), Classes et associations d'age en Afrique de l'Ouest, Paris 1971.

634. K. Polanyi/C.W. Arensberg/H.W. Pearson (Hrsg.), Trade and Markets in the Early Empires, Glencoe 1957

635. A. R. Radcliffe-Brown/D. Forde (Hrsg.), African Systems of Kinship and Marriage, London 1950. 1975.

636. E. Rohde, Chefferie Bamileke – traditionelle Herrschaft und Kolonialsystem, Hamburg 1990.

637. M. Sahlins/E. Service (Hrsg.), Evolution and Culture, Ann Arbor 1960.

638. J. Stagl, Politikethnologie, in: H. Fischer (Hrsg.), Ethnologie. Eine Einführung, Berlin 1983, 218.

639. M. Panoff/M. Perrin, Taschen-Wörterbuch der Ethnologie, Berlin 1982

640. T. Tamari, The Development of Caste Systems in West Africa, in: JAH 32 (1991) 221–250.

641. A. Touré, Les petits métiers d'Abidjan. L'imagination au secours de la conjoncture, Paris 1985.

c) Die Rolle der Tradition und der „Alten"

642. K.A. Appiah, In my father's house. Africa in the Philosophy of Culture, New York 1992.

643. M. Chanock, Law, Custom and Social Order: The colonial experience in Malawi and Zambia, Cambridge 1985.

644. M. Chanock, A peculiar sharpness: An essay on property in the history of customary law in colonial Africa, in: JAH 32 (1991) 65–88.

645. F. Cooper, Conflict and Connection: Rethinking Colonial African History, in: American Historical Review, Dezember 1994, 1516–1545.

646. J. Copans, La longue marche de la modernité africaine. Savoirs, intellectuels, démocratie, Paris 1990.

647. C. Coquery-Vidrovitch, Afrique Noire. Permanences et Ruptures, Paris 1985.

648. C.C. Crais, Representation and the politics of Identity in South Africa: An Eastern Cape Example, in: IJAHS 25 (1992) 99–126.

649. D. Etounga-Manguelle, L'Afrique a-t-elle besoin d'un programme d'ajustement culturel?, Paris 1990.

650. K. Gyekye, Traditional Political Ideas. Their relevance to Development in Contemporary Africa, in: K. Wiredu/K. Gyekye (Hrsg.), Person and Community, Washington 1992, 241–255.

651. A. Hampâté Bâ, Aspects de la civilisation africaine. Personne, culture, religion, Paris 2. Auflage 1995.

652. A. Hampâté Bâ, The living tradition, in: UNESCO GHA I, London 1980, 166–203.

653. E. HOBSBAWM/T.O. RANGER (Hrsg.), The invention of tradition, Cambridge 2. Auflage 1992.

654. P. J. HOUNTONDJI, African Philosophy. Myth and Reality, London 1983.

655. C. HOVE/I. ROJANOV, Hüter der Sonne. Begegnungen mit Zimbabwes Ältesten – Wurzeln und Visionen afrikanischer Weisheit, München 1996.

656. A. JONES, Kolonialherrschaft und Geschichtsbewußtsein. Zur Rekonstruktion der Vergangenheit in Schwarzafrika 1865–1965, in: HZ 250 (1990) 73–92.

657. A. KABOU, Weder arm noch ohnmächtig. Eine Streitschrift gegen schwarze Eliten und weisse Helfer, Basel 1993.

658. V. Y. MUDIMBE, The Invention of Africa. Gnosis, Philosophy, and the Order of Knowledge, London 1988.

659. V. Y. MUDIMBE, The Idea of Africa, Bloomington/Indianapolis 1994.

660. T. O. RANGER, The Invention of Tradition Revisited: The Case of Colonial Africa, in: T.O. Ranger/O. Vaughan (Hrsg.), Legitimacy and the State in Twentieth-Century Africa. Basingstoke/London 1993, 62–111.

661. H. SIPPEL, Mission und Kodifikation: Der missionarische Beitrag zur Erforschung des afrikanischen Gewohnheitsrechts in der Kolonie Deutsch-Ostafrika, in: W. Wagner (Hrsg.), Kolonien und Missionen. 3. Internationales Kolonialgeschichtliches Symposium 1993 in Bremen, Münster/Hamburg 1994, 493–510.

d) Die Vielfalt der Völker

662. J.-L. AMSELLE/E. M'BOKOLO (Hrsg.), Au coeur de l'ethnie. Ethnies, tribalisme et état en Afrique, Paris 1985.

663. B. ANDERSON, Imagined Communities: Reflections on the Origin and Spread of Nationalism, New York 1991.

664. J.-P. CHRÉTIEN/G. PRUNIER (Hrsg.), Les ethnies ont une histoire, Paris 1989.

665. L. HARDING (Hrsg.), Ruanda – der Weg zum Völkermord. Vorgeschichte – Verlauf – Deutung, Münster/Hamburg 1998.

666. B. HEINE/TH.C. SCHADEBERG/E. WOLFF (Hrsg.), Die Sprachen Afrikas, Hamburg 2/1996.

667. H. JUNGRAITHMAYR/W.J.G. MÖHLIG (Hrsg.), Lexikon der Afrikanistik. Afrikanische Sprachen und ihre Erforschung, Berlin 1983.

668. L. LAAKSO/A.O. OLUKOSHI, The Crisis of the Post-Colonial Nation-State Project in Africa, in: A. Olukoshi/L. Laakso (Hrsg.), Challenges to the Nation-State in Africa, Uppsala 1996, 7–39.

669. C. LENTZ, „Tribalismus" und Ethnizität in Afrika: Ein Forschungsüberblick. Sozialanthropologische Arbeitspapiere, FU Berlin 1994.

670. V. LEROY (Hrsg.), The Creation of Tribalism in Southern Africa, London 1989.

671. J. LONSDALE, Staatsgewalt und moralische Ordnung. Die Erfindung des Tribalismus in Afrika, in: Der Überblick 29 (1993) 5–10.

672. C. NEWBURY, The Cohesion of Oppression: Clientship and Ethnicity in Rwanda, 1860–1960, New York 1988.

673. C. NEWBURY, Background to Genocide: Rwanda, in: Issue 23 (1995) 12–17.

674. TH. OBENGA, Les Bantu. Langues, peuples, civilisations, Paris 1985.

675. A. WIMMER, Interethnische Konflikte. Ein Beitrag zur Integration aktueller Forschungsansätze, in: Kölner Zeitschrift für Soziologie und Sozialpsychologie 47 (1995) 464–493.

e) Das Landrecht

676. T. J. BASSETT/D.E. CRUMMEY (Hrsg.), Land in African Agrarian Systems, Madison/London 1993.

677. S. BERRY, Social institutions and access to resources in African agriculture, in: Africa 59 (1989) 41–55.

678. S. BERRY, Hegemony on a shoestring: Indirect rule and access to agricultural land, in: Africa 62 (1992) 327–356.

679. M. CHANOCK, 1991. Paradigms, Policies, and Property: A Review of the Customary Law of Land Tenure, in: K. Mann/R. Roberts (Hrsg.), Law in Colonial Africa, Portsmouth/London, 61–84.

680. E. COLSON, The impact of the colonial period on the definition of land rights, in: Colonialism in Africa III, 193–215.

681. R. DEBUSMANN (Hrsg.), Land Law and Land Ownership, Bayreuth 1997.

682. R. E. DOWNS/S.P. REYNA (Hrsg.), Land and Society in contemporary Africa, Hanover/London 1988.

683. A. ECKERT, Grundbesitz, Landkonflikte und kolonialer Wandel. Douala 1880–1960, Stuttgart 1999.

684. K. MANN, The Rise of Taiwo Olowo: Law, Accumulation, and Mobility in Early Colonial Lagos, in: K. Mann/R. Roberts (Hrsg.), Law in Colonial Africa, London 1991, 85–107.

685. J. DE MOOR/D. ROTHERMUND (Hrsg.), Our Laws, Their Lands. Land Laws and Land Use in Modern Colonial Societies, Münster/Hamburg 1995.

686. J.-PH. PLATTEAU, The Evolutionary Theory of Land Rights as Applied to Sub-Saharan Africa: A Critical Assessment, in: Development and Change 27 (1996) 29–86.

687. E. ROHDE, Grundbesitz und Landkonflikte in Kamerun. Der Bedeutungswandel von Land in der Bamiléké-Region während der europäischen Kolonisation, Münster/Hamburg 1996.

688. P. SHIPTON/M. GOHEEN, Introduction. Understanding African land-holding: Power, wealth, and meaning, in: Africa 62 (1992) 307–326.

689. R. J. M. SWYNNERTON, A Plan to intensify the development of African agri-

culture in Kenya. Nairobi: Colony and Protectorate of Kenya, Government Printer 1954.

f) Die Bevölkerungsentwicklung

690. K. M. BARBOUR/R.M. PROTHERO (Hrsg.), Essays on African Population, London 1961.

691. D. D. CORDELL/J.W. GREGORY (Hrsg.), African Population and Capitalism. Historical Perspectives. Boulder/London 1987.

692. L.-M. DIOP, Le sous-peuplement de l'Afrique noire, in: Bulletin de l'IFAN 40, B, 4 (1978) 718 -862.

693. B. FETTER (Hrsg.), Demography from scanty evidence. Central Africa in the colonial era, Boulder 1990.

694. CH. FYFE/D. MACMASTER (Hrsg.), African Historical Demography, 2 Bände, Edinburgh 1977 und 1981.

695. W. A. HANCE, Population, Migration, and Urbanization in Africa, New York/London 1970.

696. R. R. KUCZYNSKI, Demographic Survey of the British Colonial Empire, Band 2, Oxford 1949.

697. J. C. MILLER, The significance of Drought, Disease and Famine in the agriculturally marginal zones of West-Central Africa, in: JAH 23 (1982) 17–61.

698. C.-H. PERROT, Démographie Historique, in: CEA XXVII (1–2) 105–106, (1987) 7–15.

699. R. F. STEVENSON, Population and Political Systems in Tropical Africa, New York 1968.

700. J. D. TARVER, The demography of Africa, New York 1997.

701. J. B. WEBSTER (Hrsg.), Chronology, Migration and Drought in Interlacustrine Africa, London 1979.

9. GLOBALINTERPRETATIONEN

702. B. JEWSIEWICKI/D.S. NEWBURY (Hrsg.), African Historiographies: What history for which Africa?, London 1986.

a) Die Integration in die Weltwirtschaft

703. S. AMIN, Underdevelopment and dependence in Black Africa. Origins and Contemporary Forms, in: JMAS 10, 4 (1972) 503–524.

704. D. BYERLEE/C.K. EICHER, Africa's emerging maize revolution, Boulder/London 1997.

705. C. COQUERY-VIDROVITCH, La mise en dépendance de l'Afrique Noire; essai de périodisation, in: CEA, XVI (1–2) 61–62 (1976) 7–58.

706. J. GALTUNG, Eine strukturelle Theorie des Imperialismus, in: D. Senghaas (Hrsg.), Imperialismus und strukturelle Gewalt, Frankfurt 1972, 29–104.

707. J. GOODY, Policy and the means of production, in: P. GUTKIND/P. WATER-MAN (Hrsg.), African Social Studies. A radical reader, London 1977, 93–106.

708. G. MENZEL, Das Ende der Dritten Welt und das Scheitern der großen Theorie, Frankfurt 1992.

709. A. VON OPPEN, Cassava, „The lazy man's food„? Indigenous agricultural innovation and dietary change in Northwestern Zambia (ca. 1650–1970), in: Food and Foodways, 5 (1991) 15–38.

710. A VON OPPEN, Terms of Trade and Terms of Trust. The history and contexts of pre-colonial market production around the Upper Zambezi and Kasai, Münster/Hamburg 1995.

711. I. WALLERSTEIN, The Modern World-System. Band I. Capitalist agriculture and the origins of the European world economy in the 16th century. New York/London 1974. Band II. Mercantilism and the Consolidation of the European World-Economy, 1600–1750, London 1980.

712. I. WALLERSTEIN, Aufstieg und künftiger Niedergang des kapitalistischen Weltsystems, in: D. Senghaas (Hrsg.), Kapitalistische Weltökonomie, Frankfurt 1979, 31–67.

713 I. WALLERSTEIN, Der historische Kapitalismus, Berlin 1984.

b) Die Interpretation der Sklaverei

714. R. ANSTEY, The Atlantic slave trade and British abolition, 1760–1810, London 1975.

715. L. J. ARCHER (Hrsg.), Slavery and other forms of unfree labour, London 1988.

716. R. A. AUSTEN, The Trans-Saharan Slave Trade: A Tentative census, in: H.A. Gemery/J. S. Hogendorn (Hrsg.), The Uncommon Market, New York/London 1979, 23–76.

717. H. BLEY u. a. (Hrsg.), Sklaverei in Afrika. Afrikanische Gesellschaften im Zusammenhang von europäischer und interner Sklaverei und Sklavenhandel, Pfaffenweiler 1991.

718. G. G. CLARENCE-SMITH (Hrsg.), The Economics of the Indian Ocean Slave Trade in the Nineteenth Century, London 1989.

719. F. COOPER, The problem of slavery in African Studies. Review Article, in: JAH 20 (1979) 103–125.

720. C. COQUERY-VIDROVITCH, Traite Négrière et démographie: Les effets de la traite atlantique: Un essai de bilan des acquis actuels de la recherche. Actes du Colloque International sur la traite des Noirs, Nantes 1985.

721. PH. D. CURTIN, The Atlantic Slave Trade: A Census, Madison 1969.

722. B. DAVIDSON, Vom Sklavenhandel zur Kolonialisierung. Afrikanisch-europäische Beziehungen zwischen 1500 und 1900, Reinbek 1966.

723. D. ELTIS, Economic Growth and the Ending of the Transatlantic Slave Trade, New York 1987.

724. S. ENGERMAN/E. GENOVESE (Hrsg.), Race and Slavery in the Western Hemisphere: Quantitative studies, Princeton 1975.

725. J. D. FAGE, Slavery and the Slave Trade in the Context of West African History, in: JAH 10 (1969) 393–404.

726. T. FALOLA/P.E. LOVEJOY (Hrsg.), Pawnship in Africa. Debt bondage in historical perspective, Boulder 1994.

727. H. A. GEMERY/J. S. HOGENDORN (Hrsg.), The Uncommon Market: Essays in the Economic History of the Atlantic Slave Trade, New York/London 1979.

728. L. HARDING, Die deutsche Diskussion um die Abschaffung der Sklaverei in Kamerun, in: P. Heine/U. v.d. Heyden (Hrsg.), Studien zur Geschichte des deutschen Kolonialismus in Afrika. Festschrift zum 60. Geburtstag von Peter Sebald, Pfaffenweiler 1995, 280–308.

729. R. HARMS, River of Wealth, River of Sorrow: The Central Zaire Basin in the Era of the Slave Trade, 1500–1891, New Haven 1981.

730. J. E. INIKORI, Underpopulation in XIXth century West Africa: The Role of the Export Slave Trade, in: CHR. FYFE/D. MACMASTER (Hrsg.), African Historical Demography, II. Edinburgh 1981, 283–314.

731. J. E. INIKORI(Hrsg.), Forced Migration. The impact of the export slave trade on African societies, London 1982.

732. J. E. INIKORI/S. ENGERMAN (Hrsg.), The Atlantic Slave Trade. Effects on Economies, Societies, and Peoples in Africa, the Americas, and Europe, Durham 1992.

733. M. A. KLEIN, The Impact of the Atlantic Slave Trade on the Societies of the Western Sudan, in: Social Science History 14 (1990) 231–253.

734. M. A. KLEIN (Hrsg.), Breaking the Chains. Slavery, Bondage, and Emancipation in Modern Africa and Asia, Madison 1993.

735. M. A. KLEIN, Slavery, the International Labour Market and the Emancipation of Slaves in the Nineteenth Century, in: P.E. LOVEJOY/N. ROGERS (Hrsg.), Unfree Labour in the Development of the Atlantic World. London 1994, 197–220.

736. M. A. KLEIN, Slavery and colonial rule in French West Africa, Cambridge 1998.

737. H. S. KLEIN, Neuere Interpretationen des atlantischen Sklavenhandels, in: Geschichte und Gesellschaft 16 (1990) 141–160.

738. H. LOTH, Sklaverei. Die Geschichte des Sklavenhandels zwischen Afrika und Amerika, Wuppertal 1981.

739. P. E. LOVEJOY, The volume of the Atlantic Slave Trade: A synthesis, in: JAH 34, 4 (1982), 473–501.

740. P. E. LOVEJOY, The impact of the atlantic slave trade on Africa: A review of the literature, in: JAH 30 (1989) 365–394.

741. P. E. Lovejoy, Transformations in Slavery: A History of Slavery in Africa, Cambridge 3. Auflage 1991.

742. P. E. Lovejoy, The Ideology of Slavery in Africa, Beverly Hills 1981.

743. P. E. Lovejoy/J.S. Hogendorn, Slow death for slavery. The course of abolition in Northern Nigeria, 1897–1936, Cambridge 1993.

744. P. Manning, Slaves, Palm-Oil and Political Power on the West African Coast, in: IJAHS 2 (1969), 279–288.

745. P. Manning, Slavery, Colonialism and Economic Growth in Dahomey: 1640–1960, London 1982.

746. P. Manning, Slavery and African Life: Occidental, Oriental and African Slave Trades, New York/Cambridge 1990.

747. C. Meillassoux (Hrsg.), L'esclavage en Afrique Précoloniale, Paris 1975.

748. C. Meillassoux, Anthropologie de l'esclavage, Paris 1986. Dt.: Anthropologie der Sklaverei, Frankfurt 1989.

749. S. Miers/R. Roberts (Hrsg.), The End of Slavery in Africa. Madison/London 1989.

750. S. Miers/I. Kopytoff (Hrsg.), Slavery in Africa. Historical and Anthropological Perspectives, Madison/London 1977.

751. J. C. Miller, Way of Death: Merchant Capitalism and the Angolan Slave Trade, 1730–1830. Madison 1989. 2. Auflage 1997.

752. H. J. Nieboer, Slavery as an industrial system: Ethnological Researches, The Hague 2. Auflage 1910.

753. O. Patterson, Slavery and Social Death. A comparative study, Cambridge 1982.

754. W. Rodney, West Africa and the Atlantic Slave Trade, Nairobi 1967.

755. W. Rodney, A History of the Upper Guinea Coast, 1545–1800. London 2. Auflage 1980.

756. E. Savage (Hrsg.), The Human Commodity: Perspectives on the Trans-Saharan Slave Trade, London 1992.

757. B. Solow (Hrsg.), Slavery and the Rise of the Atlantic System. Cambridge 1993.

758. J. Thornton, Africa and Africans in the Making of the Atlantic World. 1400–1680, Cambridge 1992.

759. G. N. Uzoigwe, The slave trade and African societies, in: Transactions of the Historical Society of Ghana 14 (1973) 187–212.

760. E. Williams, Capitalism and Slavery, New York 1944, Chapel Hill 2. Auflage 1961.

761. A. Wirz, Sklaverei und kapitalistisches Weltsystem, Frankfurt 1984.

c) Die Interpretation der Kolonialherrschaft

762. J. F. A. AJAYI, The continuity of African institutions under colonialism, in: T.O. Ranger (Hrsg.), Emerging themes of African History, Dar es Salaam/London 1968.

763. S. AMIN, Die ungleiche Entwicklung. Essay über die Gesellschaftsformationen des peripheren Kapitalismus, Hamburg 1975.

764. A. A. BOAHEN, African Perspectives on Colonialism, London 1987.

765. A. CÉSAIRE, Über den Kolonialismus, Berlin 1968.

766. B. DERNBURG, Zielpunkte des Deutschen Kolonialwesens. Zwei Vorträge, Berlin 1907.

767. P. EKEH, Colonialism and social structure. Inaugural lecture, Ibadan 1983.

768. A. EMMANUEL, L'échange inégal, Paris 1969.

769. F. FANON, Die Verdammten dieser Erde, Frankfurt 1966.

770. L. H. DANN/P. DUIGNAN, Burden of Empire. An appraisal of Western Colonialism in Africa south of the Sahara, New York 1967.

771. J. HERZOG/P. SEBALD, Kolonialismus von innen. Überlegungen zur Bedeutung der Kolonialherrschaft für die Entwicklung afrikanischer Gesellschaften, in: Asien, Afrika, Lateinamerika 19 (1991) 730–743.

772. M. MAMDANI, Citizen and Subject. Contemporary Africa and the Legacy of Late Colonialism, Princeton/London 1996.

773. A. A. MAZRUI, Borrowed Theory and Original Practice in African Politics, in: H.J. Spiro (Hrsg.), Patterns of African Development, Englewood Cliffs 1967, 91–124.

774. C. MEILLASSOUX, Consommer la rupture, in: M.H. Piault (Hrsg.), La colonisation: Rupture ou parenthèse?, Paris 1987, 47–56.

775. M.H. PIAULT (Hrsg.), La colonisation: Rupture ou parenthèse?, Paris 1987.

776. T. O. RANGER, Kolonialismus in Ost- und Zentralafrika. Von einer traditionellen zur traditionalen Gesellschaft. Einsprüche und Widersprüche, in: J.-H. Grevemeyer (Hrsg.), Traditionale Gesellschaften und europäischer Kolonialismus, Frankfurt 1981, 16–46.

777. W. RODNEY, Afrika. Die Geschichte einer Unterentwicklung, Berlin 1976.

778. R. I. ROTBERG, The Rise of African Nationalism: The case of East and Central Africa, in: I. Wallerstein (Hrsg.), Social change: The colonial situation, New York 1966, 505–519.

779. E. W. SAID, Orientalismus, Frankfurt 1995.

780. H. SCHILLING, Krise und Zerfall des imperialistischen Kolonialsystems, Berlin 1977.

781. D. SENGHAAS (Hrsg.), Imperialismus und strukturelle Gewalt, Frankfurt 1972.

782. D. SENGHAAS (Hrsg.), Peripherer Kapitalismus. Analysen über Abhängigkeit und Unterentwicklung, Frankfurt 1974.

783. M. WATTS, Silent Violence. Food, Famine and Peasants in Northern Nigeria, Berkeley 1983.

784. H. WEISS, Babban Yunwa. Hunger und Gesellschaft in Nord-Nigeria und den Nachbarregionen in der frühen Kolonialzeit, Helsinki 1997.

d) Der Einfluß der Weltreligionen

785. D. M. ANDERSON/D.H. JOHNSON (Hrsg.), Revealing Prophets: Prophecy in Eastern African History, London 1995.

786. J.-P. CHRÉTIEN (Hrsg.), L'invention religieuse en Afrique. Histoire et religion en Afrique noire, Paris 1993.

787. H. J. FISHER, Conversion reconsidered: Some historical aspects of religious conversion in Black Africa, in: Africa 43 (1973) 27–40.

788. C. GEERTZ, Thick Description: Toward an Interpretive Theory of Culture, in: Ders., The Interpretation of Cultures, New York 1973, 3–30.

789. R. HORTON, African traditional thought and Western science. I, in: Africa 37, 1 (1967) 50–71. II, in: Africa 37, 2 (1967) 155–187.

790. R. HORTON, African conversion, in: Africa 41 (1971) 85–108.

791. R. HORTON, On the Rationality of Conversion. Part I, in: Africa 45 (1975) 219–235. Part II, in: Africa 45 (1975) 373–399.

792. E. IKENGA-METUH, The Shattered Microcosm: A Critical Survey of Explanations of Conversion in Africa, in: K.H. Petersen (Hrsg.), Religion, Development and African Identity, Uppsala 1987, 11–27.

793. PH. LABURTHE-TOLRA, Les Seigneurs de la forêt. Essai sur le passé historique, l'organisation sociale et les normes éthiques des anciens Beti du Cameroun. Minlaaba I, Paris 1981.

794. W. LEPENIES/H.H. RITTER, Orte des wilden Denkens. Zur Anthropologie von Claude Lévi-Strauss, Frankfurt 1971.

795. C. LÉVI-STRAUSS, Das wilde Denken, Frankfurt 1968.

796. V. NECKEBROUCK, Inculturation et identité, in: Cultures et développement. Revue internationale des sciences du développement, Louvain-la-Neuve. 16 (1984) 251–279.

797. K. H. PETERSEN (Hrsg.), Religion, Development and African Identity, Uppsala 1987.

798. T. O. RANGER, Religious Movements and Politics in Subsaharan Africa, in: A.S.R. 29 (1986) 1–69.

799. T. O. RANGER, The Local and the Global in Southern African Religious History, in: R.W. Hefner (Hrsg.), Conversion to Christianity. Historical and Anthropological Perspectives on a Great Transformation, Berkeley 1993, 65–98.

800. D. A. SHANK, Prophet Harris, The ‚Black Elijah' of West Africa, Leiden 1994.

Islam

801. S. M. Cissoko, Tombouctou et l'Empire Songhay. Epanouissement du Soudan Nigérien aux XVe – XVIe siècles, Dakar 1975.

802. Ch. Coulon, Les Marabouts de l'arachide, Paris 1980.

803. A. G. B. Fisher/H.J. Fisher, Slavery and Muslim Society in Africa. The Institution in Saharan and Sudanic Africa and the Trans-Saharan Trade, London 1970.

804. H. J. Fisher, The Juggernaut's Apologia: Conversion to Islam in Black Africa, in: Africa 55 (1985) 153–173.

805. M. Hiskett, The Course of Islam in Africa, Edinburgh 1994.

806. D. Robinson/J.-L. Triaud (Hrsg.), Le temps des marabouts. Itinéraires et stratégies islamiques en Afrique occidentale française, 1880–1960, Paris 1997.

807. E. E. Rosancer/D. Westerlund (Hrsg.), African Islam and Islam in Africa. Encounters between Sufis and Islamists. London 1997.

808. L. Sanneh, Piety & Power. Muslims and Christians in West Africa, New York 1996.

809. L. Sanneh, The Crown and the Turban. Muslims and West African Pluralism, Boulder 1997.

810. C. C. Steward, Islam, in: CHA VII., 191–222.

811. Cheikh Tidiane Sy, La confrérie sénégalaise des Mourides: Un essai sur l'Islam au Sénégal, Paris 1969.

812. J. S. Trimingham, Islam in East Africa, London 1962.

813. J. S. Trimingham, A History of Islam in West Africa, Oxford 4. Aufl. 1978.

814. L. A. Villalón, Islamic Society and State Power in Senegal. Disciples and Citizens in Fatick, Cambridge 1995.

815. J. R. Willis (Hrsg.), Studies in West African Islamic history, 4 Bände, London 1979.

Christentum

816. K. J. Bade (Hrsg.), Imperialismus und Kolonialmission. Kaiserliches Deutschland und koloniales Imperium, Wiesbaden 1982.

817. A. J. Christopher, Colonial Africa, Totowa 1984.

818. J. Comaroff/J. Comaroff, Christianity and Colonialism in South Africa, in: American Ethnologist 13 (1986) 1–20.

819. J. Comaroff/J. Comaroff, The colonization of consciousness in South Africa, in: Economy and Society 18 (1989) 267–296.

820. J. Comaroff/J. Comaroff, Of Revelation and Revolution. Christianity, Colonialism, and Consciousness in Southern Africa, 2 Bände, Chicago 1991. 1997.

821. F. Eboussi-Boulaga, Christianisme sans fétiche. Révélation et domination, Paris 1981.

822. P. GIFFORD, African Christianity. Its Public Role, London 1998.

823. R. GRAY, Christianity, in: CHA VII., 140- 190.

824. H. GRÜNDER, Christliche Mission und deutscher Imperialismus. Eine politische Geschichte ihrer Beziehungen während der deutschen Kolonialzeit (1884–1914) unter besonderer Berücksichtigung Afrikas und Chinas, Paderborn 1982.

825. L. HARDING, Das Christentum als Einfallstor säkularen und rationalen Denkens in Afrika, in: R. Tetzlaff/U. Engel/A. Mehler (Hrsg.), Afrika zwischen Dekolonisation, Staatsversagen und Demokratisierung, Hamburg 1995, 33–46.

826. P. HARRIES, Under Alpine Eyes. Constructing Landscape and Society in late pre-colonial South-East-Africa, in: Paideuma 43 (1997) 171–191.

827. A. HASTINGS, A History of African Christianity: 1950–1975, Cambridge 1979.

828. A. HASTINGS, The Church in Africa, 1450–1950, Oxford 1995.

829. R. W. HEFNER (Hrsg.), Conversion to Christianity. Historical and Anthropological Perspectives on a Great Transformation, Berkeley 1993.

830. C. IFEKA-MOLLER, White Power: Social-Structural Factors in Conversion to Christianity, Eastern Nigeria, 1921–1966, in: CJAS 8 (1974) 55–72.

831. A. MBEME, Afriques Indociles. Christianisme, Pouvoir et État en société postcoloniale, Paris 1988.

832. R. PORTER, Cultural Imperialism and Protestant Missionary Enterprise, 1780–1914, in: The Journal of Imperial and Commonwealth History 25 (1997) 367–391.

833. W. WAGNER (Hrsg.), Kolonien und Missionen. 3. Internationales Kolonialgeschichtliches Symposium 1993 in Bremen. Münster/Hamburg 1994.

e) Die Bedeutung der ägyptischen Hochkultur und die kulturelle Einheit Afrikas

834. M. BERNAL, Schwarze Athene. Die afro-asiatischen Wurzeln der griechischen Antike. Wie das klassische Griechenland „erfunden" wurde, München 1992.

835. CHEIKH ANTA DIOP, Nations Nègres et Culture, Band 1, Paris 1979.

836. CHEIKH ANTA DIOP, L'Unité culturelle de l'Afrique Noire. Domaines du Patriarcat et du Matriarcat dans l'Antiquité classique, Paris 3. Auflage 1982.

837. CHEIKH ANTA DIOP, Antériorité des Civilisations Nègres. Mythe ou vérité historique?, Paris 1967.

838. CHEIKH ANTA DIOP, Origin of the Ancient Egyptians, in: UNESCO (Hrsg.), General History of Africa, Band II, Paris 1981, 27–57.

839. CHEIKH ANTA DIOP, Civilisation ou Barbarie. Anthropologie sans complaisance, Paris 1981.

840. L. HARDING/B. REINWALD (Hrsg.), Afrika – Mutter und Modell der euro-

päischen Zivilisation? Die Rehabilitierung des Schwarzen Kontinents durch Cheikh Anta Diop, Berlin 1990.

841. W. HELCK, Geschichte des alten Ägypten, Leiden/Köln 1968.

842. W. HELCK u. a. (Hrsg.), Lexikon der Ägyptologie, 6 Bände, Wiesbaden 1972 ff.

843. TH. OBENGA, Parenté linguistique génétique entre l'égyptien (ancien égyptien et copte) et les langues négro-africaines modernes, in: Le Peuplement de l'Egype ancienne et le déchiffrement de l'écriture méroïtique. Actes du Colloque international tenu au Caire, du 28 janvier au 3 février 1974. Paris: UNESCO, 1978, 65–71.

844. TH. OBENGA(Hrsg.), Les Peuples Bantu. Migrations, expansion et identité culturelle. Actes du colloque international, Libreville 1.-6.4. 1985. 2 Bände, Libreville/Paris 1989.

845. TH. OBENGA, La philosophie africaine de la période pharaonique, 2780–330 avant notre ère, Paris 1990.

846. C. TURNBULL, The Africans, Study Guide, in: H.T. Neve (Hrsg.), Homeward Journey. Readings in African Studies, Trenton 1989, 7–8.

Anhang

ABKÜRZUNGEN

ASR	African Studies Review, Boston
CEA	Cahiers d'Etudes Africaines, Paris
CHA	Cambridge History of Africa
CJAS	Canadian Journal of African Studies
Comp. Stud. in Soc. and Hist.	Comparative Studies in Society and History
GHA	UNESCO General History of Africa
HEA	History of East Africa
HGA	UNESCO: Histoire Générale de l'Afrique
HWA	History of West Africa
JAH	Journal of African History, London
IJAHS	International Journal of African Historical Studies, Boston
JHSN	Journal of the Historical Society of Nigeria, Ibadan
JMAS	Journal of Modern African Studies, Cambridge
THSG	Transactions of the Historical Society of Ghana, Legon
TNR	Tanzania Notes and Records, Dar es Salaam

TABELLE 1 PARTEIENGRÜNDUNGEN IN SCHWARZAFRIKA
(AUSGEWÄHLTE BEISPIELE):

Länder	Parteien	Führer/territoriale Basis
Ost- und Zentralafrika		
Kenia	Kikuyu Central Association, 1920's	Kikuyu
	KCA → Kenya African Union, 1944	Zentralprovinz, Kikuyu, Kenyatta (1947)
	KAU → Kenya African National Union, 1956	Kenyatta, Tom Mboya, Oginga Odinga, nationaler Anspruch
Tanganyika	Tanganyika African Association, 1929	Städte, vor allem Dar es Salaam
	Tanganyika African Union, 1954	Julius K. Nyerere, nationaler Anspruch
Uganda	Bataka Party, 1945	Buganda
	Uganda African Farmers Union, 1947	Buganda
	United National Congress, 1952	Nationaler Anspruch
	Progressive Party, 1954	Buganda, Protestanten
	Democratic Party, 1955	Buganda, Katholiken
	Uganda People's Union, 1958	Westliche Königreiche, Osten
	UPU + UNC = Uganda People's Congress, 1960	Milton Obote, nationaler Anspruch
Nordrhodesien/ Sambia	Northern Rhodesia African Congress, 1948	Godwin Lewanika, nationaler Anspruch, gegen die Föderation mit Südrhodesien
	→ African National Congress, 1951	Harry Nkumbula, nationaler Anspruch
	United National Independence Party, 1960	Kenneth Kaunda, nationaler Anspruch
Nyassaland/ Malawi	Nyasaland African Congress, 1944	nationaler Anspruch, später gegen Föderation
	Malawi Congress Party, 1959	Dr. Hastings Kamuzu Banda, nationaler Anspruch
Westafrika		
Gold Coast	United Gold Coast Convention, 1947	Danquah, Geschäftsleute
	Convention People's Party, 1949	Kwame Nkrumah, nationaler Anspruch
	National Liberation Movement, 1954	Chiefs, Asante
Nigeria	National Council of Nigeria and the Cameroons, 1944	Dr. Nnamdi Azikiwe, Süden, nationaler Anspruch
	Northern People's Congress, 1950	der Sardauna von Sokoto, Nordnigeria
	Action Group, 1951	Chief Awolowo, Süden: Yoruba

Französisch West- und Äquatorialafrika

Überregional	Rassemblement Démocratique Africain, 1946	Houphouët-Boigny
Überregional	SFIO (Section Française de l'Internationale Ouvrière)	Lamine Guèye, Léopold Senghor (Senegal)
Überregional	Convention Africaine, 1957	Léopold Senghor
Senegal	Bloc Démocratique Sénégalais, 1948	Léopold Senghor
Elfenbeinküste	RDA-Parti Démocratique de la Côte d'Ivoire, 1945	Houphouët-Boigny
Kamerun	Jeunesse Camerounaise Française, 1938	Soppo Priso, Bildungs- und Handelselite
	→ Rassemblement du Cameroun, 1947	
	Union des Populations du Cameroun, 1946	Ruben Um Nyobé
	Bloc Démocratique Camerounais, 1951	Dr. Aujoulat
	Union Nationale, 1954	Soppo Priso
	Union Camerounaise	Ahmadou Ahidjo

Belgisches Afrika

Kongo/Zaire	Alliance des Bakongo (ABAKO), 1947	Joseph Kasavubu, Bakongo-Volk
	Mouvement National Congolais, 1958	Patrice Lumumba, nationaler Anspruch
	Confédération des Associations tribales du Katanga (CONA-KAT), 1958	Moïse Tshombé, Katanga
	Parti National du Progrès, 1959	Bündnis von Stammesparteien gegen Lumumba
Ruanda	Association pour la Promotion Sociale de la Masse (APRO-SOMA), 1957	Joseph Gitera, Hutu, gemäßigt
	Union Nationale Rwandaise (UNAR), 1959	Tutsi, monarchistisch
	Rassemblement Démocratique Rwandais (RADER), 1959	Tutsi, gemäßigt
	Parti du Mouvement de l'émancipation des Bahutu (PARME-HUTU), 1959	Grégoire Kayibanda, radikale Hutu-Partei

Portugiesisches Afrika: Befreiungsbewegungen und Parteien:

Angola	Movimento Popular de Libertação de Angola (MPLA), 1956	Agostinho Neto
	Frente Nacional de Libertaçao de Angola (FNLA), 1962	Holden Roberto
	Uniâo Nacional para a Independência Total de Angola (UNITA), 1966	Jonas Savimbi

Guinea-Bissau	Partido Africano da Independencia de Guiné et Cabo Verde (PAIGC), 1956	Amilcar Cabral
Mozambique	Frente de Libertaçao de Moçambique (FRELIMO), 1962	Eduardo Mondlane, Samora Machel (1969)

TABELLE 2 Unruhen, Proteste, Streiks in Schwarzafrika nach dem Zweiten Weltkrieg

Jahr	Land	Art der Unruhen	Forderungen
1945	Nigeria	Generalstreik der Gewerkschaften, 37 Tage	Lohnerhöhungen zum Ausgleich der Preiserhöhungen im Krieg
1945	Uganda	ländlicher Protest gegen Verwaltung und Chiefs; Ermordung des Katikiro (Oberster Minister des Kabaka)	Reform der Verwaltung
1947/48	Madagaskar	Rebellion gegen die französische Herrschaft: Über 10 000 Tote; 15 000 franz. Soldaten im Einsatz	
1947/48	Französisch-Westafrika	Streik der Eisenbahner, 6 Monate	Gleicher Lohn für alle Rassen
1949	Uganda	Unruhen gegen Chiefs; Verbot von Bataka Party und UAFA	Reform der Verwaltung
1948/51	Ghana	Ärmere Volksschichten: Boykott europäischer und syrischer Händler Demonstration: 29 Tote, 237 Verletzte Ausnahmezustand, Verhaftungswelle, u. a. Nkrumah	Ausgleich der Preiserhöhungen im Krieg
1949	Elfenbeinküste	Rivalität zwischen Parteien 2 Tote, 10 Verletzte Marsch der Frauen nach Grand Bassam	Anerkennung der RDA
1950	Elfenbeinküste	Demonstration und Niederschlagung, Verbot der RDA 12 Tote	
1952/53	Guinea	Streik, 67 Tage	Lohnausgleich bei Senkung der Arbeitszeit
1952/56	Kenia	Mau-Mau-Aufstand, Tausende von Toten Massiver Einsatz brit. Militär, Verhaftungswelle, u. a. Kenyatta	Ablehnung der Siedlerpolitik Forderung: Freiheit, Land

1951–56	Französisch-Westafrika	Streiks der Beschäftigten von Post, Zoll, Generalstreik	Gleichheit der Löhne für alle Rassen; Anwendung der neuen Frz. Sozialgesetzgebung
1953/55	Uganda	Aufstand Exilierung des Kabaka, Ausnahmezustand	Ablehnung der Verfassung
1955/58	Kamerun	Unruhen in Douala, 22 Tote, 114 Verletzte Politischer Machtkampf: UPC, Ausnahmezustand Mehrere tausend Tote	Gewerkschaftliche Rechte Pol. Forderung: Unabhängigkeit
1956	Französisch-Westafrika	Streik bei Post, Gesundheitswesen, Polizei	Gleichheit und Anhebung der Löhne
1956	Elfenbeinküste	Streik der Eisenbahner und des privaten Verkehrs-Sektors	Ablehnung von Arbeitgebern auf Wahllisten; Gehaltserhöhung
1957/58	Tanganyika	Enorme Ausweitung von Streiks Politische Affiliierung an TANU	Gewerkschaftliche Freiheit
1959	Nordrhodesien/Nyassaland	Unruhen, Ausnahmezustand, Verhaftungswellen: u. a. Kaunda, Banda	Pol. Forderung: Unabhängigkeit, Ablehnung Föderation mit Süd-Rhodesien

TABELLE 3 POLITISCHE PARTEIEN UND WAHLEN IN NIGERIA: 1959 UND 1964

Zusammensetzung des Bundesparlament, Wahlen von 1959

Norden	174	NPC	142
Osten	73	NCNC	89
Westen	62	AG	72
Lagos	3	Andere	9
Sitze	312	Sitze	312

Ergebnis: Koalitionsregierung aus NPC und NCNC unter Sir Abubacar Tafawa Balewa (NPC)

Zusammensetzung des Bundesparlaments, Wahlen von 1964

NNA	199
UPGA	103
Unabhängige	5

Bei den Wahlen von 1964 traten zwei Parteienkoalitionen auf, die Nigerian National Alliance (NNA), von der NPC beherrscht, und die United Progressive Grand Alliance (UPGA), beherrscht von der NCNC. Wegen Unstimmigkeiten über eine Volkszählung von 1962 und eine erneute Zählung von 1963 wurden die Zahlen von 1952 zugrundegelegt und damit demographischen Veränderungen und den entsprechenden Veränderungen der Größe der Regionen nicht Rechnung getragen. Die UPGA boykottierte deshalb die Wahlen; im Osten war der Boykott vollständig. Nach Krisenverhandlungen wurden die Wahlen im Osten später nachgeholt.

Die neue Regierung wurde erneut von Sir Abubacar Tafawa Balewa gebildet.

TABELLE 4 MILITÄRPUTSCHE IN AFRIKA

1963 Togo
     Kongo
     Benin
1965 Zaire
     Zentralafrikanische Republik
1966 Nigeria
     Ghana
     Obervolta (Burkina Faso)
     Burundi
1967 Sierra Leone
1968 Mali
1969 Somalia
1971 Uganda
1972 Ruanda
     Niger
1974 Äthiopien
1975 Tschad
1978 Mauretanien
1979 Äquatorial-Guinea
1984 Guinea
1985 Sudan
1986 Lesotho
1994 Gambia
1999 Guinea-Bissau

Erwähnt sind jeweils nur die ersten Putsche in einem Land. In vielen Staaten ist es zu mehreren Militärputschen gekommen.

TABELLE 5 WARENABHÄNGIGKEIT AFRIKAS, AUSGEWÄHLTE STAATEN, 1990/91
ANTEIL DER DREI WICHTIGSTEN EXPORTGÜTER

Angola	Rohöl	91,8%
	Natürliche Scheuermittel	5,6%
	Ölprodukte	1,5%
Côte d'Ivoire	Kakao	32,5%
	Holz	7,5%
	Kaffee	7,4%
Gabun	Rohöl	76,1%
	Rohe Hölzer	10,4%
	Eisenerze	9,1%
Ghana	Kakao	37,0%
	Aluminium	17,5%
	Edel- und Halbedelsteine	8,7%
Kongo (Brazzaville)	Rohöl	68,7%
	Rohe Hölzer	11,1%
	Edel- und Halbedelsteine	10,6%
Kenia	Tee	23,9%
	Kaffee	15,3%
	Ölprodukte	6,5%
Mali	Baumwolle	51,5%
	Lebende Tiere	23,1%
	Edel- und Halbedelsteine	9,4%
Nigeria	Rohöl	94,9%
	Ölprodukte	1,3%
	Kakao	0,9%
Ruanda	Kaffee	64,7%
	Tee	8,9%
	Gemüse	2,7%
Sambia	Kupfer	87,5%
	nichteisenhaltige Erze	5,2%
	Edel- und Halbedelsteine	1,5%
Senegal	Fisch, frisch und verarbeitet	30,1%
	Speiseöl	14,1%
	Ölprodukte	14,0%

Uganda	Kaffee	71,3%
	Häute und Felle	6,9%
	Baumwolle	5,6%
Zaire/Kongo	Kupfer	39,6%
	Edel- und Halbedelsteine	19,6%
	Rohöl	10,5%

Quelle: UNCTAD, Handbook of International Trade and Development Statistics, 1993: 196–218
[515: Gordon/Gordon, 98]

Karte 1: Staaten in Westafrika im 19. Jh.

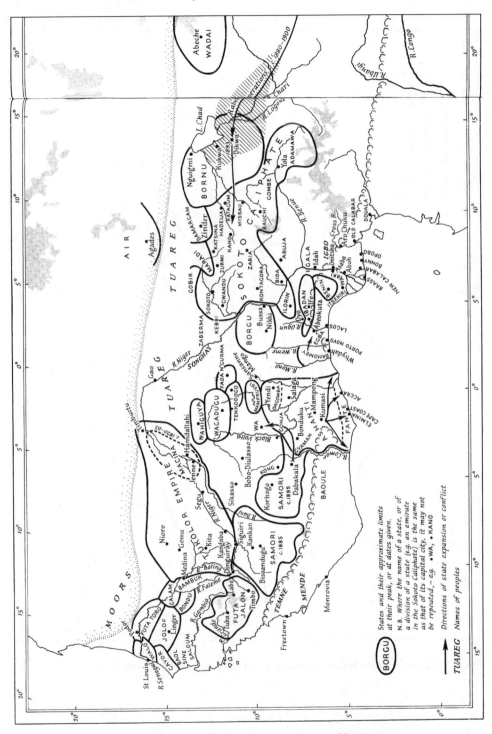

Quelle: An Atlas of African History, devised by J. D. Fage. London: Arnold 1978, 41.

Karte 2: Staaten im Sudan und Äthiopien im 19. Jh.

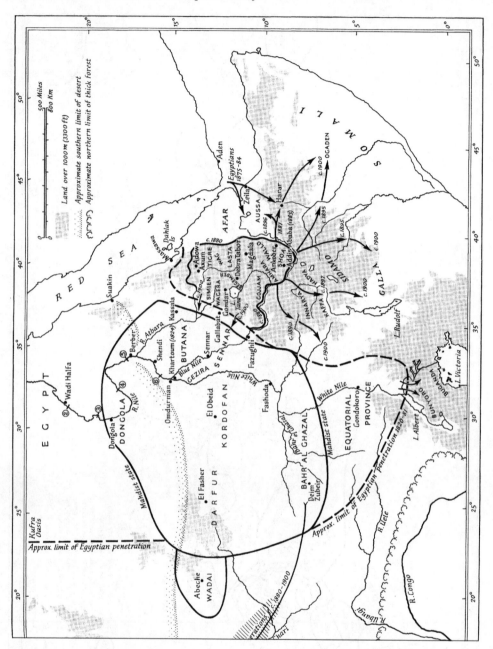

Quelle: An Atlas of African History, devised by J. D. Fage. London: Arnold 1978, 41.

Karte 3: Bantu-sprechende Völker im 19. Jh.

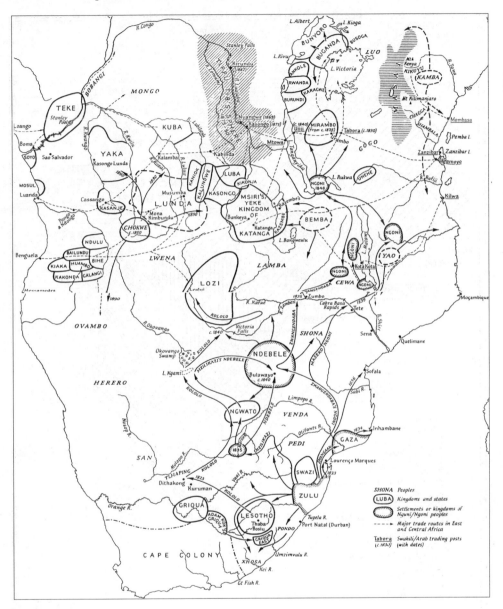

Quelle: An Atlas of African History, devised by J. D. Fage. London: Arnold 1978, 42.

Karte 4: Europäische Fremdherrschaft in Afrika

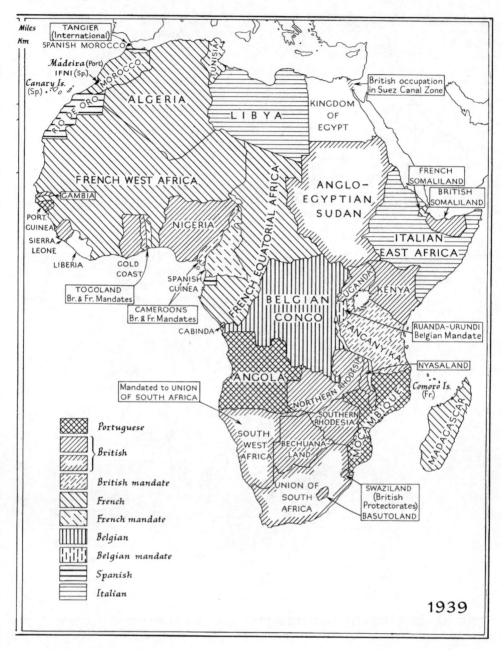

Quelle: An Atlas of African History, devised by J. D. Fage. London: Arnold 1978, 58.

REGISTER

Orts-, Länder- und Völkerregister

Sachregister

OLDENBOURG GRUNDRISS DER GESCHICHTE

Herausgegeben von Jochen Bleicken, Lothar Gall und Hermann Jakobs

Band 16: *Eberhard Kolb*
Die Weimarer Republik
4., durchges. und erg. Aufl. 1998. 310 S.
ISBN 3-486-49794-4

Band 17: *Klaus Hildebrand*
Das Dritte Reich
5. Aufl. 1995, 323 S.
ISBN 3-486-49095-8

Band 18: *Andreas Hillgruber*
Europa in der Weltpolitik der Nachkriegszeit 1945-1963
4. Aufl., durchges. und wesentl. erg.
von Jost Dülffer. 1993. 253 S.
ISBN 3-486-49104-0

Band 19: *Rudolf Morsey*
Die Bundesrepublik Deutschland.
Entstehung und Entwicklung bis 1969
3., überarb. und erw. Aufl. 1995. 309 S.
ISBN 3-486-52353-8

Band 20: *Hermann Weber*
Die DDR 1945-1990
3., überarb. und erw. Aufl. 1999. ca. 350 S.
ISBN 3-486-52363-5

Band 21: *Horst Möller*
Europa zwischen den Weltkriegen
1998. 278 S. ISBN 3-486-52321-X

Band 22: *Peter Schreiner*
Byzanz
2., überarb. und erw. Aufl. 1994. 260 S.
ISBN 3-486-53072-0

Band 23: *Hanns J. Prem*
Geschichte Altamerikas
1989. 289 S.
ISBN 3-486-53031-3

Band 24: *Tilman Nagel*
Die islamische Welt bis 1500
1998. 312 S.
ISBN 3-486-53011-9

Band 25: *Hans J. Nissen*
Geschichte Alt-Vorderasiens
1999. 276 S., 4 Karten
ISBN 3-486-56373-4

Band 26: *Helwig Schmidt-Glintzer*
Geschichte Chinas bis zur mongolischen
Eroberung 250 v. Chr.-1279 n. Chr.
1999. 235 S., 7 Karten
ISBN 3-486-56402-1

Band 27: *Leonhard Harding*
Geschichte Afrikas im 19.
und 20. Jahrhundert
1999. XV, 272 S., 4 Karten
ISBN 3-486-56273-8

Band 28: *Willi Paul Adams*
Die USA vor 1900
1999. ca. 310 S.
ISBN 3-486-53081-X